서울대학교 라틴아메리카 연구총서 5

라틴아메리카의 미래: 소통과 연대(상)

서울대학교 라틴아메리카연구소 엮음

한울
아카데미

이 저서는 2008년도 정부(교육부)의 재원으로 한국연구재단의 지원을 받아 연구되었음(NRF-2008-362- B00015).

이 도서의 국립중앙도서관 출판시도서목록(CIP)은 서지정보유통지원시스템 홈페이지(http://seoji.nl.go.kr)와 국가자료
공동목록시스템(http://www.nl.go.kr/kolisnet)에서 이용하실 수 있습니다(CIP제어번호: CIP2018018402)

다른 세계는 이미 가능하다
트랜스모더니티와 비판적 유토피아

이데올로기의 종언이 선포되었던 1990년대 이후 라틴아메리카 대륙의 국가 대부분은 전례를 찾기 어려운 정치적·사회적 변화로 소용돌이 쳤다. 정치·사회 전문가들은 1980년대까지 좌-우 대립이 극심하고 사회혁명과 진보적 개혁을 위한 기운이 확산되었던 라틴아메리카의 풍경이 이데올로기 종언 이후 민주주의, 자유 시장경제, 친미 성향의 정책으로 순식간에 탈바꿈되는 상황에서 좌파는 패배를 인정하고 기껏해야 시장경제와 대의민주주의의 변주를 탐색할 것이라고 예측했다. 그러나 이러한 예측을 벗어나는 변화가 주변부에서도 주변부에 속하는 소수자들의 사회운동으로부터 촉발되었다. 안데스 지역에서 시작된 원주민운동은 멕시코 치아파스의 사파티스타 무장봉기로 이어졌고 베네수엘라 카라카스에서는 대규모 도시빈민 시위가 발생했다. 콜럼버스의 이름이 역사에 기록되는 그 순간에 역사에서 지워졌던 원주민들의 저항과 20세기 후반 라틴아메리카에서 가장 모범적인 민주주의 시스템을 유지해온 것으로 평가받았던 베네수엘라에서 발생한 대규모 시위는 '반(反)역사적 돌발' 사태였다. 사회운동은 정치적 변화로 이어졌다. 1992년 브라질의 페르난두 콜로르 지 멜루(Fernando Collor de Mello) 대통령이 사임했고 1년 뒤인 1993년에는 베네수엘라의 카를로스 안드레스 페레스(Carlos Andrés Pérez) 대통령이 자리에서 물러났다. 사회운동은 1990년대 말까지 지속적으로 증가했고 그 결과 대륙 전체의 정치 지형이 크게 변화했다. '분홍빛 조류(pink tide)'는 라틴아메리카에서 발생한 다양한 정치적·경제적·사회적인 변화를 압축적으로 보여주는 비유적 표현이다. '분홍빛 조류'의 속도와 높이가 최고조에 달했던 시기(2004~2008년)에 베네수엘라의 차베스(Hugo Chávez, 1998년)를 선두로 아르헨티나의 네스토르 키르치네르(Néstor Kirchner, 2003년), 브라질의 룰라(Luiz Inácio Lula da Silva, 2003년), 우루과이의 타바레 바스케스(Tabaré Vázquez, 2004년), 볼리비아의 에보 모랄레스(Evo Morales, 2005년), 칠레의 미첼 바첼레트(Michelle Bachelet, 2006년), 에콰도르의 라파엘 코레아(Rafael Correa, 2006년), 니카라과의 다니엘 오르테가(Daniel Ortega, 2006년)를 비롯해 파라과이의 페르난도 루고(Fernando Lugo, 2008년), 파나마의 마르틴 토리호스(Martín Torrijos, 2004년), 도미니카의 레오넬 페르난데스(Leonel Antonio Fernández Reyna, 2004년)가 좌파 혹은 중도 좌파적 노선을 표방하며 정권을 잡았다.

그러나 21세기 두 번째 십년이 지나가면서 '분홍빛 조류'는 밀려올 때만큼이나 빠른 속도로 퇴조하고 있다. 대륙 전체의 정치적 변화의 전위에 섰던 베네수엘라는 차베스 사후 친차베스 진영과 반차베스 진영으로 분열되어 극심한 정치적·사회적 혼란을 겪고 있고 경제적 상황은 최악으로 치닫고 있다. 그런가 하면, "브라질 날아오르다(Brazil takes off)"라는 제목으로 2009년 11월호 ≪이코노미스트(The Economist)≫의

표지를 장식했던 브라질 경제는 불과 4년 뒤인 2013년 "브라질은 추락했는가?(Has Brazil blown it?)"라는 제목으로 또 다시 ≪이코노미스트≫ 표지의 주인공이 되었다. 2008년 리먼 브라더스(Lehman Brothers)의 파산으로 인한 세계경제의 충격에도 불구하고 2010년 7.5%의 기록적인 성장을 보였던 브라질 경제가 불과 2년 뒤인 2012년 0.9%의 성장에 그치면서 급락했기 때문이다. 2014년 월드컵과 2016년 올림픽을 연달아 유치하면서 전 세계에 경제 대국의 면모를 자랑했던 브라질은 2015~2016년 대규모 소요 사태로 몸살을 앓았고, 룰라 대통령의 뒤를 이어 브라질을 이끌었던 지우마 호세프(Dilma Rousseff) 대통령은 2016년 9월 회계 부정으로 불명예스러운 탄핵을 당했다. 정치권력의 구도에서도 좌파의 퇴조가 뚜렷해지고 있다. 2015년 이후 치러진 대선에서 보수 우파 정권이 재집권하면서(아르헨티나, 칠레, 브라질, 페루, 파라과이) 라틴아메리카의 정치권력이 또 다시 급격하게 우경화되고 있다. 또한 1994년 멕시코 사파티스타 봉기를 기점으로 대륙 전체로 확산되면서 중요한 정치적 주체로 등장한 원주민운동이 라틴아메리카의 정치 지형을 크게 변화시켰음에도 불구하고 원주민들의 경제적 삶은 여전히 궁핍하고 사회적인 측면에서도 뚜렷한 성과를 거두지 못했다는 평가를 받고 있다.

그렇다면 '분홍빛 조류'는 신기루였는가? 짧은 기간에 극적인 반전을 보이며 새로운 변화의 진원지로 등장했던 라틴아메리카는 또 다시 '영원한 위기의 정치경제의 대륙'이라는 불명예스러운 과거로 되돌아가고 있는 것인가? 멕시코 정치학자 호르헤 카스타네다(Jorge Castañeda)가 유명세를 탄 자신의 책 『무장해제한 유토피아(Utopia Unarmed)』에서 권고했던 것처럼, 신좌파는 저항을 포기하고 공식적으로 시장의 논리를 받아들이고 서구 시장경제가 오랜 시간에 걸쳐 통합시킨 변화들, 규제들,

예외들, 변형들에 동조해야 하는 것인가? 밀물처럼 들이닥친 변화의 물결이 썰물처럼 빠져버린 이유가 무엇인가? 신자유주의 세계화에 대한 대안은 있는 것인가, 있다면 그것은 무엇인가?

라틴아메리카 대륙 전체를 휩쓴 사회운동과 사회운동의 지지를 배경으로 가능했던 정치 지형의 변화의 직접적인 원인은 1970년대 중반 이후 신자유주의 개혁이 다른 어떤 지역보다 라틴아메리카에 가장 먼저, 가장 강도 높게 적용되었고, 가장 먼저 심각한 부정적 결과들을 드러냈기 때문이다. 제임스 페트라스(James Petras)가 「전 지구적 변화와 라틴아메리카 사회주의의 미래(Transformaciones globales y el futuro del socialismo en América Latina)」에서 지적한 것처럼, 이데올로기의 종언을 가져온 동유럽의 위기와 정치적 변화가 서구 자본주의의 영향력을 확대시켰다면, 라틴아메리카의 위기는 자본주의의 미래에 대해 심각한 의문을 불러일으켰으며, 더 나아가 반자본주의적 정치체제의 출현을 위한 견고한 토대를 마련했다. 즉, '분홍빛 조류'의 사회적·경제적 여건은 이데올로기의 종언이 선언되기 훨씬 이전부터 성숙되고 있었다. 이러한 상황에서 신좌파에게 주어진 사명은 신자유주의 세계화에 대한 투쟁과 대안의 선택이었다. 그리고 무엇보다도 시급한 것은 재정 정책을 통해 단기적으로 경제적 평등을 촉진하는 것이었다. 빈곤 퇴치를 위한 브라질의 '기아 제로(Fome Zero)' 프로그램, '가족 기금(Bolsa Familia)' 프로그램, 빈민층 취학 지원 프로그램, 베네수엘라 차베스 정부가 추진한 '미션' 프로그램, 우루과이의 '사회적 긴급구호 계획' 등이 대표적인 평등 촉진 정책이었다. 그러나 이러한 프로그램을 지원하기 위한 재원은 라틴아메리카 국가들의 근본적인 경제구조의 변화에서 얻어진 것이 아니라 다분히 국제 원자재 가격의 상승 덕분이었다. 특히 중국의 경제성장이 가져온 원자재 수입 증가는 21세기 처음 10년 동안 라틴아메리카 경제가 지속적으로 성장하는 데 중요한 요인으로 작용했다. 그러나 2008년 월 스트리트에서 촉발된 금융 위기로 국제 원자재 가격이 하락하면서 원자재 수출에 의존하는 라틴아메리카 국가의 교역 조건은 크게 악화되었다. 교역 조건의 악화는 경상수지에 부정적 영향을 미쳤고, 불안감을 느낀 해외 자본이 유출되고 신규 자본의 유입이 제대로 이루어지지 않으면서 경제 상황은 더욱 나빠졌다. 차베스 정부가 전례를 찾기 어려운 규모의 사회적 지출을 미션 프로그램에 사용할 수 있었던 것은 석유 가격이 유례없이 상승했기 때문이었다. 신좌파 정부의 경제 정책은 여전히 세계시장과 국제 금융 기관에 종속되어 있고, 신좌파 정부들은 교역 조건 유지와 경상 수지의 확보를 위해 전임자의 신자유주의 프로그램을 계승하거나, 심지어는 전임자가 현재 권력을 장악한 신좌파 정당의 반대 때문에 추진할 수 없었던 개혁까지 도입했다. 이런 맥락에서 신자유주의에 대한 대안은 없으며, 신좌파가 신자유주의에 대한 대안을 가지고 있는지 묻는다면 대답은 '아니다'이다. 여기에 덧붙여 라틴아메리카 신좌파의 딜레마가 단지 자본주의 세계체제에서 라틴아메리카가 처해 있는 구조적인 종속에만 그 원인이 있는 것이 아니라, 진보적인 사회적·경제적 변화에 대한 국내 엘리트 지배계층의 거센 저항도 중요한 요인이라는 점을 지적할 필요가 있다. 자신들의 정체성을 자유주의로 규정하는 라틴아메리카 엘리트 지배 계층은 유럽의 자유주의와의 친연성을 강조해왔다. 그러나 유럽의 자유주의가 신흥 부르주아지의 이데올로기를 옹호했다면, 라틴아메리카에서 자유주의는 원자재 수출 모델을 앞세워 시장의 개방을 주장하는 전통적 과두 지배계층의 이데올로기이다.

이런 국내외적 요인을 고려하면 신좌파의 퇴조는 일국적이고 대륙적인 차원의 문제가 아니라는 것을 알 수 있다. 더 나아가 신자유주의 세계화에 대한 대안의 문제를 모색하기 위해서는 신좌파의 급격한 부침에 대한 질문의 방향을 전향적으로 바꿀 필요가 있다. 다시 말해, 신좌파의 성공과 실패에 초점을 맞추는 대신에 신자유주의 세계화에 대해 다시 질문을 던져야 한다. '대안은 없다'는 신탁(神託)이 자본주의의 승리를 의미하는 것인가? '대안은 없다'는 것은 자본주의의 승리를 의미하는 것이 아니라 서구의 정치적 상상력과 비판 이론이 심각한 위기에 처해 있다는 반증(反證) 아닌가? 라틴아메리카의 재(再)우경화가 선거를 통해 신좌파 정권의 무능력이 심판을 받은 결과라고 하더라도, 이러한 사태가 단지 라틴아메리카에만 국한된 것인가? 사회적 배제와 경제적 양극화로 인한 빈민 계급이 제1세계와 제3세계를 가리지 않고 출현하는 것은 자본주의의 자기 조정(self-regulation) 메커니즘이 작동하지 않는다는 증거가 아닌가?

이런 일련의 질문에 대한 대답의 단서는 1990년대 이후 재편되고 있는 세계 질서에서 찾을 수 있다. 제2차 세계대전 이후 세계는 발전주의(developmentalism)를 토대로 제1세계, 제2세계, 제3세계라는 지정학적 블록으로 재편되었다. 이데올로기 종언 이후 제2세계가 소멸되면서 세계는 전 지구적 북부(the global North)와 전 지구적 남부(the global South)로 재편되고 있다. 전 지구적 북부/남부에서 북부/남부는 지리적 위치가 아니라 정치적 위치이다. 즉, 전 지구적 남부는 자본주의 근대성(capitalist modernity)이 초래한 억압과 배제로 인해 고통 받는 지역/집단을 가리킨다. 북부/남부가 전 지구적이라는 것은 북부에도 남부(colonial North)가 존재하며 남부에도 북부(imperial South)가 존재한다는 것을 의미한다. 유럽연합에 속하지만 북부 유럽은 전 지구적 북부이고 남부 유럽은 전 지구적 남부이다. 전 지구적 북부에도 빈민 계급이 존재하며, 전 지구적 남부에도 부유한 자본가 계급이 존재한다. 또한 전 지구적 북부와 전 지구적 남부를 가리지 않고 이주노동자, 불법체류자, 난민, 여성은 전 지구적 남부의 주민이다. 따라서 세계가 전 지구적 북부와 전 지구적 남부로 재편되었다는 것은 자본주의 근대성의 문제가 어느 특정한 지역 혹은 국민국가에 국한되는 문제가 아니라 전 지구적 차원의 문제라는 것을 시사한다. 영토를 확장할 공간이 남아 있지 않은 상황에서 제국들이 자신들의 내부로 향한 결과로 제1차 세계대전이 일어났듯이, 오늘날 지역과 국가를 가리지 않고 신자유주의 세계화가 소수를 위해 다수를 배제시키는 사회적 파시즘(societal fascism)으로 치닫고 있는 현 상황을 '신자유주의의 역습'이 촉발시킨 제4차 세계대전이라고 불러도 크게 틀린 말이 아니다. 신자유주의라는 이름의 탈영토화된 자본이 지구 전체를 착취를 위한 영토로 재영토화하고 있는 것이다. 이런 맥락에서 이데올로기의 종언은 자유민주주의 진영의 승리가 아니라, 우리가 알고 있었던 20세기의 지배적 패러다임이 이행하고 있다는 것을 의미한다. 다시 말해, 전 지구적 북부/남부의 관점에서 보면 1990년대 이후 라틴아메리카의 '분홍빛 조류'는 지역적 차원의 문제가 아니라, 자본주의 근대성 그 자체와 관련된 문제이다.

'분홍빛 조류'의 쇠퇴는 신좌파의 소멸을 의미하는 것이 아니라, '대안은 없다'는 신탁을 전 지구적 차원으로 유포하는 국제 금융 자본 권력이 행사하는 식민성(the global coloniality)이 막강하다는 증거이다. 다시 말해, '분홍빛 조류'의 약화는 자기 조정 메커니즘이라는 허구적 논리를 앞세운 자본주의 근대성이 저지르는 식민성의 증거이다. 자본주의 근대성/식민성은 특정한 지역이나 국민국가에만 국한되지 않고 전 지구적으로 작동한다. 그러나 전 지구적 식민성이 확산되는 과정에서 근대성/식민성에 맞서는 전 지구적 대항 헤게모니 운동도 활성화되었다. 산투스(Boaventura de Sousa Santos)는 『전 지구적 좌파의 부상: 세계사회포럼, 그리고 그 너머(The Rise of the Global Left: The World Social Forum and Beyond)』에서 이데올로기의 종언은 (구)좌파의 전 지구적 위기(a global crisis of the left)를 의미하는 것이지 전 지구적 (신)좌파의 위기(a crisis of the global left)를 의미하는 것은 아니라고 강조했다. 이런 맥락에서 라틴아메리카 신좌파는 자본주의 근대성에 대한 전 지구적 좌파의 등장을 의미한다. 전 지구적 좌파운동의 출현을 알리는 신호탄이었던 1999년 시애틀 시위 이후, 국제 자본 권력의 회합 장소마다 시위가 벌어졌으며, 2001년 브라질의 노동자당의 정치적 성공을 상징하는 도시 포르투 알레그레에서 열린 세계사회포럼은 전 지구적 좌파운동의 소통과 연대의 장(場)이 되었다. '운동들 중의 운동'으로 불리는 세계사회포럼을 통해서 전 지구적 좌파는 '대안에 대한 대안적 사유(an alternative thinking of alternatives)'의 필요성을 인식하기 시작했다. 실패한 현실 사회주의의 경험에 대한 깊이 있는 토론 없이 자본주의 질서에 대한 민주적인 대안을 건설하거나 혁명적인 기획을 추진할 수 있는 가능성은 라틴아메리카뿐만 아니라 세계 어디에도 존재하지 않기 때문이다. 다시 말해, 전 지구적 좌파에게 필요한 대안은 우파의 유일사상(pensée unique)을 대체하는 좌파의 유일사상이 아니라 전 지구적 자본주의 식민성에 대한 '반대와 그에 대한 많은 대안들'이다(One No, Many Yeses).

대안에 대한 대안적 사유는 대안은 하나가 아니라 여러 개라는 것을 인식하는 것이다. '대안은 없다'는 주장에 대해 설득력 있는 대안을 제시하지 못한 것은 대안이 하나뿐이라고 생각했기 때문이다. '다른 세계가 가능하다(Another world is possible)'는 세계사회포럼의 슬로건은 두 개의 차원을 포함한다. 하나는 '다른 세계들(other worlds)'이 가능하다는 것이며, 다른 하나는 '다른 방식의 세계(worlds otherwise)'가 가능하다는 것이다. '다른 세계들'이 신자유주의 세계화에 종속되기 이전의 개별적인 지역의 삶과 역사에 바탕을 둔 세계들이라면, '다른 방식의 세계'는 '다른 세계들'이 배제되지 않고 포함되는 세계이다. '다른 세계들'은 각자의 삶의 터와 그 터에서 살아가는 몸으로 터득한 이치(一理, place-based and contextualized knowledge)의 세계들이다. 모든 철학과 우주론, 윤리학과 문화, 그리고 언어는 삶의 터와 그 터에서 살아가는 몸으로 터득한 일리에 뿌리를 둔다. 일리는 특정한 유형의 진리의 체계를 관념적으로 운용하는 진위(眞僞)의 판단이 아니라, 삶의 다양한 이치들을 맥락화하는 적부(適否)의 선택이다. 서구의 자본주의 근대성은 스스로를 총체적이고 보편적인 진리로 규정했고, 일리들을 무리(無理)로 전락시켰다. 그 결과, 일리의 세계들은 원시적이고, 미개하며, 부적절하고, 저발전된 세계들로 낙인찍혀 무시되고, 배제되었으며, 그 결과 존재하지 않는 것으로 취급되었다. 포르투갈 사회학자 산투스는 사회적 삶의 모든 영역을 포괄하는 전 지구적 자본주의가 정치적, 경제적, 사회적인 차원에서는 말할 것도 없고, 문화적이고 인식론적 차원에서도 '다른 세계들(일리의 세계들)'을 억압하고 지워버리는 현상을 '부재의 사회학(sociology of absences)'이라고 부른다. 전 지구적 자본주의는 '다른 세계들'을 배제해버리거나 지워버려서 소리 나지 않게 하려고 하지만, '다른 세계들'은 지워진 소리가 끊이지 않고 발생하는 진원지이다.

'다른 방식의 세계'는 소리 나지 않게 지워졌던 '다른 세계들'이 포함되는 하나의 세계이다. 다시 말하자면, '다른 방식의 세계'는 '단지 하나의 세계만이 포함되는 세계(a World where only a world fits)'가 아니라, 사파티스타들이 주장하는 것처럼 '다른 많은 세계가 포함되는 세계(a World where many worlds fit)'이다. '다른 많은 세계가 포함되는 세계'는 자기-조직적이며(self-organizing), 비선형적이고(non-lineal), 비위계적이며

(non-hierachical), 이질적인(heterogenous) 네트워크로 이루어진다. '다른 방식의 세계'는 물질적, 생물학적, 사회적 삶의 영역에 다 적용된다. 오늘날 우리가 흔히 경험하는 '다른 방식의 세계'의 전형적인 예는 공동성과 평등성을 토대로 만들어지는 사이버 공간이다. 가령 '위키피디아'는 전 세계적 규모에서 '자유로운 개인들의 자발적인 연합'에 의해 만들어진다. 또 다른 예로는 최근 인문학과 사회과학 분야에서 주목받는 행위자 네트워크 이론(actor-network theory)이다. 이러한 예들에서 볼 수 있는 것처럼, '다른 방식의 세계'는 질서, 중앙집중화, 위계의 논리로 설명되지 않는다. '다른 방식의 세계'의 또 다른 예는 '운동들 중의 운동'이라고 불리는 세계사회포럼이다. 세계사회포럼은 공동의 강령도 없고 운동의 방식을 결정하는 단위도 없고 공식적인 대표나 지도부도 없다. 세계사회포럼은 시민사회 집단과 운동들 간에 성찰적 사고, 민주적 토론, 제안 형성, 경험의 자유로운 공유, 효과적인 행동을 위한 상호 연계를 형성하기 위한 개방된 회합의 장이다. 산투스는 배제되고, 지워졌던 '다른 세계들'로 구성되는 '다른 방식의 세계'를 '창발의 사회학(sociology of emergences)'이라고 부른다.

엔리케 두셀(Enrique Dussel)이 제안하는 트랜스모더니티는 '다른 세계들'로 구성되는 '다른 방식의 세계'이다. 즉, 부재의 사회학을 창발의 사회학으로 전환하는 것이다. 부재의 사회학에서 창발의 사회학으로의 전환은 두 가지를 전제한다. 첫 번째 전제는 '세계에 대한 이해(the understanding of the world)'가 '세계에 대한 서구의 이해(the Western understanding of the world)'보다 훨씬 넓고 깊다는 것이다. 이러한 전제는 오늘날 인류에게 요구되는 세계의 변혁이 마르크스주의를 포함한 서구의 비판적 사유가 제시했던 방식과 달라야 한다는 것을 의미한다. 두 번째 전제는 세계에 대한 이해의 다양성에 비례해 세계도 다양하다는 것이다. 세계는 존재하고 사유하고 느끼는 방식, 시간을 인식하는 방식, 인간과 인간의 관계와 인간과 비인간(non-humans)의 관계를 인식하는 방식, 과거와 미래를 인식하는 방식, 집단적 삶을 조직하는 방식 등에 따라 달라지기 때문이다. 그렇다면 트랜스모더니티는 도래할 세계인가, 아니면 이미 존재하는 세계인가? '다른 세계들'은 엄연히 존재하지만 존재하지 않는 것처럼 취급되었다는 점에서 트랜스모더니티는 이미 존재하는 세계이다. 이와 동시에 해방의 기획으로서의 트랜스모더니티가 전 지구적 식민성의 권력의 배치를 전복하고 재배치해야 한다는 점에서는 도래할 세계이다. 이미 존재하면서 도래할 세계로서의 '가능한 다른 세계(other possible world)'는 인간의 역사에 끊임없이 현존해온 더 나은 삶과 사회에 대한 열망이다. 이런 맥락에서 트랜스모더니티는 유토피아의 차원을 갖는다. 에른스트 블로흐(Ernst Bloch)는 유토피아들은 나름의 시간표를 갖는다고 말했다. 서구 자본주의 근대성의 유토피아는 단선적이고 직선적인 시간표를 제시한다. 서구 자본주의 근대성의 유토피아의 목표는 하나뿐이며, 그러므로 '대안은 없다.' 트랜스모더니티의 유토피아는 '가능한 다른 세계'이다. '가능한 다른 세계'는 현 상태(status quo)를 변화시켜 더 나은 삶과 사회를 만들어가는 비판적 유토피아이다. 비판적 유토피아는 유토피아를 규정하는 것보다 대안의 가능성을 긍정하는 것이 더 중요하다. 또한 비판적 유토피아는 개방적 종국(open end)으로 대안은 하나가 아니라 여러 개다. 이런 맥락에서 유토피아가 의미하는 것은 투쟁할 가치가 있고, 인간으로서 추구할 권리가 있는 더 나은 세계를 위해 인간의 새로운 가능성과 의지의 유형을 탐색하고, 상상력을 발휘하여 억압적 현실과 맞서는 것이다.

서울대학교 라틴아메리카연구소는 2008년 정부(교육부)의 재원으로 한국연구재단이 지원하는 인문한국(HK)사업에 선정되어 "21세기 라틴아메리카와 트랜스모더니티"라는 어젠다를 가지고 연구를 진행해왔다. 1단계(2008~2011년)에는 "라틴아메리카의 전환: 변화와 갈등"이라는 주제로 1980년대 이후 라틴아메리카의 정치적·사회적 변화의 문제를 살펴보았고, 2단계(2011~2014년)에는 1단계의 연구 결과를 토대로 "라틴아메리카의 형성: 교환과 혼종"이라는 주제로 1492년 아메리카의 발견으로부터 19세기 독립 시기까지의 과정을 연구했다. 식민주의, 자본주의, 세계체제, 근대성은 아메리카의 발견/정복과 동시적인 사건이라는 점에서 1단계 연구와 2단계 연구는 되먹임(feedback) 관계를 이룬다. 3단계(2014~2018년) 연구 주제인 "라틴아메리카의 미래: 소통과 연대"도 1단계와 2단계 연구와 선형적 관계가 아니라 중층적이고 복합적인 되먹임 관계를 형성한다. 이 책에 실린 3단계 연구 결과물들은 최종적 결과를 도출하기 위한 것이 아니라 다양한 대안을 제시하기 위한 것이다.

10년이면 강산도 변한다는 속담처럼 지난 10년 동안 라틴아메리카는 많은 변화를 겪었다. 1단계 연구를 시작할 때 라틴아메리카에서 목격되는 변화들은 희망적이었다. 2단계 연구를 시작하는 시점에 희망은 우려와 낙담으로 변하기 시작했다. 그리고 지금 라틴아메리카는 또 다시 기로에 서 있다. 1단계 연구 총서의 책머리에 썼던 것처럼, 이론적 맹목성은 엄연히 진행 중인 실천을 보지 못하고, 실천적 맹목성은 이론과 실천을 무관한 것으로 여긴다. 이론과 실천이 조화를 이루지 못하면 실천의 측면에서는 혁명적 자발성과 패배주의적 자기 검열 사이에서 회의하게 되고, 이론의 측면에서는 사후적으로만 사건을 재구성하거나 이론으로 설명되지 않는 사태에 대해서는 냉담한 무관심을 보이게 된다. 또 다시 기로에 선 라틴아메리카의 현실을 제대로 이해하기 위해서 다시 이론과 실천 사이의 불화에 대해 성찰할 필요가 있다.

지난 10년 동안의 연구에서 얻은 작은 소득은, 한편으로는 라틴아메리카와 서구 근대성의 관계가 인과론적이 아니라 구성론적이라는 것이며, 다른 한편으로는 라틴아메리카는 단일한 구성단위가 아니라 이질적이고 복합적인 요소들이 네트워크를 이루는 세계라는 것이다. 라틴아메리카 국가들은 정복 이전의 원주민 문명에 뿌리를 두고 있고, 3세기에 걸친 식민화 과정을 겪었으며, 식민 시기에 형성된 계급 구조, 독립 이후의 경제발전과 제국주의 경험을 공유한다. 이 때문에 라틴아메리카는 개념적으로 단일한 구성단위로 취급되어왔고, 라틴아메리카에 대한 연구도 통상적으로 이러한 개념적 전제하에 이루어졌다. 그러나 라틴아메리카는 '다른 세계들'로 이루어져 있다. 이 때문에 전 지구적 식민성에 맞서는 의제와 전략도 역사적·경제적·사회적 맥락이나 사회적 지지 기반에 따라 달라진다. 차베스 집권 시기의 베네수엘라의 경우처럼 혁명적으로 보이지만 개혁적인 변화도 있고, 멕시코 사파티스타와 안데스 지역의 원주민운동의 경우처럼 개혁적으로 보이지만 혁명적인 변화도 있다. 원주민운동이 변화의 주축이지만 볼리비아와 에콰도르의 원주민 운동과 달리 멕시코 사파티스타는 정치권력을 잡는 것으로는 충분하지 않으며 권력 자체를 변화시켜야 한다고 주장한다. 에콰도르가 신발전주의(neo-developmentalism)와 포스트발전주의(post-developmentalism) 사이에서 갈등을 겪고 있는 반면, 볼리비아는 원주민의 세계관에 토대를 둔 공동체의 재구축에 강조점을 둔다는 점에서 차이를 보인다. 자연과 문화의 분리를 전제로 성립된 서구 근대 인식론에 의해 오류, 단순한 믿음, 혹은 낭만적 동경에 토대를 둔 문화적 관점쯤으로 취급되어온 원주민의 세계관(Sumak Kawsay/ Suma Qamaña)은 질주하는 자본주의가 만들어내는 죽음과 언제 터질지 모르는 재해 앞에서 고통 받는 현대인의 삶을 근본적으로 성찰하게 만드는 화두로 떠올랐다. 따라서 볼리비아와 에콰도르의 혁명적 개혁을 경제환원주의적 관점에서만 바라보는 것은 단순하고 일면적인 평가이다. 이런 맥락에서 지역 연구소로서 라틴아메리카연구소에 주어진 앞으로의 소임은 이론과 실천이 조화를 이루어 '다른 세계들'로 구성되는 '다른 방식의 세계'를 지속적으로 탐색해가는 것이다.

2018년 6월
서울대학교 라틴아메리카연구소

차 례

제3부 탈영토화와 상호문화성

제1부

모더니티에서 트랜스모더니티로

제1장

포스트옥시덴탈리즘과 라틴아메리카 '이후'*

김은중 서울대학교 라틴아메리카연구소 HK교수

1. 들어가는 말을 대신하여: 라틴아메리카 연구와 포스트식민 연구

라틴아메리카의 지적 생산이 활기를 띠면서 비판적이고 자생적인 사유가 등장한 것은 1960~1970년대였다. 종속이론(la teoría de la dependencia)은 사회학과 경제학 분야에서 커다란 반향을 불러일으켰고 내적 식민주의이론(la teoría del colonialismo interno)은 인류학과 사회학 분야에서 새로운 방향성을 제시했다. 종속이론은 아시아와 아프리카의 탈식민화로부터 촉발된 세계질서의 변화를 라틴아메리카의 지정학적 관점에서 제3세계의 국가들이 직면한 문제를 이론화했고 월러스틴(Immanuel Wallerstein)의 근대 세계체제 분석에 큰 영향을 미쳤다. 내적 식민주의는

---

* 이 글은 ≪이베로아메리카연구≫ 25권 1호에 발표한 필자의 논문을 총서 취지에 맞게 수정 보완한 것이다.

라틴아메리카의 탈식민화 이후 근대 국민국가 형성에 내재한 식민성을 드러낸 것으로 탈식민화 이후 주변부 제3세계 국가들의 민족주의의 문제점과 직결되었다. 종속이론과 내적 식민주의이론은 식민주의 이후 식민성(colonialidad)'에 대한 성찰에 커다란 자극제가 되었다. 식민성은 식민지 시기가 끝난 이후의 권력의 계보학의 핵심 개념이다. 아메리카의 발견·정복 이후 18세기 말까지의 기독교화(cristianización), 18세기 말 이후 계몽주의를 앞세운 문명화, 그리고 제2차 세계대전 이후 전 지구적 헤게모니가 미국으로 넘어간 이후의 '발전(desarrollo)'이 권력의 식민성 (colonialidad del poder)의 계보를 잇는다.

그러나 1980년대에 들어서면서 이러한 열기는 식기 시작했고 라틴아메리카에서 생산된 지적 결과물들은 국제무대에서 영향력이 약화되었다. 이러한 변화 뒤에는 서구 제도권 학계에서 영어가 헤게모니를 장악하면서 포스트모더니즘(post-modernism)과 포스트식민주의(post-colonialism) 논쟁이 영어권을 중심으로 활발하게 전개되었기 때문이다. 이 과정에서 종속이론과 내적 식민주의이론은 서구주의에 대한 비판이론이라는 본래의 의미와 방향성을 잃어버리고 지역연구(los estudios de área)로 통합되었다. 이것은 지적 식민화가 극적으로 재현된 사건이었다. 종속이론과 내적 식민주의이론은 서구주의의 한계를 극복하고 넘어서려는 포스트옥시덴탈적 성찰이었지만 지역연구로 통합되면서 라틴아메리카는 이론을 생산하는 지역이 아니라 여전히 연구 대상 지역으로 취급되었기 때문이다. 미국의 사회과학계가 군더 프랑크(Andre Gunder Frank)를 종속이론의 상징으로 부각시킨 것은 바라보는 시선을 역전시키려는 의도였다. 시선의 역전은 라틴아메리카는 중세의 신학에 대항하고, 근대의 자연과학에 마주서서 '인간과 인간의 문화'에 대해 사유하는 주체인 '후마니타스(humanitas)'가 되지 못하고 여전히 사유의 대상이 되는

'안트로포스(anthropos)'로 남아 있도록 하려는 의도였다.[1] 종속이론과 내적 식민주의이론은 안트로포스가 사유의 주체로서 비판적 지식의 형성에 참가하려는 시도였지만 '중심'의 정치적·학문적 권력은 이러한 시선의 변화를 용납하지 않았다. 예컨대 "종족 연구(ethnic studies) 분야에서도 '아프리카계 미국인 연구'라든가 '라틴계 미국인 연구', '원주민-미국인 연구' 등은 있지만 '유럽계 미국인 연구'라는 주제는 존재하지 않는다"(사카이 나오키·니시타니 오사무, 2009: 27~28).

1960년대 중반에 시작된 내적 식민주의 연구(González Casanova, 1965; Stavenhaguen, 1965)는 포스트식민주의 연구와 명백한 연관성을 가지고 있었지만 스페인과 포르투갈의 지체된 식민주의보다 더 상품 가치가 있는 아시아와 아프리카의 포스트식민주의 연구에 밀려 존재감을 상실했다.[2] 1980년대 초반 서구 학계에 빠르게 확산된 포스트식민주의 연구는 제3세계 지식인들의 미국과 서유럽으로의 대규모 이주, 아프리카와 아시아 국가들의 탈식민화, 후기구조주의와 포스트모더니즘이 가져온 담론과 인식의 변화 등이 교차하는 지점에서 등장했다. 이미 충분히

---

1) '인간', '인간성', '인문학' 등을 의미하는 후마니타스는 사실상 유럽인을 가리킨다. 유럽인은 유럽이 전 세계로 팽창하는 과정에서 유럽 바깥의 타자들을 후마니타스와 '동종이류(同種異類)'이자 후마니타스의 연구 대상인 안트로포스로 규정하고 그들을 연구하는 학문인 인류학(anthropology)을 성립시켰다.

2) 매클린턱(Anne McClintock)은 포스트식민주의가 서구 아카데미에 포섭된 이유를 이렇게 설명한다. "포스트식민주의가 학문적 시장성을 획득한 것은 경계심 많은 학장의 눈에 그 명칭이 '제3세계 연구'보다는 덜 거슬리고 덜 낯설며, '신식민주의 연구'보다는 가시 돋친 느낌이 한결 줄어들고 '영연방 연구'보다는 지구촌 시대에 어울리는 더 세련된 표현이기 때문이다. 아무튼 이 명칭은 서구 근대성에 대한 논의가 포스트모더니즘이라는 이름으로 시장에서 거둔 성공의 비결을 그대로 전수받고 있는 셈이다"(McClintock, 1994: 93, 이경원, 2011: 28에서 재인용).

논의된 사항이지만 포스트식민주의 연구가 주로 서구의 제도권 학계를 중심으로 유통되었다면, 내적 식민주의이론의 토대가 되는 탈식민적 (decolonial) 사유는 지정학적으로 식민지와 반식민지였던 주변부에 위치했다. 이런 차이는 포스트식민주의 연구 결과물에서도 그대로 나타났다. 패트릭 윌리엄스(Patrick Williams)와 로라 크리스먼(Laura Chirsman)이 맨 처음 포스트식민주의에 대한 연구 결과물들을 묶어 출판한 포스트식민 독본인 『식민 담론과 포스트식민 이론(Colonial Discourse and Post-colonial Theory)』(1994)에는 31편의 논문이 실려 있는데 그 중에서 21편이 지역에 관한 연구였다.3) 21편 가운데 아프리카 연구, 인도 연구, 중동 연구가 각각 8편, 5편, 4편이었다. 미국에 관한 연구 논문도 2편이 포함되었지만 카리브해 지역과 라틴아메리카에 관한 연구는 각 1편 씩 뿐이었다. 피터 흄(Peter Hulme)은 포스트식민주의 연구에 라틴아메리카가 초대받지 못한 것은 포스트식민주의 연구의 선구자로 평가받은 에드워드 사이드의 『문화와 제국주의(Culture and Imperialism)』(1993)의 영향이 컸다고 지적했다. 사이드의 연구는 19세기 후반 이후 영국과 프랑스의 제국주의에 초점을 맞췄고 지리적으로도 알제리부터 인도에 이르는 지역에 한정되었기 때문이다. 흄은 사이드가 미국이 영국의 식민지로

---

3) 통시적으로 보다 광범위한 영역에서 포스트식민주의를 논한 연구서로는 『되받아쓰는 제국(The Empire Writes Back)』(1989)을 꼽을 수 있다. 이 책의 세 명의 저자들은 '포스트식민'이라는 개념을 유럽의 식민지 진출이 시작된 순간부터 계속된 제국주의 영향을 받은 모든 문화를 총망라하는 것으로 규정함으로써 포스트식민의 의미를 확장했지만 분석의 초점을 영미문학에 맞추고 있다. 이 때문에 출판연도는 『식민 담론과 포스트식민 이론』보다 빨랐지만 포스트식민주의에 대한 맨 처음 연구서로는 언급되지 않는다. 『되받아쓰는 제국』의 말미에 붙은 16페이지에 달하는 방대한 참고문헌에도 라틴아메리카에 대한 글이나 라틴아메리카 학자의 글은 찾아볼 수 없다.

시작되었음을 간과한 채 미국의 역할을 제2차 세계대전 이후로 국한시켰고, 독립 이후 아메리카 원주민들이 자신들의 영토에서 또 다시 억압당했던 내적 식민주의의 과정과 19세기부터 오늘날에 이르기까지 아메리카와 세계 도처에서 작동하고 있는 제국주의적 구상을 염두에 두지 않았다고 지적했다. 이런 맥락에서 흄이 보기에 포스트식민 이론에 들어맞지 않는 "라틴아메리카는 포스트식민주의 논쟁을 요란하게 휘젓는 숟가락이었다"(Hulme, 2008: 389).

1980년대 초에 미국으로 이주한 제3세계 지식인들로부터 시작된 포스트식민 연구는 1960년대 말 전 세계를 뒤흔든 역사적 사건의 반향이었다. 역사적 사건의 준거점을 1968년 세계혁명으로 잡는 월러스틴은 1968년 세계혁명이 1789년 프랑스 혁명 이후 근대세계의 지구문화(geo-culture)로 등장한 자유주의와 사회주의의 위기 때문이라고 생각했다(월러스틴, 2005). 비판적 담론이면서 새로운 역사적 시대의 시작을 알리는 포스트모더니티의 등장은 지구 문화의 위기의 징표였던 셈이다. 근대성의 위기를 알리는 또 다른 역사적 사건은 아프리카와 아시아 국가들의 탈식민화였다. 식민지의 독립은 1968년 세계 혁명보다 앞선 사건이었지만 부차적으로 취급되었다. 세계체제 분석을 통해 식민지 세계를 잘 이해하고 있었던 월러스틴 같은 사회학자에게도 근대 세계의 지구 문화의 위기를 가져온 것은 탈식민주의의 긴 과정이 아니라 1968년 5월로 상징되는 자유주의의 위기이자 근대적 사유의 또 다른 갈래인 사회주의의 위기라고 생각한 것이다.

월러스틴이 아시와 아프리카의 탈식민화를 무시한 것은 아니지만, 아시아와 아프리카의 탈식민화는 서구 중심적 세계사에 종속적이었고 부차적인 위치를 차지할 뿐이었다. 서구 중심적 관점에서 역사는 '중심'에서 만들어지는 것이며 '주변부'의 사건들은 그다지 중요한 논쟁거리가 아니다. 포스트-식민의 '포스트-'가 어떻게 해석되든지 간에, 포스트 식민주의/포스트식민성 그리고 포스트식민 연구는 중심에서 시작된 세계체제 위기의 파생적 결과일 뿐이다.[4] 다시 말해, "서구 근대성 자체의 문제점을 서구 내부에서 비판하고 서구라는 주체를 스스로 해체하는 작업이 포스트구조주의라면, 그러한 작업의 배경을 바깥으로 확장하여 중심과 주변의 인식론적 자리바꿈을 시도하는 담론이 포스트식민주의라는 것이다. 결국 포스트모더니즘은 포스트구조주의와 포스트식민주의를 모두 아우르는 상위 범주가 되고, 포스트식민주의는 포스트구조주의의 이론적 실험장이 되는 셈이다"(이경원, 2011: 35). 이 때문에 포스트식민주의 논쟁을 주도했던 쇼핫(Ella Shohat)은 포스트식민주의라는 명칭에 내포된 권력관계를 드러내고 애매모호한 정치성을 비판하면서 포스트식민이라는 용어를 수정할 것을 제안했다.

'포스트식민'이라는 용어를 '포스트-1/3세계 이론(post-First/Third Worlds theory)' 혹은 '포스트-반(反)-식민 비판(post-anti-colonial critique)'으로 수정하면 더 명확해질 것이다. 바뀐 용어는 '식민자/피식민자', '중심/주변' 간의 상대주의적인 이분법적·고정적·지속적인 권력관계의 고착화를 넘어서 변화를 인식할 수 있게 한다. 다시 말해, 포스트식민이라는 용어를 새롭게 바꾸면 더 많은 의미체계를 암시하게 되고, 그렇게 되면 운동성과 유동성, 유연성을 느낄 수 있게 된다. 따라서 접두어 '포스트-'는 단순히 '이후(after)'라는 의미는 약해지고, 연속적으로 '넘어서는(going beyond)' 제3세

---

4) 포스트식민의 '포스트-'는 양가적인 의미를 갖는다. 연대기적 의미의 포스트(coming from)가 한 가지 의미라면, 인식론적 의미의 포스트(going beyond)가 또 다른 한 가지의 의미다. 따라서 포스트식민은 식민주의의 연장선상에서 파악해야 할 일종의 유산이면서 동시에 식민주의의 해체와 극복이라는 새로운 정체성을 갖는다.

계 반식민 비판운동을 가리키게 된다. 이렇게 되면 '신식민주의'는 신식민지화된 국가의 상황을 표현하는 수동적 개념이 아니라 정치적으로 능동적인 참여를 의미하는 개념이 된다(Shohat, 1992: 108).

뒤에서 더 자세히 언급하겠지만 포스트식민 연구와 라틴아메리카 연구가 접점을 발견하지 못한 근본적인 이유는 지리정치적이고 지리문화적으로 식민의 유산이 달랐기 때문이다. 또 다른 이유로는 권력과 지식, 물질적 실천과 담론적 실천을 동시에 수반하는 포스트식민주의가 서양의 물적 기반에 의존함으로써 또 다시 서구 중심적 이론에 종속되었기 때문이다. 그러나 이런 한계에도 불구하고, 포스트식민성 (post-coloniality)이 이론적이고 지적인 생산의 영역에서 근본적인 인식적·해석학적 변화를 가져왔음을 간과해서는 안 된다. 포스트식민성이 인식적·해석학적 관점에서 가져온 근본적인 변화는 포스트식민주의의 역사적 조건이 아니라 포스트식민성이 현실을 바라보는 관점(loci de enunciación)을 의미한다. 포스트식민성을 통해 현실을 바라보는 포스트식민 이성(razón postcolonial)의 등장은 실천과 이론의 영역에서 중심과 주변의 자리바꿈을 모색하려는 시도이다. 포스트식민 이성은 유럽의 근대적 역사와 식민지의 식민 유산의 뿌리에서 성장한 대항근대적 (counter-modern) 역사가 교차되는 지점에서 등장한 다양한 집단의 이론적 실천이다. 따라서 포스트식민 이성은 두 가지 차원에서 근대성을 비판한다. 하나는 식민의 역사와 유산을 토대로 하는 포스트식민 비판이고, 다른 하나는 서구 근대 역사의 헤게모니 담론의 한계를 토대로 하는 포스트옥시덴탈 비판이다.

2. 식민 유산과 포스트식민 이성

1) 옥시덴탈리즘, 아메리카, 라틴아메리카

앞에서 언급한 것처럼, 라틴아메리카의 식민지 역사와 독립 이후 포스트식민 경험은 포스트식민 연구에서 제외되거나 예외로 취급되었다. 라틴아메리카 학자들도 포스트식민 연구를 우호적으로 바라보지 않았다. 아시아와 아프리카의 특정한 현실을 바탕으로 서구 제도권 학계의 관심사에 대답하고, 라틴아메리카의 문화적 전통을 무시한 채 라틴아메리카에 대해 글을 쓰는 포스트식민 이론이 라틴아메리카 현실에 적절하지 않다고 생각했기 때문이다. 이러한 갈등의 밑바탕에는 '언제부터 포스트식민주의였는가', '누구의 포스트식민주의인가'라는 물음이 깔려 있다. 예컨대, 미국과 자메이카는 식민 유산에서 큰 차이가 날 뿐만 아니라 포스트식민성은 제3세계의 경험과 관련된다. 반면에, 미국의 식민 경험을 멕시코나 인도네시아와 동일시할 수는 없지만 미국도 유럽 국가가 아니라 유럽 확장의 결과라는 점에서는 포스트식민의 경우에 들어간다. 그러나 미국이 유럽의 제국주의 헤게모니를 계승했다는 점에서 미국은 포스트식민 이성보다는 포스트모더니티 이성에 더 적합하다. 이런 맥락에서 코넬 웨스트(Cornel West)는 미국의 사유 방식을 포스트식민성과 공모한 포스트모더니즘적 사유로 규정했다. 웨스트는 미국에서 탄생한 철학인 실용주의(pragmatism)는 '장소(터)'를 벗어난 철학으로, 철학의 회피라고 비판하면서 포스트모더니티 이성은 유럽의 세기가 종말을 고하고, 경제력과 군사력을 배경으로 미국이 정치와 문화적 생산에서 패권을 잡았으며, 제3세계의 탈식민화가 겹쳐지는 역사적 과정에서 탄생했다고 지적했다(West, 1989: 235~236).

미국의 실용주의가 오늘날의 북대서양의 지적인 삶의 수면 위로 또 다시 떠오른 것은 우연이 아니다. …… 포스트모던 세기에 미국의 실용주의를 구별짓는 표식은 뻔뻔스럽게 도덕을 강조하면서 망설임 없이 앞으로 돌진해나가는 추동력이다(West, 1989: 4).

웨스트가 미국의 실용주의를 역사의 폐허를 응시하면서 '진보'라는 폭풍우에 의해 미래로 떠밀려가는 '앙겔로스 노부스(Angelus Novus)'에 비유한 것은 미국의 경우를 통해 포스트식민 이성이 처한 딜레마를 상징적으로 표현한 것이다.5) 포스트근대성이 근대성의 내부에서 근대성을 비판하는 것이고, 포스트식민성이 근대성의 외부, 즉 식민성의 관점에서 근대성을 비판하는 것이라면 미국의 실용주의는 포스트근대 이성인가, 포스트식민 이성인가? 미국의 실용주의에 대한 웨스트의 비판에도 불구하고 미국의 실용주의는 포스트식민 이성 대신에 포스트근

---

5) 마르크스에게 혁명이 역사를 움직이는 원동력이었다면, 베냐민(Walter Benjamin)에게 혁명은 나락으로 떨어지는 역사를 멈추게 하는 제동장치였다. 베냐민은 20세기 중반의 역사를 파울 클레(Paul Klee)의 <새로운 천사>에 비유했다. "파울 클레가 그린 <새로운 천사>라는 그림이 있다. …… 그 천사는 눈을 크게 뜨고 있고, 입은 벌어져 있으며, 또 날개는 펼쳐져 있다. 역사의 천사도 바로 이렇게 보일 것임이 틀림없다. 우리들 앞에서 일련의 사건들이 전개되고 있는 바로 그곳에서 그는, 잔해 위에 또 잔해를 쉼 없이 쌓이게 하고, 또 이 잔해를 우리들 발 앞에 내팽개치는 단 하나의 파국만을 본다. 천사는 머물고 싶어 하고, 죽은 자들을 불러일으키고, 또 산산이 부서진 것을 모아서 다시 결합하고 싶어 한다. 그러나 천국에서 폭풍이 불어오고 있고, 이 폭풍은 그의 날개를 꼼짝달싹 못하게 할 정도로 세차게 불어오기 때문에 천사는 날개를 접을 수가 없다. 이 폭풍은, 그가 등을 돌리고 있는 미래 쪽을 향하여 간단없이 그를 떠밀고 있으며, 반면 그의 앞에 쌓이는 잔해의 더미는 하늘까지 치솟고 있다. 우리가 진보라고 일컫는 것은 바로 이러한 폭풍을 두고 하는 말이다"(벤야민, 2008: 339).

대 이성을 강조했다. 그렇다면 라틴아메리카는 포스트근대적일까, 포스트식민적일까?

멕시코계 인류학자인 클로드 데 알바(Klor de Alva)는 포스트식민 연구에서 통용되는 식민주의와 포스트식민주의를 라틴아메리카에 적용하는 것은 신기루일 뿐이라고 극단적으로 비판했다. 일반적으로 통용되는 식민주의와 포스트식민주의라는 용어는 주변화된 소수의 원주민에게만 적용될 뿐이며 16세기 이래 대부분의 영토를 차지한 다수의 기독교도-유럽인의 사회에는 적절하지 않다는 것이다. 또한 그는 라틴아메리카 독립전쟁도 반(反)식민 전쟁이 아니라 식민지 불평등을 그대로 유지한 채 유럽을 추종했던 엘리트들의 전쟁이었음을 강조했다.

내 주장은 간단하다. 만일 유럽인들과 접촉한 이후 아메리카 원주민 인구가 급속도로 줄어들었다면, 원주민 인구의 급속한 감소 때문에 자신들을 신생국가의 원주민이라고 생각하는 사람들이 아메리카로 이주했다면, 빠른 속도로 원주민의 자리를 대신 차지하기 시작한 메스티소들이 유럽의 모델을 자신의 것으로 모방했다면, 19세기 독립전쟁 당시 스페인을 무찌른 군인들이 크리오요와 소수의 스페인인들과 손을 잡은 서구화된 메스티소들이었다면, 마지막으로 크리오요/메스티소가 주도했던 신생국가의 정체성이 크리오요의 방식과 스페인어, 기독교로부터 만들어진 것이라면, 독립 이전에 원주민이 아니었던 사람들을 식민 지배를 당한 사람들이라고 말하는 것은 잘못이며, 독립전쟁을 반식민투쟁으로 설명하는 것도 논리적으로 잘못된 것이고, 식민 모국과의 분리 전쟁 이후의 아메리카를 포스트식민적이라고 규정하는 것도 거짓말이다. 요약하자면, 아메리카는 아시아도 아니고 아프리카도 아니다. 멕시코는 인도가 아니며, 페루는 인도네시아가 아니고, 자신들이 배제되는 것에 대항해 비극적인 투쟁을 했음에도 불구하고 미국의 라티노는 알제리인이 아니다(Klor de Alva, 1992: 3).

　클로르 데 알바의 비판은 라틴아메리카의 식민지 역사를 영연방 중심의 식민주의 개념에서 벗어나게 하려는 것이었지만 의도와는 달리 아시아와 아프리카의 식민·포스트식민 경험을 기준으로 삼고 있다. 그는 원주민과 비원주민을 지나치게 확연히 분리했고, 원주민 비중이 높은 멕시코와 페루, 중앙아메리카 사회와 수입된 노예노동으로 유지된 카리브해 지역과 브라질의 플랜테이션 농업에 주목하지 않았다. 또한 그는 1960년대부터 라틴아메리카의 내적 식민주의 문제가 이미 지적되고 있었음을 간과했을 뿐만 아니라, 독립전쟁 이후 아시아와 아프리카에도 라틴아메리카와 유사하게 엘리트의 특권이 유지되었고 내적 불평등이 재생산되었다는 점을 보지 못했다. 이 점은 미국의 경우에 더 확실하다. 무엇보다도, 라틴아메리카의 식민주의를 언급하면서 (영국, 프랑스, 스페인의 식민지 역사가 공존하는) 카리브해 지역을 배제했다. 결과적으로 클로드 데 알바는 서구 확장의 역사적 결과가 다양한 방식의 식민주의로 나타났음을 인식하지 못했다. 포스트식민 이성은 식민적 경험을 단일한 이론으로 묶어내는 것이 목적이 아니라, 근대성의 논리에 묶인 다양한 식민적 경험을 펼쳐내는 것이 목적임을 인식하지 못한 것이다.

　클로드 데 알바의 주장을 좀 더 생산적인 논쟁의 장으로 끌어들인 사람은 롤레나 아도르노(Rolena Adorno)였다. 언어학자이자 식민시기 문학연구자인 아도르노는 라틴아메리카의 역사적 경험의 특성을 규명함으로써 라틴아메리카의 식민 담론과 포스트식민 담론이 아시아와 아프리카의 역사적 경험에도 적절하게 적용될 수 있다고 주장했다(Adorno, 1993). 여기서 한 걸음 더 나아가 19세기 초의 라틴아메리카의 탈식민지화와 20세기 중반의 아시아와 아프리카의 탈식민지화라는 두 개의 계기를 근대 세계체제의 식민적 구조와 상상력의 관점에서 포착한 사람은 아도르노와 공동 작업을 진행했던 미뇰로(Walter Mignolo)였다. 미뇰로는 라틴아메리카와 아시아·아프리카의 탈식민화를 근대 세계체제가 등장하고 재편되는 두 개의 다른 계기로 보았다. 그는 라틴아메리카의 역사적 경험을 식민주의 대신 옥시덴탈리즘으로 규정했다.

　　스페인의 왕과 식자층의 주된 관심사는 식민주의보다 옥시덴탈리즘이었다. 유럽 및 서양과 다른 줄 알면서도 스스로를 그들과 똑같다고 규정했던 국민건설(nation-building) 시기의 국가와 지식인들의 주된 관심사도 식민주의보다 옥시덴탈리즘이었다. 아시아와 아프리카와는 반대로, 아메리카는 18세기에 유럽의 '딸'과 '상속자'가 되었다. 이 때문에 식민주의에 대한 라틴아메리카의 비판적 담론은 포스트식민주의보다는 포스트옥시덴탈리즘이 더 적절하다(Mignolo, 2000a: 94).

미뇰로가 지적한 것처럼, 적어도 1898년 이전까지 역사 속에서 끊임없이 라틴아메리카를 사로잡았던 문제는 라틴아메리카와 유럽의 관계였다. 라틴아메리카와 유럽의 관계에 대한 관심사가 라틴아메리카와 미국의 관계에 대한 관심사로 이동한 것은 19세기 초 라틴아메리카가 스페인으로부터 독립했던 시기와는 세계질서가 판이하게 달라진 1898년이었다. 1898년은 미국이 국제무대에 점진적으로 진입하고 스페인이 제국적 질서로부터 점진적으로 퇴장하면서 쿠바와 푸에르토리코가 독립을 위한 계획을 수정해야만 했던 역사적 분기점이었다. 다시 말해, 쿠바와 푸에르토리코의 독립은 19세기 초 라틴아메리카의 독립과 동일한 개념이 아니었다. 라틴아메리카의 엘리트 권력층에게 스페인으로부터의 독립은 프랑스, 영국과의 경제적·문화적 접촉을 통해 유럽의 문화를 계승하는 것을 의미했다. 그러나 그들은 쇠퇴하는 제국으로부터의 독립이 새롭게 출현하는 제국에로의 종속을 의미한다는 사실을 미처 깨닫지 못했다. 이 때문에 라틴아메리카의 지식인들은 제국의 헤게모니의 이동을 식민화(colonización)로 받아들인 것이 아니라 서구화(occidentalización)로 받아들였다.

15세기 말 이래 서구화 과정은 오늘날 라틴아메리카로 알려져 있는 대륙의 문화적 정체성에 특별한 고민거리를 안겨주었는데, 그것은 '라틴아메리카는 과연 어디까지 서양인가'라는 질문에 대답하는 것이었다. 라틴아메리카는 서양의 끝인가? 아니면 아메리카 원주민과 아프리카계 후손의 문화적 전통과 서양이라는 이질적 항원(抗原)이 투쟁하는 공간인가? 라틴아메리카가 서양이라는 믿음, 서양과 똑같지 않지만 서양의 상속자가 되어야 한다는 희망, 혹은 서양의 외부라는 비판적 사유 등은 라틴아메리카의 문화적 공동체와 인종적이고 사회적인 역정(歷程) ─안데스, 메소아메리카, 카리브해 등─ 에 따라 달라진다. 그러나 이러한 차이에도 불구하고, 16세기 이후의 아메리카, 19세기 중반 이후의 라틴아메리카라는 의미는 옥시덴탈리즘이라는 식민 담론의 의미를 벗어나서는 이해될 수 없다. 옥시덴탈리즘은 기본적으로 16세기 이래, 특히 아메리카가 서양의 일부이면서 주변부로 포함되는 것과 관련된 식민 담론의 대표적 메타포다.

'서양'이 사이드의 연구에서 가정한 모습대로 계속 존재하는 한, 사이드의 분석의 중심에 놓인 두 개의 연결된 실체─동양에 대한 서양의 표상과 (동양을 표상하는 주체인) 서양 그 자체─를 문제시하지 않으면 사이드의 도전과 오리엔탈리즘에 대한 그의 논의에 남아 있는 애매한 점들을 창조적으로 규명할 수 없을 것이다. 나는 '타자'에 대한 서양의 표상이 이러한

표상을 보증하는 '자아'의 암묵적인 구축과 연관되어 있음을 보여주려고
한다. …… 내가 여기서 규정하는 옥시덴탈리즘은 오리엔탈리즘의 역전이
아니라 오리엔탈리즘을 가능하게 만드는 조건, 즉 오리엔탈리즘을 보이게
만드는 거울의 어두운 이면이다. 오리엔탈리즘과 옥시덴탈리즘을 단순히
자리바꿈하는 것은 '자아'와 '타자'가 대칭적인 관계일 때만 가능하다. 만
일 '자아'와 '타자'가 대칭적인 관계라면 그 때는 누가 '타자'가 되는가?
동등한 관계에서는 차이는 타자성(Otherness)으로 내던져질 수 없다. '타자'
가 '서양'을 어떻게 표상하는지 연구하면 서양이 공공연히 유통되는 차이
에 대한 이미지를 어떻게 지배하고 있는지 밝힐 수 있을 것이다. 그러나
서양이 헤게모니를 가지고 있는 상황에서 옥시덴탈리즘과 오리엔탈리즘
을 마주 세우는 것은 두 개념이 평등하고 위치가 서로 뒤바뀔 수도 있다는
환상을 만들 위험성이 있다. 마치 이러한 위험성은 자리바꿈을 통해서
오리엔탈리즘에 수반된 권력과 지식의 복합성이 설명될 수 있다고 생각하
는 위험성과 같다. …… 오리엔탈리즘에 도전하기 위해서는 서양과 (서양
이 규정한) 타자에 대해 극(極)화되고 계서화된 개념들을 만들고 그 개념들
을 매개로 세계사와 지역사를 설명하는 표상의 체계를 흔들어야 한다
(Coronil, 1996: 56~57).

옥시덴탈리즘에서 주목해야 할 것은 옥시덴탈리즘이 비서구 사회들
에 대한 고정관념을 만들어냈다는 것이 아니다. 왜냐하면 문화적 차이
를 자기 민족 중심으로 계서화하는 것은 단지 서양만의 특권이 아니기
때문이다. 그러나 문제는 그러한 특권이 전 지구적 권력의 전개와 밀접
하게 관련되어 있다는 것이다. 옥시덴탈리즘에서 주목해야 할 또 한
가지는 전 지구적 권력의 시작이 15세기 말, 즉 아메리카의 발견/정복
시점이라는 것이다. 다시 말해, 15세기 말에 시작된 옥시덴탈리즘이

19세기 제국주의를 거치고 20세기 중반 이후 세계화로 변환되는 과정이 옥시덴탈리즘의 계보학(genealogy)이다. 아메리카라는 '개념'과 옥시덴탈리즘이라는 '개념'의 연관은 '서인도(Indias Occidentales)'라는 이름에서부터 드러난다. 이시도로(Isidore de Seville)의 『어원학(Ethmologies)』 9세기 판본에 실려 있는 'O 안의 T(O-in-T)' 지도에서 볼 수 있는 것처럼 아메리카가 서쪽 끝에 위치하는 것은 노아로부터 유럽을 상속한 아들인 야벳이 융성할 운명을 타고났음을 보여 주는 기독교 우주론에 따른 것이다(미뇰로, 2010). 16세기에 출간된 세계지도, 대표적으로 아브라함 오르텔리우스(Abraham Ortelius)의 세계지도에는 아메리카가 유럽의 서쪽에 위치해 있다. 오르텔리우스의 세계지도는 'O 안의 T' 지도를 충실하게 반영하고 있는 셈이다. 콜럼버스는 자신이 도착한 곳이 인도라고 추측했을 뿐 확실히 어디인지 몰랐다. '신세계'가 '발견'되었다는 생각이 유럽 사람들에게 퍼지기 시작한 것은 오늘날 『신세계(Mundus Novus)』(1501)로 알려진 아메리코 베스푸치(Americo Vespucci)의 세 번째 편지가 출간된 이후였다. 베스푸치는 쿠바와 산토도밍고의 남쪽으로 펼쳐진 대륙이 아시아가 아니라 지구상의 '미지(unknown)'의 대륙이라고 생각했지만, 그는 '미지'의 세계 대신에 '새로운' 세계라고 불렀다. 신세계의 발견의 공(功)을 아메리코 베스푸치에 돌리기 위해 '아메리카'라는 이름을 제시한 사람은 독일의 문인이자 우주지학자였던 마르틴 발트제뮐러(Martin Waldseemüller)로 알려져 있는데, 그는 당시의 기독교 우주관의 틀 속에 신세계를 짜 맞춰 넣기 위해 아메리코를 아메리카로 '성전환(gender transformation)'시켰다는 사실은 흥미로운 옥시덴탈리즘의 한 예증이다(Mignolo, 2000a: 129~130).

서인도와 신세계, 아메리카라는 이름들은 1500년 이후 옥시덴탈리즘이라는 거대 담론의 핵심어다. 오리엔탈리즘이 동양을 서양의 환원 불가능한 대립으로 표상했다면, 옥시덴탈리즘은 서인도-신세계-아메리카를 서양의 일부로 규정했다. 서인도가 타자를 국가 담론에 귀속시켰다면 신세계와 아메리카는 타자를 문화 담론에 귀속시켰다는 점이 다르다. 이러한 변화가 발생한 것은 옥시덴탈리즘의 헤게모니가 스페인에서 프랑스와 독일로 이동했기 때문이다. 스페인의 옥시덴탈리즘이 기독교 우주론에 따른 것이었다면 프랑스와 독일의 옥시덴탈리즘은 계몽주의 세계관과 역사관에 따른 것이었다. 기독교 우주론에 따른 옥시덴탈리즘이 타자를 '공간' 개념으로 파악했다면 계몽주의 세계관과 역사관에 따른 옥시덴탈리즘은 타자를 '시간' 개념으로 파악했다. 다시 말하자면, 서인도가 유럽으로부터 멀리 떨어진 '야만인(salvajes)'과 '식인종(caníbales)'의 땅이었다면 신세계와 아메리카는 계몽되지 못한 '원시인(primitivos)'의 땅이었다. 신세계와 아메리카를 원시인의 땅으로 규정한 것은 '동시대성의 부정(denial of coevalness)'이었다(Fabian, 1983: 31~32).

여기서 주목해야 할 것은, 클로르 데 알바가 지적했던 것처럼, 아메리카라는 이름을 받아들인 사람들은 스페인의 혈통으로 서인도에서 태어나 19세기에 독립운동을 주도했던 크리오요와 크리오요 출신의 지식인들이었다는 사실이다. 크리오요들이 아메리카라는 개념을 자신들의 것으로 받아들인 것은 아메리카는 유럽과는 다르지만 여전히 서양에 속한다는 것을 보여주는 이름이었기 때문이다. 서양이면서 유럽과 다른 아메리카를 극적으로 표상하는 개념으로 등장한 것은 '서반구(hemisferio occidental)'였다. 서반구는 서양이지만 유럽에서 정치적으로 독립한 반구(半球)를 의미하는 지정학적 상상력의 표현이었다. 서반구라는 지정학적 상상력은 정치적 자결권에 대한 요구였으며 야만인과 식인종, 원시인이라는 아메리카에 대한 곡해된 개념에 대한 비판이었다. 흥미로운 것은 미국 대통령 제퍼슨(Thomas Jefferson)이 영토권과 자결권을 갖는 서반구라는 개념을 선포했을 때, 남미의 독립을 이끌었던 볼리바르 (Simón Bolívar)는 '콜럼버스의 반구' 개념에서 벗어나지 못했다는 것이다. 왜 그랬을까? 제퍼슨의 서반구가 신흥 제국주의 세력의 상속자였다면 볼리바르의 아메리카는 쇠퇴하는 제국주의의 후손이었기 때문이다 (Mignolo, 2000a: 132~136; 2000b: 66). 이러한 차이는 19세기 이후 두 개의 아메리카의 역사가 확연히 다른 경로를 걷게 된 출발점이었다. 제퍼슨의 서반구가 1923년 먼로 독트린을 내세워 범아메리카주의로 나아갔다면 볼리바르가 꿈꾸었던 통일된 대륙은 내적 식민주의로 분열되었다. 이러한 차이에도 불구하고, 제퍼슨의 서반구와 볼리바르의 아메리카는 유럽의 후손인 크리오요의 상상력의 소산이었고 옥시덴탈리즘의 식민 담론의 틀 안에 들어 있었다. 다만 볼리바르가 유럽의 딸이자 상속자로서의 옥시덴탈리즘을 받아들였다면 제퍼슨은 유럽의 미래로서의 옥시덴탈리즘을 추구했다는 점이 다르다. 이런 맥락에서 볼리바르와 제퍼슨은 옥시덴탈리즘의 두 개의 차원을 상징하는 인물이다. 볼리바르가 (스페인, 포르투갈, 이탈리아의) 서남 유럽과 라틴아메리카의 옥시덴탈리즘의 상징이라면, 제퍼슨은 (프랑스, 영국, 독일의) 북유럽 및 서유럽과 미국의 옥시덴탈리즘의 상징이다.

스페인으로부터 독립하면서 아메리카에 국민국가가 등장하기 시작한 19세기 전반에 우세했던 개념은 '라틴'아메리카가 아니라 '스페인' 아메리카였다. 그러나 피지배 집단이었던 크리오요가 지배 엘리트로 바뀌면서 크리오요는 식민주의에 대한 비판적 분석보다 유럽의 지식인들을 모방했다. 스페인의 과거, 원주민의 과거, 흑인의 과거를 자신의 것으로 주장할 수 없었던 크리오요는 새로운 이데올로기가 필요했다. '라틴성(latinidad)'은 유럽에 대한 종속을 끊을 수 없었고 끊고 싶어 하지도 않았던 크리오요의 선택이었다. 라틴아메리카의 라틴성은 두 가지 차원을 내포하고 있었다. 첫째, 라틴성은 스페인과 포르투갈의 식민지를 하나로 묶는 초국가적 정체성이었다. 둘째, 라틴성은 1850년 파나마를 둘러싼 앵글로색슨 인종과 라틴 인종 간의 국제적 세력 다툼의 과정에서 만들어졌다. 즉 '라틴아메리카'라는 개념은 라틴성이라는 통합적 이데올로기를 매개로 스페인과 포르투갈과 연결된 탯줄을 끊어버리고 새롭게 등장한 제국의 일원이 되고자 했던 크리오요의 열망의 표현이었다. 따라서 서인도-신세계-아메리카라는 개념처럼, 라틴아메리카 역시 지리적 실체로서의 아대륙을 가리키는 것이 아니고 크리오요 엘리트의 정치적 기획이었다.

한편으로, 라틴아메리카라는 이름은 대륙에 새로운 단일성의 개념을 부여했다. 다른 한편으로, 유럽 혈통의 주민이 지배계급이 되었고 원주민과 아프리카 흑인은 지워져 버렸다. 따라서 라틴아메리카라는 독립적 실체가 먼저 존재했고, 다음에 근대성이 도착하고 정체성에 대한 물음이 등장한 것이 아니었다. 이와는 정반대로, 라틴아메리카는 유럽의 해방과 라틴아메리카 대륙의 탈식민화라는 이중의 과정에서 유발된 근대/식민 세계가 재배치된 결과이다(미뇰로, 2010: 116. 강조는 필자의 것임).

크리오요 엘리트들은 라틴성을 통해 옥시덴탈리즘의 상속자임을 인정받고 싶었지만 정작 유럽과 미국은 그렇게 생각하지 않았다. 라틴아메리카의 특이성으로 끊임없이 거론되는 인종적·문화적 혼종성은 사실상 그들이 되려고 하는 존재가 되어서는 안 된다는 크리오요 엘리트들의 이중적 의식(double consciousness)의 표현이며 '존재의 식민성(coloniality of being)'의 표식이다. 따라서 라틴아메리카는 옥시덴탈리즘의 상속자가 되기 위해 크리오요 엘리트들이 선택한 개념이었지만 실제로는 점점 더 식민성의 논리에 빠져드는 결과를 가져왔다.

2. 포스트옥시덴탈 이성

1898년 스페인과 미국의 전쟁으로 미국이 대륙의 경계선을 뛰어넘어 스스로를 미래의 제국주의 권력으로 인식하기 시작하면서 먼로 독트린은 자취를 감추었고 라틴아메리카와 미국은 확연히 다른 길을 걷기 시작했다. 그리고 미국이 국제정치의 새로운 강자로 등장하면서 20세기 중반에 이르러 옥시덴탈리즘과 관련된 라틴아메리카 정체성의 문제, 즉 '역사에서 라틴아메리카의 위치'에 대한 물음은 새로운 차원으로 접어들었다. 여기에는 두 가지 상황이 연관되어 있다. 첫 번째 상황은 제퍼슨이 아메리카 위치를 서반구로 설정하는 데 전혀 주저하지 않았던 반면에, 라틴아메리카 지식인들은 아메리카를 유럽과 옥시덴탈리즘의 확장으로 인식하고 있었다는 점이다. 그리고 이러한 인식은 20세기 중반까지 크게 변하지 않고 지속되었다. 두 번째 상황은, 첫 번째 상황과 관련된 것으로, 아시아와 아프리카 국가들이 탈식민화되면서 포스트식민주의 이론이 등장했고, 이를 계기로 라틴아메리카와 서양의 관계를 새롭게 모색하게 되었다는 점이다. 이러한 두 가지 상황은 라틴아메리카가 서양에 속하며 계속해서 서구화를 지향할 것인지, 그렇지 않으면 식민지에서 벗어난 아시아와 아프리카의 국가들처럼 신식민주의(neocolonialism)에 의한 하위주체화에서 벗어나기 위해 포스트식민의 방향성으로 나아갈 것인지 고민하는 전환점을 만들었다. 그렇다면 아메리카에서 스페인의 지배가 종식되고 쿠바와 푸에르토리코가 양도된 지 50년이 지나 냉전기에 접어들면서 새로운 형태로 등장한 식민주의에 대해 라틴아메리카 지식인들은 어떤 생각을 하고 있었을까? 앞에서 언급한 것처럼, 라틴아메리카 연구와 포스트식민주의 이론 간의 갈등은 이러한 문제의식의 결과였다. 라틴아메리카 연구가 포스트식민주의 연구를 선뜻 받아들이지 못한 것은, 한편으로는 포스트식민주의 이론이 미국 학계에서 활동하는 제3세계 지식인들의 발명품이며, 이 때문에 포스트식민 이론이 또 하나의 거대 담론이 되어 식민주의와 포스트식민주의의 역사적 다양성과 복합성을 무시했기 때문이었고, 다른 한편으로는 옥시덴탈리즘을 비판하지 못하는 라틴아메리카 지식인들의 태도 때문이었다. 이러한 상황에서 서양과 라틴아메리카를 대립항으로 위치시키고 포스트옥시덴탈리즘을 처음으로 거론한 사람은 페르난데스 레타마르(Reberto Fernández Retamar)였다.

20세기에 들어와 진정한 라틴아메리카인은 '유럽인이 아니다'라는 생각, 즉 '서양인'이 아니라는 생각을 옹호하는 목소리들이 들렸지만, 특별히 서양인이 아닌 원주민과 아프리카인의 후손들의 공동체를 대변하는 사람들에게서 이런 목소리가 강하게 들렸다. (실제로는 다수인 원주민이 소수민족[minoría nacional] 취급을 당하는 몇몇 나라의 경우처럼) 우리 아메리카의 큰 원주민 집단거주지에서는 그와 같은 명백한 현실을 주장할 필요가 없다. 원주민 문명의 파괴는 이 땅에서 벌어진 다른 문명의 야만적인 침략을 생생하게 보여주는 증거다. 마르티가 '파괴적 문명'이라고 불렀던 서양문명의 첫 번째 희생자의 직계 후손들은 이러한 파괴를 딛고 살아남았다(Fernández Retamar, 1986[1976]: 177).

포스트식민주의는 식민주의의 시작을 19세기에 두고 있지만 포스트옥시덴탈리즘은 식민주의의 시작을 서인도가 발견/정복되었던 15세기 말에 둔다. 포스트옥시덴탈리즘은 식민주의의 시기를 15세기 말까지 거슬러 올라가 식민주의의 또 다른 양상을 드러내고 동시에 은폐되었던 서인도의 지역(local) 역사를 수면 위로 끌어올린다. 그렇게 되면 콜럼버스가 발견한 것은 서인도가 아니라 아나우악(Anáhuac), 타완틴수유(Tawantinsuyu), 아브야-얄라(Abya-Yala)가 된다. 이런 맥락에서 페르난도 레타마르가『우리 아메리카와 서양(Nuestra América y Occidente)』에서 라틴아메리카와 서양을 마주 세우면서 원주민(amerindias)과 아프리카계-아메리카인(afro-americanos)을 거론한 것은 매우 중요한 사실이다. 라틴아메리카 지식인들에게 옥시덴탈리즘은 비판의 대상이 아니라 추구해야 할 목표였고, 옥시덴탈리즘에서 원주민과 아프리카계-아메리카인은 끊임없이 누락되었던 존재였기 때문이다. 라틴아메리카와 카리브해 지역에서 옥시덴탈리즘과 탈식민화에 대한 논의가 시작된 것은 1950~1970년 대였다. 예컨대 에드문도 오고르만(Edmundo O'Gorman)는『아메리카의 발명: 서양 문화의 보편주의(La invención de América: El univer-salismo de la cultura occidental)』(1958)에서 아메리카가 발견되었다는 잘못된 믿음은 유럽인의 기독교적 상상력의 소산이라는 주장을 통해 유럽중심주의를 해체하는 작업을 시도했다. 같은 시기에 레오폴도 세아(Leopoldo Zea)도『역사 속의 라틴아메리카(América en la historia)』(1959)에서 서구화의 과정과 서구 문화의 보편주의를 비판했다. 오고르만의 핵심 의제는 유럽중심주의였고 세아의 주된 관심사는 옥시덴탈리즘이었지만, 오고르만과 세아 모두 원주민과 아프리카계-아메리카인을 크게 주목하지 않았다(Mignolo, 2000a: 101). 오고르만의 유럽중심주의와 세아의 옥시덴탈리즘은 서양의 주변으로서의 라틴아메리카의 문제를 짚고 있었기 때문이다.

특기할 만한 점은 페르난데스 레타마르가 원주민과 아프리카계-아메리카인을 언급하면서 마르크스주의와 연결 짓고 있다는 점이다. 페르난데스 레타마르는 마르크스주의를 옥시덴탈 이데올로기가 아니라 포스트옥시덴탈 이데올로기로 인식했다.

'서양인'이 아닌 원주민과 흑인은 우리 아메리카에서 낯선 존재가 아니라 당당한 권리를 갖는 존재다. 그들은 이방인도 아니고 멸종된 문명인도 아니다. 이런 사실을 확실히 드러내고 강조한 사람들이 마르크스주의 사상가들이라는 사실은 자연스러운 일이었다. 19세기 중반에 서유럽에 등장한 마르크스주의와 마르크스주의를 풍요롭게 만든 레닌주의는 자본주의, 즉 서양을 논쟁의 자리에 놓을 수 있는 사상이기 때문이다. 자본주의를 비판할 수 있는 사상은 자본주의 발달 과정에서 자본주의를 매장할 수 있는 프롤레타리아트와 프롤레타리아 이데올로기를 탄생시킬 수 있는 서양에서만 싹틀 수 있었다. 그러나 **프롤레타리아 이데올로기는 옥시덴탈 이데올로기가 아니라 포스트옥시덴탈 이데올로기다**. 포스트옥시덴탈리즘을 통해서 서양을 완전히 이해할 수 있고, 서양을 완전히 극복할 수 있으며, 따라서 포스트옥시덴탈리즘은 비서양 세계가 옥시덴탈리즘이 만들어 놓은 극적인 현실을 이해하고 초월할 수 있는 적절한 도구다(Fernández Retamar, 1986[1976]: 178. 강조는 필자).

페르난데스 레타마르가 마르크스주의를 포스트옥시덴탈 이성으로 본 것은 자본주의를 옥시덴탈리즘과 동일시했기 때문이다. 옥시덴탈리즘을 근대 세계체제의 지식과 존재를 계서화하는 포괄적인 상상계로 규정한다면 옥시덴탈리즘을 자본주의와 동일시했던 레타마르의 인식이 편협했다고 생각할 수 있다. 하지만 레타마르가 주목한 것은 자본주의와 식민성의 관계였다.[6] 이러한 성찰은 페루의 마르크스주의자였던 마리아테기(José Carlos Mariátegui)로부터 시작되었고 레타마르 역시 그에게 크게 빚지고 있다. 마리아테기가 마르크스주의와 페루의 토착민 문제를 통해 보여준 것은 식민성을 극복하는 방식이 해당 지역의 역사 및 그것이 근거하는 식민 유산에 좌우된다는 것이었다. 마리아테기는 마르크스가 살았던 사회가 자본주의 사회였다면 자신이 살고 있는 사회는 내적 식민주의(=인종주의)에 뿌리를 내리고 있는 자본주의 사회임을 깨닫고 있었다. 이런 깨달음을 통해 마리아테기는 텍스트(마르크스주의)에 컨텍스트(페루 사회)를 대입하지 않고 컨텍스트에 텍스트를 대입했다. 레타마르의 관심사도 쿠바 혁명에 적용된 마르크스주의라는 텍스트와 라틴아메리카의 인종 문제라는 컨텍스트 사이의 갈등이었다. 마르크스가 인종주의에 무관심했던 것은 근대적 국민국가 형성 시기의 유럽의 내적 식민주의는 산업혁명으로부터 시작된 계급 착취와 연관되었기 때문이다. 바야돌리드에서 아메리카 원주민의 본성과 운명에 대해 라스 카사스(Bartolomé de las Casas)와 세풀베다(Juan Ginés de Sepúlveda)가 논쟁을 벌였던 것을 시작으로 인종 문제는 라틴아메리카 현실을 억압하고 있는 강력한 역사구조적 종속의 헤게모니였다. 자메이카 출신의 철학자 루이스 고든(Lewis Gordon)은 인종은 아메리카 사람들의 의식을 형성하는 고유한 주제이고 숨 쉬는 공기처럼 느껴진다고 말했다. 이런 맥락에서 마리아테기와 레타마르에게 인종 문제는 옥시덴탈리즘을 근본적으

---

6) 페르난데스 레타마르가 『우리 아메리카와 서양』을 발표했던 1970년대 중반 라틴아메리카 대부분의 국가에서 권력을 장악한 군부독재정권은 내적 식민주의의 풍경을 완전히 바꿔놓았다. 군부독재정권은 공산주의를 국가의 적으로 명시하고 대대적인 탄압을 가했다. 이러한 상황에서 레타마르가 옥시덴탈리즘과의 단절점으로 제시했던 인종주의는 무시되었고 서구 이데올로기의 일부인 사회주의와 공산주의는 자유주의와 신자유주의에 대항하는 반서구 프로젝트로 둔갑했다.

로 단절하는 출발점이었다.

레타마르가 마리아테기보다 한 걸음 더 나아간 것은 아이티 혁명에 대한 인식이었다. 마리아테기는 아이티 혁명을 언급하지 않았지만 레타마르는 "일어났었음에도 불구하고, 생각할 수 없는 것이라는 이상한 특성을 가지고 역사에 등장했던"(트루요, 2011: 141) 아이티 혁명을 옥시덴탈리즘과의 첫 번째 단절로 언급했다.

우리 아메리카의 첫 번째 독립이었다는 사실을 자주 망각하는 아이티 혁명은 특별하고도 유일한 상황이다. 그 특별하고도 유일한 상황이, 다른 논리를 가지고, 아메리카의 다른 지역에서, 그리고 세계의 다른 식민지 지역에서 다시 나타났다. 첫째는 아이티 혁명이 승리를 거둔 노예들의 혁명이었다는 점이다. 둘째는 투생 루베르튀르(Toussaint L'Ouverture)의 사상이 부르주아혁명을 직접적으로 계승한 나폴레옹의 군대보다 훨씬 진보적이고 관용적이었다는 점이다. 나폴레옹의 군대는 아이티에 식민주의와 노예제를 다시 세웠다. 우리 아메리카는 **서양의 훌륭한 사상과 그 사상의 실천 사이의 모순을 여실히 알 수 있는 좋은 본보기다**(Fernández Retamar, 1986[1976], 162. 강조는 필자).

아이티 혁명은 제국주의 헤게모니가 이동하는 상황에서 근대/식민 세계체제와 근대성/식민성이 재형성되는 시기의 역사적 사건이었다. 미셸-롤프 트루요(Michel-Rolph Trouillot)가 아이티 혁명을 '일어났었음에도 불구하고 생각할 수 없는 것'이라고 표현한 것은 옥시덴탈리즘이라는 식민 담론의 억압을 의미한다. 아이티 혁명이 침묵을 강요받은 것은 서구의 전 지구적 지배라는 서사 안의 한 장이었고, 옥시덴탈리즘을 달성해야 할 목표로 삼았던 아메리카 크리오요 엘리트의 열망 때문이었다. 이런 맥락에서 아이티 혁명이 서구에서는 생각할 수 없는 것이었던 이유는 "아이티 혁명이 노예제와 인종차별주의에 도전을 했기 때문이 아니라, 그 혁명이 일어났던 방식이었다. …… 노예들이 봉기해야만 한다는 것은 차치하고서라도, 노예들이 실제로 봉기할 수 있다고는 사실상 거의 어느 누구도 인정하지 않았다. 살라-몰랭은 노예제가 계몽주의에 대한 궁극적인 시험이라고 주장한다. 우리는 여기서 한 걸음 더 나가서 다음과 같이 말할 수 있다. 즉 아이티 혁명은 프랑스혁명과 미국혁명 둘 다가 가지고 있는 보편주의자들의 자만심을 궁극적으로 시험하는 것이었다고, 그리고 그 두 혁명을 통한 시험은 실패했다고 말이다"(트루요, 2011: 166).

앞에서 언급한 것처럼, 레타마르가 포스트근대적이나 포스트식민적이라는 개념 대신에 포스트옥시덴탈이라는 개념을 사용한 것은 식민주의의 시작을 15세기 말까지 거슬러 올라가 근대성의 구성적 요소인 식민성을 드러내기 위한 것이며, 식민성에 의해 침묵 당한 과거를 되살리기 위한 것이다. 레타마르가 제안한 포스트옥시덴탈리즘은 그 이전까지 반옥시덴탈리즘(anti-occidentalism)에 머물러 있던 라틴아메리카 사유의 지평을 시간적·공간적으로 확장시켰다. 월러스틴은 근대 세계체제의 지구문화는 1789년 프랑스 혁명과 함께 출현했다가 1968년 세계혁명과 함께 영향력을 상실했다고 강조했다. 그러나 그는 아니발 키하노(Anibal Quijano)와 공동집필한 논문에서 근대 세계체제는 장기 16세기에 탄생했다고 말했다. 미셸-롤프 트루요가 지적한 거처럼, 근대 세계체제의 출발을 장기 16세기로 인정하면서도 그것의 지구문화가 프랑스 혁명과 함께 출현한 것으로 보는 것은 근대성의 자기서술을 통한 '과거 침묵시키기'의 결과이다. '삭제하기'와 '하찮게 만들기'라는 두 가지 부류의 수사법을 통해 침묵당한 과거는 바로 근대성의 이면인 식민성이었다. 식민성을 앞에서 언급한 마르크스주의와 인종주의와 관련시켜 말한다면, 첫째는 뿌리 깊은 인종주의와 연결된 근대 세계체제의 다양한 노동통제 방식이다. 둘째는 식민성에 의해 새롭게 정체성을 부여받은 피지배 주민들이 인식론적인 면에서도 유럽중심주의적 헤게모니에 종속되었다는 점이다. 침묵당한 식민성의 목소리는 근대성은 근대성/식민성이었고, 근대 세계체제는 근대/식민 세계체제였으며, 식민주의는 16세기에 출현한 첫 번째 지구문화였음을 선포한다.

월러스틴의 말처럼 근대 세계체제의 지구문화가 위기에 처했다면 그것은 근대성과 근대 세계체제가 은폐한 식민성 때문이다. 지정학적이고 지리문화적인 관점에서 보면 근대성에 대한 비판은 세 가지 방향성을 가진다. 첫째는 근대성에 대한 근대적 비판, 즉 포스트근대적 이성이다. 포스트근대적 이성은 식민성이 시작되는 지점에서 멈춘다. 포스트근대성은 근대성 내부의 차이를 주장하지만 식민적 차이를 인식하지 못하기 때문이다. 둘째는 근대성에 대한 식민적 비판, 즉 포스트식민 이성이다. 포스트식민 이성은 식민의 유산과 역사에 주목함으로써 근대적 이성의 추상적 보편주의를 비판하고 지역의 역사에 깊이 새겨져 있는 식민적 차이를 주장한다. 근대적 이성에 의해 타자로 규정된 포스트식민 이성은 식민적 차이를 주장하면서 옥시덴탈리즘에 대해 묻지 않았다. 이 때문에 포스트식민 이성에는 근대성의 그림자가 어른거린다. 셋째는 근대성에 대한 라틴아메리카의 식민적 차이에 의한 비판, 즉 포스트옥시덴탈 이성이다. 포스트식민 이성이 근대적 이성의 타자로 규정되었다면 포스트옥시덴탈 이성은 근대적 이성의 외부로 규정되었다. 포스트옥시덴탈 이성은 옥시덴탈리즘을 비판하면서 식민적 차이를 모색한다.

포스트옥시덴탈 이성은 마리아테기와 레타마르가 제기했던 문제의

식을 인식과 실천에서 새롭게 절속한다. 역사적 조건이자 인식의 지평으로서의 포스트옥시덴탈 이성은 인식과 실천의 절합 지점인 셈이다. 이런 맥락에서 포스트옥시덴탈 이성은 두 가지 과제를 수행한다. 하나는 텍스트를 컨텍스트화하는 것이고, 다른 하나는 컨텍스트를 텍스트화하는 것이다. 다시 말해, 이론을 현실화하는 것이고 현실을 이론화하는 것이다. 이론을 현실화하는 것이 서인도-아메리카-신세계-라틴아메리카 대신에 아나우악-타완틴수유-아브야얄라-우리 아메리카로 부르는 것이라면, 현실을 이론화하는 것은 '동시대성의 부정의 부정(denial of the denial of coevalness)'을 통해 '몸과 터에 뿌리를 내린 지식(situated knowledge)'을 복원하는 것이다. 이론을 현실화하고, 현실을 이론화하는 동시적이고 관계론적이며 상보적인 작업은 크게 네 가지로 요약될 수 있다.

첫째, 포스트옥시덴탈 이성은 유럽중심주의적 근대성 신화를 탈신화화한다. 포스트옥시덴탈 이성은 근대의 출발을 스페인과 포르투갈의 식민주의가 시작되었던 15세기 말까지 거슬러 올라감으로써 근대성의 지도를 수정한다. 두셀(Enrique Dussel)이 주장하듯이, 대서양 상권이 등장하고 정복자와 피정복자 간의 투쟁으로 물들었던 16~17세기가 첫 번째 근대성이며, 월러스틴이 상상했던 18세기는 두 번째 근대성이다. 포스트식민 이성이 옥시덴탈리즘을 누락시킨 것은 근대성의 구성적 요소인 첫 번째 근대성 시기에 대해 눈을 감고 있었기 때문이고, 그 결과 두 번째 근대성은 근대성의 수사학으로 식민성의 논리를 은폐했다. '해방으로서의 근대성', '유토피아로서의 근대성'이라는 신화는 '정복하는 자아(ego-conquiro)'를 은폐한 '생각하는 자아(ego-cogito)'가 만들어낸 신화다.

1492년은 근대성이 '탄생한 해'이다. …… 근대성이 '탄생한' 때는 유럽이 타자를 마주하고, 타자를 통제하고, 타자를 굴복시키고, 타자에게 폭력을 행사할 때였다. 또 근대성을 구성하는 타자성을 발견하고, 정복하고, 식민화하는 자아로 자신을 정의할 수 있던 때였다. 타자는 타자로 '발견'된 것이 아니라 '동일자'(항상 유럽이다)로 은폐되었다. 따라서 1492년은 개념으로서 근대성이 탄생한 순간이자 특유의 희생 '신화', 폭력 '신화'가 '기원'한 순간이며, 동시에 비유럽적인 것을 '은폐'한 과정이다(두셀, 2011: 5).

둘째, 포스트옥시덴탈 이성은 유럽중심주의적 근대성 신화의 탈신화화를 통해 식민주의와 함께 시작되어 식민주의 이후에도 생명력을 유지하고 있는 권력의 식민성을 드러낸다. 권력의 식민성은 '역사-구조적 종속(dependencia histórico-estructural)' 체계로서, 인간을 인종적-문화적으로 분류하고, 그러한 분류를 관리하는 사회적·국가적 제도로 작동한다. 권력의 식민성은 초기 자본주의 시기의 노예무역이나 강제 노동과도 밀접하게 연관된 정치적·경제적·사회적·문화적 차원이었다. 권력의 식민성은 16세기 이후 기독교 복음화 → 문명화 → 근대화/발전이라는 수사학을 사용해 서구 대(對) 나머지 세계를 기독교도 대 이교도 → 문명인 대 야만인 → 제1세계 대 제3세계로 이분법적으로 분류했다.

셋째, 포스트옥시덴탈 이성은 권력의 식민성을 탈구축(deconstruction)함으로써 유럽의 경험을 지방화한다. 두셀이 강조하듯이, 근대성은 순전히 유럽 내적 현상이 아니다. 유럽이 스스로를 세계사의 중심에 놓고 근대성을 독점하면서 나머지 세계는 주변부가 되었다. 오늘날 대부분의 중심부 지식인들이 유럽중심주의적 오류에 빠지는 것은 주변부를 누락시키고 근대성을 생각하기 때문이다. 근대성에 대한 비판이나 옹호가 일방적이고 부분적으로 잘못을 저지르는 이유도 근대성의 계보학에 대한 이해가 편파적이고 지엽적이기 때문이다(Dussel, 1993: 65). 차크라바르티(Dipesh Charkrabarty)는 근대성이 유럽 내적 현상이 아니라 주변부 타자와 변증법적으로 구성된 것임을 밝히는 작업을 '유럽의 지방화(provincializing Europe)'라고 표현했다(Charkrabarty, 1992).

넷째, 포스트옥시덴탈 이성은 유럽을 지방화함으로써 주변부를 세계화한다. '주변부의 세계화(globalizing the periphery)'는 차크라바르티의 딜레마를 품고 있다. 차크라바르티의 딜레마란 주변부의 사유 체계가 유럽화되어 있어서 주변부 본래의 역사적 경험을 유럽에 의존하지 않고 표현할 수 없다는 것이다. "비서구 제3세계 역사에는 적어도 두 개의 일상적 하위주체성이 존재한다. 제3세계 역사학자는 유럽 역사를 언급할 필요성을 느낀다. 그러나 유럽의 역사학자는 제3세계 역사를 언급할 필요성을 느끼지 못한다"(Charkrabarty, 1992: 2). 포스트옥시덴탈 이성은 유럽의 경험을 무시하지도 않고 문화상대주의를 지지하지도 않는다. 포스트옥시덴탈 이성은 '경계 사유(border thinking)'이며 '이중 의식(double consciousness)'이다(Mignolo, 2000a: 2009). 유럽이 자신을 언급하면서 타자를 언급하지 않는다면, 포스트옥시덴탈 이성은 타자를 언급하면서 자신을 언급하기 때문이다. 포스트옥시덴탈 이성은 '몸과 터에 뿌리를 내린 지식들'로서 현실을 '역사적-구조적 이질성(historico-structural heterogeneity)'으로 파악한다.

3. 파차쿠티(Pachakuti): 라틴아메리카 '이후'

옥시덴탈리즘은 근대/식민 세계체제의 상상계 안에 깊숙이 스며든, 서양 문명의 자기 기술이다. 옥시덴탈리즘은 오리엔탈리즘처럼 하나의 연구 영역이 아니라 관점 자체이며 모든 사유의 범주와 나머지 세계에 대한 분류가 결정되는 지식의 근거다. 포스트옥시덴탈 이성은 옥시덴탈리즘이 만들어낸 계서화된 개념들과 그 개념들을 매개로 세계사와 지역사를 설명하는 표상 체계에 대한 비판이다. 페르난데스 레타마르가 제기한 포스트옥시덴탈 이성은 1990년대에 들어서서 사회운동과 결합되면서 인식론적 탈식민화를 토대로 자본주의의 대안을 모색하는 상상력으로 등장했다. 포스트옥시덴탈 이성이 등장한 배경에는 세계질서의 변화가 자리 잡고 있다. 즉 16세기에 근대/식민 세계체제의 상상계로 등장한 이후 19세기의 제국주의를 거쳐 20세기 중반 이후 신자유주의 세계화의 이름으로 헤게모니를 유지하고 있는 옥시덴탈리즘은 월러스틴의 말처럼 1968년 세계혁명을 기점으로 영향력을 상실하면서 변신을 시도하고 있다. 한편으로는 사회주의 유토피아가 붕괴되고, 다른 한편으로는 근대/식민 세계체제가 '중심-주변', '제1세계-제3세계'의 문제를 '위-아래'의 문제로, 다시 말해 타자성(alteridad)을 하위주체성(sub-alteridad)으로 이동시키고 있다. 신자유주의 세계화는 단순히 계급 적대가 아니라 초국가적 차원에서 계급, 젠더, 세대, 인종의 문제를 아우르기 때문이다. 세계화(globalización)라는 수사는 '지구적 식민성(colonialidad global)'을 감추고 있다.

지구적 식민성은 현재의 세계화가 "한편으로는 자본의 탈영토화가 지구 전체를 착취를 위한 영토로 재영토화하고, 다른 한편으로는 착취에 대항하는 투쟁이 전 지구화되는 시대"(이진경, 2008: 48)임을 극명하게 보여주고 있다. 라틴아메리카는 식민주의를 거치고 내적 식민주의가 지속되는 과정에서 다른 어떤 지역보다 자본의 재영토화를 가장 먼저, 가장 강도 높게 경험하고 있다. 냉전 기간에 라틴아메리카는 공산화되는 대륙이라는 경계심을 불러일으켰고, 공산주의의 위협으로부터 라틴아메리카를 구할 수 있는 방법은 근대화라는 주장에 따라 발전 정책이 추진되었다. 그러나 1970년대 중반 이후 신자유주의 개혁으로 발전주의의 환상은 허무하게 사라졌다. 신자유주의 개혁과 동시에 진행된 1980년대의 형식적 민주주의는 자본을 보호하고 신자유주의 개혁을 실천하는 합법적 대리인이었다. 이러한 상황에서 1990년대 이후 다양한 차원의 사회운동들이 인식적이고 정치적인 면에서 파차쿠티가 발생했음을 보여주는 징표로 등장하고 있다.[7] 특히 원주민과 아프리카계 주민의 사회운동은 정치적·경제적인 측면의 저항에 그치지 않고 주체성과 지식의 차원에서 '다른(an-other)' 사유와 '다른' 논리의 포스트옥시덴탈 이성을 제시한다.

21세기에 가장 급진적인 투쟁은 지식과 추론의 장에서 발생할 것이다. 냉전 시기의 사회주의/공산주의 운동과 현재의 원주민 운동의 차이는 더 이상 체제의 논리 내부에서 사유하고 행동하지 않는다는 것이다. 원주민 운동은 논리 내부의 내용을 바꾸려는 것이 아니라 논리 자체를 바꾸려고 한다. 카스트로(Fidel Castro)가 주변화되고 아옌데(Salvador Allende)가 패배한 것은 자본주의가 추구하는 세계 경영 구상이 자본주의의 확장을 가로막는 어떠한 가능성에 대해서도, 심지어 (체제 자체가 아니라 체제 내부의 내용을 변화시키려고 한) 사회주의나 공산주의처럼 근대성 자체 내에서 발생한 대안적 가능성마저도 어떻게 억압했는지 알 수 있는 두 개의 예증

---

7) 파차쿠티는 안데스 아이마라 원주민어로 파차(pacha)와 쿠티(kuti)의 합성어다. 파차는 공간과 시간의 에너지 합류점, 따라서 생명의 발산을 의미한다. 쿠티는 강렬한 전향, 서구식 개념으로는 혁명으로 해석된다. 안데스 원주민들은 스페인인들의 출현으로 자신들과 자신들의 생활방식에 일어난 일을 파차쿠티로 묘사했다(미뇰로, 2010).

일 뿐이다. 오늘날 (대단히 복합적인 양상으로) 벌어지는 다양한 운동들은 민주주의가 독재에 의해 폭력적으로 팔아넘겨지고 있음에도 불구하고, 권력을 가진 사람들에 의해 상품화되고 정당화되는 민주주의, 자유, 그리고 발전의 수사학에 균열을 발생시키고 있다(미뇰로, 2010: 175).

앞에서 언급한 것처럼, 포스트옥시덴탈 이성은 현실을 이론화하고 이론을 현실화한다. 이론을 현실화하는 것이 원주민 운동과 아프리카계 아메리카인 운동을 중심으로 복합적인 양상으로 전개되는 사회운동들이라면, 현실을 이론화하는 것은 집단적인 지식인 운동이다. 콜롬비아 인류학자인 아르투로 에스코바르(Arturo Escobar)가 "라틴아메리카 근대성/식민성 연구 프로그램(El programa de investigación de Modernidad/Colonialidad)"으로 명명한 지식인 운동은 1990년대 후반 이후 근대-내적(intra-modern) 관점에서 벗어나는 '다른' 패러다임을 모색하고 있다.[8] 지식인 '운동'은 한편으로는 지식인의 활동이 하나의 운동이 되는 것이며, 다른 한편으로는 지식인이 사회운동에 참여하는 것을 의미한다. 사회운동과 지식인 운동이 합류하여 공동의 작업을 진행하는 예로는 에콰도르에 설립된 아마우타이 와시(Amawtay Wasi) 원주민 상호문화대학(The Intercultural University of the People and Nations of Ecuador)과 2000년대 브라질에서 시작한 세계사회포럼(WSF)을 들 수 있다. 아마우타이 와시의 핵심적 교육 원리는 "다시 배우기 위해서 배운 것을 잊어버리는 것을 배우는 것(learning to unlearn in order to relearn)"이다(Mignolo & Tlostanova, 2012: 12). 아마우타이 와시는 상호문화성(inter-culturalidad) 원

---

8) 1990년대 이후 미국과 라틴아메리카에서 진행되고 있는 라틴아메리카 근대성/식민성 연구 프로그램에 대해서는 김은중(2013)을 참조할 것.

리를 토대로 원주민 지식인과 활동가들이 비원주민들과 함께 연구하고, 대화하며, 가르치고, 계획을 세우며, 봉사하는 것을 목표로 한다. 상호문화성이란 상호인식론을 의미하는 것으로 "근대적 국민의 형성 과정에서 정당한 자리를 부여받지 못하고 주변부에 내몰린 원주민 문명과 언어를 (미국의 다문화주의처럼) 국민의 일원으로 받아주는 단순한 인정의 문제가 아니라, 하나 이상의 타당한 우주관으로 구성되는 복합문화적(pluri-cultural) 국민국가를 지향한다"(미뇰로, 2010: 203~204). 포스트옥시덴탈 이성의 '다른' 사유와 '다른' 인식은 서구 르네상스와 계몽주의 모델을 받아들인 크리오요와 메스티소가 설립한 대학에서 가르치는 패러다임을 '유일한' 선택으로 받아들이지 않는다. 다시 말해, 포스트옥시덴탈 이성의 '다른' 사유와 '다른' 인식은 서구의 패러다임을 유일보편성(universality)으로 받아들이지 않는다는 의미에서 '다른' 것이며, 서구 패러다임을 대체하는 다른 유일보편성이 아니다. 이런 맥락에서 포스트옥시덴탈 이성은 탈식민적 선택(decolonial option), 즉 스스로 경험하지 않은 개념적 틀로 사유함으로써 스스로를 소외시키는 대신에 스스로의 경험과 사상을 통해 개념을 정의하는 것이다.

아마우타이 와시는 19세기 유럽의 해방과 아메리카 대륙의 탈식민화라는 이중의 과정에서 근대/식민 세계체제가 재배치된 결과로 만들어졌던 '라틴'아메리카라는 개념이 되돌아갈 수 없는 지점에 이르렀음을 보여주는 극적인 예다. 이러한 예는 라틴아메리카와 앵글로아메리카라는 민족적 경계와 북과 남이라는 지리적 경계를 침식시키는 미국의 라티노 운동에서도 나타난다. 라티노 운동은 20세기 중반까지 라틴아메리카 지식인들이 추구했던 옥시덴탈리즘의 탯줄을 일찍 끊어버렸다는 점에서 포스트옥시덴탈 이성이 출현할 수 있는 토양이 마련되었다. 또한 첫 번째 근대성과 함께 등장한 아메리카라는 개념과 두 번째 근대성 시기에 만들어진 라틴아메리카라는 개념이 근대/식민 자본주의 세계체제의 권력 구도의 변화에 따라 재배치된 결과라는 점을 염두에 둔다면, 사회운동을 통한 라틴아메리카 정치 지형의 변화 또한 라틴아메리카 '이후'를 보여주는 또 다른 차원이다. 이런 맥락에서 포스트옥시덴탈리즘과 라틴아메리카 '이후'라는 문제 설정은 인식론적이고 존재론적인 차원, 정치적이고 문화적인 차원에서 옥시덴탈리즘에 뿌리를 두고 있던 라틴아메리카라는 이데올로기가 종언을 고하고 있다는 것을 보여주기 위한 것이다. 포스트옥시덴탈리즘과 라틴아메리카 '이후'는 서구 중심주의적 사유에서 벗어나 세계사회포럼이 지향하는 '가능한 다른 세계', 사파티스타들의 구호인 '많은 세계가 공존하는 하나의 세계'를 모색하는 출발점이다.

참고문헌

김은중. 2013. 「라틴아메리카 '이후': 근대성의 패러다임에서 탈식민적 패러다임으로」. 『트랜스라틴: 근대성을 넘어 탈식민성으로』. 이숲. 35~58쪽.

두셀, 엔리케(Enrique Dussel). 2011. 『1492년, 타자의 은폐: '근대성 신화'의 기원을 찾아서』. 박병규 옮김. 그린비.

벤야민, 발터. 2008. 『발터 벤야민 선집 5』. 최성만 옮김. 길.

미뇰로, 월터. 2010. 『라틴아메리카, 만들어진 대륙: 식민적 상처와 탈식민적 선택』. 김은중 옮김. 그린비.

사카이 나오키·니시타니 오사무. 2009. 『세계사의 해체: 서양을 중심에 놓지 않고 세계를 말하는 방법』. 차승기·홍종욱 옮김. 역사비평사.

월러스틴, 이매뉴얼. 2005. 『월러스틴의 세계체제분석』. 이광근 옮김. 당대.

이경원. 2011. 『검은 역사 하얀 이론: 탈식민주의의 계보와 정체성』. 한길사.

이진경. 2008. 「전 지구적 자본주의와 과잉-제국주의」. 『전 지구적 자본주의와 한국사회: 다시 사회구성체론으로?』. 그린비. 46~73.

트루요, 미셸-롤프. 2011. 『과거 침묵시키기: 권력과 역사의 생산』. 김명혜 옮김. 그린비.

Adorno, Rolena. 1993. "Reconsidering Colonial Discourse for Sixteenth−and Seventeenth−Century Spanish America." *Latin American Research Review* 28, No.3, pp.135~145.

Chakrabarty, Dipesh. 1992. "Provincializing Europe: Postcoloniality and the Critique of History." *Cultural Studies* 6, No.3, pp.337~357.

Coronil, Fernando. 1996. "Beyond Occidentalism: Toward Nonimperial Geohistorical Categories." *Cultural Anthropology II*, No.1, pp.51~87.

Dussel, Enrique. 1993. "Eurocentrism and Modernity." *Boundary* 2, Vol.20, No.3, pp.65~76.

Fabian, Johannes. 1983. *Time and the Other: How Anthropology Makes Its Object.* New York: Colombia University Press.

Fernández Retamar, Roberto. 1986[1976]. "Nuestra Américan y Occidente." Ideas en torno de Latinamérica. México: UNAM, pp.153~186.

González Casanova, Pablo. 1965. "Internal Colonialism and National Development." *Studies in Comparative International Development 1*, No.4, pp.27~37.

Hulme, Peter. 2008. "Postcolonial Theory and the Representation of Culture in the Americas." Maber Moraña, Enrique Dussel, & Carlos A. Jáuregui(eds.). *Coloniality at large: Latin America and the Postcolonial Debate.* Durham & London: Duke University Press, pp.388~395.

Klor de Alva, Jorge. 1992. "Colonialism and Postcolonialism as (Latin) American Mirages." *Colonial Latin American Review* 1~2, pp.3~24.

McClintock, Anne. 1994. "The Angel of Progress: Pitfalls of the Term Postcolonial." Patrick Williams & Laura Chrisman(eds.). 1994. *Colonial Discourse and Post-colonial Theory: A Reader*, New York: Columbia University Press, pp.291~304.

Mignolo, Walter. 2000a. *Local Histories/Global Designs: Coloniality, Subaltern Knowledges and Border Thinking.* New Jersey: Princeton University Press.

Mignolo, Walter. 2000b. "La colonialidad a lo largo y a lo ancho: El hemisferio occidental en el horizonte colonial de la modernidad." Edgardo Lander(ed.). *La colonialidad del saber: Eurocentrismo, ciencias sociales, perspectivas latinoamericanas.* Buenos Aires: Consejo Latinoamericano de Ciencias Sociales, pp.55~86.

Mignolo, Walter & Madiana V. Tlostanova(eds.). 2012. *Learning to unlearn: Decolonial Reflections from Eurasia and the Americas.* Columbus: Ohio State University Press.

Shohat, Ella. 1992. "Notes on the Postcolonial." *Social Text,* 31/32, pp.99~113.

Stavenhagen, Rodolfo. 1965. "Classes, Colonialism and Acculturation." *Studies in Comparative International Development 1*, No.7, pp.53~77.

West, Cornel. 1989. *The American Evasion of Philosophy: A Genealogy of Pramatism.* Madison: University of Wisconsin Press.

제2장

중남미 해방신학과 유토피아
구스타보 구티에레스의 신학을 중심으로*

조영현 부산외국어대학교 중남미지역원 HK교수

우리는 모두 꿈을 지녀야 합니다. 만일 한 사람의 꿈이라면 하나의 꿈일 뿐이지만 모두 같이 꿈을 지니고 있다면 그 꿈은 반드시 실현되고 꼭 현실화될 것입니다. ―돔 헬더 카마라(Dom Hélder Câmara)

1. 서론

해방신학은 1960년대 말 라틴아메리카에서 등장하자마자 세계에 큰 반향을 일으켰다. 이 신학은 종교 분야뿐 아니라 정치, 경제, 문화 등 사회 전 분야에 영향을 미쳤고, 이 지역의 사회변혁운동에 영감을 불어넣으면서 여러 학문 분야의 연구대상이 되었다. 제3세계에 출현한 이 신학은 기존 예지(叡智)로서의 신학과는 다른 전망에서 '신학하기'를

---

* 이 글은 ≪이베로아메리카연구≫ 20권 1호(2009)에 발표한 필자의 논문을 총서 취지에 맞게 수정 보완한 것이다.

시도해 추상적이고 형이상학적 진술로 한정되던 신학의 범주를 탈피했다. 그것은 페루의 해방신학자 구스타보 구티에레스(Gustavo Gutiérrez)가 신학을 "말씀의 빛을 받아서 그리스도교 신앙실천(Praxis)에 관한 비판적 고찰"이라고 정의한 데서 잘 나타난다(구티에레스, 1977: 31). 이 신학은 기존 신학에서 사용하지 않던 새로운 사회과학적 방법론을 도입하고 프락시스(Praxis)라는 역사적 실행과 이론을 연계함으로써 더욱 그리스도인들에게 매력적으로 다가갔다. 그것은 중남미 현실에서 해방이 필요한 이유를 신앙과 사회과학적 전망에 근거해 정확히 설명했기 때문이고, 민중과 신자들의 요구에 부응했기 때문이다.

그러나 필자는 해방신학이 라틴아메리카에서 유행할 수 있었던 것은 무엇보다 이 신학이 유토피아와 연계되어 있기 때문이라고 본다. 해방신학자들은 인간이 왜 현실의 포로가 되길 거부하고, 꿈꾸고, 상상하며, 유토피아를 창조하는 데 집착하는지를 잘 알고 있었다. 따라서 해방신학은 가난, 폭력, 테러, 억압, 인권 유린, 계급 간의 갈등, 불평등, 불의, 생태와 환경파괴, 종속 등 라틴아메리카 사회의 모순과 병폐를 분석하면서 디스토피아(Distopia)적 현실에서 새로운 유토피아를 제시하는 동시에, 기존의 그리스도교적 유토피아를 상기시키려 노력했다.

초기 해방신학의 탄생에 있어 그 뼈대를 세운 구스타보 구티에레스 신부는 자신의 저작 『해방신학』에서 구원과 해방, 종말론적 약속, 하느님 나라, 신앙, 정치활동 등의 핵심 주제를 중재하는 개념으로 유토피아를 상정하고 있었다(구티에레스, 1977: 302~303). 이것은 자신의 핵심 사상을 반영하는 4부의 9장, 10장, 11장에 잘 나타난다. 그러나 그 후 신학자들은 이 유토피아라는 주제를 깊이 다루지 않았다. 해방신학과 깊이 연계된 유토피아를 간과했기 때문에 해방신학 자체뿐 아니라, 1980년대의 여성신학, 흑인신학, 생태신학, 1990년대의 인디오신학과 경제신학 등 각 시대마다 다양한 모습으로 분기하던 해방신학의 면모를 제대로 파악할 수 없었다. 앞에서 언급한 여러 신학들은 결국 동시대의 현실 비판과 유토피아적 요소를 반영하는 신학들이기 때문이다.

  그 동안 해방신학에 대한 수많은 연구들이 있었다. 여기에는 해방신학의 특성이나 이론적 논쟁, 해방신학자들과 기존 체제의 옹호자들 사이의 충돌, 이 신학이 직면한 문제 등에 대한 것들이 포함된다. 그리고 최근에는 베를린 장벽 붕괴 후 변화하는 해방신학의 다양한 노선에 대한 연구들이 넘쳐나고 있다. 그러나 해방신학을 유토피아의 관점에서 다루는 연구는 찾아보기 힘들다. 단지 소수의 연구자들이 관심을 가졌을 뿐이다. 대표적인 선행연구들로는 사회적 저항을 촉발한 유토피아적 특성에 천착해 해방신학을 고찰한 라틴아메리카 철학자 오라시오 세루티(Horacio Cerutti Guldberg)와 사회학자 루이스 헤라르도 디아스(Luis Gerardo Díaz)가 쓴 몇 편의 논문이 있을 뿐이다. 그리고 국내에는 라틴아메리카 종교변혁운동 안에 내재된 유토피아 사상을 발전시킨 이남섭의 논문이 거의 유일하다. 그리고 필자가 전개하는 이 글의 방향과 조금 다르지만 해방신학의 전망에서 시장이나 합리성, 효율성을 절대시한 근대 자본주의나 신자유주의적인 유토피아를 비판한 힌켈라메르트(Franz Hinkelammert)와 성정모(Sung Jung Mo)의 연구도 주목할 만하다.[1]

  필자는 해방신학 안에 내재한 유토피아 사상을 올바로 깨닫지 못한다면 해방신학을 바르게 이해했다고 볼 수 없다는 견해를 갖고 있다. 왜냐하면 1968년 제2차 라틴아메리카 주교회의(Medellín, Colombia) 이후 그리스도교 신자들이 주도한 다양한 의식화, 조직화, 정치화 운동들의

---

1) 이 노선에 따른 국내 연구는 다음 논문을 참조할 수 있다. 김항섭, 「신자유주의적 유토피아 비판」, ≪신학과 사회≫, 12호(1998), 365~376쪽.

이면에는 사회 변혁과 대안성, 혁명적 요소들이 포함되어 있기 때문이다. 극단적으로 카밀로 토레스(Camilo Torres)처럼 종교인이 게릴라운동이나 사회주의를 추종하는 혁명운동에 참여하는 모습도 나타났다. 이 지역 신앙인들이 투신했던 '더 나은 사회 건설'이나 '새 사회' 건설 움직임은 분명 그 양상이나 정도 면에서 다른 대륙의 그리스도교 모습과는 다른 특성을 보였다. 이것은 이미 수많은 연구를 통해서 검증된 것이다. 따라서 이런 전제 하에 라틴아메리카 역사가 가진 유토피아적 요소의 중요성과 그 토양에서 출현한 해방신학이 갖는 연계성에만 초점을 맞추어 이 글을 전개할 것이다. 특히 구티에레스의 해방신학과 유토피아와의 관계를 정치와 하느님 나라, 그리고 유토피아의 관계 안에서 재조명해 볼 것이다. 해방신학의 주요 주제인 하느님 나라, 사회주의, 종말론적 약속과 희망 등이 그 분석 대상이 될 것이다.

2. 유토피아의 실습장: 라틴아메리카

1492년 이후 유럽인들이 '신세계'라 명명한 아메리카 대륙에는 '구세계' 유럽과는 다른 희망이 투사되었고, 동시에 아메리카는 '파라다이스'라는 비전을 통하여 유럽에 소개되었다. 죄와 부패, 악행으로부터 자유로운 새 세계가 꿈꾸어진 것이다. 멕시코의 알폰소 레예스(Alfonso Reyes)가 주장한 것처럼 아메리카는 실제 존재가 확인되고 경험되기 이전부터 소설가나 항해자, 지도 제작자들을 통해 꿈꾸어진 공간이었다(Magallon, 2006: 13). 유토피아적 신대륙은 구대륙 사람들이 협소한 지중해적 세계관에서 벗어나 그리스도교적 세계를 새로운 대륙에 건설하도록 자극했다. 이런 원대한 프로젝트가 가능했던 배경에는 개인적인 소망들을 녹여내 하나의 지향점을 만들었던 유토피아가 있었다. 이미 이때부터 중남미는 유토피아의 실험장이었다.

콜럼버스로 대표되는 항해자들, 에르난 코르테스(Hernán Cortés)로 대표되는 정복자들, 그 밖의 탐험가들의 머리에 그려진 유토피아는 역경과 난관을 뚫고 미지의 땅 구석구석을 분주하게 탐색하게 만든 원동력이었다. 새 문명, 인디오라는 새로운 '타자(el otro)'와의 만남은 신대륙에 대한 유토피아적 열망을 부채질했다. 부, 명예, 권력, 황금에 대한 욕망이 투사된 '엘 도라도(El Dorado)'의 전설도 하느님 나라를 지상에 건설하고자 했던 초기 선교사들이 지닌 원대한 유토피아적 열정을 축소시키지는 못했다.

중남미에 첫 발을 디딘 선교사, 수도자들은 유토피아적 신세계를 구축하려 했다. 바르톨로메 데 라스카사스(Bartolomé de las Casas)는 황금만능에 빠진 스페인 제국이 우상 숭배를 핑계로 자행하던 인디오에 대한 인권 유린과 문화 파괴를 저지하기 위해 노력했다. 그가 꿈꾼 유토피아는 해방된 인디오들과 함께 공존하는 새 질서의 아메리카였다. 그렇기 때문에, 그는 당시 유럽중심주의, 중상주의, 제국주의, 식민주의, 정복전쟁의 정당성 등을 옹호하던 히네스 데 세풀베다(Juan Gines de Sepulveda)와 대립하게 되는데, 이 논쟁은 당시 아메리카에 건설될 두 개의 유토피아 프로젝트를 대표한다는 측면에서 중요하다. 체제의 옹호자들이 구현하려는 유토피아와 체제 밖의 목소리들이 꿈꾸는 새로운 질서가 바로 그것이다.

식민시대에도 아메리카에 하느님의 정신이 구현되는 공동체를 건설하려는 시도들이 있었다. 가장 대표적인 것은 바스코 데 키로가(Vasco de Quiroga) 주교가 멕시코시와 미초아칸주에 건설했던 산타페 공동체다. 그는 병원을 세우고, 고아와 과부를 수용하는 등 기본적인 사회복지

체계가 갖추어진 공동체를 통해 구성원들이 재산을 공유하고, 6시간 노동을 하는 평등한 사회를 실현하려 했다.

17세기 예수회 신부들은 '레둑시온(Reducción)'이라는 선교 공동체를 만들었으며, 가장 대표적인 것은 파라과이 과라니족을 위한 것이었다. 1767년 예수회가 추방될 당시만 해도 60명의 예수회 신부가 14만 명의 인디오와 공동체를 이루어, 그리스도교의 가르침을 실천함으로써 성공적인 교육과 개종이 이루어지고 있었다. 이는 유럽 문화와 인디오 문화가 조화를 이루어 공존하는 이상적인 공동체였다.

이 밖에도 다양한 유토피아 사상을 발견할 수 있다. 과만 포마 데 아얄라(Felipe Guaman Poma de Ayala)는 착취가 난무하는 불의한 현실을 자신의 연대기 작품을 통해 비판하고 고발함으로써 스페인 식민 지배의 종말과 새 세상의 도래에 대한 염원을 표출했다. 잉카 제국의 후손인 투팍 아마루(Túpac Amaru)가 시도한 잃어버린 제국을 재건하려던 꿈은 과거로의 회귀가 아니라 인디오가 주인이 되는 해방된 제국이었다.

남미 국가들의 독립 영웅 시몬 볼리바르와 호세 데 산마르틴(José de San Martín) 장군은 '해방의 유토피아'를 대표한다. 이들이 즐겨 사용하던 '중남미 통합의 꿈'과 '우리의 아메리카'라는 표현은 '우리 모두의 아메리카'로 불리는 통합의 유토피아를 의미하고, 이들이 지녔던 중남미 통합의 꿈은 오늘도 중남미 사람들의 희망으로 자리 잡고 있다.

'토지와 자유'를 외친 멕시코 혁명을 기점으로 부패한 정권에 대항한 쿠바 혁명, 기독교적 세계관을 지닌 민중이 주도한 니카라과의 산디니스타 혁명, 멕시코의 인디오 농민들로 이루어진 사파티스타 민족해방군은 모두 현재와 다른 새 세계, 새 질서가 가능하다고 믿고 시도한 혁명과 운동이다. 모두 저발전, 소외, 가난, 착취로 대표되는 중남미 현실을 극복하려는 치열한 노력이다. 이처럼 유토피아라는 말은 지난 수백 년간 중남미 사람들의 염원을 응축해서 표현하는 말이다.

오늘날도 역시 중남미의 현실은 끊임없이 유토피아를 요구하고 있다. 브라질의 룰라(Ignacio Rula), 베네수엘라의 차베스(Hugo Chavez), 볼리비아의 모랄레스(Evo Morales), 에콰도르의 코레아(Rafael Correa), 그리고 파라과이의 루고(Fernando Lugo) 등은 어떤 의미에서 민중에게 새로운 유토피아 사회를 건설하겠다는 비전을 제시함으로써, 다시 말해, 자신들이 소수 지배자들과 제국주의의 첨병 역할을 수행하는 다국적 기업과 국제 금융기관의 지배에 대항하여 더 나은 대안 사회를 실현시킬 적임자라고 주장하며 대통령에 당선되었다고 할 수 있다. 게다가 브라질의 포르토 알레그레에서 열린 세계사회포럼의 주제 "다른 세상은 가능하다(Otro mundo es posible)"와 사파티스타민족 해방군이 건설하려는 "모든 사람을 다 포용하는 세상(Un mundo donde quepan todos los mundos)"은 현재 이 지역에 건설 중이고 구체화되어 가는 새로운 유토피아를 대변하는 것이다.

해방신학자들은 자신들이 전개하는 신학이 인디오들의 인권 수호와 억압받던 희생자들의 희망을 대변하던 라스카사스 주교와 초기 선교사들의 전통을 계승하고, 중남미 역사에서 면면히 흐르는 변혁의 의지를 반영한 신학이라고 주장하며, 이 신학이 라틴아메리카 사회운동과 변혁 정신에 영감을 불어넣는 원천으로 작용하고 있다고 강조한다(Berryman, 1987: 14~16).

3. 유토피아의 현대적 의미와 해방신학의 유토피아 이해

유토피아라는 용어는 사회 전 영역에서 자주 쓰이는 용어가 되었지만 이 용어가 갖는 다의성과 양면성 때문에 불필요한 혼란을 야기한다. 따라서 이 글을 본격적으로 전개하기에 앞서 유토피아의 의미와 개념에 대해 먼저 정리할 필요가 있겠다.

원래 그리스어에서 유래한 유토피아(Utopía)는 현실에서는 '실현이 불가능한 이상적인 곳'을 의미하는 동시에 '좋은 곳'을 뜻한다. 결국 이 세상에서는 실현이 불가능한 좋은 곳이다. 역사적으로 유토피아 관련된 사상은 이미 플라톤의『국가』나 유대그리스도교의 성서에 등장한다. 소위 '젖과 꿀이 흐르는 땅'이다. 토마스 모어(Thomas More)는 공상소설『유토피아』를 통해 당시 영국 사회의 모순, 즉 비정상적인 정치적·경제적 현실을 고발하고 비판함으로써 새로운 사회의 실현을 꿈꾸었다. 그 후 이 용어는 다양한 형태의 내용을 함축하면서 분화하고 발전했다. 정치적 관점에서 제시하는 유토피아는 주로 18세기와 19세기 초에 등장해 반 부르주아 사회 개혁의 이상을 표현했다. 사회주의적 공산사회의 실현을 염두에 둔 마르크스주의적 유토피아가 그것이다.

지난 세기 동안 서구의 일부 학자들은 유토피아 사상이 인류의 역사를 형성시키고 변혁시키는 데 역동적인 역할을 한다는 사실에 주목했다. 원래 체제 '전복적인' 성격을 지닌 이런 유토피아는 역사 속에서 개혁과 변혁의 기재와 추진력으로 나타났다(구티에레스, 1977: 298). 현대적인 유토피아의 개념은 현실성을 결여한 것, 비합리적인 것, 환상적인 것을 추구하는 것이 아니라 '현재'와는 질적으로 다른 새로운 사회를 건설하고, 인간 사이에 창의적이고 독립적인 관계를 정립하려는 염원을 함축하고 있다. 이는 역사를 추진하는 역동성, 인간의 사회적 염원과 희망, 상상력과 창조성이 투사된 의식 공간으로서의 유토피아다. 한마디로 말해, 유토피아는 희망의 은유다. 이것은 토마스 모어가 사용한 유토피아와는 다른 의미의 유토피아이다.

인간의 특성과 본질을 이루는 '희망의 원리'로 유토피아를 집대성한 이론가는 독일의 철학자 블로흐(Ernst Bloch)다.[2] 그는 인간이 고통과 결핍을 느끼는 존재인 동시에 궁극적 충만을 갈망하는 존재이기 때문에 육체성, 물질성과 같은 한계에도 불구하고 자기 안에 유폐되는 것이 아니라, 자기 밖으로 나아가고 미래로 나아가려는 성질이 있음을 갈파했다. 그래서 그는 인간을 희망하는 존재, 유토피아를 갈망하는 존재(Homo Utopicus)로 이해했다. 구티에레스도 이 점을 그의 저서 『해방신학』에서 긍정적으로 수용한다(구티에레스, 1977: 277).

블로흐는 "유토피아적인 것을 토마스 모어의 방식으로 제한하거나

---

[2] 블로흐 외에도 다양한 현대의 사상가들이 토마스 모어의 공상적 유토피아 개념과는 다른 현대적 의미의 유토피아에 주목했다. 만하임(K. Mannheim)은 유토피아적이라는 것을 기존 질서를 파괴하는 현실 초월적 방향 설정에만 국한시킴으로써 유토피아를 기존 질서를 재생산하는 이데올로기와 구분했다. 한숏(E. Hansot)은 유토피아가 비현실적이고 허구적인 사고가 아니라, 기존 현실을 비판하고 풍자하면서 미래에 대한 인간의 비전을 현실적으로 실현시키려는 의도와 노력의 뜻이 내포되어 있음을 강조했다. 같은 맥락에서 월러스틴은 유토피아 개념의 혼란을 피하고 이 용어의 긍정적, 적극적 의미를 되살리려는 취지에서 유토피스틱스(Utopistics)라는 새로운 용어의 사용을 제안했다. 그것은 기존 현실에 대한 비판적인 방식으로 항상 더 좋은 것을 정의해가는 하나의 과정으로서의 유토피아 개념을 강조하기 위해서였다. 이 유토피스틱스는 '실현 가능한 역사적 대안들의 실질적 합리성을 평가하는 지적 활동'이란 의미를 내포한다. 위의 견해들을 종합하면 현대적 의미의 유토피아가 대안성(전망성), 현실 비판성, 실현 가능성, 혁명성과 같은 진보성을 함축하고 있다고 하겠다. 이처럼 유토피아의 긍정적 측면을 강조하는 사상가들은 모두 블로흐에게서 깊은 영향을 받았음은 주지의 사실이다. 이 글에서는 유토피아에 대한 논점을 흐리지 않기 위해 블로흐를 중심적으로 다룰 것이다. 다만 여기서 강조하고 싶은 것은 유토피아의 역사가 종교에서 시작해서 정치 영역으로 확대되었고 점진적으로 과학기술과 문화 영역으로 확산되어간다는 사실이다. 이것은 유토피아 개념도 진화하고 있다는 것을 보여준다.

그의 '유토피아론'에 의거해서만 파악해서는 안 된다"고 보았다(Bloch, 1986: 15). 그에게 유토피아는 '아직 아닌 것(the Not-Yet)'이지만 꿈을 통해 현재화되는 일종의 선취의식(Anticipation)이다.3) 그는 유토피아를 인간 내부에 잠재되어 있는 어떤 의식 또는 지향성으로 이해하며, 이 지향성으로서의 의식은 새로운 무엇을 창출케 하는 일종의 경향성이며 잠재성이기도 하다(정광일, 2007: 24). 그는 유토피아 의식을 언급하는데, 이것은 '아직 의식되지 않은 것이지만 언젠가 현실에 구체적으로 나타날 현상으로서의 '낮에 꾸는 꿈(Sueño diurno)'이다. 밤에 꾸는 꿈이 왜곡된 꿈, 즉 망상이나 허상을 나타낸다면 의식하는 상태에서 꾸는 꿈은 인간의 갈망과 희망을 나타낸다.

무엇보다도 그는 유토피아를 '추상적인 것'과 '구체적인 것'으로 구분했다. '추상적 유토피아'는 유토피아 본래의 의미를 축소하는 환상적이고 몽상적인 성격을 내포한 부정적 유토피아이며, '구체적 유토피아'

---

3) 블로흐는 그의 저서 『희망의 원리』를 선취의식(anticipatory consciousness)이라는 제목으로 시작한다. 이 의식은 미래에 일어날 어떤 상(像)을 현재화하는 의식이다. 이 의식을 통해 막연한 미래를 구체적 현실의 상으로 드러낸다. 선취 개념은 후에 희망의 신학자 몰트만(J. Moltmann)에게 커다란 영향을 미친다. 그 밖에도 몰트만의 희망의 신학은 블로흐의 희망의 원리에서 그 기본 범주들을 수용한다. 몰트만은 신(新) 마르크스주의자 에른스트 블로흐의 메시아적 철학에서 미래를 지향하는 희망의 신학을 위한 가장 중요한 철학적 범주를 발견했다. 특히 블로흐의 메시아 정신이 결정적인 영향을 끼친다. 이에 대해 칼 바르트(Karl Barth)는 1964년 『희망의 신학』이 출판되었을 때, 몰트만이 블로흐의 『희망의 원리』에 세례를 베풀었다고 비꼬았다. 그러나 희망의 철학과 희망의 신학은 결정적인 차이점이 있다. 희망의 철학은 하느님 없는 메시아니즘을 주장한 반면, 희망의 신학은 하느님과 함께하는, 하느님으로 말미암은 메시아니즘을 주장했다(김균진, 2005: 58~59). 한마디로 이 둘 사이의 차이를 말하면, 하나는 무신론적 희망이고 다른 하나는 기독교 신앙의 희망이다.

는 실현 가능성을 배태한 긍정적이고 희망적인 유토피아를 의미한다. 이것이 충만한 실현을 기대할 수 있는, 인간을 자발적으로 동원할 수 있는, 그리고 역사를 추동할 수 있는 진정한 의미의 유토피아인 것이다.

유토피아 철학의 대가인 블로흐는 유토피아의 공간적 요소보다 시간 적 요소를 강조했다. 전통적으로 유토피아가 인간 의식 안에 있는 어떤 장소로서만 이해되었다면, 그는 유토피아를 시간적 개념으로 발전시켰 다. 유토피아는 이제 '미래지향적 시각(視覺)'을 포함하게 되었다. 미래, 내일, 희망은 한 마디로 시간적 개념이며, 보다 나은 세계에 대한 비전이 미래 사회를 향한 개방된 시간 선상에서 그려진다(정광일, 2007: 25).

그가 사용한 '선참'과 '선취' 개념은 유토피아가 현재에 어느 정도 맛볼 수 있고 느낄 수 있는 요소를 포함하고 있다는 점을 잘 나타낸다. 그러므로 이 용어가 현재와 동떨어진 미래를 가리키는 것만은 아니다. 블로흐 사상의 연장선상에서 보면, 유토피아가 없다면 세상은 이상도, 목적도 없이 현재 안에 유폐되고 동결된 채 남아 있을 것이고, 역사의 역동성도 사라질 것이다.

이 같은 유토피아는 보통 세 가지 차원을 포함한다. 불합리하고 변화 의 의지가 없는 폐쇄적 현실에 대한 비판적 차원, 아직 실현되지 않은 이상을 지향하는 역동적 차원, 그리고 꿈과 희망이 미래에 가능할 구체 적 프로젝트로 전환되는 창조적 차원이다. 물론 이 세 가지 차원은 별개로 발생하거나 진행되는 것이 아니라 동시적이며 통합적으로 나타 난다. 이러한 유토피아는 우리로 하여금 더 멀리, 더 많은 것을 보게 한다. 불합리한 현실과 대척점에 있는 새 체제와 새 사회를 계시한다. 이 계시는 추상적인 것이 아니라 대안적이고, 역사적인 계획이 인도하 는 구체적인 것을 포함하고 있다. 이런 의미에서 보면 유토피아는 현실 을 이해하는 가장 효율적인 무기 중 하나이며 현실 분석의 유용한 도구이다.

이러한 유토피아의 정의와 개념의 변화를 잘 알고 있는 해방신학의 주창자 구티에레스는 그의 신학에 이러한 유토피아의 개념의 변화를 반영했다. 그는 유토피아를 다음 세 가지 차원에서 이해한다(구티에레스, 1977: 300). 첫째 유토피아는 현재의 역사적 실제와 관련을 맺고 있다. 이 역사적 관계는 단순하고 고정적인 것인 것이 아니라 복합적이며 역동적이다. 즉 혁명론적인 '결별(訣別)'과 미래지향적인 '예보(豫報)'의 성격을 동시에 지니고 있다. 둘째 이 결별과 예보는 오로지 실천적 행동을 통해서만 성취된다. 마지막으로는 "유토피아란 '합리적' 질서에 속하는 것"이라는 블랑카르(Paul Blanquart)의 입장에 동의한다. 블랑카르는 위기와 전이의 순간이 올 때마다 유토피아는 참신한 활력을 가지고 재등장한다고 보았다(구티에레스, 1977: 301). 이러한 긴장감이 우리가 사는 현실에 응축되어 나타났다가 어느 순간 폭발력을 지녀 사회 주체들이 꿈꾸는 역사적 프로젝트를 실현하기 위해 나아가는 것이다. 이와 같이 풍요로운 의미를 담지하고 있는 현대적 유토피아의 개념과 전통을 해방신학은 적극적으로 수용했다.

4. 정치, 하느님 나라 그리고 유토피아

1) 해방과 정치

구스타보 구티에레스는 자신의 신학의 핵심 개념인 '해방'을 다음 세 가지 차원에서 이해한다. 먼저 해방은 압제받는 대중과 사회계급의 염원을 표현한 것으로 정치적, 경제적, 사회적 해방을 의미한다. 그러나 더 깊이 들어가면, 역사적 차원의 해방이 있다. 즉, 진정한 자유를 점차 쟁취하면서 새로운 인간, 질적으로 다른 사회를 창건하는 의미에서 해방이다. 마지막으로 종교적 차원의 해방은 근본적으로 죄에서의 인간 해방을 가리킨다(구티에레스, 1977: 58~59). 그는 특히 현세적 의미에서 정치적, 사회적, 경제적 해방을 강조한다.[4] 그래서 성서에서 말하는 해방도 정치적 해방과 깊은 연관이 있음을 시사하고 출애굽을 그 대표적 예로 제시한다. 해방의 특권적 장소는 결국 정치라는 인간 삶의 총체적 장(場)에서 이루어지는 것이다.

정치는 좁은 의미로 권력관계와 그 분배, 권력 추구와 수행과 관계되며 사회 공동체를 통합시키는 요소이다. 그러나 해방신학 운동에 뛰어든 사람들이 이해하는 정치는 더 넓은 의미를 포함한다. 즉, 인간의 품위와 사회 정의를 촉진할 목적에서 공공선(bien común)을 증진시키는 권력의 수행과 관계된 모든 활동으로 이해한다.[5]

구티에레스는 자신의 신학을 전개하는 데 정치영역을 중시한다. 왜냐하면 역사 속에 현존하는 교회는 그리스도교인들의 삶을 조건 짓는 정치적 차원을 무시할 수 없기 때문이다. 정치적인 것은 인간 현실과 삶을 포괄하는 총체적 영역이다. 이 유토피아가 정치라는 매개를 통하

---

4) 그렇다고 죄에서의 해방에 대한 종교적 차원의 해방을 무시하는 것이 아니다. 단지 그동안 신학에서 지나치게 죄에서의 해방만 강조한 관계로 사회적, 정치적 차원이 소홀히 다루어진 것에 대한 보완 차원에서 정치적, 사회적 차원을 전략적으로 강조했다고 이해할 수 있다.

5) 제2차 바티칸 공의회의 사목 헌장(Gaudium et Spes)은 정치와 공공선에 대하여 다음과 같이 정의한다. "정치 공동체는 공동선을 위해서 존재하고, 공동선 안에서 정당화되고 그 의의를 발견하며, 공동선에서 비로소 고유의 권리를 얻게 된다. 공동선은 개인과 가정과 단체가 더 완전하게 더 쉽게 자기 완성에 도달할 수 있는, 사회생활의 모든 조건들의 총체를 내포한다."(74항).

여 가능한 것으로, 더 구체적이고 현실적인 것으로 나아간다. 이것은 다른 현실을 미리 경험하도록 미래를 보여주어 사람들의 행동을 자극하고 동원시키기도 한다. 이런 의미에서 유토피아가 정치와 역사의 추진 동력 역할을 한다. 그래서 구티에레스는 유토피아가 현존하는 것을 변혁시킬 실천적 행동을 불러일으켜야 한다고 보았으며, 이 유토피아가 새로운 사회의식과 새로운 인간관계 확립을 위한 참여와 투신을 가져와야 한다는 견해를 밝혔다(구티에레스, 1977: 300~301). 그는 진정한 유토피아 사상은 정치적 활동을 요청하고, 풍부하게하며 거기에 참신한 목표를 설정하도록 지원하는 것으로 믿었다(구티에레스, 1977: 300). 한마디로 표현하면, 정치가 유토피아의 특권적 장소이며, 유토피아가 정치에 영감을 불어넣는 원천으로써의 역할을 한다고 할 수 있다.

해방신학도 그리스도교 신앙의 공적·정치적 차원을 강조했다는 점과, 신학이 정치의 중재가 없으면 공허해질 수 있음을 잘 인식했다는 점에서 몰트만(J. Moltmann)과 메츠(J. B. Metz)의 정치신학의 연장선상에 위치한다고 할 수 있다.[6] 그러나 해방신학은 기존 정치신학이 갖는 제3세계 종속과 착취의 현실에 대한 이해 부족, 민중의 해방에 대한 열망에 있어 인식 부족을 비판하면서 지난 세기 동안 급속한 발전을 보인 사회

---

[6] 몰트만은 자신의 정치신학의 출발점을 '희망'에서 찾는다. 희망은 본래 하나의 신학적, 종말론적 개념이지만, 그 속에 유토피아적 의미뿐 아니라 정치적 의미를 함유하고 있으며 정치적 기능을 가진다. 주어진 현실에 만족하지 않고, 그것에 모순되는 새로운 것을 기다리며 희망한다는 것은 이미 그 자체에 있어 주어진 현실의 부정을 뜻하기 때문이다. 그래서 유토피아는 결정적으로 더 나은 것을 바라는 희망과 관련된다. 유토피아는 현실의 결함과 허점에 대한 문제제기 속에서 출현하며, 그 모순들에 대한 수정을 요구한다는 측면에서 정치적 반향을 예고하며 정치의 장(場)으로 이전된다(김균진, 2005: 50).

과학의 도움을 받아 보다 급진적이고 진일보한 신학을 선보였다. 여기에는 신마르크스주의자들의 방법론과 학문적 도움에 힘입은 바 크다. 특히 이 방법론은 민중의 열망과 희망이 유토피아와 관련되어 있음을 깨닫도록 하는 데 유용했다. 이것은 초기 해방신학자들이 발전보다는 해방을, 기존 체제의 현대화보다는 사회주의 체제를 정치적 프로젝트로 받아들이도록 도왔다(구티에레스, 1982: 304). 이런 상황 하에서 해방신학과 마르크스주의가 만나며 사회주의가 대안 사회적 모델로 부상했다. 사회 안에 적용이 가능한 구체적 차원의 유토피아로서 사회주의가 긍정적으로 고려되고 수용된 것이다.

2) 유토피아와 사회주의

구티에레스는 디스토피아적인 중남미 현실을 분석하면서 자본주의 체제를 의심했다. 그에게 자본주의는 제3세계에 종속과 저발전 구조를 파생시키기 때문에 전면적 수정과 변혁이 불가피한 체제로 인식되었다(구티에레스, 1977: 146). 그의 동료 신학자인 레오나르도 보프(Leonardo Boff)도 자본주의가 자신들의 유토피아가 아니라 형벌이라고 단언했으며 구티에레스의 노선에 동조했다(보프, 1996: 104). 구티에레스를 포함한 대다수의 해방신학자들은 자본주의 체제가 기본적으로 개인적 이익 추구에 기초하며, 노동의 가치보다 자본의 가치를 중시한다는 점에서 비인간적, 반민주적, 반민중적 특성이 함축하고 있다고 보았다. 이 점은 구티에레스 자신이 지도자로 활동한 페루 오니스(ONIS) 사제단이 자본주의를 비판하며 사유재산이 절대적이고 무조건적인 권리가 아니고 공공선에 종속된 권리라는 입장을 취한 데서도 잘 드러난다(Jo, 2005: 182). 이 사제단은 그리스도교 메시지를 통해 재화가 소수의 사람들을 위한 것이 아니라 모두를 위한 것이며 재산은 더 큰 상위 목적에 종속됨을 천명했다. 즉, 사회적 이익이 개인적 이익에 앞선다는 것이며 사유재산에 기초한 체제가 본질적으로 인간을 비인간화시키는 체제라는 것이다(Jo, 2005: 182). 따라서 구티에레스는 급진적 변혁인 혁명의 필요성에 대해 긍정적 입장을 표명했다(구티에레스, 1982: 112). 그는 이미 헌법, 법률, 다른 제도들을 통해 구조화된 자본주의의 기본 틀을 그대로 두고는 민중의 올바른 해방은 불가능하다고 보았다. 또한 "기존 상황(status quo)을 근본적으로 무너뜨리는 일, 즉 현존하는 사유재산 제도의 개혁, 피착취계급의 세력 신장, 인간 예속을 무너뜨릴 사회혁명만이 기존 사회를 새로운 사회, 사회주의적 사회로 변혁시킬 것"이라고 믿었다(구티에레스, 1977: 46).

이 점에서 보면 구티에레스를 비롯한 많은 해방신학자들은 생산수단의 사유화가 아닌 사회적 공유를 주장하는 사회주의 체제를 더 선호했음을 알 수 있다. 그러나 이 사회주의는 기존의 소련, 동구, 중국, 쿠바 등 무신론적이고, 관료적이며, 전체주의적 색채를 띤 '역사적 사회주의'를 의미하는 것은 아니었다. 위에 언급한 국가들은 사회주의 국가 건설을 시도했으나 실패한 것으로 보았다. 엄밀한 의미에서 이들 나라에 대해 사회주의라는 평가를 하거나 용어를 사용하는 것이 진정한 의미의 사회주의 개념에 변질을 초래한다고 보았다. 그러므로 해방신학자들이 주장하는 사회주의는 위에 언급한 나라들과는 다른 인간적이고 그리스도교적이며, 동시에 라틴아메리카적 현실에 맞는 그런 사회주의를 의미하는 것이었다(Bonino, 1975: 35~40).

주교단 차원에서 중남미 최초로 사회주의 체제를 지지한 페루 주교회의도 다름 아닌 바로 이러한 사회주의를 지지한 것이었다.[7] 다른 말로하면 멕시코에서 활동하던 멘데스 아르세오(Sergio Mendez Arceo) 주교의 말처럼 동포애, 정의, 평화 등 그리스도교 원리들에 더 부합한 민주적 사회주의를 의미하고, "새 인간"의 출현이 가능한 사회주의 뜻하는 것이다(구티에레스, 1977: 147). 여기서 '민주적' 사회주의라 함은 페루의 호세 카를로스 마리아테기가 말한 민중의 참여가 보장되는 사회를 의미한다.

그러나 구티에레스는 사회주의를 말하면서 그것이 궁극의 목표가 아니라 '새 인간'의 출현의 수단일 뿐이며, 더 큰 이상은 어디까지나 새 인간의 출현임을 명백히 했다. "우리가 투쟁하는 대상은 빈곤과 불의와 착취이지만, 그 같은 대상을 '넘어서'―'통해서'라는 표현이 낫겠다― 우리의 목표가 되는 것은 '새 인간의 창조'임을 망각해서는 안 된다"(구티에레스, 1977: 190). 한마디로 말하면 새 인간은 질적으로 다른 사회에 사는 전혀 새로운 인류를 의미한다.[8]

구티에레스는 사회주의가 완전한 사회체제라고 믿지 않았다. 단지 제3세계에 많은 피해를 초래하고 가난한 사람들을 양산하는 현 세계의 지배적 체제인 자본주의보다 사회주의가 더 낫다고 보았을 뿐이다. 보프 형제도 그리스도교의 이상이 자본주의보다는 사회주의에 더 가깝다는 것을 인정했다(Boff y Boff, 1984: 10). 해방신학자들은 새롭고 구체적

---

7) 교회 내에서 사회주의에 대한 새로운 이해의 활로를 튼 것은 교황 바오로 6세였다. 그는 "사회주의의 여러 가지 표현(관대한 봉사, 정의의 사회를 구현하기 위한 염원, 정치적 조직과 목표를 두고 감행하는 역사적인 운동 등)과 인간을 완전히 자기 충족의 인간으로 해석하는 이데올로기는 구분되어야 한다"고 천명했다(교황 바오로 6세, 1994: 473, 31항).

8) 이 '새 인간' 사상은 쿠바 혁명의 전설이라고 불리는 체 게바라(Che Guevara)가 주장한 것인데 그는 착취와 종속이 없는 사회에서 가능한 새로운 차원에 사는 인간을 암시한 것이다. 즉, 개인적 에고이즘에서 탈피한 인간과 연대 정신에 충만한, 다른 단계에서 출현하는 인류를 지칭한 것이다.

인 대안 체제가 부재한 현실에서 사회주의를 자본주의의 대안으로 보았으나 그것은 이 체제가 '신 인간' 출현에 더 나은 조건을 제공한다는 전제 하에서였다. 그들의 궁극적 목표는 결코 사회주의는 아니었다. 이것을 극명하게 보여주는 것이 레오나르도 보프의 다음 진술이다.

> 해방신학은 초창기부터 사회주의가 아니라 집단적이고 갈등적인 가난한 이들을 실천과 성찰의 중심에 놓았다. 다만 억눌린 이들의 대의를 진척시키기 위한 매개로서, 우리 인민들이 엄청나게 고통받고 있는 자본주의에 대한 역사적 대안으로서 사회주의에 관심을 기울였다. 그러나 결코 사회주의를 모방해야 할 모델로 보지 않았다. 각국은 자신에 맞는 사회주의의 길을 찾아야 한다. 따라서 내가 알기로는 공산당 또는 사회주의 정당의 당원이 된 해방신학자는 없다. 단지 사회주의를 외면할 수 없는 역사적 준거로서 드러냈을 뿐이다(보프, 1996: 105).

구티에레스처럼 레오나르도 보프도 베를린 장벽의 붕괴와 해방신학과의 관계를 의식하면서 해방신학의 원래적 직관이 사회주의의 붕괴나 마르크스주의적 합리주의의 위기로 인해 타격을 받지 않는다는 점을 분명히 했다. 왜냐하면 마르크스는 해방신학의 아버지도 대부도 아니며 최종적 근거는 가난한 사람들을 우선적으로 관심의 대상으로 선택하신 하느님의 가르침과 복음이기 때문이다(보프, 1996: 129~131).

3) 하느님 나라와 유토피아

구티에레스와 주요 해방신학자들은 무엇보다 신앙인들이므로 최종적 유토피아로서 사회주의가 아닌 지상에 충만히 실현될 '새 하늘과 새 땅'을 의미하는 '하느님 나라'에 대해 말했다. '하느님 나라'는 신·구약 성서를 관통하는 일관된 테마이며 예수의 행적과 말씀의 선포의 핵심적 주제이다. 예수는 자신을 설교한 것이 아니라 하느님 나라를 설교했으며, 그리스도인에게 이 나라는 역사를 움직이는 유토피아라는 인식하에 하느님 나라의 의미를 강조함으로써 유토피아의 의미를 재발견했다(Gutiérrez, 1994: 224). 이 나라는 그리스도교인들에게 하느님 약속의 실현과 희망의 측면을 드러낸다. 즉, 하느님 나라의 도래는 하느님의 통치와 적에 대한 승리를 나타내므로 인간과 하느님 사이의 소통과 인간 해방의 충만성을 대표한다. 특히, 이 나라는 억압받는 자와 가난한 자들에게 우선적으로 구성원이 될 특권이 부여된 장소이다.

궁극적으로 그리스도교의 유토피아는 하느님 나라로 대변된다. 따라서 구티에레스는 하느님 나라와 정의로운 사회를 연결시키면서 하느님 나라와 불의한 사회는 양립 불가능함을 선언했다(구티에레스, 1977: 217). 그렇다고 하느님 나라와 정의가 실현된 세상을 동일시하지도 않는다. 단지 정의로운 세상은 하느님 나라를 구성하는 중요한 속성임을 강조한 것이다. 동시에 현세적 진보와 하느님 나라의 발전을 동일시하는 위험은 피하되 이 진보가 인간사회의 질서를 개선하는 데에 이바지하고 있는 한 하느님의 나라를 위해서도 중대한 의의를 가진다는 사목 헌장 39항의 노선을 따라 다음과 같이 역설했다.

하늘나라를 정의로운 사회의 구현과 혼동해서는 안 되겠지만, 그렇다고 후자와 무관한 것이라고 생각해서도 안 된다. 또 그렇다고 해서 정의로운 사회란 하늘나라가 도래하기 위한 '필연적 조건'이라는 말도 아니요, 양자가 긴밀히 결합되거나 양자가 하나로 수렴된다는 말도 아니다. 오히려 하늘나라를 선포함으로써 정의의 사회를 건설하려는 염원을 이 사회에

계시하며, 사회가 스스로 미처 예견하거나 탐색하지도 않은 차원과 길을 발견하도록 인도하는 것이다. 하늘나라는 인간애와 정의의 사회 한가운데에 실현되는 것이며, 이 같은 실현은 모든 인간이 하느님과 완전한 친교를 이루리라는 약속과 희망을 열어준다. 곧 정치세계가 영원한 세계로 접목되는 것이다(구티에레스, 1977: 297).

이 하느님 나라에 대한 이해가 중요한 것은 이 개념에 대한 이해에 따라 그리스도교의 모습이 달라지기 때문이다. 하느님 나라를 현세적으로만 이해하면 그리스도교는 정치적 혁명이나 사회변혁을 위한 종교가 될 것이며, 반대로 하느님의 나라를 저 세상 적으로만 이해하려 한다면 그리스도교는 마음의 종교, 마음을 달래는 피안의 종교가 된다(정광일, 2007: 130). 해방신학자들의 뜻과는 달리 이 신학은 하느님 나라의 현세적 측면이 강조된 것으로 이해되고 있다. 그것은 이 신학이 기존의 그리스도교가 현상유지 종교적 특성을 보인 데 대해 강력히 비판하면서 등장했기 때문인 것으로 보인다.

해방신학자들은 공관복음서의 저자들이 제시하는 하느님 나라는 비록 미래를 향해 건설되지만, '지금' 실현되어야 하는 나라임을 깨닫기 시작했다. 그리하여 해방신학자들은 과거를 말하기보다는 그리스도인들의 현재와 미래의 과업을 훨씬 더 강조하게 되었다. 이미 예수 그리스도와 함께 이 하느님 나라가 시작되었으나 아직 완성되지 않은 하느님 나라의 긴장 사이에 신앙하는 주체들인 그리스도인들과 교회가 신앙의 여정을 계속하고 있는 것이다. 이 점에 대해 브라이트(J. Bright)는 이미 "하느님 나라가 가까이 왔다"는 예수의 선언과 아직도 오지 않았으므로 "당신의 나라가 임하소서"라고 기도하는 교회 공동체의 염원은 기독교 유토피아의 이중적 특성을 잘 나타낸다고 보았다(브라이트, 1973:

208~209).

이 하느님 나라의 이중적 특성은 해방신학을 이해하려고 하는 사람들에게 많은 혼란을 야기하는 것이 사실이다. 단지 해방신학자들은 자신들이 주장하는 하느님 나라가 전통 신학에서 강조하던 피안적 세상만을 가리키는 것이 아니라는 점을 분명히 했다. 즉, 유토피아적 미래가 인간의 노력 없이 거저 다가오는 것이 아니라 인간의 능동적 협력에 의해 건설된다는 점이다. 동시에 이들이 강조한 것은 가난하고 억압받는 사람들이 없는 정의로운 사회를 건설할 수 있다는 희망을 가지고 사회변혁을 위해 투신하는 행동하는 신앙이다.

5. 해방신학과 유토피아의 근거: 그리스도교적 희망

하느님 나라와 세상 끝 날에 대해 언급하는 종말론은 밀접한 연관이 있다. 앞서 언급한 대로 해방신학자들에게는 사회주의가 인간을 해방시키는 것이 아니라 하느님 나라의 완성이 전체적 해방의 유토피아를 실현하는 것으로 나타나며 완전한 종말론적 해방을 의미한다. 이 하느님 나라는 총체적 해방을 상정한다. 그리스도교의 유토피아는 하느님 나라에 상응한다고 할 수 있다(Ellacuría, 1994: 395). 이 하느님 나라는 무엇보다 그리스도교의 유토피아와 희망과 연관된다. 신학적 삼덕(三德)에 속하는 믿음, 소망, 사랑 중에서 소망에 해당하는 희망은 그동안 다른 것보다 그 중요성이 덜 강조되었다. 그러나 독일의 신학자 몰트만은 종말에 대한 연구를 통해 원래 그리스도교의 본질에 속했던 희망을 되살려냈다. 그는 종말론을 '마지막에 관한 가르침'으로 이해하고 성서의 부록 정도로 이해하던 인식을 바꾸어 종말이나 희망이 오늘날 우리에게 던지는 의미를 재해석했다. 그는 그리스도인들이 그리스도의 재림, 세계 심판과 하느님 나라의 완성, 죽은 자들의 보편적 부활과 만물의 새 창조 등 이러한 사건들을 '최후의 날'로 미루어버림으로써, 이 사건들은 종말이 오기 전에, 역사 안에서 우리가 영위하였던 모든 날을 위한 그 교훈적이고 비판적인 의미를 상실하고 말았다고 주장한다(몰트만, 2007: 21). 이러한 종말에 대한 편협한 인식은 결국 종말을 우리의 역사적 현실과 동떨어져 초월적 시간으로 남아 있게 만들었다. 따라서 몰트만은 종말론이 단순히 세계의 마지막 일들에 관한 이론이 아니라 "희망되는 것과 희망하는 것을 포괄하는 기독교 희망에 관한 이론"이라고 정의했다(김균진, 2005: 37~38). 그는 하느님의 약속을 통해서 현재는 이제 과거로부터 규정되는 것이 아니라 미래로부터 결정된다고 보았다. 미래란 과거와 현재로부터 되거나 될 수 있는 무엇이 아니며 현재로 다가오는 것이다(몰트만, 2005: 14). 이와 같은 논리는 시간이 과거에서 현재를 거쳐 미래를 향해 흘러간다는 우리의 일반 인식을 뒤엎고, 신앙 안에서는 또 다른 인식의 시간이 가능함을 보여주었다. 즉, 아직 드러나지 않은 미래는 하느님이 보여주신 약속 가운데서 이미 자신을 알리기 시작하며, 일깨워진 희망을 통해 현재 속으로 파고 들어온다. 몰트만의 사상을 보다 구체적으로 표현하면 다음과 같다:

종말은 오고 있지만 현재 속으로 폐기되지 않고 미래에 머물러 있으며, 세계가 언제나 지향해야 할 미래로 머물러 있는 동시에 현재 속으로 오고 있다. 이것은 비인간적이고 불의한 현재 속으로 들어와서 현재를 동요시키고 하느님 나라의 미래를 향해 개방시키는 변혁의 힘으로 작용한다. 그리스도인들은 그들 자신의 존재와 교회 공동체 안에서 오고 있는 종말, 곧 하느님 나라를 경험하는 동시에 그것의 궁극적 완성을 기다리고 희망해야 한다(김균진, 2005: 37).

해방신학은 바로 이러한 인식의 시간, 종말과 희망에 대한 발전된 개념을 수용했다. 구티에레스는 종말 사상의 핵심이 장차 도래할 것에 대한 기대감과 약속에 충실하신 하느님이 과거에 당신 백성에게 보여주신 사랑에 대한 기억 때문에 우리가 품게 되는 희망이라고 요약했다(구티에레스, 1977: 211). 특히 희망의 기능과 그 추동력에 대해 다음과 같이 강조했다.

희망을 갖는다 함은 미래에 관해서 무엇을 안다는 것이 아니라, 순박한 정신을 지니고서 미래를 하나의 선물로 받아들이고자 자기를 개방한다는 것이다. 그러나 이 선물을 받아들이려면 불의를 거부하고, 인권이 유린당하는 데 저항하고 평화와 형제애를 건설하는 투쟁에 참여하여야 한다. 그러한 행동들을 하는 것이 곧 이 선물을 받아들이는 행위가 된다. 그렇게 함으로써 희망은 역사의 가동력이 되고 해방시키는 기능을 한다(구티에레스, 1977: 281).

이처럼 구티에레스는 그리스도교적 희망과 유토피아의 해방시키는 기능을 서로 묶어 미래와 변혁을 위한 투쟁의 매개체로 언급했다.

레오나르도 보프의 확신처럼 유토피아는 이러한 희망의 원천에서 배태된다(보프, 1993: 68). 유토피아는 원래 그리스도교적 전통과 배경에서 잉태되었다. 토마스 모어도 이 전통과 배경에서 그의 저작 『유토피아』를 저술했다는 것은 잘 알려진 사실이다. 더 구체적으로 말하면, 해방신학의 유토피아는 그리스도교 희망에서 탄생되어 나온다. 이 점을 두고 프란츠 힌켈라메르트(F. Hinkelammert)는 해방신학의 바탕을 이루는 인간적 희망, 즉 유토피아가 그리스도교의 타고난 넋임을 주장했다 (힌켈라메르트, 1999: 404). 해방신학은 각 시대와 처한 상황에서 중남미를 비롯한 제3세계 민중과 사회의 희생자들 안에서 불타오르는 희망과 유토피아 열망을 수렴해 내려했다. 해방신학이 각 시대마다 그 초점을 달리하면서 흑인, 여성, 인디오, 생태, 경제 신학 등 다양한 신학으로 분화한 것도 유토피아와 희망에 관심을 두었기 때문이다. 그리고 이것은 이미 구티에레스 신부가 1971년 출판한 『해방신학』의 서문에서 이 신학의 목표로 "우리가 품고 있는 희망의 근거를 찾아내자는 것이다"라고 밝혔던 것과 온전히 일치하는 것이다(구티에레스, 1977: 11~12). 이 점을 에드워드 클리어리 신부는 다음과 같이 요약했다. "우리는 해방신학자들이 하느님 나라가 현재에 존재하게 하면서 미래를 실현하는 개념을 강조하였다고 말할 수 있다. 이렇게 해서 해방신학자들은 유토피아를 핵심적인 비전으로 포함하는 하나의 신학을 명백히 채택하고 있었다"(클리어리, 1998: 126).

6. 결론

앞서 살펴보았듯이 해방신학은 라틴아메리카의 전통적 유토피아 사상과 맥을 같이하며, 그러한 유토피아적 사상과 전통을 신학적으로 표현한 것임을 확인할 수 있었다. 이런 전통 때문에 이 신학은 라틴아메리카에서 비참한 생활과 착취의 현실을 단지 수동적으로 수용하게끔 강요하는 상황에 반기를 들었던 것이다. 해방신학은 불의한 기본 체제와 구조적 불평등에 반대해 투쟁할 수 있는 영감을 불러일으켰으며 사회적 저항의 공간을 형성하도록 자극했다. 유토피아적 요소를 통해 더 나아갈 수 없는 고통스럽고 막다른 현실에서 새로운 가능성과 공간을 열고 가난하고 억압받는 제3세계 민중에게 가능한 하나의 오리엔테이션을 제공했다. 그리고 이 대륙에서 사는 사람들의 숨겨진 역동적 열정과 희망을 자극했다. 동시대 사람들이 필요에 적절히 대응하면서 인간의 본질로부터 우러나는 열망을 종교 영역에서 수렴해냈다. 이 해방신학은 종교적 차원에서 이 대륙의 가난한 자들과 민중들에게 다시금 희망하고 유토피아를 꿈꿀 수 있는 권리를 되돌려주었다.

인간이 지향해야 하고 실현해야만 하는 이상적 유토피아는 본질적으로 현실을 비판하고 새로운 현실을 건설하도록 요구한다. 해방신학은 단지 현실에 대한 비판만 한 것이 아니라 나름 대안을 찾으려 시도했다. 동시에 해방신학은 라틴아메리카의 가치 인정과 존엄 위에 새로운 사회를 건설하려는 이상을 대표한다. 즉, 라틴아메리카 사람들의 소외, 가난, 착취, 발전 가능성의 결핍이라는 현실에 기초해서 그들의 소망에 부응하는 해방이라는 유토피아를 주장했다. 그래서 힘이 있고 이 지역 신자들과 민중에게 희망으로 다가 선 것이다.

민중의 열망을 수렴해 제시한 구체적 대안으로는 자본주의의 결함을 극복하는 사회주의를 제시했다. 그러나 우리가 상기해야 할 것은 해방신학의 최종 목표는 사회주의 건설이 아니라는 점이다. 오히려 이 신학의 영감의 원천은 마르크스주의나 사회주의가 아니고 복음이 제시한 길이요, 정의로운 사회 구현이며, 하느님 나라 실현이다. 즉 인간의 존엄성이 존중되고 하느님의 법이 지배하는 그런 유토피아이다.

그러나 여기서 구티에레스를 비롯한 해방신학자들이 주장하는 정의로운 사회의 은유적 모델인 하느님 나라의 유토피아 개념이 갖는 한계 또한 지적할 필요가 있다. 가난한 사람들의 요구가 수용되고 진리가 회복되는 정의로운 사회의 비전 제시는 의미가 있다 하더라도, 기존 체제와는 다른 변혁을 위한 구체적인 모델로서 하느님 나라는 구체성이 떨어진다. 특히 비그리스도교인과 비종교인들에게 하느님 나라는 너무 추상적이고 수사학적이라는 단점이 있다. 그래서 아직도 해방신학이 사회주의 모델을 넘어선 21세기에 맞는 대안 사회의 모델을 구체적으로 제시하지 못하는 것이다. 해방신학자들이 말하는 '라틴아메리카적 사회주의'의 대안적 모델이나 하느님 나라가 어떻게 구체적으로 이 세상에서 실현 가능한지 구체적인 모델을 제시하는 데까지 나가지 못하고 있다는 점에서 오늘날 해방신학은 그 한계에 직면해 있다.

그럼에도 후쿠야마가 말한 '역사의 종말'이나 대안의 부재는 해방신학자들에게 절망을 유발시키기보다 오히려 새로운 유토피아의 탐구를 자극한다. 인간이 희망과 유토피아를 포기하는 것은 인간 자신을 포기하는 것은 물론, 역사, 사회를 포기하는 것임을 구티에레스를 비롯한 해방신학자들은 잘 알고 있기 때문이다. 비록 베를린 장벽과 구소련의 붕괴 후 커다란 타격을 받았지만 끊임없이 새로운 활력으로 재부상하는 해방신학이 왜 이리도 강한 생명력을 가졌는지에 대한 해답은 바로 라틴아메리카 민중의 희망과 유토피아의 전통에 해방신학의 뿌리가 박혀 있고 계속적인 영양을 공급받고 있기 때문이다.

이 글을 마치며 한 가지 아쉬운 점은 신학적 차원이 아닌 세속적 욕망에 기초한 유토피아와 해방신학의 종교적 요소가 어떻게 결합되어 있는지, 또는 해방신학의 유토피아 관점이 신학적·종교적 차원에서 일으킨 부정적 영향은 무엇인지 하는 것까지는 다루지 못했다는 것이다. 이러한 부족한 부분은 후일의 계속적인 연구를 통해 보완되어야 할 것이다.

참고문헌

구티에레스, 구스타보(Gustavo Gutierrez). 1977.『해방신학』. 성염 옮김. 왜관: 분도
　　　출판사.
_____. 1982.『가난한 사람들의 역사적 위력』. 김수복 옮김. 서울: 성요셉출판사.
김균진. 2005.「희망의 하느님-희망의 종교」. 한국조직신학회 엮음.『희망과 희망
　　　사이』. 서울: 한들출판사. 31~62쪽.
김항섭. 1998.「신자유주의적 유토피아 비판」. ≪신학과 사회≫, 12, 365~376쪽.
몰트만, 위르겐(Jürgen Moltmann). 2005.「희망의 신학과 철학」. 한국조직신학회
　　　엮음.『희망과 희망사이』. 서울: 한들출판사, 9~30쪽.
_____. 2007.『희망의 신학』. 이신건 옮김. 서울: 대한기독교서회.
바오로 6세 교황. 1994.「80주년」. 한국천주교중앙협의회.『교회와 사회』. 서울
　　　천주교중앙협의회.
보프, 레오나르도(Leonardo Boff). 1993.『해방자 예수 그리스도. 우리 시대의 비판
　　　적 그리스도론』. 황종렬 옮김. 왜관: 분도출판사.
_____. 1996.『생태신학』. 김항섭 옮김. 서울: 가톨릭출판사.
브라이트, 제임스. 1973.『하느님 나라』. 서울: 컨콜디아.
이남섭. 1998.「중남미 종교변혁 운동의 유토피아 사상: 아이티의 라발라스 선거혁
　　　명과 멕시코 원주민 운동을 중심으로」. ≪신학과 사회≫ 12, 357~363쪽.
정광일. 2007.『기독교 유토피아의 가능성』. 서울: 한국학술정보.
클리어리, 에드워드(Edward Cleary). 1998.『중남미 교회의 위기와 변화』. 오경환
　　　옮김. 서울: 가톨릭출판사.
힌켈라메르트, 프란츠(Franz Hinkelammert). 1999.『물신. 죽음의 이데올로기적 무
　　　기』. 김항섭 옮김. 서울: 다산글방.

Berryman, Phillip. 1987. *Teología de la liberación*. México: Siglo XXI.
Bloch, Ernst. 1986. *The Principle of Hope*. Messachusetts: MIT Press.
Boff, Leonardo and Clodovis Boff. 1984. *Salvation and Liberation: In search of
　　　a balance between faith and politics*. New York: Orbis Books.

Bonino, José. 1975. *Doing Theology in a revolutionary situation*. Maryknoll: Orbis Books.

Cerutti Guldberg, Horacio. 2008. "Utopía en la teología de la liberación." *Anatéllei*, 20, pp.77~86.

Ellacuría, Ignacio. 1994. "Utopía y profetismo." in Ellacuría, Ignacio y Jon Sobrino(ed.). *Misterium Liberationis: Concepto fundamentales de la teología de la liberación*. Madrid: Trotta, pp.393~442.

Gerardo Díaz, Luis. 2006. "Utopía y liberación: la teología de la liberación a treinta años de su surgimiento." in Horacio Certutti Guldberg(ed.). *Religión y política en América Latina: la utopía como espacio de resistencia social*. México: UNAM-CCyDEL, pp.145~164.

Gutiérrez, Gustavo. 1994. *El Dios de la vida*. Salamanca: Ediciones Sígueme.

Jo, Young Hyun. 2005. *Sacerdotes y transformación Social en Perú(1968-1975)*. México: UNAM-CCyDEL.

Magallon, Mario. 2006. "La Utopía en América Latina." in Horacio Certutti Guldberg(ed.). *Religión y política en América Latina: la utopía como espacio de resistencia social*. México: UNAM-CCyDEL, pp.13~38.

Secretariado General del CELAM. 1968. *Medellín: La Iglesia en la actual transformación de América Latina a la luz del Concilio Vaticano II. Conclusiones*. México: Librería parroquial de Clavería.

Sung, Jung Mo. 2007. "¿Cristianismo de liberación: fracaso de una utopía?" *Pasos*, 130, pp.1~16.

제3장

글로리아 안살두아, 앵글로 아메리카 이후*

우석균 서울대학교 라틴아메리카연구소 HK교수

1. 유령이 떠돌고 있다

치카나(chicana)[1] 작가 글로리아 안살두아(Gloria Anzaldúa)의 대표적 저서인 『경계지대/국경(Borderlands/La Frontera)』(1987)[2]을 읽으면서 제일 먼저 연상된 것은 마르크스 『공산당선언』(1848)의 서두를 장식하고 있는 '유령이 떠돌고 있다'라는 구절이었다. 안살두아가 영적인 세계, 영적인 존재들을 대거 소환하고 있기 때문이다. 조상의 얼이 담긴 아스틀란[3]을 언급하고, 코아틀리쿠에, 과달루페, 요로나[4] 등 신화와 전설 속

---

* 이 글은 ≪지구적 세계문학≫ 7호(2016)에 발표한 필자의 논문을 총서 취지에 맞게 수정 보완한 것이다.
1) 멕시코계 미국인을 지칭하는 치카노(chicano)의 여성형.
2) 이 책은 크게 에세이와 시로 구성되어 있다. 처음에는 시집으로 기획했으나 앞부분에 자신의 세계관, 문학관 등을 담은 일곱 편의 에세이를 배치하게 되었고, 이 에세이들이 흔히 안살두아를 이해하기 위한 가장 기본적인 텍스트로 평가받고 있다.

인물들을 대거 소환하고, 뱀 여인을 자처할 때는 아메리카 원주민들의 전통적인 나왈 신앙5)을 떠올리게 한다. 심지어 치카노 문화나 종교와 직접적인 상관이 없는 부두, 산테리아, 오리샤6)도 소환한다. 그리고 자신의 글쓰기도 영적인 세계와 연관시켜, 이를 마녀 뮤즈(musa bruja)에게 영감을 얻어 무아지경(trance)의 상태에서 자아가 세상의 영(world's soul)과 교감하는 과정으로 설명한다. 이때의 자아는 이성적 자아라기보다는 안살두아가 여러 차례 언급하듯이 융의 이론에 따른 그림자 야수(shadow beast)이다.

『공산당선언』의 정확한 문장은 "유령이 유럽에 떠돌고 있다. 공산주의라고 하는 유령이. 유럽의 늙은 대국들은 모두 이 유령을 퇴치하기 위해서 신성 동맹을 맺었다. 교황과 차르, 메테르니히와 기조, 프랑스 급진파와 독일 경찰"(마르크스, 2014: 327)이다. 기존 질서에 대한 저항 세력이나 정적들을 무조건 공산주의자로 몰아붙이는 풍토, 나아가 공산주의에 대한 악령몰이 풍토에 대한 마르크스의 야유였다.

---

3) 아스틀란(Aztlán)은 아스테카인들의 원 고향이라고 전해지는 곳이다. 하지만 사실 그 위치에 대해서는 멕시코시 혹은 미국 남서부 등 의견이 갈린다.

4) 코아틀리쿠에(Coatlicue)는 아스테카 신들의 계보에서 주요 신인 전쟁의 신 우이칠로포츠틀리(Huitzilopochtli)의 어머니, 과달루페(Guadalupe) 성모는 1531년 원주민 앞에 현현했으며 멕시코의 국모 같은 존재로 격상된 갈색 피부의 성모, '흐느끼는 여인'이라는 뜻의 요로나(la llorona)는 자식을 잃고(혹은 죽이고) 밤마다 흐느끼는 전설 속의 여인.

5) 나왈(nahual)은 정령 등의 초자연적인 존재를 가리키는 말이다. 메소아메리카(대체로 마야와 아스테카 문명이 번영을 누린 지역을 지칭함)에서는 인간에게는 저마다 분신 같은 정령이 있다고 믿었으며, 이때 이 분신은 흔히 동물이나 식물의 모습을 하고 있다. 뱀이나 재규어가 메소아메리카의 대표적인 나왈이다.

6) 부두와 산테리아(santería)는 아프리카 기원의 주술적 종교, 오리샤(orishá)는 아프리카 기원의 신.

그런데 바로 미국의 라티노들이 당시의 공산주의자들처럼 악령 취급을 받기 일쑤이다. 가령, 라틴아메리카 이민자들은 순전히 복지 혜택을 노리고 미국에 오고, 교육과 보건 등의 공공 서비스 자원을 고갈시키고, 미국인의 일자리를 빼앗는 존재로 매도되기 일쑤이다(곤살레스, 2014: 409~413). 또 미국이 소위 WASP(White Anglo-Saxon Protestant: 백인 앵글로 색슨 프로테스탄트) 사회 혹은 앵글로(색슨) 아메리카로 남기를 강력히 원하는 새뮤얼 헌팅턴 같은 이에게 라티노, 특히 라티노의 과반수를 훨씬 상회하는 멕시코계 주민은 18세기에 형성된 영국 백인 프로테스탄트 사회라는 미국의 문화 정체성을 위협하고 있는 존재이다(Huntington, 2004).

　　안살두아는 자신의 영적 기획이 악령 몰이의 대상이 될 수 있다는 것을 분명히 인식하고 있었던 것 같다. 가령, 자신을 비롯해 치카노들은 멕시코 멕시코인과 미국의 멕시코인을 구분하기 때문에, '멕시코인'이라고 말할 때 국가 정체성이 아닌 인종 정체성의 표현이라고 밝히는 장면에서는(Anzaldúa, 1999: 84)[7] 멕시코가 미국에게 빼앗긴 실지를 회복하려는 불순한 의도가 없다는 것을 분명히 하고 있다. 원시적 사고, 주술적 사고, 야생의 사고 등을 거론하는 백인 인류학자들의 태도를 원주민의 합리성을 인정하지 않는 시각이라고 비판하거나(59),『경계지대/국경』말미에 포함된 대담에서 자신이 소환하는 영(靈)들이 문화적 형상(cultural figures)이라고 밝히는 것은(241) 자신의 영적 세계가 소외된 자들의 저주의 굿판 정도로 폄하되는 것을 방지하려는 시도가 엿보인다. 그렇다면 악령 몰이의 대상이 될 위험을 감수하면서까지 안살두아가 자신의 영적 기획을 고수하는 이유가 무엇일까?

---

7) 이후 텍스트 인용은 페이지만 표시한다.

2. 악령, 세계문학, 근대/식민 세계체제

라티노에 대한 악령 몰이는 『파우스트』의 마지막 부분을 연상시킨다. 무엇이 진짜 악령인지 성찰하게 해주기 때문이다. 그 부분에서 파우스트는 메피스토펠레스의 도움을 얻어 바다를 육지로 바꾸는 대역사에 착수한다. 항구, 운하, 댐, 기업식 농경 등을 골자로 하는 일종의 개발 프로젝트에 착수한 것이다. 그러나 한 노부부 때문에 계획에 차질을 빚는다. 이들은 철거를 거부한다. 전통적인 삶을 고수하고 싶었던 것이다. 파우스트는 메피스토펠레스에게 노부부 건의 해결을 맡긴다. 그런데 메피스토펠레스는 파우스트가 전혀 상상하지 못한 방식으로 문제를 처리한다. 노부부를 죽여 버린 것이다. 이 뜻하지 않은 비극에 파우스트는 분노하고 회개한다. 그 덕분에 파우스트는 구원을 받는다. 그렇지만 여운은 남는다. 과연 악령은 누구인가? 물론 표면적으로는 메피스토펠레스이다. 하지만 진짜 악령은 파우스트가 아닐까? 만일 그가 개발의 환상에 사로잡히지 않았다면 노부부가 살해되는 비극은 발생하지 않았을 것이기 때문이다. 하지만 여운은 계속 남는다. 근대가 시작된 이래 파우스트처럼 개발의 환상에 사로잡힌 이들이 어디 한둘이었는가?

이에 대해 마셜 버만(Marshall Berman)은 『현대성의 경험: 견고한 모든 것은 대기 속에 녹아 버린다』의 제1장 「발전의 비극: 괴테의 『파우스트』」에서(버만, 2004: 58~132) 흥미로운 해석을 내린다. 버만은 괴테가 젊은 시절 착수한 『파우스트』 집필을 중단했다가, 만년에 이르러 1825년에서 1831년에 걸쳐 완성했다는 점을 특별히 언급한다. 그리고 독일의 전근대적 분위기에 대한 염증과 1760년대 영국의 공업화에 대한 막연한 선망이 『파우스트』의 마지막 부분에 영향을 끼쳤다고 말한다. 이런 맥락에서 버만은 파우스트를 개발자로 정의하고, 옛것을 파괴하고 새로운 것을 창조하는 현대적인 영웅의 원형(原型)으로 본다. 그렇지만 파우스트에게서 자본주의적 발전의 비극을 보는 루카치(György Lukács)의 견해에 동의하는 것은 아니다. 버만이 보기에 파우스트는 자아실현이라는 낭만적 가치와 자본주의의 역동성을 활용한 사회적 공익을 양립시키려는 노력을 한 괴테의 화신이다. 버만은 특히 괴테가 생시몽식의 유토피아적 사회주의자였다고 역설한다. 괴테가 프랑스 신문 ≪르 글로브≫의 열성 독자로서 생시몽주의의 뿌리인 이 신문이 널리 인간을 이롭게 할 대규모 개발 프로젝트의 필요성을 주장한 데에 대해 공감했다는 것이다. 버만의 비판은 파우스트처럼 자아실현과 공익 실현의 균형 감각을 지니지 못한 후대의 개발자들을 향하고 있고, 이들이 사이비 파우스트일 뿐이라고 규정한다. 그리고 현대 자본주의 사회는 물론, 구소련이나 뒤늦게 근대화에 나선 제3세계에도 사이비 파우스트들이 들끓었다고 비판한다. 요약하자면, 괴테와 파우스트에게는 면죄부를 주고, 사이비 파우스트들을 양산한 근대에 대해서는 비판적이다. 이런 해석은 『공산당선언』의 마르크스와 유사한 점이 있다. 근대 부르주아 사회를 엄청난 생산력을 지녔지만 "자기가 불러낸 지하의 마력을 다룰 수 없게 된 마법사"(마르크스, 2014: 332)로 정의하기 때문이다. 두 사람의 시각에 따르자면 『파우스트』의 노부부 살해의 비극을 야기한 진짜 악령은 메피스토펠레스도 파우스트도 아닌 근대인 셈이다.

하지만 악령의 정체가 근대라는 이러한 해석은 매력적이지만 결코 충분하지는 않다. 버만에 따르면 괴테를 열광시킨 대규모 개발 프로젝트는 유럽과 인도, 중국을 하나로 연결할 수 있는 수에즈운하 계획이나 대서양과 태평양을 잇는 파나마운하 계획 등이었다고 한다. 이를테면 세계가 하나가 되어가는 징후에 열광한 셈이다. 문제는 비서구의 시각에서 볼 때 수에즈운하와 파나마운하는 제국주의적 팽창의 상징이라는 점이다. 즉, 괴테는 세계가 하나가 된다는 것의 어두운 면을 보지 못한 것이다. 버만과 마르크스의 인식도 한계가 있는 것은 마찬가지이다. 마르크스가 근대를 "자기가 불러낸 지하의 마력을 다룰 수 없게 된 마법사"에 비유한 것은 자본주의가 필연적으로 공황으로 치달을 수밖에 없고, '역사의 종말'은 공산주의라는 신념을 피력하기 위해서이기 때문이다. 하지만 우리가 알고 있듯이 자본주의 시대는 끝나기는커녕 구미 제국주의의 팽창과 더불어 더 기승을 부렸다. 버만의 해석도 문제적이기는 마찬가지이다. 제3세계의 문제를 구미 근대를 추종하고 답습한 사이비 파우스트들에게 돌릴 때, 제국주의적 착취에 대해서는 침묵하고 있기 때문이다.

또 다른 종류의 유령은 끝없는 개발주의적 속성을 들어 근대를 악령으로 규정하는 것이 어째서 불충분한지 분명하게 시사한다. 뮤지컬로 우리에게 더 익숙한 『오페라의 유령』속의 유령이다. 추리작가 가스통 르루(Gaston Leroux)가 1910년 발표한 이 소설은 1879년 파리에 지어진 오페라극장을 무대로 하고 있다. 국립무용아카데미 건물이기도 한 이 극장은 화려함과 규모 면에서 벨 에포크의 파리, 즉 자기들이 살고 있는 도시가 세계의 문화적 수도라는 파리 시민들의 자부심을 상징하는 곳이었다. 주인공 에릭은 무대장치와 소품 관리를 위해 파놓은 16미터 깊이의 지하공간에서 가면을 쓰고 숨어 살면서, 무려 2531개의 문이 있는 복잡한 극장 내부를 신출귀몰하게 넘나드는 재주를 부린다. 덕분에 오페라극장에 유령이 출몰한다는 소문이 돈다. 그가 숨어 살게 된 것은 끔찍한 용모를 지니고 태어났기 때문이다. 그 용모 때문에 심지어 어린 시절 부모에게 버림받다시피 했다. 결국 그는 시장마다 돌아다니면서 자신의 끔찍한 용모를 보여주며 받은 돈으로 먹고 살 수밖에 없었고, 그 과정에서 집시들의 예술과 마술을 배웠다. 그리고 이 기예 덕분에 페르시아, 오스만 튀르크 등의 왕실 초빙인사가 되고, 문고리 권력을 행사하기에 이르고, 유럽의 기예에 능통하다는 점 덕분에 전문가도 아니면서 궁이나 궁 내부의 비밀 시설 건축 책임자가 되기도 한다. 그러나 두 곳에서 모두 왕실의 비밀을 너무 많이 안다는 이유로 생명에 위협을 느끼게 되자 파리로 돌아왔고, 건축 경력 덕에 오페라극장의 건축에 참여하여 자신만의 거처를 몰래 마련하고 살게 되었다(르루, 2013: 265~266). 가르시아 마르케스(García Márquez)의 『백년의 고독』의 연금술사 멜키아데스처럼 에릭은 서구의 기예를 안다는 이유만으로도 주변부에서는 얼마든지 권력을 행사할 수 있었으며, 나아가 '무지한' 제3세계였기에 얻게 된 '불로소득(건축 지식)'을 무기 삼아 중심부인 파리에서도 시대의 건축 프로젝트에 참여할 수 있었던 것이다. 피케티(Thomas Piketty)는 벨 에포크를 소득 불평등이 가장 심화되었던 시기로 꼽고 있다(피케티, 2014: 316). 그리고 그 시대가 '벨 에포크'의 원뜻 그대로 '아름다운 시절'로 유지될 수 있었던 것은 에릭처럼 소위 주변부 수탈을 통해 이익을 챙기는 유령, 그래서 중심부의 모순을 주변부로 전가시키는 유령이 존재했기 때문이었다는 점을 『오페라의 유령』은 암시하고 있는 것이다. 그래서 악령의 정체를 근대라고 한정하는 것은 불충분하다. 즉, 근대의 개발주의적 속성뿐만 아니라 식민주의적 속성까지 이야기해야 악령의 진면목을 파악할 수 있는 것이다.

  필자는 이런 고찰이 세계문학에 대한 성찰을 위해서 필요불가결하다고 주장하고 싶다. 괴테가 세계문학이라는 용어와 개념의 창시자이기 때문이다. 그가 수에즈운하, 파나마운하 등을 통해 세계가 하나가 되고 있다는 징후를 포착하지 못했다면 지방문학을 넘어선 세계문학의 필요성도 인식하지 못했을 것이다. 공업화가 더 가속화된 시대, 자본주의가 더 진전된 시대를 살았던 마르크스의 경우, 세계가 하나가 된다는 것과 문학의 상응 관계에 대해 더 명확한 인식을 하고 있었다. 그래서 "세계 시장의 개척을 통하여 모든 나라들의 생산과 소비를 범세계적인 것으로 만들었"기 때문에 "민족적인 일면성이나 특수성은 더욱 더 유지하기 어려운 것이 되고 수많은 민족적·지방적 문학으로부터 하나의 세계문학이 형성된다"(마르크스, 2014: 331)고 말한다. 그러나 괴테와 마르크스의 예상과는 달리 그 후 세계문학의 시대가 오기는커녕 그 비전조차 쇠퇴하였다. 구미 열강의 제국주의적 야욕으로 식민지 쟁탈전이 본격화되면서 오히려 국가주의와 국민문학이 강화되었을 뿐이다. 각각 1869년과 1914년에 가서야 완공될 수에즈운하와 파나마운하에 대한 막연한 계획을 접한 것만으로도 단일한 세계체제를 상상한 괴테의 혜안은 확실히 놀라운 것이었다. 또 그의 세계문학 비전이 오늘날의 용어를 빌자면 상호문화성에 입각한 것이었다는 점에서도 긍정적인 평가를 내릴 수 있다. 그러나 식민적 상처를 보지 못했기에 세계문학의 시대가 임박했다는 낙관적 전망을 내린 오류를 지적하지 않을 수 없다. 나아가 괴테도 그렇다면, 소위 중심부에서 세계문학을 생산하는 것이 가능할까 하는 의구심마저 들게 한다.

이런 의구심은 라틴아메리카 근대성/식민성 연구그룹의 관점에 의거한 것이다.[8] 괴테가 세계가 하나가 된다는 징후를 포착했다는 점은

---

8) 아르투로 에스코바르(Arturo Escobar)가 요약한 이 연구그룹의 몇 가지 전제는 다음과 같다. ① 식민성은 근대성을 구성하기 때문에 식민성 없이는 근대성도 없다. ② 근대/식민 세계(그리고 식민적 권력 매트릭스)는 16세기에 시작되었으며, 아메리카의 발견/발명은 근대성을 구성하는 식민적 요소이고, 근대성의 표면은 유럽의 르네상스이다. ③ 계몽주의와 산업혁명은 식민적 권력 매트릭스가 변화되는 역사적 순간에 파생된 것이다. ④ 근대성은 유럽이 세계의 헤게모니를 향해 출발하는 역사적 과정에 붙여진 이름이다. 근대성의 어두운 이면이 식민성이다. ⑤ 오늘날 우리가

이를테면 월러스틴이 말하는 근대 세계체제에 대한 인식을 획득했다는 뜻이다. 그러나 라틴아메리카 근대성/식민성 연구그룹은 월러스틴의 인식이 불충분하다고 비판하고, '근대/식민 세계체제'라는 인식 틀을 주장한다. 세계체제의 속성을 단순히 '근대적'이라고 규정하는 것은 이 체제의 식민주의적 속성을 은폐하는 것이라고 보기 때문이다. 우리는 직접적인 식민지배의 시대는 사실상 종식된 시대를 살고 있다. 그러나 그 시대가 남긴 유산이 모두 극복되었다고 볼 수는 없다. 따라서 근대성과 식민성이 동전의 양면이라는 인식하에 세계체제의 모순을 살펴보는 것이 세계문학의 올바른 방향성을 정립하기 위한 필수불가결한 과제가 아닐까 싶다. 적어도 글로리아 안살두아의 『경계지대/국경』은 이런 관점이 필요하다는 것을 주장하고 있다.

3. 리오그란데 계곡의 유령, 티후아나의 유령

글로리아 안살두아의 오랜 벗이자 문학 비평이나 페미니즘의 영역에서 여러 차례 공동 작업을 한 아나루이즈 키팅(AnaLouise Keating)은『글로리아 안살두아 독본(The Gloria Anzaldúa Reader)』(2009)을 엮으면서 서문에서 안살두아가 시, 이론 소고, 단편, 자서전적 서사(autohistoria), 대담, 아동문학, 다양한 장르를 넘나드는 선집 작업 등을 했으며(Keating, 2009: 3),『경계지대/국경』이 미국 연구, 경계 연구, 치카노/나 연구, 글쓰

알고 있는 자본주의는 근대성의 개념과 근대성의 어두운 이면인 식민성의 개념을 이해하기 위한 핵심이다. ⑥ 자본주의와 근대성/식민성은 미국이 과거 스페인과 영국이 누렸던 제국의 주도권을 장악한 제2차 세계대전 이후에 두 번째 역사적 전환을 경험했다(미뇰로, 2010: 23~24에서 재인용).

기 연구, 문화연구, 민족학, 페미니즘, 문학연구, 비판적 교육학, 여성학, 퀴어 이론 등의 다양한 영역에서 기존 시각을 확장하거나 이에 도전했다고 말한다(Keating, 2009: 9).

안살두아에 대한 관심은 일정 부분 국내에도 존재한다. 대부분 여성학과 관련해서이다. 가령, 비평가들에게 많이 언급되는 7장「메스티사 의식: 새로운 의식을 향하여(La conciencia de la mestiza/Towards a New Consciousness)」는 계급, 인종, 젠더, 국경 등 다양한 억압을 경험한 메스티소 여성이 깨어 있는 의식을 획득할 때 비로소 각종 경계들이 허물어질 것이라고 주장한다. 이 7장에서 사용되고 있는 '네판틀라주의(nepantilism)'는 의식의 다면적 속성, 즉 경계를 넘나드는 속성을 직시하고 존중할 것을 주장하기 위한 개념이다. 나와어(náhuatl)[9]로 '중간(middle)' 혹은 '중간에 있는'을 의미하는 단어 '네판틀라(nepantla)'에서 파생된 용어이다. 훗날 안살두아는 '네판틀라 여성(nepantlera)'에 대한 정교한 이론화를 시도하는데, 이 여성은 '사이에 낀 여성(in-betweeners)'으로 설명된다(Keating, 2006: 9).

필자의 관심은 여성학에서의 안살두아의 위치가 아니라 경계이다. 특히 미국과 멕시코의 국경을 제3세계가 제1세계를 만나 피를 철철 흘리는 '절개된 상처(una herida abierta)'로 보는(25) 인식이다. '사이에 낀' 위치를 경계를 넘나들기 위한 긍정적인 요소로 보려는 경향이 있는 호미 바바(Homi Bhabha)와는 달리, 안살두아는 제1세계와 제3세계의 불균등한 권력이 야기한 비극, 이를테면 근대/식민 세계체제에서 발생한 식민적 상처를 잊지 않으려는 태도를 고수한다. 그래서 안살두아에게 국경은 "증오, 분노, 착취가 특징적 경관"(19)을 이루고 있는 곳이다.

---

9) 멕시코 원주민 언어 중 가장 많은 사람이 사용하는 언어.

식민적 상처에 대한 안살두아의 특별한 인식은 1차적으로는 그녀의 삶에서 비롯되었다고 보아야 할 것이다. 안살두아는 리오그란데 계곡 태생이다. 텍사스의 남쪽 지방으로 멕시코 북동부와 국경을 접하고 있는 곳이고, 멕시코계 주민이 다수 거주하는 곳이다. 이들은 이민자들이 아니다. 미국과 멕시코의 국경분쟁 이후 1848년에 맺어진 과달루페-이달고 조약에 따라 하루아침에 미국인으로 국적이 바뀐 멕시코인들이다. 이들은 별다른 존재감 없는 유령 같은 존재였다. 고등학교에 다닐 때 비로소 처음 백인을 보았다거나(43), 6세대에 걸쳐 미국인으로 살아오는 동안 친척들 중 리오그란데 계곡을 처음으로 벗어난 사람이 자신이라는(38) 안살두아의 말은 이 지역의 치카노들이 어떻게 그토록 고립된 삶을 영위했는지 의구심을 자아낼 정도이다. 그러나 그것은 현실이었다. 가령, 엘리사베스 테일러, 록 허드슨, 제임스 딘 같은 전설적인 배우들이 출현한 영화 <자이언트>(1956)를 보면 짐작이 간다. 안살두아는 리오그란데 계곡에도 기업농 시스템이 도입되면서 치카노 농민들이 소작농으로 전락하게 된 일에 대해 회고하는데, 이 영화가 바로 그 때문에 급변하게 된 텍사스 사회를 다루고 있다. 이에 따라 언뜻언뜻 치카노 소작농들이 등장한다. 나아가 영화 후반부에는 텍사스의 전형적인 백인 대지주 주인공이 치카노 여성을 며느리로 들이는 에피소드를 통해 텍사스가 순수한 백인들만의 사회는 아니라는 점을 보여주기도 한다. 그러나 치카노 소작농도 백인 지주의 며느리도 의미 있는 대사가 별로 없다. 그들은 자신들의 목소리를 내는 것이 허용되지 않았던 존재들인 것이다. 영화가 아닌 실제 현실에서도 이에 상응하는 사례를 찾아볼 수 있다. 1960년대 반항적 청년 문화의 문화적 아이콘이었던 포크송 가수 존 바에즈(Joan Baez)의 경우이다. 바에즈의 아버지는 멕시코계였고, 그녀는 1967년 사망한 체 게바라를 추모하는 노래를 미국에서 대중화시킨다든지, 1973년 칠레의 피노체트 쿠데타 이후 시위나 음악을 통해 이를 강력히 규탄하는 활동을 벌이는 등 라틴아메리카에 깊은 관심을 보였다. 그러나 적어도 1960년대의 바에즈에게 라티노 문제에 대한 문제의식은 없었다. 마틴 루터 킹 목사의 열혈 지지자였을 뿐, 흑인 민권운동과 함께 부상한 히스패닉 민족주의와 관련해서는 별다른 흔적을 남기지 않았다. 그녀와 동시대를 살았던 안살두아가 '단결된 인종'이라는 뜻의 히스패닉계 정당 라사 우니다(Raza Unida) 당원으로 활동하고, 고등학교 교사 재직 중 교장 몰래 치카노 문학을 학생들에게 가르치고, 박사과정 학생일 때는 교수들과 갈등을 일으키면서까지 라티노 연구를 고집하는 행보를 걸었던 것을 감안하면, 바에즈의 무관심은 선뜻 이해하기 힘든 것이다. 그리고 바에즈 같은 인물에게도 라티노들이 존재감이 희미한 집단이었다면, 일반적인 미국인들에게는 더욱 더 그러했을 것이다.

『경계지대/국경』은 유령으로 산다는 것이 얼마나 고통스러운 일인지 토로한다. 1장「터전, 아스틀란/또 다른 멕시코(The Homeland, Aztlán/El otro México)」(23~45)에서는 토지를 빼앗긴 선조들의 이야기, 영어를 강요하는 학교 교육, 국경 순찰대를 보고 괜히 놀라 달아나다가 불법 이주자로 오인되어 출국 조치 당한 뒤 수백, 수천 킬로미터를 걸어서 돌아와야 했던 친척 이야기 등이 펼쳐진다. 5장「어떻게 야생의 혀를 길들이는가(How to Tame a Wild Tongue)」(75~86)에서는 모친마저 영어를 배울 것을 권하던 일, 표준 영어나 표준 스페인어 혹은 멕시코어를 제대로 구사하지 못한다는 힐난의 눈초리에 움츠러들 수밖에 없었던 과거 등등 경계지대의 언어적 테러리즘이 준 상처를 회고한다.

이런 고통들은 라티노들이 유령 같은 존재에서 무시하지 못할 존재가 되면서 상당 부분 치유된다. 후안 곤살레스(Juan Gonzalez)는 1950년부터

1960년 동안의 라티노 정치 운동을 통합의 시기(1950~1964년), 급진적 민족주의의 시기(1965~1974년), 투표권 시기(1975~1984년), 무지개 시기(1985~1994년), 제3의 힘의 시기(1995~2010년)의 다섯 시기로 구분한다. 통합의 시기는 멕시코계, 푸에르토리코계 등 독자적인 공동체를 형성했던 다양한 집단의 라티노들의 연대가 시작된 시기이다. 급진적 민족주의 시기에서 투표권 시기로 넘어간 것은 미국 사회의 전반적인 보수화 경향과 맞물린 측면도 있지만, 선거 참여를 통해서 지위 향상을 기대할 수 있을 만큼 라티노의 존재감이 커진 탓이기도 하다. 그 다음 시기에는 민주당의 흑인 정치인 제시 잭슨의 무지개 연합 결성 요청(1984)에 호응하여 흑인들과 연합하여 그를 민주당 대통령 후보로 만들고자 노력하는 정치적 파워를 과시하였다. 그리고 제3의 힘의 시기로 명명된 최근에는 라티노 집단의 힘이 더욱 커져서 단독으로 사회 전반에 걸쳐 영향력을 행사할 정도가 되었다(곤살레스, 2014: 330~366).

이런 일련의 흐름은 1980년대부터 급증한 이민자 물결이 야기한 변화였다. 하지만 영화 <타이타닉>(1997)의 한 장면은 이러한 변화의 한계를 암시하고 있다. 배가 침몰된 뒤 조난자들의 시신이 물 위를 마치 유령처럼 떠도는 장면이다. 이 장면은 샌디에이고 맞은편의 멕시코 국경도시인 티후아나 인근 해변에서 촬영되었다. 할리우드를 대표하는 유니버설 스튜디오가 비용 절감을 위해 진작부터 티후아나에 지사를 두고 있었고, 엑스트라가 많이 필요했던 그 장면을 멕시코에서 촬영하게 된 것이다. 조난 장면의 의미에 대해 사진작가 앨런 세큘라(Allan Sekula)는 "끝 모를 심연에 빠져 허우적대는 근대성의 역사에 대한 미국 특유의 거만한 관점을 드러낸다. …… 엑스트라들은 마네킹 시신들 사이에서 이리저리 떠다니고 추위에 떨다가 감독의 지시에 따라 움직이기도 하고 죽은 척하기도 한다. 그들은 한 무리의 익사자들"이라고 비판하고 있다

(가르시아 칸클리니, 2008: 267~268).

티후아나의 유령들은 라티노들이 아니라 멕시코인들이다. 그런데도 리오그란데 계곡의 유령과 별반 다를 바 없는 신세이다. 엑스트라이기 때문에 존재감 자체가 없고, 마치 소작농으로 전락한 리오그란데 계곡의 치카노들이 그랬던 것처럼 자본의 소모품에 불과하다. 그렇다면 미국에서 라티노들의 고난은 단지 소수민족이어서가 아니다. 국경의 양쪽에서 공히 일어나는 일, 제1세계와 제3세계의 불균등한 권력이 낳은 비극, 바로 경계지대의 비극이다.

4. 앵글로 아메리카 이후

안살두아는 19세기 말에 미국 자본이 멕시코 북부에 기업농 시스템을 도입하면서 농민들이 토지를 잃고 국경을 넘어야만 했던 일, 1980년대 멕시코 외채위기가 또다시 대규모 미국 이주를 초래한 일, 국경을 넘은 이들이 불법체류자 신분 때문에 온갖 착취를 겪은 일 등을 『경계지대/국경』에서 언급하고 있다. 그렇지만 안살두아의 강점은 제1세계와 제3세계의 불균등한 권력에 대한 직접적인 고발이 아니라 아무래도 경계지대에 대한 새로운 인식의 획득과 천명이다.

안살두아에게 미국과 멕시코의 경계지대의 특징을 확정지은 사건은 텍사스공화국(1836~1845)의 출현과 과달루페-이달고 조약(1848)이다. 『경계지대/국경』에는 윌리엄 H. 와튼(William H. Wharton)[10]의 다음 시가

---

10) 텍사스가 미국에 병합되기 전 이곳에 집단 이주해 있었던 앵글로인들이 멕시코에서 독립해 세운 국가가 텍사스공화국이고, 윌리엄 H. 와튼(1802~1839)은 이

인용되고 있다.

앵글로 아메리카인들은

이 약속과 성취의 땅[텍사스]에서

영원한 주인이 될 것이다.

그들의 법이 이 땅을 지배하고,

그들의 지식이 이 땅을 개화시키고,

그들의 사업이 이 땅을 향상시킬 것이다(29).

와튼의 이 선언은 미국의 남서부 팽창을 정당화시킨 존 L. 오설리번 (John L. O'Sullivan)이 1845년에 천명한 용어인 '명백한 운명(manifest destiny)'과 맥락을 같이 하는 것이었고, 안살두아는 이 사건 이후 앵글로 테러리즘이 공공연히 작동했다고 비판한다(30). 와튼과 오설리번의 주장은 잭슨 터너(Frederick Jackson Turner)의 소위 프론티어론을 선취한 것이기도 하다. 그는 1893년 '미국 역사에서 국경의 의미'라는 연설에서 "미국이 성취한 사회적 발전은 경계(frontier)에서 또다시 새롭게 시작"되고, 경계는 "야만과 문명이 만나는 지점"이라고 말하면서 미국인의 진취성이 국가 발전의 근간이었다고 주장한다(Jackson Turner, 1893). 명백한 운명론에서 프론티어론에 이르는 과정에서 미국식 문명화 기획이 완성되었다는 것을 알 수 있다.

미뇰로의 용어를 빌자면 미국식 문명화 기획은 곧 미국이 구상하는 전 지구적 설계(global design)이다. 그는 과달루페-이달고 조약이 맺어진 1848년과 스페인과의 전쟁을 통해 카리브해를 미국의 호수로 만들 발

─────────────

공화국의 상원의원이었다.

판을 마련한 1898년을 미국의 전 지구적 설계에서 두 개의 중요한 분기점으로 본다. 다만 1848년과 1898년 사이에는 차이점도 있다고 본다. 1848년은 아메리카를 앵글로 아메리카와 라틴아메리카로 분할하는 데 방점이 찍혀 있었다. 결과적으로 훗날 제국주의적 팽창으로 귀결되지만, 우선 새로운 경계 획정을 시도한 것이다. 반면 1898년은 영국, 프랑스 등 제국들의 이해가 충돌하고 있던 카리브해의 앵글로 아메리카 편입이 본격적으로 시작된 시점으로 본다. 즉 1848년의 경계에 만족하지 않고 이를 넘어서려는 시도가 시작된 시점으로 보고 있다(미뇰로, 2013: 412).

1848년이 두 아메리카를 분할한 기점이라는 미뇰로의 분석은 와튼 이후 앵글로 테러리즘의 본격적인 분출을 본 안살두아의 인식과 유사하다. 또 1898년이라는 기점에 대한 분석은 프론티어에 대한 잭슨 터너의 연설에 적용 가능한 것이다. 잭슨 터너의 프론티어론은 미국의 기존 경계 너머의 토착 인디언과 이들의 영토를 무(無) 존재로 규정했다는 비판(곤살레스, 2014: 136)은 물론, 유럽 각국의 이민자들의 독자적인 개척 노력과 성취를 오로지 앵글로 아메리카의 노력으로 단순화시키는 시각이라는 비판도 받았다. 헌팅턴의 앵글로중심주의가 최소한 잭슨 터너의 시대에 이미 현실이 되었다는 뜻이다.

1848년에서 1898년에 이르는 사이에 고착된 경계에 대한 미국인의 인식은 그 이전과는 판이하게 다른 것이었다. 미국 대서양 연안을 따라 차례차례 뿌리를 내리기 시작한 영국령 정착촌들은 북쪽, 서쪽, 남쪽은 물론 바다(특히 카리브해)에서도 인디언, 프랑스인, 스페인인들과 오랫동안 경계를 이루고 있었다. 식민지시대 초기 이 경계들은 지극히 불안정해서, 경계를 넘어서기는 물론이고 경계를 확정짓는 것조차 쉽지 않았다. 그래서 대서양 동부 연안의 정착촌들을 제외하면 소위 '미들 그라운드', 즉 다양한 유럽 식민자들과 원주민들이 한편으로는 갈등을 일으키면서도 다른 한편으로는 상호 영향을 주고받는 삶이 일상이었던 복합적인 성격의 광범위한 경계지대가 존재했다(브링클리, 2011: 106). 비록 수많은 갈등이 존재했지만 그 누구도 패권을 행사하지 못했던 이러한 공존의 경계지대에, 적어도 1848~1898년 사이에 앵글로 아메리카 패권이 확립되게 된 것이다.

안살두아는 20세기 멕시코인들의 대규모 미국 이주를 "조용한 침략"(silent invasion)이 아닌 "귀환 오디세이"(return odyssey)로 규정한다 (32~33). 앞서 말한 대로 잃어버린 멕시코 영토 회복을 주장하는 것이 아니다. 미들 그라운드, 안살두아의 용어로는 경계지대에 대한 앵글로 아메리카적 인식을 바꿀 것을 요구하고 있는 셈이다. 이 요구는 잭슨 터너의 시각에 입각한 미국사 기술(記述), 즉 앵글로중심주의적 기술에 대한 도전이다. 호세 다비드 살디바르가 안살두아를 높이 평가하는 것도 그 때문이다. 그 자신도 미국학 연구에서 앵글로중심주의의 패권적 지위에 비판적인 연구 행보를 걸어온 살디바르는 횡단 아메리카성 (trans-Americanity)이라는 개념을 천명했다. 기본적으로는 두 개의 아메리카, 즉 앵글로 아메리카와 라틴아메리카의 균등한 관계를 모색하기 위한 개념이다. 살디바르에 따르면 안살두아의 기여는 전 지구적 남 (Global South)과 전 지구적 북(Global North) 사이의 새로운 종족적, 언어적, 문화적 교환(exchange)을 요구했다는 점이다(Saldívar, 2012: 17).

살디바르가 '제1세계'와 '제3세계'대신 '전 지구적 남'과 '전 지구적 북'이라는 용어를 사용하고 있다는 점이 눈길을 끈다. 마지막 두 개가 단순히 최근의 비평적 용어이기 때문이 아니다. 권력의 불균등한 차이를 앵글로 아메리카와 라틴아메리카의 관계로만 오독할 가능성을 피하고, 세계체제의 관점에서 조망하기 위해서이다. 그는 근대성/식민성 연구그룹 초기의 의미 있는 텍스트들 중 하나인 키하노와 월러스틴의 공동 논문 「개념으로서의 라틴아메리카, 혹은 근대 세계체제 속의 두 아메리카」에서 출발한다. 두 사람에 따르면 장기 16세기에 근대 세계체제가 탄생했고, 또한 지리사회적 구축물(geosocial construct)로서의 두 아메리카도 탄생했다(Quijano and Wallerstin, 1992: 549). 이 두 아메리카의 사회적 특징으로는 근대 세계체제 이전에는 존재하지 않았던 종족 구분(인디언, 니그로, 크레올, 메스티소 등등)이 일반화된 일종의 신분 사회라는 점을 꼽을 수 있다. 그리고 이러한 신분들의 경계는 노동분업 – 내부의 노동분업은 물론 세계체제 전체에서의 노동분업 – 을 위한 것이고, 나아가 수월한 노동력 통제를 위해 생겨난 사회적 산물이다(1992: 550). 종족 차별은 19세기 인종주의를 통해 최고조에 이르고, 그 이후에는 종족이나 인종 문제 관련 차별적 언행은 점차 금기가 되고 내부의 제3세계(Third World within), 보편주의, 능력주의 등을 교묘하게 악용하여 신분의 사회적 경계를 고착화시키려는 시도를 한다(1992: 551).

두 사람은 아직 '근대 세계체제'라는 용어를 사용하고 있다. 그러나 이를 '근대/식민 세계체제'로 바꾼 키하노의 후속 연구들이나 근대성/식민성 연구그룹의 연구와 마찬가지로 세계체제는 근대적이면서 동시에 식민적이라는 시각을 이미 담고 있다. 이 시각은 앵글로 패권 이전의 '미들 그라운드'가 일종의 공존지대였다는 시각과는 다소 배치되는 점이 있다. 그러나 경계지대의 안살두아의 시각과는 별로 모순되지 않는다. 가령, 안살두아는 유난히 1848년이라는 시점을 강조하는 듯하지만, 멕시코 중심주의나 식민지시대의 스페인 지배에 대해서도 비판적이다. 스페인의 식민지배 시절에 말린체나 요로나 등을 통해서 여성의 원죄를 강조한 것이 근대/식민 세계체제가 고착화시킨 국제적·인종적 노동분업의 연장선상에서 여성에게 한 겹 더 덧씌워진 억압 체제라고 비판하고 있다(Anzaldúa, 1999: 44). 그녀의 경계지대론이 단순히 혼종이나 양가적 가치를 찬양하기 위한 것이 아니라 식민적 상처에 대한 투철한 인식을 먼저 요구하고, 이러한 인식 하에 불균등한 권력 차이를 시정해 나아가야 한다는 것을 알 수 있는 대목이다. 다만 안살두아의 가장 큰 비판이 아무래도 1848년 이후 뿌리를 내린 앵글로중심주의를 향하고 있고, 궁극적으로는 '앵글로 아메리카 이후'를 상상하고 있다.

라틴아메리카의 경우, 식민지시대에는 일종의 카스트 제도처럼 종족 구분이 확고했다. 그러나 19세기 초 독립 후 한편으로는 인종주의가 강화되는 가운데 그때까지의 이름이었던 아메리카가 '라틴'아메리카로 바뀐다. 라틴 문화의 적자를 자처하던 프랑스가 아메리카에 개입할 명분을 찾은 데서 비롯된 것이다. 그러나 라틴아메리카에서 '라틴성'의 강화는 독립 후 지배 계층이었던 크리오요들의 이해관계와도 맞아떨어지는 일이었다. 그래서 미뇰로는 원주민, 아프리카계 흑인 등이 라틴아메리카 이후를 건설해야 한다고 말한다(미뇰로, 2010: 176). 그가 말하는 라틴아메리카 이후 사회는 앞서 언급한 키하노와 월러스틴의 관점에서 보자면 새로운 지리사회적 구축물을 건설해 사회적 차별을 없애고, 이 차별이 은폐하고 있는 차별적 노동분업을 해소하는 길이다. 이 관점의 연장선상에서 보자면 안살두아의 영적 기획, 마치 '구천을 떠도는 원혼'처럼 식민적 상처로 피를 흘리고 몸부림치는 유령들에게 필요한 것은 '앵글로 아메리카 이후'일 수밖에 없다.

5. 세계문학, 라틴아메리카 문학, 안살두아

라틴아메리카 문학은 흔히 1960년대 세계문학의 반열에 올랐다고들 말한다.[11] 소위 제3세계 문학으로는 최초의 일이다. 물론 나름대로 축적된 문학적 역량이 있었기에 가능했던 일이다. 그러나 라틴아메리카 문학이 아시아나 아프리카 문학보다 먼저 세계문학의 주역이 될 수 있었던 이유가 전적으로 문학적 역량 덕분이었다고 주장하기에는 성찰해 볼만한 점들이 있다. 라틴아메리카가 만일 서구어(스페인어와 포르투갈어) 사용 지역이 아니라도 가능했을까? 아시아나 아프리카와 달리 라틴아메리카는 유럽인이 이주, 정착한 식민지이고, 따라서 라틴아메리카 문학이 독립 전이나 독립 후나 서구 문학과 일정 부분 친연성을 지니고 있기 때문에 세계문학의 장에서 먼저 주목을 받게 된 것은 아닐까?

그렇지만 1960년대 라틴아메리카 문학의 약진을 전적으로 언어의 이점과 서구 문학과의 친연성 덕분이었다고 보는 것 역시 무리이다. 제2차 세계대전 이후 식민지배에서 벗어난 혹은 본격적인 독립투쟁에 나선 국가들이 대거 등장하면서 수반된 세계문학의 지각변동과 맞물려 발생한 일이기 때문이다. 1956년 인도 뉴델리에서 아시아작가회의가 열리고, 2년 뒤인 1958년에는 구소련의 타슈켄트(현재 우즈베키스탄의 수도)에서 아프리카-아시아 작가회의가 열리면서 반제국주의·반식민주의 문학은 구미 중심적 세계문학에 대해 근본적인 문제를 제기했다. 라틴아메리카 문학이 초기에 이 흐름에서 배제된 것은 아마도 대부분의 국가가 19세기 초에 독립했고 또 이주 식민지라는 이질성을 지니고 있었기 때문에 문학도 아시아 문학이나 아프리카 문학과는 다르리라는 시각 때문이 아니었을까 싶다. 그러나 오래 전 독립을 했음에도 불구하고 사실상 신식민주의적 상황에 처해 있었다는 점에서 라틴아메리카 문학도 곧 '제3세계 문학'이라는 이름하에 이러한 흐름에 동참할 수

---

11) 라틴아메리카 소설의 국제화에 대해서는 우석균(2002)을 참조하라.

있었다.

1960년대 세계문학의 장에서 라틴아메리카 문학의 약진은 실로 눈부
신 것이었다. 보르헤스는 1961년 서구 각국의 8개 출판사가 출판 시장
을 활성화시킬 목적으로 제정한 제1회 포르멘토르상을 사무엘 베케트
와 공동 수상했다. 가르시아 마르케스(콜롬비아)는 1967년『백년의 고독』
으로 '소설의 종말'을 논하던 유럽의 문학 비평가들을 무색하게 만들었
다. 또한 소위 '붐' 소설 작가들은 당대의 구미 독자들을 매혹시킴으로
써 국제 출판계의 주목받는 스타가 되었다. 이런 흐름 속에서 아스투리
아스, 네루다, 파스, 코르타사르, 카르펜티에르처럼 보르헤스와 마찬가
지로 라틴아메리카 문단에서 확고한 위치를 이미 차지하고 있던 작가들
도 1960년대에 국제적으로 폭발적인 반향을 경험했고, 아스투리아스와
네루다는 1967년과 1971년 각각 노벨문학상을 수상했다. 또한 파스와
흔히 '붐' 작가 4인방으로 일컬어지는 코르타사르, 푸엔테스, 가르시아
마르케스, 바르가스 요사 중에서 마지막 두 사람도 훗날 노벨문학상을
수상했다.

그렇다면 반제국주의·반식민주의 문학의 국제적 연대에 뒤늦게 동참
한 라틴아메리카 문학이 세계문학의 장에서 오히려 아시아나 아프리카
문학보다 더 주목을 받게 된 이유가 무엇일까? 또다시 언어와 친연성
문제를 고려하지 않을 수 없다. 즉, 서구 언어로 된 문학이라는 점에서
아시아 문학보다 구미에 소개되기 쉬운 점이 있었고, 아시아 문학과
아프리카 문학에 비해 구미 문학과 공통분모가 더 많았기 때문에 덜
낯설었다는 점이 일정 부분 작용했을 것이다. 그러나 그보다는 1960년
대의 라틴아메리카가 더 응집력 있고 강력한 반제국주의·반식민주의
흐름을 형성하고 있었다는 점을 주목할 필요가 있다. 그 대표적인 사건
이 쿠바 혁명이다. 흔히 라틴아메리카의 1960년대는 쿠바 혁명이 성공

한 1959년 1월 1일 시작되었다고 말한다. 그것은 단순히 일국가적 혁명이 아니라 라틴아메리카 전역에 커다란 파장을 불러일으킨 사건이었다. 쿠바 같이 작고 힘없는 나라가 미국 같은 강력한 패권 국가의 개입을 뿌리치고 독자노선을 고수하고 있다는 사실은 다른 라틴아메리카 국가에도 신식민적 현실을 바꿀 수 있다는 낙관적 전망을 불러일으켰기 때문이다. 그리고 이 전망에 힘입어 종속이론, 해방신학, 해방철학 등 신식민주의적 현실을 극복하려는 일련의 지적 흐름이 강력하게 대두되었다. 한 가지 또 중요한 사실은 이런 흐름이 쿠바 혁명과 함께 어느 날 갑자기 형성된 것이 아니라 역사적 뿌리가 깊다는 점이다. 가령, 미국이 쿠바와 과테말라에 각각 1898년과 1954년 개입했을 때, 라틴아메리카는 일종의 범라틴아메리카 민족주의에 입각해 반제국주의·반식민주의 연대에 나선 역사적 경험이 있다. 쿠바 혁명이라는 동력이 주어졌을 때, 이를 활용할 연대의 토대가 이미 구축되어 있었던 것이다.

그러나 그 시절 라틴아메리카 문학을 세계로 이끌었던 작가들이 거의 다 퇴장한 지금 라틴아메리카 문학의 위력은 예전 같지 않은 듯하다. 그렇다고 작가들의 능력이 떨어져 보이지도 않고, 라틴아메리카 사회가 일부 구미 국가들처럼 처절한 고민이 필요 없는 사회로 진입한 것도 아닌데도 그렇다. 아직은 어설픈 가정이지만, 과거의 거장들이 남긴 그림자가 최근 작가들의 발목을 잡는 측면이 있다. 라틴아메리카 역시 시대에 따라 새로운 고민거리가 대두되겠지만, 시대가 변해도 별로 변하지 않는 구조적 모순들은 이미 말해진 이야기라 최근 작가들로서는 "영향의 불안"을 떨쳐내고 그 이야기를 되풀이할 엄두를 내지 못하는 것이 아닌가 싶다. 또 다른 점을 꼽자면, 과거의 거장들 덕분에 라틴아메리카 문학의 장이 지나치게 제도화된 것이 오히려 문제일 수도 있다. 최근에도 문학의 장에 진입하는 것이 그리 쉬운 일은 아닌 듯하지만,

일단 진입하고 나면 비교적 손쉬운 상업적 성공이 가능해 보인다. 과거의 거장들이 세계문학의 장에 힘겹게 진입했다면 이제는 라틴아메리카 문학 하면 속칭 어느 정도 먹어주는 세태가 된 지 오래인데다, 이미 국제적인 성공을 거둔 작가들 주변을 어슬렁거리면서 패거리 권력에 의거한 자가발전 전략이 어느 정도 통하는 것도 최근 작가들의 고민의 농도를 떨어뜨리는 요인이 아닌가 싶다. 물론 라틴아메리카 문학이 이제는 '뿌리 깊은 나무'가 된지라 국제적인 성공을 거두는 작가들을 계속해서 배출하리라는 데에는 의심의 여지가 없다. 그러나 상업적 성공, 국제적 명성이 곧 훌륭한 세계문학이라고는 볼 수는 없지 않는가?

필자의 소견으로는 라틴아메리카 문학에 새바람을 불러일으킬 작가군, 의미 있는 작품을 통해 세계문학으로 인정받을 수 있는 작가군은 원주민, 흑인, 라티노를 중심으로 형성될 가능성이 높지 않은가 싶다. 내부 식민이나 디아스포라 때문에 변경인으로 살기를 강요받아온 이들이야말로 현실에 대한 고민의 깊이가 깊을 것 같고, 하고 싶지만 아직 하지 못한 이야기를 차곡차곡 축적하고 있을 것 같기 때문이다. 전 지구적 남과 전 지구적 북이 충돌하는 경계지대의 식민적 상처와 경계 사유에 대한 안살두아의 치열한 고민이 그래서 반갑고, 근대성과 식민성이라는 세계체제의 동전의 양면을 성찰하고 있는 안살두아의 기획이야말로 지구가 하나가 된 세계, 그러나 여전히 불균등한 권력 차이가 해소되지 않는 세계의 바람직한 문학으로 인정받아야 한다는 생각이 든다.

참고문헌

가르시아 칸클리니, 네스토르(Néstor García Canclini). 2008. 「문화와 커뮤니케이션 영역에서 바라본 라틴아메리카와 미국의 관계」. 김은중 옮김. 니콜라 밀러·스티븐 하트. 『라틴아메리카의 근대를 말하다』. 서울대학교 라틴아메리카 연구소 옮김. 그린비, 253~270쪽.

르루, 가스통(Gaston Leroux). 2013. 『오페라의 유령』. 베스트트랜스 옮김. 미르북 컴퍼니(e-book).

마르크스, 칼(Karl Marx). 2014. 『경제학·철학초고/자본론/공산당선언/철학의 빈곤』 2판. 김문현 옮김. 동서문화사.

미뇰로, 월터 D.(Walter D. Mignolo). 2010. 『라틴아메리카, 만들어진 대륙: 식민적 상처와 탈식민적 전환』. 김은중 옮김. 그린비.

_____. 2013. 『로컬 히스토리/글로벌 디자인: 식민주의성, 서발턴 지식, 그리고 경계사유』. 이성훈 옮김. 에코 리브르.

버만, 마샬(Marshall Berman). 2004. 『현대성의 경험: 견고한 모든 것은 대기 속에 녹아 버린다』 재개정판. 윤호병·이만식 옮김. 현대미학사.

브링클리, 앨런(Alan Brinkley). 2011. 『있는 그대로의 미국사』 1권. 황혜성 외 옮김. 휴머니스트.

스미스, 피터 H.(Peter H. Smith). 2010. 『라틴아메리카, 미국, 세계』. 이성형·홍욱헌 옮김. 까치.

우석균. 2002. 「라틴아메리카 소설의 국제화: 또 다른 모더니티의 추구」. ≪실천문학≫ 66호(여름), 362~382쪽.

피케티, 토마(Thomas Piketty). 2014. 『21세기 자본』. 장경덕 외 옮김. 글항아리.

곤살레스, 후안(Juan González). 2014. 『미국 라티노의 역사』. 이은아·최해성·서은희 옮김. 그린비.

Anzaldúa, Gloria. 1999[1987]. *Borderlands/La Frontera*, 2nd ed. San Francisco: Aunt Lute Books.

Huntington, Samuel P. 2004. "The Hispanic Challenge." *Foreign Policy*, No.141

March-April, pp.30~45.

Jackson Turner, Frederick. 1893 "The Significance of the Frontier in American History." http://nationalhumanitiescenter.org/pds/gilded/empire/text1/turner.pdf.

Keating, AnaLouise(ed.). 2009. *The Gloria Anzaldúa Reader.* Durham & London: Duke University Press.

Keating, AnaLouise. 2006. "From Borderlands and New Mestizas to Nepantlas and Nepantleras. Anzaldúan Theories for Social Change." *Human Architecture: Journal of the Sociology of Self-Knowledge*, IV, Special Issue, Summer, pp.5~16.

Quijano, Aníbal and Immanuel Wellerstein. 1992. "Americanity as a Concept, or the Americas in the Modern World-System." *International Social Science Journal*, No.29, pp.549~557.

Saldívar, José David. 2012. *Trans-Americanity: Subaltern Modernities, Global Coloniality, and the Cultures of Greater Mexico*(Kindle Edition). Durham & London: Duke University Press.

제4장

에콰도르 원주민 사상과 세계관의 복원

수막 카우사이(Sumak Kawsay)에 대한 이론적 고찰*

조영현 부산외국어대학교 중남미지역원 HK교수
김달관 단국대학교 외래교수

1. 들어가는 말

라틴아메리카는 불의, 불평등, 배제의 체제를 타파하지 못한 채 외부로부터 가해오는 위기와 내부에서 파생되는 갈등에 직면해 있다. 북반구에서 만들어진 신자유주의 이론은 라틴아메리카에 비판 없이 받아들여졌고, 결국 심각한 폐해를 낳고 말았다. 세계의 허파인 아마존의 파괴는 이 문제의 심각성을 그대로 드러냈다. 자원개발과 발전, 경제성장논리에 따라 난개발이 이루어졌고, 가장 피해를 본 것은 세계체제의 주변부 중에서도 외각에 위치한 농민과 원주민들이었다. 중요한 천연자원이 매장된 지역이 주로 이들이 거주하는 지역이며, 이 지역 생물종다

---

* 이 글은 ≪중남미연구≫ 31권 2호(2012)에 발표한 필자의 논문을 총서 취지에 맞게 수정 보완한 것이다.

양성의 80%가 원주민들의 생활공간 내에 위치해 있다. 이곳은 아직도 원시적 자연을 간직하고 있지만, 난개발과 전 세계적인 현상인 기후변화, 지구온난화, 엘니뇨와 라니냐 현상으로 생태계 자체의 존립이 위협받고 있다. 양극화로 대변되는 사회적 불평등은 체제 밖에 소외된 사람들을 폭발 직전의 상황으로 몰아갔다. 1990년대 이후 계속되는 라틴아메리카 원주민들의 호소와 저항은 바로 이 문제의 심각성을 그대로 보여주고 있다.

신자유주의 체제가 야기한 위기가 분명해짐에 따라 해결책을 찾아야 한다는 아우성도 높아 갔다. 나라마다 양상은 다르지만 다양한 사회운동이 '다른 세계(Otro mundo)' 건설을 위한 변혁을 추동했다. 이 대륙은 신자유주의가 가장 먼저 도입되고 실험된 지역이면서, 동시에 사파티스타 원주민운동이 보여준 것처럼 가장 먼저 신자유주의 이념이나 모델을 해체하고 거기서 가장 빠르게 탈출하려 몸부림치는 지역이다. 이 지역에서 새로운 세계 건설과 국가 재설계를 위한 시도는 기존 신자유주의 패러다임에 대한 대항적 패러다임을 구축하도록 자극했다. 기존 헤게모니구조와 체제에 대한 대항헤게모니 건설이란 측면에서 봤을 때, 라틴아메리카는 이론적 토대 구축 작업과 사회운동을 통한 실천적 작업이 동시에 진행되는 유일한 지역이다. 새로운 저항의 주체들이 부상하는가 하면, 부족하지만 새로운 대안을 제시하고 가장 역동적으로 기존 헤게모니 세력과 적대전선을 형성하는 곳이기 때문이다.

20세기 말엽부터 에콰도르, 볼리비아 같은 안데스 국가들은 '신자유주의', '대의민주주의', '단일국민국가(Estado uninacional)' 체제를 의심하고 새로운 질서 구축을 국가적 차원에서 시도하고 있다. 아이마라 원주민 출신 볼리비아 대통령인 에보 모랄레스(Evo Morales)는 역사적·사회적 시스템으로서 자본주의와 신자유주의를 극복해야 함을 역설했다. 마찬

가지로 에콰도르 원주민들도 1990년대 이후 자본주의 체제에 대한 대안
을 사유하면서 정치적·문화적 개념으로서 다국민성(Plurinacionalidad)[1]
과 상호문화성(Interculturalidad)[2]을 제안했었다. 그리고 원주민들은 자신

---

1) 다국민성은 다국민국가를 요구하는 근거이다. 안데스 원주민운동은 단일국민국가에
   의문을 제기했다. 국민국가는 근대가 탄생시킨 국가 모델로서 그 자체로 배제적,
   동질적, 단일 문화적, 단일 언어적 특징을 갖는다. 단일 문화에 의존한 국가는 다양
   성을 인정하지 않고 유일하고 패권적인 지배 문화에 동화된 하나의 국민만을 인정한
   다. 이 모델에서는 다양한 문화, 다양한 언어, 다양한 주민을 국가 분열을 초래하는
   장애물로 인식한다. 모든 차이들은 헤게모니를 가진 문화에 동질화 과정을 통해
   흡수되거나 포섭된다. 원주민이나 흑인의 입장에서 봤을 때, 단일국민국가 모델에
   서는 문화, 역사적 과정, 사고방식, 권리의 실천, 민주주의, 정부와 관련해서 그들이
   제대로 국민으로 인정받지 못했고, 대표되지도 못했다는 것이다. 따라서 원주민들
   은 하나의 국가에 하나의 국민만 있는 것이 아니라, 다양한 국민이 있을 수 있다는
   점을 인정하라고 촉구했다. 원주민들은 자신들이 고유 영토와 고유문화, 고유한
   종족성과 언어를 가진 또 다른 국민임을 인정하라고 호소하는 것이다. 하나의 국가
   안에 다양한 국민이 있을 수 있고, 다양한 정체성이 공존할 수 있다는 논리이다.
   원주민은 백인과 메스티소와 "다르지만 동등한 존재"임을 주장하는 것이다. 그들은
   에콰도르가 다국민국가가 될 때만이 진정한 민주주의를 실현할 수 있다고 믿는다.
2) 상호문화성은 특정 공간 안에 존재하는 문화들의 복수성을 묘사하는 다문화성
   (Multiculturalidad)과 다른 개념이다. 다문화성은 주로 '비자발적인 소수자'와 여러
   이민단체 등 소수민족이 공존하는 미국과 같은 서양국가에서 사용되는 개념으로
   관계적 측면에 대한 고려 없이 다양한 문화 사이의 분리를 의미한다. 복수이기에
   지배문화와 피지배 문화가 공존하게 되는 데 피지배 집단은 배제에 대한 보상으로
   특별한 정책, 대우, 권리를 요구한다. 여기에는 큰 갈등이나 저항 없이 사회가 기능
   할 수 있도록 하기 위해 관용이 중요한 덕목으로 요구된다. 그럼에도 관용 개념은
   관계적 측면에서 특정한 사람에게 특권을 주는 구조와 제도는 그대로 두면서, 사회
   의 불평등 상황을 은폐한다. 그러나 상호문화성은 문화적으로 다른 사람, 다른 지식,
   다른 실천, 다른 논리, 다른 합리성, 다른 원칙들 사이에 상호행위를 추구한다. inter
   는 그 자체로서 차이 또는 타자를 관용하고, 인정하는 단순한 것을 의미하지 않는다.
   그것은 사회적, 정치적, 소통적 수단을 통해, 존재, 지식, 의미, 실천들 사이에 연합,

의 정체성, 전통문화, 세계관에서 추출한 수막 카우사이(Sumak Kawsay)
를 새로운 대안으로 제시했다. 수막 카우사이는 토착원주민의 세계관과
삶의 경험에 기초한 것으로 라틴아메리카 고유의 사유라 할 수 있다.
수막 카우사이의 핵심은 공동체 패러다임에 근거한 것으로 자연과 인
간, 인간과 인간관계의 조화와 균형, 공생을 강조한 삶의 방식이자 패러
다임이다. 그 중심에 '어머니이신 자연' 파차마마에 대한 경외와 존중,
사랑이 있다. 이런 점에서 개인주의나 자연을 대상화하는 신자유주의
패러다임과는 완전히 대척점에 서있는 개념이다.

수막 카우사이는 원주민들이 인종차별 등과 같은 식민 유산을 탈피하
고 자신들의 권리 회복을 위해 투쟁하는 과정 속에서 부상하게 된 개념
이다(Pablo Dávalos 인터뷰). 특히 원주민 문화에 대한 자긍심과 인간으로
서의 존엄성에 대한 인식이 중요하게 작용했다. 그러나 에콰도르 원주
민들의 조직화, 정치적 투쟁 못지않게 중요한 것은 원주민 권리를 지지
해 준 국제법적 흐름이다. 특히 1989년 6월 7일 국제노동기구 총회에서
승인된 '원주민과 부족민들에 대한 국제노동기구 협약 169호'는 원주민
들의 권리증진 투쟁이 정당하다는 것을 국제적으로 인정해주는 선언서
역할을 했다. 그리고 2007년 9월 개최된 유엔총회에서 회원국 143개국
의 지지를 통해 채택된 '유엔 원주민권리선언'은 원주민 권익에 대한
실질적 공감대를 확산시키는 데 기여했다. 원주민들의 권리회복을 위한
운동의 확산은 원주민 문화에 대한 자긍심도 함께 높여주었다. 원주민
과 '원주민적인 것'에 대한 자신감은 자신들의 역사, 세계관과 철학에

대화, 만남의 공간을 구축하는 것을 허락하는 상호 교환적 과정을 촉진시킨다. 이
상호문화성 개념에서는 차이와 다양성의 인정 뿐 아니라, 대화를 통한 소통 강화와
통일성이 촉진되는 장점이 있다.

대한 회복과 탐구를 자극했다. 이런 국제적, 국제법적 지원과 원주민 자긍심 회복은 수막 카우사이가 부상할 수 있는 기본 토대가 되었다.

포르투갈 사회학자 소사 산투스(Sousa Santos)는 현재 라틴아메리카에서 진행되는 국가 개혁 프로젝트와 문명 패러다임의 전환이 두 방향에서 진행되고 있다고 진단했다. 하나는 현실사회주의 붕괴 이후 자본주의로부터 '자본주의 이후(post-capitalismo)'를 고려하는 것이고, 다른 하나는 라틴아메리카가 정복이나 식민화되기 이전, 즉 '자본주의 이전'의 시점에서 대안을 설계하는 것이다. 이것을 소사 산토스는 '근대 이전 사유'에서 '자본주의 이후'를 상상하는 것이라고 표현했다(Santos, 2010: 25~26). 즉, 자본주의가 파생시킨 현 위기를 극복하기 위해서 자본주의가 도입되기 이전의 사유나 삶의 방식에서 자본주의를 극복할 수 있는 새로운 패러다임의 근본원리를 찾아내려는 것이다. 그러나 그것이 '전 자본주의 단계'의 삶을 그대로 답습하려는 것이 아니라, 자본주의 때문에 잃어버렸던 중요한 삶의 원리들을 회복하고, 그것을 21세기 현실에 적응시켜 보려는 시도인 것이다. 이 자리가 바로 수막 카우사이가 위치해 있는 지점이다.

에두아르도 구이나스(Eduardo Gudynas)가 수막 카우사이를 사상, 담론, 실천이란 세 가지 지평으로 구분한 것처럼 이 수막 카우사이는 단지 원주민들의 세계관이나 사상 차원에 머물지 않고, 그것을 실천하려고 한다는 점에서 단순한 담론의 차원을 넘어서고 있다(Gudynas, 2011: 2).[3]

---

3) 구이나스가 말하는 수막 카우사이의 사상적 측면은 발전 개념에 대한 근본적인 비판을 담고 있다. 즉 경제성장, 이익, 소비, 복지 지표를 찬양하는 논리를 거부한다. 또한 담론은 이 사상에 대한 정당화 작업을 포함한다. 실천적 측면은 수막 카우사이를 현실에서 구체화하기 위한 정책 프로젝트, 정부 계획, 규범 틀, 발전에 대한 대안 연구 등 구체적인 전략들을 의미한다. 여기서 그는 사상과 담론을 구분했지만

이미 볼리비아와 함께 에콰도르는 수막 카우사이를 헌법의 기본원리로 채택한 나라이다. 계획보다는 늦어지고 있지만 후속 법률과 시행법령들이 속속 만들어지고 있다. 헌법에 수막 카우사이 원리를 적용하는 것은 단지 헌법 개정을 의미하는 것이 아니라 국가의 재창조이며 국가 자체에 대한 심오한 변혁을 설계하고 적용하는 것이다. 왜냐하면 이것이 국가와 사회관계의 재설정, 민주주의 체제와 제도들의 구조 변화, 신자유주의 모델과 결별을 의미하기 때문이다. 수막 카우사이는 인종적, 지역적, 성적 다양성을 인정하는 다국민성, 상호문화성, 새로운 발전관을 내포하고 있을 뿐 아니라, 정치·경제구조나 문화 영역을 변혁시키려는 포괄적 기획의 측면을 지니고 있다. 따라서 수막 카우사이는 근대-기독교-서구-자본주의 모델과는 다른 공동체성에 기초한 안데스 문명 패러다임이라고 볼 수 있다.

아쉽게도 이처럼 중대한 변화를 이끄는 개념인 수막 카우사이에 대한 본격적인 연구가 국내에는 전무하다. 더욱 안타까운 것은 에콰도르 자체에 대한 연구도 거의 이루어져 있지 않다는 점이다.[4] 이런 현실이 수막 카우사이와 에콰도르 연구에 대한 필요성을 자극하고 있다. 수막 카우사이에 대한 선행연구를 살펴보면 안데스 지역을 중심으로 라틴아메리카 현지에서는 다양한 학문 분야에서 활발하게 진행됨을 알 수 있다.

철학적·우주론적 관점에서는 에콰도르원주민연맹(CONAIE)의 의장으로 대선 후보까지 역임한 루이스 마카스(Luis Macas)가 대표적이다.

서로 긴밀하게 연결되어 구분이 힘든 측면이 있다.
4) 에콰도르에 대한 연구는 매우 희소하며 주로 원주민 운동이나 민주화 과정에 대한 연구에 한정되어 있다. 이 주제에 대해서는 김달관(2010; 2011)과 김윤경(2010)의 논문을 참조할 수 있다.

볼리비아 키추아(Kichwa) 원주민인 페르난도 우아나쿠니 마마니 (Fernando Huanacuni Mamani)는 문명의 패러다임 전환 차원에서 수막 카우 사이를 조명했다. 수막 카우사이를 발전이나 생태 문제로 접근하는 시 도는 에두아르도 구이나스, 파블로 다발로스(Pablo Dávalos), 알베르토 아코스타(Alberto Acosta)가 대표적이다. 다발로스는 에콰도르 가톨릭대 학의 경제학과 교수로 전통적 발전론과 수막 카우사이의 발전론의 차이 를 밝히는 데 기여했다. 아코스타는 2008년 제헌의회의 의장을 역임하 고, 라파엘 코레아(Rafael Correa) 정부에서 에너지와 광산부 장관을 역임 하면서 수막 카우사이를 국가 정책에 반영시키는 데 앞장섰다. 수막 카우사이를 '21세기 사회주의' 차원에서 접근하는 이론가들로는 레네 라미레스(René Ramírez), 벨기에 루뱅대학교 교수인 프랑수아 우타르 (François Houtart) 등이 있다. 국가발전기획부(SENPLADES) 장관인 레네 라미레스는 "라틴아메리카의 새 도전: 사회주의와 수막 카우사이"를 주제로 한 국제포럼을 열어 2010년 같은 제목으로 단행본을 엮었다. 특히 이들은 공동체와 집단성을 강조한 수막 카우사이를 '21세기 사회 주의'와 연결시키고 있다는 점에서 새롭다. 수막 카우사이를 사회 권리 의 확대 차원에서 접근하는 연구로는 사회주의당 총재를 역임한 라파엘 킨테로(Rafael Quintero)와 라미로 아빌라스 산타마리아(Ramiro Avilas Santamaria)의 연구가 두드러진다. 이들은 특히 인권과 수막 카우사이를 연결시킨다. 마지막으로 탈식민성을 중심으로 문화에 초점을 맞추어 수막 카우사이를 연구하는 노선에는 상호문화대학 교수로 있는 캐서린 웰시(Catherine Walsh)를 비롯해 라파엘 푸엔테(Rafael Puente), 로베르토 에스피노사(Roberto Espinoza) 등이 있다.

이 글의 목적은 수막 카우사이에 대한 이론적 접근을 시도하는 것으 로서 수막 카우사이가 무엇인가를 탐구하는 것이다. 먼저 자연과 인간과의 조화와 상생을 강조하는 수막 카우사이가 무엇인지 이론적으로 접근할 것이다. 그러기 위해 수막 카우사이의 어원이나 개념, 핵심 원리, 파차마마와 자연권과의 관계 등을 다룰 것이다. 그리고 수막 카우사이가 어떻게 상생의 관점에서 그동안 라틴아메리카에 적용되었던 서구근대발전관이나 신자유주의를 비판하는지 살펴볼 것이다.

이 연구를 위해 문헌자료를 분석했으며, 에콰도르 현지조사를 실시했다. 현지조사에는 수막 카우사이를 먼저 연구한 법학자, 경제학자, 환경운동가, 정당 지도자, 정부 공무원, 원주민 대표들에 대한 인터뷰도 포함되었다.[5] 국내 정치사정상 인터뷰를 할 수 없는 사람들과는 녹취 없이 대화를 나누는 방식으로 문헌자료에서 파악하기 힘든 정보들을 얻을 수 있었다. 특히 원주민 단체들과 원주민 공동체를 방문한 것은 수막 카우사이를 이해하는 데 큰 도움이 되었다.

---

5) 에콰도르 현지조사는 2012년 1월 18일부터 2월 9일까지 실시했다. 현지조사는 주로 수도인 키토를 중심으로 이루어졌다. 인터뷰 대상자는 아래와 같다: ① 다국민연합운동으로서 정당 성격의 '파차쿠틱(Pachakutik)'의 전국 조직위원장 라파엘 안투니 카타니(Rafael Antuni Catani), ② 대표적 원주민운동 단체인 CONAIE 대표 움베르토 촐랑고(Humberto Cholango), ③ 환경운동가이자 변호사인 마르셀라 엔리케스 바스케스(Marcela Enríquez Vásquez), ④ 전 경제부 차관이자 가톨릭대학의 경제학 교수인 파블로 다발로스, ⑤ 전 복지부장관이자 원주민운동 단체의 대표인 루이스 말도나도(Luis Maldonado), ⑥ 정부기구로서 대통령 직속기구(Consejo de Desarrollo de las Nacionalidades y Pueblos)의 담당자인 알프레도 로사노(Alfredo Lozano), ⑦ 가톨릭대학 법대 교수인 홀리오 미첼레나(Julio Michelena), ⑧ 안데스대학의 교수인 파블로 오르티스(Pablo Ortiz), ⑨ 에콰도르 FLACSO대학의 정치학 교수인 홀리오 에체베리아(Julio Echeverría), ⑩ 학생 대표 자격으로 인터뷰에 응한 가톨릭대학 법대 5학년 학생인 지오바니 몬투파르 에체베리아(Giovanny Montúfar Echeverría).

2. 안데스 원주민의 세계관: 수막 카우사이

1) 수막 카우사이의 어원과 정의

수막 카우사이는 케추아어에 그 뿌리를 두고 있다. 어원적으로 보면 Sumak은 '충만', '숭고한', '뛰어난', '놀라운', '아름다운', '상위의'의 의미를 내포하고 있고, Kawsay는 '삶', '있는 존재', '존재하며 있는'의 내용을 함축하고 있다(Macas, 2011: 52; Huanacuni Mamani, 2010b: 6). 굳이 스페인어로 번역하자면 el buen vivir(좋은 삶)[6] 혹은 Vida en plenitud(충만한 삶) 정도가 수막 카우사이의 의미를 어느 정도 담아내고 있는 표현이라고 할 수 있다. 볼리비아에서는 같은 의미를 지닌 아이마라어 수마 카마냐(Suma qamaña)가 주로 쓰인다.

수막 카우사이는 안데스 토착원주민들의 선조들이 가졌던 세계관으로 인간과 '어머니이신 자연'이 조화와 균형을 이루며 살았던 과거의 기억을 회복시킨다(Rocha, 2010: 6~7; Luis Maldonado 인터뷰). 특히 수막 카우사이는 스페인의 침략과 식민시기를 거치면서 원주민 사이에서 입에서 입으로 전해진 그들의 축적된 공동체적 삶의 지혜이며, 인간이 주변의 물질이나 자연과 관계 맺는 삶의 방식을 포함한다.

---

6) 수막 카우사이와 그 번역어인 '좋은 삶'에 대한 정의에 있어 인디오 기관, 단체, 운동, 학자들 사이에 서로 차이가 있고 강조점도 다르다. 이것은 2008년 제헌의회에서 수막 카우사이에 대한 헌법 내 명기 여부를 놓고 논쟁이 벌어지면서 수막 카우사이에 대한 의미와 해석이 다양해졌기 때문이다. 사회주의와 연결시키는 사람이 있는가 하면, 발전론, 사회권리, 생태주의 등과 관련시키는 사람도 있다. 그러나 이런 경향이 잘못된 것은 아니다. 수막 카우사이는 철학적, 윤리적 측면이 있으며 삶에 대한 원리라는 측면에서 다양한 해석이 가능하기 때문이다.

프랑수아 우타르는 수막 카우사이나 그 번역어인 좋은 삶이 내포한 다양한 내용 때문에 하나로 명확하게 정의하기 힘든 측면이 있음을 강조했다. 그러면서 수막 카우사이에 대한 개념을 주장한 원주민이나 학자들의 견해를 소개했다. 그에 따르면, 먼저 루이스 마카스는 합의, 사회적 책임, 자연과의 공생, 즉 좋은 삶을 수막 카우사이 개념이 담고 있는 내용으로 소개했다; 움베르토 촐랑고는 생태계의 보존, 어머니 자연과의 조화로운 관계처럼 서구 삶의 방식과 대립되는 새로운 삶의 모델을 수막 카우사이로 보았다; 마누엘 카스트로는 평화, 정의, 연대, 상호성, 공정, 사회적 평등, 공동체적 공생을 수막 카우사이로 이해했다; 에두아르도 구이나스는 수막 카우사이와 '우주적 윤리'라고 주장했다; 알베르토 아코스타는 환경·경제·사회보장과 권리들을 수막 카우사이와 연결시켰다; 레네 라미레스는 수막 카우사이가 필요의 충족, 삶의 질, 사랑하고 사랑 받음, 평화, 자연과의 조화 생물종 다양성과 문화 보호, 자연과의 조화를 내포하고 있다고 주장했다(Houtart, 2011: 1~5). 이와 같이 수막 카우사이는 단순이 과거 기억의 회복이란 측면을 넘어서며 다양한 의미를 내포하고 있다.

　수막 카우사이는 2008년 에콰도르 헌법의 정신을 관통하는 '유기적이고 통합적인 개념'인 동시에 헌법의 목표이기도 하다. 헌법 전문은 아래와 같이 선언하고 있다. "우리들은 다양성 안에서 시민적 공생의 새로운 방식과 자연과의 조화, '좋은 삶(el buen vivir)'에 도달하기 위하여 수막 카우사이를 건설하기로 결정했다(2008 헌법 전문)". 수막 카우사이를 국가 발전의 프로젝트로 구상한 『좋은 삶을 위한 국가계획 2009~2013』은 수막 카우사이를 서구의 복지 개념과는 다르다고 하면서, 다양성 안에 일치, 인간 능력의 향상, 자연과 조화, 협동적이고 형제적이며 연대적인 공생, 공적 영역의 건설, 보편적 권리의 실천, 다원적·참여적

민주주의 국가 건설과 연결시켰다(SENPLADES, 2009: 31-42). 이런 과정을 이해하고 보면, 수막 카우사이는 원주민 지식인들과 학계의 지적 생산물이면서 동시에 정치적 건설 과정에 있는 프로젝트의 면모를 지니고 있다(Rocha, 2010: 6).

요약하자면, 안데스 사람들이 살아오면서 체득한 개념과 모델, 범주들이 담긴 이 지역 사상이자 세계관인 수막 카우사이는 그들의 집단적 삶의 경험을 담고 있다. 이것을 단순히 '잘 살기', 복지로 이해하거나 사회적 권리만으로 이해하면 수막 카우사이 일부만 아는 것이다. 수막 카우사이는 자연과 조화로운 삶을 지향하는 삶의 체제다. 자연은 단순히 사물이나 대상이 아닌 우리 주위의 모든 것이며, 인간을 포함한 모든 생명이 삶을 영위하는 곳이다. 따라서 자연 안에 인간도 포함된다. 수막 카우사이는 일정한 원리나 고유 논리를 가지고 있는 세계관이고 삶의 방식이자 모델이다. 따라서 하비에르 알보(Xavier Albó)는 수막 카우사이를 '공동체 안에서 좋은 삶(La vida buena en comunidad)' 혹은 '함께 잘 공존하기(buen convivir)'로 이해했다(Gudynas, 2011: 6). 수막 카우사이는 자연과 인간, 인간과 인간 사이의 공존과 공생을 위한 삶의 방식이자 패러다임이다.

2) 수막 카우사이의 핵심 원리

루이스 마카스에 따르면, 수막 카우사이는 공동체적 삶의 핵심으로부터 기원한다(Macas, 2011: 51). 따라서 '공동체적인 것'은 수막 카우사이가 제안하는 핵심 요소이다(Simbaña, 2011: 224; Humberto Cholango 저자와의 인터뷰). 심바냐는 다음과 같이 공동체성의 중요성에 대해 언급했다.

역사적으로 인디오 국민들과 부족들은 수천 년 동안 공동체적 삶을 실천해왔고 또한 유지해왔다. 자치, 공정, 평등, 상호성에 기초한 공동체주의는 모든 인디오 국민과 부족의 원리이다. 따라서 우리에게 공동체주의는 모든 구성원의 복지와 적극적 참여를 촉진시키는 집단적 특징을 지닌 사회정치적, 경제적 체제이자 재산권의 체제이다. 우리들의 공동체적 체제는 역사적으로 외부 정치·경제적 과정에 적응하며 변화했다. 그러나 결코 사라지지 않았고, 일상과 인디오 국민과 부족들의 가정과 공동체 내에 존속했다. 우리가 보호하는 사회정치적 모델은 공동체적, 상호문화적 사회이다. 새로운 다국민국가에서는 가족 재산과 공동체 재산, 공공 재산이 강화될 것이고 인정될 것이다. 그리고 그 경제는 가족적, 집단적, 공동체적 특성을 통해 조직될 것이다(Simbaña, 2011: 226).

아메리카 대륙에 사는 모든 원주민들의 공통점은 공동체적 삶의 양태와 패러다임을 가졌다는 것이다(Huanacuni Manani, 2010b: 19~31). 원주민들은 상호성, 연대, 평등을 원리로 해서 정치, 사회, 경제 조직체계를 운영하며 그 속에서 집단적 특성을 드러낸다.

공동체적 삶의 형태는 단지 인간 사이의 사회관계만을 의미하는 것이 아니라 자연과 인간 등 심오한 생명관계를 포함하고 있다. 원주민들은 공동체적 사유에 기초한 생명문화 패러다임을 제안한다. 이 패러다임은 모든 것은 서로 상호 의존적으로 존재하며, 모든 것이 총체적으로 연결되어 있다는 비전에서 나왔다. 이러한 비전에서 보면 인간은 개별적이고 분리된 자치적 존재나 개인이 아니다. 원주민들에게 분리되고 단절된 존재는 무가치한 존재와 같은 것이다. 왜냐하면 그런 존재는 결코 충만함에 도달할 수 없기 때문이다. 따라서 원주민들에게 가장 무서운 형벌은 추방이다. 공동체에서 추방은 곧 기존 관계와의 단절을 의미하며, 죽음보다 더한 형벌로 여겼다(Llasag Fernández, 2009: 115). 안데스 사람들은 공동체적 특성을 유지하기 위한 최소한의 행실 규범으로 "도둑질 하지 마라", "욕심 부리지 마라", "거짓말 하지 마라"를 요구했다(CODENPE, 2011d: 17).

원주민의 '공동체 패러다임'은 반자연적이고 개인주의적 근대 비전에 대척점에 서있는 패러다임이다. 서구 패러다임은 자신의 것이 보편성을 담보한 유일한 패러다임이라고 자처했다. 서구 시스템은 자본주의를 통해 지배적이고 보편적인 모델이 되었고, 생활과 사법적 관계, 즉 사회관계에 결정적으로 유효한 모델이 되었다. 이런 모델은 라틴아메리카에서 수백 년 전부터 그들의 공동체적 문화를 해체해왔다.

원주민들은 공동체적 특성을 지닌 코무나(comuna)를 강조한다. 이것은 원주민 사회를 서로 끈끈하게 연결시켜주는 핵심 조직이다. 이 코무나는 물질적 차원뿐 아니라, 정신적 영역까지를 포함하며 이념, 역사, 사회, 정치, 문화적 진행과정의 집단적 토대이다(Simbaña, 2011: 225). 그들은 공동체적 공간에서 상호성, 공동재산 체제, 자연과의 공생, 사회적 책임, 합의 등의 원리들이 진정한 활력을 갖는다고 주장했다. 원주민들에게 공동체적 사유는 단지 사회구성 요소를 넘어 신자유주의적 자본주의 인식과는 다른 세상을 이해하는 그들 고유의 인식 틀이다. 따라서 공동체주의는 CONAIE와 같은 원주민운동들의 정치기획의 조직원리 중 하나이다. 그러나 원주민들은 공동체성이 개인성과 대립된다고 보지 않는다. 수막 카우사이의 이론가 중 하나인 우아나쿠니는 "원주민들의 시각에서 볼 때 중요한 것은 공동체성 안에서 인간의 개인성은 사라지지 않으며, 공동체성이 유지될 때 개인성과 공동체 사이의 조화가 가능하다(Huanacuni Manani, 2010b: 18~19)"고 주장한다.

안데스 사유가 내포한 공동체적 특성을 에스터만(Estermann)은 철학적으로 설명했다. 그에 따르면 공동체성을 핵심으로 하는 수막 카우사이는 관계성, 상응성, 상보성, 상호성과 깊이 연결되어 있다. 에스터만은 이 안데스 사유의 핵심을 공생과 공존을 위한 '관계성의 원리'로 파악했다. 이 원리는 모든 것은 관계되어 있고, 상호의존적이며, 서로 접속되어 있다는 것이다. 모든 존재하는 것들은 관계의 그물 안에 있으며, 이 조건을 벗어나 존재할 수 있는 것은 아무것도 없다는 입장이다(Estermann, 1998: 98, 114~115). 이 원리를 '에콰도르 민중과 국민 발전 위원회(CODENPE)'는 다음과 같이 정의했다.

관계성의 원리는 우리에게 모든 것이 서로 유대를 맺고 있고, 연결되어 있으며, 상호 관계되어 있다는 것을 가르쳐준다. 즉, 각각의 행동, 요소, 사고, 의식의 상태, 감정, 사건, 가능성들이 다른 수많은 요소들과 서로 복합적 관계를 이루고 있다는 의미이다(CODENPE, 2011d: 29).

전체성을 구성하는 모든 요소들이 서로 연결되어 있다는 사고는 논리적 관계나, 존재론적 관계만을 상정하는 것이 아니다. 안데스에서 기본적 사유의 단위는 '실체적 존재(ente substancial)'가 아니라 '관계'이다. 감정적, 생태적, 윤리적, 미학적, 생산적 측면을 포함한 전체를 사유한다는 데 안데스 사유의 독창성이 있다. 이 점에서 안데스 사유는 단지 논리나 존재론적 사유만을 강조하는 서구철학과 차별화된다(Estermann, 1998: 114-115; Llasag Fernández, 2009: 115).

모든 것에는 생명이 있고, 각각은 전체와의 연계 속에서 자신의 고유 기능을 수행한다. 이 관계성은 존재의 모든 영역과 차원에서 나타난다. 인간, 자연, 신까지도 이 관계성을 벗어나서는 존재할 수도 설명될 수도 없다. 안데스 사회에서는 다차원적이고 복합적인 네트워크 너머에 있는

것, 혹은 관계성을 벗어난 존재, 개인은 별 의미를 갖지 못한다. 신조차
도 관계성을 벗어날 수 없으며 신도 하나의 관계적 존재일 뿐이다.
안데스 원주민들이 강조하는 관계성의 원리는 서구 그리스도교에서
말하는 일원론(monismo)적 특성이 없다. 즉 제1원리인 어떤 실체, 혹은
신에게서 모든 것이 유출된 것으로 생각하지 않았다는 것이다. 절대
초월적 존재인 서구의 신은 존재하기 위해 그 무엇도 필요 없는 존재이
다. 그 신은 관계성 너머에 있는 절대 타자(totalmente Otro), 세상 현실
밖의 초월적 존재이다. 안데스적 사유에서는 그런 신은 이해 불가능하
며, 존재하지 않는 것과 같은 것이다(Estermann, 1998: 114~123). 안데스
사유에서 이 관계성(relacionalidad)은 상응성(correspondencia), 상보성
(complementalidad), 상호성 (reciprocidad) 등 다른 원리들을 통해 더욱 명확
히 드러난다.

먼저 상응성은 현실의 다양한 영역과 측면들이 서로 조화로운 관계를
이루고 있다는 것을 강조하는 원리이다. 이것은 유비적, 비율적 상관성
이나 우연적 관계보다는 항상 조화를 이루는 질적, 상징적, 의식적,
정서적 관계 유형을 포함한다는 데 그 특징이 있다(Estermann, 1998: 125).
이 상응성의 원리는 인간학, 우주론뿐 아니라 정치와 윤리에서도 보편
적 유효성을 갖는다. 이처럼 안데스 사유는 '신적인 것'과 '인간적인
것', 좋은 것과 나쁜 것, 죽음과 삶 등의 상응성과 그것들에 의해 이루어
지는 관계망을 강조한다.

상보성은 관계성과 상응성을 구체화시키는 원리이다. 어원적으로 보
완성(complementariedad)과 관련된 단어 complemento는 con + plenus로
이루어졌다. 함께 있어야 충만해지는 것이며 완성되는 것이나. 이것은
독자적으로 완전하게 존재하는 실체가 있다는 것을 부정하는 것이다.
어떠한 존재, 활동, 사건도 그 자체로 완벽할 수 없다는 의미를 함축하고

있다. 이 상보성의 원리는 부분적인 것들이나 서로 대립적인 것들이 상호 배척하는 것이 아니라 서로 받아들이며 포괄(inclusion)하는 측면이 있다는 것을 나타낸다(Estermann, 1998: 126). 서로가 서로를 배척하는 것이 아니라 필요로 하는 것이다. 안데스에서 남과 여는 서로 대립과 반대를 의미하지 않는다. 따라서 양측 모두 존재 이유가 있다. 이것은 현실의 근본 원리이며 수많은 변형의 기초 요소인 동양의 음양사상과 유사하다. 음(어둠, 수동, 여성)과 양(밝음, 능동, 남성)은 서로 대립이라기 보다는 상보적인 두 부분으로 서로 관계 지어지면서 서로를 구성한다 (Estermann, 1998: 127~129). 이 상보적 대립 관계는 태양과 달, 땅과 하늘, 밤과 낮, 선과 악, 남과 여 등의 관계와 같다. 각자는 서로 대립적인 모습을 보이지만 서로 포함함으로써 더욱 충만해지고 통합적이 된다. 안데스 사유는 우주를 대립적인 것의 끊임없는 투쟁 관계로 파악하기보 다 활과 화살처럼 상호 조화를 위해 보완하는 관계로 파악한다 (Estermann, 1998: 129).

상응성의 원리는 실천적, 윤리적 측면에서 상호성의 원리로 표현된 다. 각 행동은 상호적 행동이다. 에스터만에 따르면, 일방적으로 주고 일방적으로 받는 관계도 없고, 항상 수동적이거나 항상 능동적인 관계 도 없다(Estermann, 1998: 134). 따라서 정의에 입각해 주고받는 관계이다. 상호성은 단순히 경제 정의와 관련된 것이 아니라 더 넓은 의미의 관계 적 규범성을 의미한다. 이것은 넓은 의미의 '세상적 정의(justicia cósmica)' 실현과 관련된 원리로 도덕이나 윤리에 직결된 것이다. 따라서 재화의 교환에만 적용된 것이 아니라, 정의에 입각해 감정, 노동, 종교적 가치의 상호 교환에도 해당되는 것이었다. 교환에 있어 물품의 양만 중요하게 고려된 것이 아니라, 그 물품에 대한 필요성의 정도, 생산물의 상징적 가치들도 함께 고려된다.

상호성의 원리는 에콰도르를 비롯한 안데스 사람들의 생활 속에서 자주 발견된다. 토레스(M. Torrez E.)의 주장에 따르면, 수막 카우사이의 사회적, 환경적, 영토적 맥락은 안데스의 아이유(ayllu)[7]이다(Gudynas, 2011: 6~7 재인용). 이 아이유 안에 수막 카우사이의 모습이 어느 정도 드러난다. '주고받는다'라는 의미의 Ayni(dar-recibir)는 가족과 이웃 사이에서 관계를 특징짓는다. 노동의 교환을 의미하며 한국의 품앗이와 유사하다. 주택 건설이나, 밭을 가는 일, 옥수수 씨앗을 뿌리는 일 등 단기간의 노동을 하는데 노동력이나 기구들을 빌려주는 것을 의미한다. 노동력, 자금, 기구의 부족 때문에 발생하는 어려움을 해결해주는 관습적 제도이다. 이것은 가족과 이웃 간의 관계를 밀접히 해주는 역할을 한다. 또한 "손을 내밀다"라는 의미를 지닌 Makipurani(darse la mano)나 Ranti도 상대방이 필요로 하는 경우 도와주고, 자신이 필요한 경우 도움을 요청하는 상부상조를 의미하는 것으로 안데스 사회의 유지를 위해 필수적 요소였다(CODENPE, 2011d: 18~20). 안데스에서 상호성은 삶의 모든 영역에서 적용되는 원리였으며, 이것은 안데스의 공동체적 삶과 서로에 대한 책임을 강화시키는 역할을 했다. 이것이 안데스의 척박한 환경 등 어려움 속에서도 안데스 주민이 생존할 수 있었던 이유이다. 루이스 마카스가 강조한 대로 상호성 안에서 다른 존재의 인정은 공동체 전체의 생명과 삶을 가능케 한 요소이다(Macas, 2011: 55).

위에서 보았듯이 네 가지 원리들의 핵심은 '함께(co)'나 '상호(re)'라는 뜻을 전제하고 있고, 이것은 한 마디로 인간과 인간, 인간과 자연, 인간

---

7) 아이유는 안데스 지역의 확대 가족, 혹은 부족 형태의 공동체를 지칭한다. 공동 소유의 토지에서 공동으로 경작했으며, 길, 다리, 공공건물 건설 시 공공근로를 함께 했다. 이런 사회조직 때문에 배고픔을 면할 수 있었다.

과 신, 모두 독자적으로 존립할 수 없는 관계성 안에 우주의 질서가 세워진다는 것을 의미한다. 이런 세계관은 자연스레 안데스의 인간과 인간, 인간과 자연 간의 공생을 위한 공동체적 사유를 낳았다.

3. 자연과의 조화와 상생의 원리로서의 수막 카우사이

1) 파차마마(Pachamama)

수막 카우사이는 무엇보다 인간과 자연의 일치, 공존, 공생을 의미한다. 이 모든 것이 서로 관계되어 있고 상보적이며, 생명의 연대를 이루고 있음을 강조한다. 그 중심에 안데스인들이 모든 것에 생명을 부여하고 양육하는 '어머니이신 자연' 혹은 '대지의 신'으로 이해하는 파차마마가 있다.[8] 이 파자차마는 다의적으로 쓰이지만 안데스 원주민 사회를 이해하는 데 필요한 핵심 용어이다. 안데스 국민과 주민들에게 파차마마는 모든 존재들의 총체, 모든 것에 생명을 부여하는 생명 전체의 어머니로 이해된다. 이런 의미에서 파차마마는 생명을 주는 원천이다. 파차카막(pachakamak)이 인간 공동체, 자연 공동체, 신성이 이루는 공동

---

8) 파차는 대지라는 원초적 의미가 점차 자연, 세계, 우주로 확장되었다. 대지는 단지 지리적으로 토지를 의미하지 않는다. 그렇다고 단순히 자연과의 동의어도 아니다. 파차마마는 '어머니이신 대지'를 의미하지만 대화가 가능한 위대한 신성을 나타내 종교적 의미도 띠고 있다. 그러나 서구에서처럼 창조신이라기보다 보호자, 부양자 역할을 한다. 신으로서의 파차마마는 자주 배고파하고 인간이 바치는 공물을 통해 부양되며, 때로는 변덕스러운 존재이다. 스페인 정복 이후 나타난 종교혼합주의적 양태 속에 파차마마는 성모 마리아의 이미지 뒤로 숨어들었다.

체에 작동하는 모든 종류의 에너지로 표현된다면, 파차마마는 생명과 감성을 품은 어머니로서 때로는 변덕스러운 존재로 인식된다 (CODENPE, 2011a: 13~14). 이 지역 원주민들에게 모든 존재는 자연과 우주, 이 두 힘의 교감과 이 두 에너지의 종합으로 이루어지는데, Pacha 라는 용어는 이 두 세력의 결합으로 이루어졌다. Pa는 Paya(둘)에서 유래하며, Cha는 Chama(에너지)에서 파생된 것이다. 생명이라고 부르는 이 것을 구현하기 위해 상호작용하는 자연과 우주의 두 힘은 파차마마(지구, 자연)와 같이 볼 수 있는 것의 총체로 나타나기도 하고, 파차카막과 같이 볼 수 없는 것으로 나타나기도 한다(Huanacuni Mamani, 2010a: 21).

앞서 언급했듯이 모든 존재의 총체와 연결된 파차마마는 생명 공동체를 이룬다. 인간, 자연, 그리고 신성한 것들까지 포함하여 서로가 서로에게 의지하는 형제이자 가족이다. 에콰도르 원주민들은 파차마마가 모든 것에 생명을 부양한다고 믿었다. 따라서 안데스 세계관은 '파차마마에 대한 사랑(Pachasofia)', '생태계에 대한 사랑(ecosofia)'에 의존한다(CODENPE, 2011a: 14).

에드와르도 갈레아노(Eduardo Galeano)에 따르면, 아메리카 대륙에서 인간과 자연의 조화로운 관계에 단절이 발생한 것은 유럽인들의 식민화 정책 때문이다. 그는 이 관계의 단절을 자연과 인간 사이에 발생한 '강요된 이혼'이란 말로 표현했다.

칼과 십자가가 아메리카에 상륙한 이래로 정복자 유럽은 우상숭배라는 죄목을 달아 자연을 숭배하는 원주민들을 화형과 교수형, 태형이라는 벌로 다스렸다. 처음에는 하느님의 이름으로, 나중에는 문명이라는 이름으로 자연과 사람 사이의 일치를 강조하는 이교의 관습은 폐지되었다. 전체 아메리카와 세계에 강요된 이러한 이혼 상태는 계속되었다(Walsh, 2009:

215에서 재인용).

서구의 자연관은 인간과 자연, 자연과 사회를 분리시킨다. 여기에는 공생의 원리가 빠져 있다. 이것은 서구의 지식이론이 이성과 논리를 절대시하고 주체와 대상을 분리시키는 합리주의에 기초해 있기 때문이다. 서구 사유에서 자연은 주체가 아닌 대상이기에 착취할 수 있는 자원이며, 인간에 의해 지배당하는 것이 당연시된다. 서구의 논리는 이 세상을 조립, 해체, 조작이 가능한 공학적 메커니즘에 따라 움직이는 것으로 파악했다. 이런 논리는 인간 이외의 모든 것을 인간의 필요에 따라 전용할 수 있는 것으로 만들었다. 신자유주의는 이런 인식을 극한까지 밀어붙인다. 멕카티와 프루담(McCarthy and Prudahm)은 자본주의가 환경을 통제, 관리하려는 프로젝트임을 다음과 같이 언급했다:

과거 자본주의의 본원적 축적기에 인클로우져 운동으로 자연을 사회에서 떼어내어 생산요소화한 것처럼 최근의 신자유주의도 유전자나 새로운 작물종의 특허를 통해 자연을 사회적 관계에서 유리시켜 상품화하고 있으며, 이러한 상품화와 사유화를 통해, 즉 시장 메카니즘을 통해 자연을 관리 혹은 보호하는 것이 가장 효율적이라고 믿고 있다는 점에서 신자유주의는 "그 자체가 환경관리의 형태"이며 "환경 프로젝트"라고 볼 수도 있다(오삼교, 2010: 252에서 재인용).

자연을 지배하거나 정복하고, 통제하려는 인식은 이미 서구 사유의 원류인 성서에 잘 나타나 있다.

하느님께서는 "우리 모습을 닮은 사람(남자와 여자)을 만들자! 그래서…… 다스리게 하자!고 하시고 …… 하느님께서는 그들에게 복을 내려 주시며 말씀하셨다." 자식을 낳고 번성하여 온 땅에 퍼져서 땅을 정복하여라. 바다의 고기와 공중의 새와 땅 위를 돌아다니는 모든 짐승을 부려라!(창세기 1장 26~28).

이런 사유에 기초해 데카르트나 베이컨도 개인적 혹은 사회적 복지를 위해 자연을 지배하고 노예화하는 것을 인간의 사명으로 보았다. '자연과학'은 이런 배경에서 탄생했다. 인간이 자연의 주인이고 소유자가 된 것이다. 이러한 해석은 생태계 파괴와 약탈을 하느님의 말씀으로 정당화했다(보프, 1996: 51~52). 오늘날 환경위기의 배경에는 이런 서구 그리스도교적 비전과 인식이 자리하고 있다. 또한 서구에서 태동한 자본주의는 이런 인식을 더욱 극단으로 발전시켰다. 자본 형성에 봉사해야 하는 자연 개념에는 모든 살아 있는 것들을 산업화 과정의 원자재로 전환시킬 수 있다는 논리가 깔려 있다. 광물, 물, 생물종다양성이 모두 원자재나 에너지원으로 전락했다. 자연의 기능이 자원화나 상품화를 위한 수단으로 축소된 것이다. 이런 체제 하에서는 인간까지도 '인적자원'이란 표현에서 보듯이 자원화 된다. 이러한 도구론적, 기계론적 관점에서는 사람, 동물, 식물, 광물 등 모든 존재들이 갖는 상대적 자율성이나 내재적 가치는 부인된다. 인간만이 '우주의 주인'이고 나머지는 수단으로 전락한다. 자연에 대한 인간 중심적 이용주의(utilitarismo)에 기초한 사유에서는 자연은 결국 자본이 된다. 이 경우 극단적 자본주의와 자연보호는 서로 화해할 수 없는 것처럼 보인다(보프, 1996: 31).

그러나 안데스 인간은 경제적 측면에서 자연을 보는 것이 아니라, 생태적 측면에서 자연을 대한다. 자연과 인간을 대립관계로 파악하지 않으며, 자연의 일부로 인간을 이해한다(CODENPE, 2011a: 14). 인간의 본성(human nature)은 자연(nature)과 불가분의 관계에 있다. 자연이 파괴되는 데 인간만이 온전할 수 없기 때문이다. 인간은 파차마마가 떠받치는 거대한 집(오이코스=생태계)의 일부분일 뿐이다. 안데스 원주민들의 세계관이 반영된 파차마마는 자연, 사회, 정신적 존재까지 포함된 개념으로 전체와의 조화, 균형, 상생의 토대가 되는 원주민들의 합리성이 녹아있는 개념이다. 서구의 합리성과는 다른 이 합리성은 자연을 인간과 분리된 대상이나 인간의 쾌락과 즐거움을 위한 대상으로 이해하지 않고, 존중받아 마땅한 인간과 분리 불가능한 성스러운 존재로 인식한다. 이렇듯 자연과 인간을 유기적으로 접속시키는 파차마마는 수막 카우사이를 떠받치는 한 축이다.

2) 2008년 에콰도르 신헌법에 나타난 자연권(derechos de la naturaleza)

2008년 에콰도르 신헌법은 수막 카우사이의 전망에서 '자연권'을 헌법에 명시했다. 에콰도르는 세계 최초로 자연권을 헌법에 명시한 나라가 됨으로써 다른 나라와 차별화되었다. 자연권의 설정은 수백 년간 계속된 다양한 형태의 식민주의, 그 후 계속된 서구식 발전주의와 최근의 세계적 흐름인 신자유주의와 명백히 구분되는 분기점 역할을 했다 (Acosta y Martínez, 2011: 8).

에콰도르는 자연권을 헌법적 권리로 명시하고 자연을 권리의 주체로 격상시키면서 권리의 역사에 새장을 열었다. 자연이 인간의 유용성만으로 판단할 수 없는 그 이상의 본질적 가치가 있다는 점을 헌법이 인정한 것이다(Acosta y Martínez, 2011: 11).9) 그러나 이러한 인정이 쉽게 이루어

---

9) 어떤 권리가 부상하고 그 사회에서 인정되는 데는 역사적 배경이나 사회적 맥락이

진 것은 아니다. 2008년 제헌의회에서 자연권에 대한 논쟁은 뜨거웠다. 적지 않은 수의 사람들이 자연권의 설정을 거부하거나 불편해 했다. 자연이 어떻게 권리의 주체가 될 수 있느냐는 것이 그들의 주장이었다. 인격과 이성이 없는 자연에게는 그 어떤 책임도 물을 수 없고, 그 어떤 의무도 요구할 수 없기 때문이다. 그들은 또한 가치는 의식을 가진 인간만이 생산하는 것이며, 가치평가는 인간만이 할 수 있는 행위라고 여겼다. 따라서 인간이 없는 곳에는 가치도 존재할 수 없다. 인간만이 권리나 가치의 주체로 인정받을 수 있으며, 자연을 보호하는 것은 그것이 주체라서가 아니라 그렇게 하는 것이 인간에 이롭고 옳기 때문이다. 그러므로 이 노선에 있는 사람들은 환경에 대한 인간의 책임을 확대하고 강조하는 것에만 동의한다(Acosta y Martínez, 2011: 245~246).

그러나 자연권을 주장하는 측에서는 자연의 본질적 가치(valor intrinseco)를 인정한다. 본질적 가치와 권리를 연결시킨다. 그 본질적 가치에서 권리를 가질 권리를 연역해낸다. 어떤 대상이 다른 것의 목적을 위한 수단일 때 도구적 가치를 갖는다고 말한다. 그러나 자연은 인간이

있다. 기존에 적용된 에콰도르 국가발전 모델이나 사회구조는 인간과 사회, 인간과 자연, 조화와 균형 그리고 삶의 질에 대한 문제를 중요시하지 않았다. 백인처럼 되려려고, 부자를 꿈꾸며, 서구 근대사회를 이상적 모델로 추구했다. 문명화란 이름으로 직선적 진보사관에 입각해 경쟁, 자본 축적, 부와 소비 증진만을 강조한 발전주의식 모델이 주류를 이루었다. 이런 흐름 속에서 개인주의, 사회 분열, 폭력, 인종차별 등은 극복되지 못했다. 에콰도르는 환경파괴 지표가 급상승했고, 부자와 가난한 자 사이의 간극도 심화되었다. 에콰도르뿐 아니라 대부분의 라틴아메리카 국가들은 역사적으로 자연자원 채굴과 그것을 수출하는 방식으로 세계 경제체제에 편입되었다. 2008년 헌법에 자연권이 포함된 데에는 모든 정치, 사회적 갈등 뒤에 환경파괴와 천연자원의 남용 문제가 있었기 때문이었다. 이 때문에 원주민운동의 부상과 함께 에콰도르에서 자연과 천연자원의 문제는 논쟁의 핵심 테마로 부상할 수밖에 없었다.

상정하는 유용성이나 가치에 종속되지 않고 그 자체로 본질적 가치를 지닌다. 인간, 동물, 식물이 없더라도 세상은 계속된다. 자연은 자체로 생명을 내포하고 있고, 이 가치는 인간의 인식, 관심, 인정과는 별도로 존재하는 것이다. 인간이 태어날 때부터 천부적 가치(valor inherente)를 가지고 있다면, 인간 이외의 존재들은 그 자체로 존재의 본질적 가치를 지닌다. 인간이나 그 누가 그 가치를 부여하는 것이 아니다. 천부적 가치를 지닌 인간이 가지는 권리인 '인권'은 인간이 신적 존재의 권위를 빌려 인간 스스로에게 부여한 가치이자 권리이다. 그러나 이것은 인간만이 인정하는 인간 중심적 사유에서 나온 것이라는 한계가 있다. 환경 문제와 관련해서 원주민들은 인간 중심적 관점이 아닌 생명과 생태 중심의 관점에서 사유한다(Acosta y Martínez, 2011: 246~253). 수막 카우사이를 말하는 학자들은 인간 중심적 권리인 인권만 존재하는 것이 아니라 자연권(혹은 생태권)도 존재하며, 이제는 그것이 요청되는 시대에 우리가 살고 있다는 입장이다.

에콰도르 헌법 제10조와 제71~74조는 자연권에 대해 언급하고 있다.[10] 본질적 가치를 지닌 자연에 대해 인정하고, 그것에 기초해 자연과 공존할 수밖에 없는 운명을 지닌 인간에게 그 보호에 대한 책임과 의무를 지운다. 자연권은 건강한 환경에서 살 인간의 권리인 '환경권'을 부정하지 않으며, 이보다 한발 더 나아간 것이다. 이 헌법 조항들은 신자유주의 경제 모델뿐 아니라 보다 근본적으로 자본주의 체제에 대한 비판과 의문을 내포하고 있다. 자연권 설정이 우리에게 암시하는 것은 바로 반자본주의적 시각에서 자연을 바라본다는 것이다.

---

10) 볼리비아 헌법 제33~34조는 환경권 차원에서 접근하고 있다. 환경권은 자연을 위한 것이 아니라 인간을 위한 것으로 인간에 초점이 맞추어진 인권의 일부이다.

2008 신헌법은 권리의 주체로 사람, 공동체, 주민, 국민, 집단을 언급한다. 여기에 더하여 헌법 제10조는 "자연은 위에서 헌법이 명시한 권리들의 주체"라고 분명히 선언하고 있다. 2008 헌법 전문은 "자연과 파차마마, 우리 모두 그의 일부분이며 우리 존재를 유지하기 위해 너무 중요한 파차마마를 기리며……"라는 말로 시작한다. 이것은 중대한 의미가 있다. 서구 그리스도교의 하느님께 에콰도르에 대한 축복과 보호를 호소했던 과거의 표현은 파차마마 다음으로 밀려났다.[11]

헌법 제71조는 생명을 실현하고 재생산하는 파차마마 혹은 자연은 진화 과정, 재생 순환과정, 자연이 구현하는 기능에 있어 존중받을 권리가 있다고 명시했다. 그리고 모든 사람, 공동체, 주민 혹은 국민은 당국에 자연권의 이행을 법적으로 요구할 수 있다고 천명했다. 국가가 법인과 자연인, 집단들에게 자연을 보호하고 생태계를 구성하는 모든 구성요소들을 존중하도록 안내해야 한다는 점도 분명히 했다. 제72조에는 자연이 파괴를 당했을 때 복원될 권리를 가지고 있다는 점이 명시되어 있다. 결국 헌법이 명시한 자연권은 생태계를 보존하고, 보호하고, 환경파괴를 예방하며, 심각한 피해를 입었을 때 복구할 책임과 의무가 국가에 있다는 점을 강조하고 있는 것이다. 이와 관련된 구체적인 사례는 세브론 텍사코(Cevron Texaco)에 대한 에콰도르 법정의 판결에서 확인할 수 있다.[12] 기업이 자연과 생태계에 입힌 피해를 복구하고 복원시킬

---

11) 볼리비아 헌법 전문에는 파차마마와 하느님에 대한 감사가 동시에 언급되고 있다.

12) 1960년 이래 세브론 텍사코가 에콰도르의 아마존강 유역에서 원유개발을 하면서 원유 찌꺼기를 방치하고 생산이 끝난 유정을 폐쇄하지 않아 주변 지역의 환경과 원주민들의 건강에 악영향을 끼쳤다. 주민들 사이에 암과 백혈병, 유산이 증가했다. 이 지역은 '열대의 체르노빌'이라고 불릴 정도로 황폐화되었다.

의무가 있다는 점을 강조한 판결문은 중대한 의미가 있다. 왜냐하면 주민들이나 그들의 삶에 대한 피해보상 차원에 머물지 않고 생태계의 복원까지를 요구하고 있기 때문이다.

헌법 제73조는 자연권과 관련해서 국가의 특별한 역할을 강조한다. 국가는 종의 멸종, 생태계의 파괴, 자연 순환 구조를 변화시키는 활동을 제한하고 예방할 수 있는 방법을 실천해야 하며, 국가 유전 자산을 결정적으로 변조시킬 수 있는 유기체와 비유기체의 도입을 금지해야 한다는 점을 분명히 했다.

2008년 헌법에 자연권이 설정됨으로써 중요한 변화들이 나타났다. 먼저 자연의 탈상품화 과정이 이루어졌다. 환경서비스를 상업화하기 위해 상품 기준을 적용하는 것이나, 물의 사유화 시도가 저지되었다 (Acosta, 2011: 70). 세계적 이슈가 되었던 야수니 이니셔티브(Yasuni-ITT) 도 자연권, 파차마마, 조화와 공생의 철학을 담고 있는 수막 카우사이에 대한 이해 없이는 이해하기 힘든 현상이다. 라파엘 코레아 정부가 2007 년부터 주도한 야수니 이니셔티브는 생태 보호를 목적으로 하는 프로젝트이다. 야수니 국립공원은 세계에서 가장 훼손되지 않은 밀림으로 1989년 유네스코로부터 세계생물종다양성 보존지역으로 지정됐을 만큼 다양한 동·식물 종들이 서식하는 곳이다. 이 국립공원 지하에 에콰도르 석유의 20%에 해당하는 9000억 배럴이 매장되어 있는 것으로 추정되고 있다. 전문가들은 이 지역에서 석유를 채굴할 경우 환경파괴는

토지와 식수 등이 오염되어 원주민들의 정상적인 삶이 불가능해진 것이다. 이에 원주민들은 생태 복원과 보상을 위한 소송을 진행했다. 결국 에콰도르 법정은 세브론 텍사코에 피해에 대한 책임으로 80억 달러를 지불하라고 선고했다. 또한 법정은 이 다국적 기업에 대해 희생자들 앞에서 공개 사과할 것을 명령했다.

피할 수 없을 것으로 진단했다. 또한 석유개발 시 고유한 관습과 전통을 유지하며 자연에 의존해 살아가는 원주민들이 받게 되는 피해 또한 작지 않을 것이란 전망이 나와 있다.

에콰도르는 석유수출기구(OPEC)의 회원국으로 하루 28만 배럴의 석유를 수출하는 나라이다. 야수니 이니셔티브는 이 국립공원 내 석유개발을 포기하는 대신 국제사회로부터 경제적 보상(환경 분담금)을 받는 것을 핵심으로 하고 있다. 라파엘 코레아 대통령은 석유개발 시 얻게 되는 수익의 절반인 36억 달러를 개발을 포기하는 조건으로 유엔을 비롯한 기업, 환경보호단체 등을 통해 보상받으려 했다.[13] 대신 이 분담금으로 대체에너지 개발과 인프라 구축, 생태환경보호, 교육과 보건, 복지 등 사회정책에 투자할 것을 약속했다. 주민의 대다수가 가난하며, 국민의 30% 이상이 극빈층에 해당되는 나라인 에콰도르에서 석유 추출로 국가수익을 증대하는 정책을 포기하는 것은 어려운 결단이다. 라파엘 코레아 정부가 자원추출주의의 유혹을 극복하고 이런 친환경적 선택을 한 배경에 바로 수막 카우사이의 전망이 있다. 신헌법은 야수니 국립공원과 같은 개발금지구역과 보호구역 내에서 재생불가능한 자원의 추출과 개발은 온 국민이 결정할 사항이라는 점을 분명히 하고 있다:

---

13) 미국의 시사주간지 타임은 환경과 돈을 맞바꾼 이 프로젝트를 "환경보호를 빙자한 갈취행위"라고 비난했다. 그러나 코레아 정부의 입장에서는 국제 사회에 자선을 요구한 것이 아니라 희생 분담을 요구한 것이다. 주로 미국 등 서방 선진국과 인도와 중국 같은 산업화 정책을 가속화하는 나라들이 온실효과의 주범들이지만, 이 문제 해결을 위한 국제적 책임을 회피하고 있다. 교토의정서 자체의 비준을 거부하는 나라들이다. 환경운동가들은 남미의 최빈국 중 하나인 에콰도르에서 경제성장을 위해 가장 용이한 방법인 석유와 천연가스를 추출하지 않고 이런 식의 해법을 찾는 시도 자체가 새롭다고 평가했다.

개발금지구역과 보호구역 내 산림 개발을 포함해, 재생불가능한 자원에 대한 추출 행위는 금지된다. 예외적으로 이미 언급한 자원들은 대통령의 청원이나, 국회에 의해 국익을 위해 사전 진정서가 결의된 경우에 한해 국민에게 의견을 묻고 개발할 수 있다(에콰도르 헌법 제407조).

결국 대통령이나 국회 마음대로 할 수 없고, 주민투표에 의해 국민전체의 의견을 통해 결정하겠다는 것이다. 이 조항은 소수의 엘리트층에서 주도하는 독단적 개발을 막는 자물쇠 역할을 할 뿐만 아니라, 생태환경을 보호하려는 에콰도르 국민의 의지를 명확히 한 것으로 중요한 의미가 있다. 이처럼 수막 카우사이와 파차마마는 자연권이 기대고 있는 토대이다(Acosta y Martínez, 2011: 245~246).

4. 발전주의 비판과 '발전의 대안'으로서의 수막 카우사이

1) 발전주의와 신자유주의 논리에 대한 비판

원주민들이 사는 시간, 공간은 항상 '전통적', '주변적', '원시적' 이란 형용사가 따라다녔다. 그들의 사회는 가난의 문화가 지배하는 사회로 정형화되었다. 즉 발전과는 거리가 먼 사회인 것이다. 서구의 제안은 가난 극복을 위해서는 근대성의 결실들에 접근이 가능해야 하며, 그러기 위해 발전으로 나갈 수 있는 방법은 시장에 통합되는 길 뿐이라고 가르쳤다. 근대화하기 위해 전통적 삶의 방식, 문화, 가치, 생산양식 등 원주민이 가진 모든 것을 포기하라고 강요했다. 서구의 시각에서 보면 저발전의 원인은 후진성에 있었다. 도시가 근대화를 상징한다면 농촌이나 시골은 전통과 관련되며, 후진과 낙후, 저발전이란 의미를 함축한다. 따라서 전통문화에 의존한 원주민 사회는 발전의 장애물로 취급되었다. 즉, '원주민적인 것'은 극복되어야 할 대상이었다.

원주민들은 자신들의 전통적 생산·교환체제를 버리고 시장체제에 강제적으로 편입당했다. 시장체제는 상호보완성에 기초한 것이 아니라 극단적 경쟁과 관련된 것이었다. 결국 시장논리에서는 천연자원, 일상생활, 공동체, 모든 것이 상품으로 전환되었다. 천연자원은 팔아야 할 것이 되었고, 생태관광이라는 이름하에 원주민 공동체와 그들의 일상은 관광 상품이 되었다.

전통적 발전주의에 대한 한계 인식과 그에 대한 비판은 수막 카우사이 개념의 회복과 부상에 기여했다. 이론적 측면에서 수막 카우사이의 한 축은 발전주의에 대한 대안을 찾는 과정에서 더욱 정교해졌다. 시장이나 경제적 측면에 대한 지나친 강조, 무한정 지속할 것처럼 선전하는 발전에 대한 신화, 그리고 소비에 대한 지나친 강박 등은 기존 발전주의가 포함한 합리성 자체를 의문시하게 만들었다. 전통적 발전주의의 이론적 토대가 되는 근대성도 현재 철학적 측면에서 위기에 직면해 있고, 자본주의가 약속하는 발전이나 진보 개념 자체도 최근에는 흔들리고 있다. 아나 마리아 라레아(Ana María Larrea)는 발전개념의 위기를 다음과 같이 요약했다:

발전 개념 자체는 심각한 위기에 직면했다. 그 개념 자체가 갖는 전망뿐 아니라 이 세상에 남긴 결실 자체도 빈약하기 때문이다. 우리가 상정하는 발전에 도달하는 길과 방향을 설명하는 수많은 지도들이 있었지만, 그것들은 모두 다양한 층위에서 인류의 생존 자체를 위협하는 결과를 초래했다. 대부분 남과 북의 불평등한 권력관계에 의존한 것으로 남반구에는 치명적인 상처를 남겼다. 이 발전은 대부분 소비조장과 자원추출에 의존하는 것들이었다. 이제 지구 자체의 자생능력을 위협하는 지경에 이르렀다. 따라서 새로운 삶의 형태와 다른 생산과 소비 방식이 요구되고 있다(Larrea, 2010: 15~16).

발전과 관련해서 1950년대 근대화이론이 등장했다. 이 이론은 발전에 이르기 위해서는 산업화해야 한다고 주장했다. 그러나 곧이어 등장한 종속이론은 종속적 국제 자본주의 체제하에서 주변부인 제3세계의 발전은 쉽지 않다는 점을 지적했다. 새로운 대안으로서 1980년대 이후 신자유주의가 도입되었다. 에콰도르도 이 흐름에 편승했다. 하지만 얼마 가지 않아 신자유주의의 폐해와 파괴적 결과가 드러났다. 이 결과들은 전 지구적 차원에서 신자유주의적 발전 논리가 얼마나 위험하며, 비합리적 토대 위에 수립되었는지를 보여주었다. 지구환경오염, 생태계 파괴, 생물종다양성의 고갈, 지구온난화, 핵산업과 핵무기의 위협, 사회적 폭력의 증가, 대량학살 등의 문제가 부상했다. 발전은 고사하고 인류의 생존조차 담보하기 어렵게 되었다. 왜냐하면 이 부정적 결과들은 스스로의 메커니즘을 작동시켜가며 지구의 삶을 파괴해가고 있기 때문이다. 또한 전 세계적으로 확산되는 빈곤의 증가나 불평등의 심화는 인류의 미래에 암운을 드리우게 만들었다. 교육개혁과 보건개혁 등 사회개혁이라는 이름으로 진행되는 정책들이 공공적 측면을 배제한 채 사유화되었다. 그리고 다양한 차원에서 사회적 불안과 정치적 갈등이 심화되면서 위기가 증폭되었다.[14) 이 위기는 단지 경제적 위기나

---

14) 사파티스타 원주민운동, 무토지농민운동, 피케테로스, 카라카소 사태, 물과 가스전쟁, 원주민들의 저항운동 등 라틴아메리카 여기저기에서 발생하는 사회·저

환경적 위기가 아니라 인류 전체의 생명과 생존의 위기라는 점에서 기존의 위기와는 차원이 다른 것이다.

그 동안 라틴아메리카에 적용된 발전이론은 근본적으로 서구 발전이론과 그 모델의 프레임을 그대로 가져오거나 이 지역 현실에 맞춘다는 이유로 약간 수정한 것들이었다. 이것은 근본적으로 서구가 제시한 발전의 기본 개념과 구상을 그대로 답습한 것이었다. 즉, 발전 개념에서 근대화는 산업화로 연결되고 산업화는 경제성장과 동일시되었다. 경제성장은 단순히 생산성의 증대로 요약되었다. 사실상 이 발전 개념은 아직도 극복되지 못한 채 현재까지도 우리 의식 저변에 깔려 있다. 여전히 발전은 국내총생산(GDP)으로 측정되며, 산업 발전에 따라 근대화의 정도가 결정된다. 사회적 조건이나 환경적 조건은 무시된다. 시장과 경제활동이 인간 삶의 중심에 위치하면서 경제지상주의와 시장 신성화 작업이 이루어졌다. 서구의 발전주의는 복지를 주장하며 삶의 질문제는 경시한 채 물질적 소유 확대와 경제적 수입 증대에만 초점을 맞추었다. 즉, 발전 자체를 경제성장으로 축소하고 환원시켜버렸다. 제한적인 천연자원과 생태계의 자정 능력의 한계, 환경적 충격은 중요하게 고려되지 않았다. 경제적 측면이 생태적 측면에 우선한 것이다. 브라질의 레오나르도 보프는 끊임없는 경제적 성장만을 추구하는 발전 모델을 다음과 같이 비판했다:

무제한 성장 모델 안에는 악마가 자리하고 있다. 이 모델은 노동자 계급

항운동들이 이를 잘 보여준다. 라틴아메리카는 바로 이 신자유주의가 가중시킨 불평등과 배제로 고통받는 희생자들이 자신들의 권리와 존엄성을 주장하며 가장 절박하게 투쟁하는 곳이 되었다.

에 대한 착취, 주변부 종속 국가들의 저발전과 자연 파괴에 바탕을 두고 있다. 여기서 유추할 수 있는 결론은 경제 발전이 이루어진다고 해서 자동적으로 사회 발전이 이루어지지 않는다는 점이다. 이와 반대로 사회 발전의 희생 하에 경제 발전이 달성된다(보프, 1996: 28).

알베르토 아코스타(Alberto Acosta)는 시장 지상주의가 야기한 결과나 기존 발전 모델이 파생시킨 부정적 결과들을 볼 때 이것들은 인류에게 '충만한 삶'을 약속하기보다는 '질 나쁜 삶'과 '병든 삶'을 약속한다고 주장했다. 그는 이런 식의 발전을 '나쁜 발전(maldesarrollo)'이라고 명명했다. 에콰도르뿐 아니라 라틴아메리카 전역에서 부에 대한 공정한 분배 없이 하층민과 민중을 배제한 체 실행되어온 '위로부터의 발전 모델', 즉 중앙정부, 다국적 기업, 지배 엘리트가 주도하는 발전이 이런 범주에 속한다고 평가했다(Acosta, 2010: 14).

2000년대 들어서면서 신자유주의 경제 모델은 전 인류가 따라야 할 본보기가 아니라는 생각들이 확산되었다. 2005년 이후 라틴아메리카에서는 고유한 자신만의 길을 찾는 작업들이 진행되었다. 베네수엘라의 우고 차베스는 '21세기 사회주의'를 신자유주의 모델에 대한 대안으로 제시했다. 그러나 에콰도르와 볼리비아가 있는 안데스지역은 원주민들의 사유가 반영된 수막 카우사이를 발전의 대안으로 제시했다.

2) '발전의 대안'으로서의 수막 카우사이

시장경제는 가난한 사람들만 양산한 것은 아니다. 세계시장도 더 이상 소비 능력을 확장할 새 지역을 찾을 수 없을 만큼 이미 한계점에 도달했다. 수막 카우사이를 주장하는 이론가들은 모든 존재하는 생명과 지식에 값을 매기는 신자유주의적 시각을 위험하게 생각하고 배척했다. 통화가치가 인간의 가치 위에서 작동되고 있기 때문이다. 그들은 원주민 문화정체성이 내포한 생산적 능력이나 문제해결 능력을 무시하고 부정하는 신자유주의를 비판적으로 바라본다. 수막 카우사이 이론가들은 공동체 의식이나 전망에서 경제를 보며 시장 논리보다 생명 논리를 강조하면서, 서구와는 다른 의미에서 발전의 길을 탐구했다. 이들은 공생의 원리와 공동체성에 기초한 연대경제(economía solidaria)를 강조했다(Acosta y Martínez, 2011: 19~30; Acosta, 2010: 29~31).[15]

수막 카우사이는 세계적으로 진행되는 시장 중심 논리뿐 아니라 라틴아메리카 대부분의 나라가 채택하는 일차산품 수출 중심이나 자원추출 중심의 경제발전정책에 대한 종식을 선언한다. 라틴아메리카의 발전 스타일이 가지고 있는 문제점은 수출의 약 80%가 원자재 수출에 의존하고 있다는 점이다. 또한 외국인 투자도 환경보호나 사회적 의무 등을 경감시켜 주면서 투자처로서의 매력을 선전하는 왜곡된 구조를 가지고 있다(Gudynas, 2009: 40). 에콰도르도 예외 없이 석유나 광산 등 일차산품 채굴에 의존한 경제구조를 가지고 있다. 식민시대와 초기 자유주의 공화정 시대의 자원추출주의(Extractivismo) 정책이 현재까지 계속되고 있고, 이런 정책은 원주민들의 친생태적 정책과 충돌하고 있다. 앞서 언급한 것처럼 생물종다양성, 광물, 석유 등 주요한 천연자원들이 대부분 원주민들의 영토 내에 매장되어 있기 때문이다. 천연자원의 착취는 인

---

15) 경제의 기본 가치가 연대라는 입장이다. 인간들 사이에 경쟁을 촉발해 인간이 인간을 잡아먹는 구조인 '경제 식인주의'에 반대해 나온 개념이다. 경제는 인간에 봉사해야 한다는 입자이다. 따라서 인간 노동의 존엄성을 강조한다. 시장 중심적 시각이나 국가 중심적 시각으로는 문제 해결이 불가능하다고 보고 사회의 경제 통제를 강조한다.

디오들에게 이익보다는 주변 환경오염과 식량부족 등 심각한 생존의 문제를 야기하고 있다. 발전의 이름으로 파괴가 자행된 것이다(Acosta, 2009: 16).

원주민 지식인들은 서구사회에서처럼 인디오 사회에 적용하기에는 발전이란 개념은 부적절하고 대단히 위험하다고 판단했다. 중요한 것은 원주민들에게는 서구식 발전 개념이 없다는 점이다. 발전 개념은 서구로부터 이식된 개념이다(Guynas y Acosta, 2011: 75). 원주민들은 서구 발전 개념의 도입이 그들 고유의 수막 카우사이의 원리에 의존한 삶의 형태를 파괴한다고 여겼다. 왜냐하면 공동체적 삶과 문화를 파괴하고, 원주민 자신들의 필요를 충족시켜줄 그들 고유의 지식과 능력을 제거해 버렸기 때문이다. 더 큰 문제는 풍부한 천연자원이 소수의 손에 집중되는 왜곡된 구조를 가지고 있다는 점이다. 부의 분배 구조의 결함은 결국 다수 원주민에게는 가난의 일반화로 나타났다. 동시에 주기적으로 반복되는 경제위기는 환경오염과 부패를 조장했고, 제도 자체의 약화를 초래했다. 동시에 가진 자들은 산업과 기술 발전에 투자하기보다 자본을 통한 불로소득에 의존하도록 만들었다. 이것은 결국 에콰도르에서 권위주의를 강화시켰고 민주주의 자체를 약화시켰다.

그러나 수막 카우사이 이론가들은 엄청난 양의 석유나 자원을 뽑아 팔아도 발전을 이룰 수는 없다는 입장이다(Gudynas, 2009: 39~49). 풍부한 천연자원과 가난한 국가 사이의 모순을 어떻게 설명할 것인가? 그들은 '풍부한 자원의 저주'를 상기할 필요가 있다고 강변한다. 천연자원은 무한하지 않으며 많은 나라들이 풍요의 저주에서 못 벗어나고 있는 것이 현실이다. 그들은 진정한 발전을 위해서는 단순 자원채굴주의 경제를 극복해야 하며, 석유 이후 시대의 경제를 의식적으로 고려해야 한다고 주장한다. 수막 카우사이 세계관과 철학에 기초한 원주민들은 기존의 발전주의, 자원추출주의, 경제중심발전주의뿐 아니라 최근에 논의되는 다양한 발전에 대한 담론에 대해서도 비판적 입장을 견지한다.

발전주의의 단점을 보완하려는 차원에서 '인간적 발전(desarrollo humano)'이란 개념이 등장했다. 발전에서 핵심적으로 고려해야 할 것은 시장이나 생산이 아니고 인간이어야 한다는 주장이다(SENPLADES, 2009: 31). 발전과 생산의 주된 요소는 인간이기 때문이다. 이것은 국민총생산이 아니라 사람들의 삶의 수준과 인간의 기본적 필요의 충족이란 관점에서 발전을 측정해야 한다는 논리이다. 여기에는 '소유'보다 '존재'와 '창조 능력'을 강조하는 철학이 반영되어 있는 장점이 있다. 수치적 경제성장 발전 개념에 대항해 등장한 '인간적 발전'이란 개념은 발전과 삶의 질 문제를 연결시켰다. 따라서 인간 능력과 기회의 확대, 다양한 측면에서 인간의 감정, 교육, 정체성과 자유, 장수와 건강, 지식 등도 고려의 대상이 되었다. 이런 배경에서 인간의 행복이 중요한 요소로 부상했다(SENPLADES, 2009: 31). 그러나 수막 카우사이의 논리는 '인간적 발전' 개념까지도 발전에 대한 초점이 지나치게 인간 중심적으로 맞추어져 있다는 점 때문에 비판한다. 가치평가부터 시작해서 모든 것이 인간의 유용성에 초점을 맞추었기 때문이다.

다른 차원에서 발전주의를 보완하는 진일보한 발전 개념이 나타났다. 발전주의의 결정적인 단점은 제한적인 천연자원과 생태계 자정능력의 한계, 환경적 충격은 중요하게 고려하지 않는다는 점이다. 서구의 논리를 보면 경제적 측면이 생태적 측면에 우선했다. 그러나 이제 자연환경은 산업화 과정을 더 지탱할 수 없으며, '녹색혁명'도 그 점에서는 마찬가지다. 단지 인류만의 운명이 환경문제와 관련되어 있는 것이 아니라 모든 생명, 생태계 자체의 존립이 위협받고 있다. 필요의 충족과 인간 능력의 확대에도 불구하고 미래 세대와 인류의 미래를 담보할 수 없음이 명백해졌다.

그래서 '지속 가능한 발전(desarrollo sostenible)' 개념이 등장했다. 1987
년 유엔의 브룬트란트(Brundtland) 위원회는 "미래 세대의 필요 충족 가
능성을 위태롭게 함이 없이 현재의 필요에 부응하는 발전"을 지속 가능
한 발전이라고 정의했다(보프, 1996: 30).[16] 환경의 회복과 보존을 염두에
둔 생산과 소비 형태에 대해 고민하기 시작했다. 그렇지만 수막 카우사
이이의 논리를 주장하는 이론가들은 지금까지 언급한 이론들이 급진적
으로 자본주의 체제 자체에 대해 의심을 품지 않고, 오히려 자본주의
사회 안에서 지속가능한 발전이 촉진될 것처럼 선전한다는 점에 문제가
있다고 본다. 자본주의의 한계를 극복해보려는 지속가능한 발전개념도
자본주의 논리에 매여 있다는 점에서 한계가 있다는 것이다. 자본주의
사회에서는 자연을 자본 축적을 위한 하나의 자원이나 단순한 개발의
대상으로 보기 때문이다.

현재 거의 대부분의 나라에서 채택한 전통적 발전 모델은 모두 자본
주의, 자유주의, 지나치게 시장 논리에 기초해 있다는 데 문제가 있다.
'지속 가능한 발전' 개념은 미래 세대와 제한적 자원에 대한 고려는
있지만, 수막 카우사이의 시각에서 보면 아직도 발전을 경제 중심, 즉
성장이나 진보의 관점에서 보는 한계를 벗어나지 못했다. 서구의 직선
적 시간관과 역사관을 탈피하지 못하고 아직도 끊임없는 진보나 과학의
무한한 진화에 대해 맹신하고 있는 것이다. 수막 카우사이를 이론화하
는 데 기여한 알베르토 아코스타는 '지속 가능한 발전' 논리나 '녹색

---

16) 지속 가능한 발전 모델은 기본적으로 생태적 조화, 효율적 경제, 정의로운 사회
   를 지향한다. 결국 자연자원과 생태뿐 아니라 문화적 정향 자체의 변화를 추구
   하는 것이다. 그러나 지속 가능한 발전은 권리와 기회에 있어 평등, 남·여 사이
   의 차별의 금지 등, 역사적, 문화적 다양성을 전제하지 않으면 실현 불가능하다.

자본주의(Capitalismo verde)'의 속임수에 속지 말고 과학에 대한 지나친 맹신에도 빠지지 말 것을 주문한다(Acosta, 2010: 14). 이미 지구는 경제성장 중심의 발전을 이야기하기에는 생물학적, 물리적 한계 상황에 처해 있기 때문이다.

수막 카우사이의 시각은 기존 서구 발전주의를 수정하고, 조정하는 것 이상의 의미를 내포한다. 수막 카우사이의 제안은 '대안적 발전'을 주장하는 것이 아니라 '발전에 대한 대안'의 필요성을 언급한다는 점에서 보다 급진적이다(Gudynas y Acosta, 2011: 72~75). '대안적 발전'은 아직도 발전주의와 같은 논리, 합리성에 기초한 것이며, 자연을 이용 가능한 대상, 자원, 상품으로 파악하고 있기 때문이다. 수막 카우사이의 시각에서 볼 때, '대안적 발전' 논리에는 인간과 자연 사이의 새로운 관계 설정이 빠져 있다. 수막 카우사이를 주장하는 이론가들은 '인간적 발전', '지속 가능한 발전', '총체적·참여적 발전(desarollo integral y partici-pativo)', '공동 발전(co-desarrollo)' 등 형용사만 바꾸는 것으로는 현 체제의 위기를 극복하지 못한다고 주장한다. 무엇보다 인간 중심, 경제성장 중심의 '발전'이란 명사가 초래한 집착에서 근본적으로 벗어나야 한다는 점을 강조한다. 라울 프라다(Raúl Prada)는 다음과 같이 수막 카우사이의 발전관에 대해 요약했다:

발전에 있어 이제 유일하거나 보편적인 발전이 있는 것이 아니라 다양한 발전 형태가 있다. …… 발전은 이제 순전히 양적인 목표만 지향하는 것이 아니라 질적인 과정이다. …… 발전은 부의 축척도 아니고, 산업화도 아니다. 발전은 자연과 우리, 공동체들 간의 조화로운 공생에 도달하기 위한 것이다. …… 개인에게 우선권을 부여하는 것이 아니라 생존, 상호작용, 문화 간 대화에 우선권을 부여한다(Prada, 2011: 235).

이런 발전관은 그대로 에콰도르 헌법에 반영되었다. 헌법에서 발전체제(Regimen de desarrollo)[17]를 언급하는 부분은 수막 카우사이를 목표로 하는 에콰도르가 어떤 발전을 지향하는지 보여준다.

헌법은 수막 카우사이를 달성하기 위해 일곱 가지 다음의 발전 목표를 제시했다.

1. 삶의 질과 기대수명 개선하기: 주민들의 역량과 능력 발전시키기.
2. 발전의 결실을 평등하게 나누는 경제체제 구축하기: 지속 가능하고, 정의롭고, 민주적이며, 생산적이고, 연대적인 경제체제 만들기.
3. 공공권력의 수행에 평등하게 참여하며 사회통제를 강화하기.
4. 자연과 조화로운 공생관계 수립하기: 자연의 회복, 보존, 유지.
5. 국가의 주권을 보장하기: 라틴아메리카 통합을 촉진하고 국제무대에서 전략적 개입을 확대하기.
6. 균등하고 조화로운 영토적 규정을 수립하기: 확실한 자치와 탈중앙화.
7. 문화적 다양성의 증진과 보호, 교환과 재생산의 공간을 존중하기: 문화재와 사회적 기억을 회복하고 보존하고 증대하기(제276조).[18]

발전체제 안에 수막 카우사이가 지향하는 것을 다른 말로 표현하면, 포괄(inclusion)과 공정(equidad)이다. 생태환경보호와 자원에 대한 효율적 사용을 통해 사회 내 배제된 사람 없이 모두가 평등하게 사는 사회를 이룩하려는 것이다.

---

17) 여기서 발전체제는 "수막 카우사이와 '좋은 삶(el buen vivir)'의 실현을 보장하는 역동적이고 지속가능하며 조직화된 환경, 사회·문화, 정치, 경제 체제의 총체(제275조)"로 이해된다.

18) 각 부분 별 현재 상황과 목표치에 대한 자료는 SENPLADES(2009)를 참조.

5. 나오는 말

비록 억압당하고 배제된 채로였지만 원주민 문화와 전통 속에 면면이 이어져오던 고대 선조들의 세계관인 수막 카우사이가 원주민들의 권리 회복 투쟁 과정에서 부활했다는 것은 중요한 의미가 있다. 원주민들은 단순히 그런 사유를 회복시키는 데 그치지 않았다. 원주민 지식인들이 중심이 되어 전통 세계관과 다양한 현대비판사상의 성과들을 결합시켜 에콰도르의 사회변혁을 위한 실천 전략으로까지 수막 카우사이를 발전시켰다는 데 그 중요성이 있다. 이런 점에서 수막 카우사이는 에콰도르 원주민들의 저력과 현대 라틴아메리카 사회운동의 역량을 잘 보여주는 좋은 본보기이다. 에콰도르 지배 엘리트들로부터 원주민들은 왜 비판만 하고 대안을 제시하지 못하는가라는 비난을 받아왔다. 그들에게 원주민들은 한 번도 세계에 의미 있는 창조적 기여를 한 적이 없는 존재로 무시의 대상이었다. 그러나 수막 카우사이의 논리는 이런 평가가 잘못되었다는 것을 확실히 보여주었다.

무엇보다 수막 카우사이는 원주민과 같은 사회적 약자와 자연과 같은 대상을 주체로 전환시키는 역할을 수행한다. 정치적, 사회적, 경제적으로 배제된 원주민을 국민의 지위로 향상시키고, 배제된 문화와 정체성을 회복시킨다는 점에서 타자를 주체로 전환시키는 데 일조하고 있다. 또한 수막 카우사이는 인간중심주의를 탈피해 생명과 생태 중심적 전망을 회복시켰다는 점에서 높이 평가받는다.

현재 수막 카우사이는 무한 성장을 지향하는 발전주의와 자본주의가 야기한 부정적 결과들 때문에 기존 패러다임의 전환을 위한 대안으로 주목을 받고 있다. 수막 카우사이는 경제성장 중심의 발전관과 신자유주의적 담론에 대한 안데스 원주민들의 대항담론의 성격을 지니고 있다. 자본주의 체제는 근본적으로 우열을 상정하는 불평등과 배제의 체제를 숨기고 있다. 그러나 수막 카우사이는 상호 존중이라는 관점에서 자연과 인간, 인간과 인간을 연계시키고 상호 공존, 공생을 위한 윤리를 상기시킨다는 점에서 새롭다. 오늘날 공생을 위한 '다양성 안의 일치'를 가능하게 하는 새로운 사회 협약이 절실히 요청되기 때문이다. 이제 인류는 자신의 미래를 단순히 시장이나 국가에 맡겨둘 수 없는 상황에 직면했다. 사회 전체의 행복과 모두의 충만한 삶을 지향한다면 공공성과 사회 중심성의 회복을 강조하는 수막 카우사이는 우리에게 중요한 시사점을 제공한다 하겠다.

수막 카우사이는 경제성장의 강박에 사로잡힌 신자유주의를 비롯한 발전주의에서의 탈피하기 위해 자연과의 일치를 통한 '발전에 대한 대안' 찾기를 시도한다는 점 때문에 그 독창성을 인정받고 있다. 그러나 앞에서 살펴보았듯이 서구 발전주의와 신자유주의에 대한 문제점과 한계를 날카롭게 지적하고 비판하는 데는 탁월하지만 수막 카우사이의 이론가들이 주장하는 '발전의 대안'을 명확하게 제시하지 못하고 있는 것도 분명한 사실이다. 물론 수막 카우사이가 에콰도르 헌법에 명시된 것이 5년 정도 밖에 되지 않았고, 500년간 지속된 삶의 방식과 모델에 대한 수정 작업이 단시일 내에 이루어질 수 없다는 점을 감안하고 평가할 필요가 있어 보인다. 그럼에도 불구하고 현재까지 진행되는 상황을 보면 이론적 측면이나 실천적 측면에서 애매모호한 부분이 많다는 점을 지적할 필요가 있어 보인다.

동시에 심각하게 고려해야 할 것으로는 자유주의적인 근대국가의 틀 속에 이미 편입된 에콰도르가 어떻게 수막 카우사이를 실천에 옮길 수 있겠느냐 하는 점이다. 즉, 세계경제체제가 자본과 시장 논리를 핵심으로 하고 있고, 자본주의 논리에 따라 돌아가는데, 어떻게 에콰도르가 수막 카우사이를 구체적 정책으로 실천해 성과를 얻어낼 수 있을까 하는 것이다. 또한 헌법 내부에 자유주의적 근대국가 논리, 자본주의 이념, 신자유주의 논리, 그리고 수막 카우사이 비전이 함께 내재해 있다는 점 때문에 상호 대립적인 두 입장이 갈등과 충돌을 야기할 가능성도 높아 보인다. 이 수막 카우사이는 자본주의와 개인 중심의 근대성에 대한 저항을 포함하고 있다는 점에서 기존 체제를 위협하는 측면이 있는데, 기존 구조나 세력과 갈등을 어떻게 극복할 수 있을지 의문이다.

이 연구가 수막 카우사이에 대한 이론적 접근을 시도했지만 모든 이론적 측면을 다룬 것이 아니라는 점에서 한계가 있다. 앞으로 더 다양한 이론적 접근과 연구가 필요할 것이다. 또한 수막 카우사이가 어떻게 실천 가능한 기획이 되고, 정책이 될 수 있는지 실천적 측면에 대한 연구가 시급해 보인다. 사회정책, 법률적 분석, 수막 카우사이의 시각에서 수립된 국가발전기획이나 경제정책 등에 대한 연구가 이 부분에 해당될 것이다. 여기에 더하여 '21세기 사회주의'와의 연관성, 수막 카우사이와 민주주의 발전의 상관관계 연구도 수막 카우사이를 제대로 평가하기 위해 의미 있는 작업이 될 것이다. 또한 한국에서 새로운 발전 패러다임으로 부상한 '저탄소 녹색성장'과 수막 카우사이의 발전관을 비교해보는 것도 의미가 있는 작업처럼 보인다.

참고문헌

김달관. 2011. 「민주화 이후의 에콰도르 민주주의: 1979-2010」. ≪이베로아메리카 연구≫. 제22권 1호, 63~91쪽.

_____. 2010. 「에콰도르 원주민운동의 등장배경과 변천과정: 국민국가형성부터 현재까지」. ≪이베로아메리카연구≫. 제21권 2호, 25~55쪽.

김윤경. 2010. 「1980~1900년대 에콰도르의 원주민 운동: CONAIE의 상호문화성과 복수국민」. ≪서양사론≫. 제107호, 201~233쪽.

보프, 레오나르도(Leonardo Boff). 1996. 『생태신학』. 서울: 가톨릭출판사.

오삼교. 2010. 「브라질 아마존 우림 보호와 환경 NGO 운동: 성과와 한계, 역할 변화를 중심으로」. 김세건 외. 『라틴아메리카. 대안사회운동과 참여민주 주의 I』. 서울: 깊이 높이, 217~260쪽.

Acosta, Alberto y Esperanza Martínez. 2011. *La Naturaleza con Derechos. De la filosofía a la política.* Quito: Abya-Yala.

Acosta, Alberto. 2011. "El Buen Vivir en el camino del post-desarrollo, algunas reflexiones al andar." in Weber Gabriela(coord). *Debates sobre cooperación y modelos de desarrollo. Perspectivas desde la sociedad civil en el Ecuador.* Quito: CIUDAD.

_____. 2010. *El Buen Vivir en el camino del post-desarrollo. Una lectura desde la Costitución de Montecristi.* Quito: Friedrichi Ebert Stiftung.

_____. 2009. "Siempre más democracia, nunca menos. A manera de prólogo." in Acosta y Espernaza Martínez(coop). *El Buen Vivir. Una vía para el desarrollo.* Quito: Abya-Yala.

CODENPE. 2011a. *Pachamama.* Quito: CODENPE.

_____. 2011b. *Plurinacionalidad.* Quito: CODENPE.

_____. 2011c. *Interculturaldiad.* Quito: CODENPE.

_____. 2011d. *Sumak Kawsay-buen vivir.* Quito: CODENPE.

Estermann, Josef. 1998. *Filosofía andina. estudio intercultural de la sabiduría autóctona andina.* Quito: Abya-Yala.

Francois, Houtart. 2011. "El concepto de sumak kawsay(buen vivir) y su correspondencia con el bien común de la humanidad." in http:// defensaterritorios.org.

Gudynas, Eduardo y Alberto Acosta. 2011. "La renovación de la crítica al desarollo y el buen vivir como alternativa." *Utopía y Praxis Latinoamericana,* Año 16, No.53. pp.71~83.

Gudynas, Eduardo. 2009. "Seis puntos clave en ambiente y desarollo." in Acosta y Espernaza Martínez(coop). *El Buen Vivir. Una vía para el desarrollo.* Quito: Abya-Yala.

_____. 2011. "Buen vivir: germinando alternativas al desarrollo." *ALAI,* No.462. pp.1~20.

Huanacuni Mamani, Fernando. 2010a. "Paradigma Occidental y Paradigma indígena Originario." *ALAI.* No.452. pp.17~22.

_____. 2010b. *Buen vivir/Vivir bien. Filosofía, políticas, estrategias y experiencias regionales andinas.* Quito: CAOI.

Larrea, Ana María. 2010. "La disputa de sentidos por el buen vivir como proceso contrahegemónico". in SENPLADES. *Los nuevos retos de américa latina. Socialismo y Sumak Kawsay.* Quito: SENPLADES.

Llasag Fernández, Raúl. 2009. "El sumak kawsay y sus restricciones constitucionales." *Foro Revista de derecho.* No.12, Quito.

Macas, Luis. 2011. "El Sumak Kawsay." in Weber Gabriela(coord). *Eebates sobre cooperación y modelos de desarrollo. Perspectivas desde la sociedad civil en el Ecuador.* Quito: CIUDAD.

Prada, Raúl. 2011. "El vivir bien como alternativa civilizatoria: Modelo de Estado y modelo económico." in Lang, Miriam y Dunia Mokrani(coop). *Más allá del desarrollo.* Quito: Abya-Yala.

Rocha, Vitor Taveira. 2010. *De la cosmovisión indígena a las Constitucones: La reconstrucción del Buen Vivir en el siglo XXI.* Barcelona: Universidad de

Barcelona.

Santos, Boaventura De Sousa. 2010. *Refundacion del Estado en America Latina. Perspectivas desde una epistemologia del Sur.* Quito: Abya-Yala.

SENPLADES. 2009. *Plan Nacional para el Buen Vivir 2009-2013.* Quito: SENPLADES.

Simbaña, Floresmilo. 2011. "El sumak kawsay como proyecto político." in Lang, Miriam. *Más allá del desarrollo.* Quito: Abya-Yala.

Walsh, Catherine. 2009. *Interculturalidad, Estado, Sociedad. Luchas (de)coloniales de muestra época.* Quito: Abya-Yala.

제2부

초국가적 공간과 지역적 공동체

제5장

안데스 코뮤니즘, 도래할 공동체?*

김은중 서울대학교 라틴아메리카연구소 HK교수

1. 들어가는 말: 대안사회운동으로서의 원주민운동

1990년대 이후 원주민운동은 라틴아메리카 사회운동에서 빼놓을 수 없는 중요한 세력으로 등장했다. 원주민운동은, 한편으로는 국가와 지배적 경제 엘리트, 제국주의적 간섭에 맞서는 가장 중요하고 견고한 사회운동 세력이며, 다른 한편으로는 민중운동, 도시빈민운동, 농촌운동 등과 연대함으로써 사회운동의 동력을 만들어내기도 한다. 원주민운동은 식민지 시기의 억압과 수탈에 맞서 끊임없이 저항해왔고, 독립 이후 공화국 시기의 정치적·경제적·사회적 예속·차별·배제에 맞서 스스로를 조직해왔다. 원주민운동이 온갖 억압 속에서도 오늘날까지 지속될 수 있었던 것은 전통을 통해 스스로를 조직할 수 있는 자율적 능력을

---

* 이 글은 ≪이베로아메리카연구≫ 26권 3호에 발표한 필자의 논문을 총서 취지에 맞게 수정 보완한 것이다.

상실하지 않았기 때문이다. 이 때문에 오늘날 원주민운동을 제외하고 라틴아메리카 사회운동에 대해 말하는 것은 불가능한 일이 되었다. 다시 말해, 원주민운동의 존재를 무시하고 라틴아메리카의 민주주의와 정의, 경제적 발전을 내세울 수 없으며, 원주민을 사회운동의 주체로 인정하지 않고 사회적 지배 관계를 변화시킬 수 있는 전략을 말할 수 없게 되었다.

라틴아메리카 원주민운동이 활성화된 시점이 신사회운동(new social movements)이 등장한 시점과 겹치고, 신사회운동이 비계급적인 문화적 정체성에 기반을 둔다는 점에서 원주민운동은 신사회운동에 포함되는 종족성 정치로 인식되기도 한다(주종택, 2012). 그러나 라틴아메리카 원주민운동은 '정체성 정치(identity politics)'로 규정되는 신사회운동과 공통점을 가지면서도 신사회운동을 넘어선다.[1] 정체성 정치가 표방하는 정체성은 자본주의 세계경제를 토대로 제국적 담론이 생산하고 재생산하는 정체성이다. 제국적 담론은 이러한 정체성을 문화적이고 위계적으로 할당한다. 원주민운동은 운동의 주체가 비계급적이면서도 탈정치적이지 않고, 국가 대 시민사회라는 자유주의의 도식을 넘어서는 확장된 정치를 주장한다는 점에서 서구의 신사회운동과 달리 대안사회운동(alternative social movements)으로 규정될 수 있다(김세건 외, 2010). 또한 라틴아메리카 원주민운동은 서구적 세계관에 기원을 둔 마르크스주의와 해방신학으로부터 많은 영향을 받았던 라틴아메리카 사회운동과

---

1) 신사회운동의 특징은 탈물질적 이익 추구, 다양하고 빠르게 변화하는 운동의 이슈, 조직의 느슨함, 지도자 역할의 미약함, 행동 양태의 다양함, 강한 자발성, 지역에 기반을 둔 소규모 운동, 국가권력의 장악이나 계급 관계의 변화를 목표로 하는 개혁의 정치보다는 영향력의 정치(Politics of Influence) 등으로 규정된다. 요컨대 신사회운동은 탈정치적(post-political) 특징을 지닌다.

달리 원주민의 세계관을 토대로, 저항을 넘어서서 대안을 제시한다. 이런 맥락에서 원주민운동은 '좌파로의 전환(giro a la izquierda)'이라는 통상적인 해석으로는 이해되지 않는 '반역사적 돌발'이다.2) '반역사적 돌발'은 미셸-롤프 트루요가 아이티 혁명을 지칭하면서 사용했던 '생각할 수 없는 것(lo impensable)'이라는 개념과 동일한 의미를 갖는다. 아이티 혁명이 일어났음에도 불구하고 '생각할 수 없는 것'이라는 이상한 특성을 가지고 역사에 등장한 것은 당대의 유럽 식민지배자들이 백인들이 흑인 노예들을 선동하지 않고서는 흑인 노예들 스스로 봉기할 수 있다는 생각을 한 번도 해본 적이 없었기 때문이다(트루요, 2011: 141). 오늘날 원주민운동을 바라보는 시선도 이와 크게 다르지 않다.

라틴아메리카 원주민운동이 말해주는 것은 '생각할 수 없는 것'은 '원주민(흑인, 여성, 혹은 모든 하위주체 집단들)이 말할 수도 없고, 정치적으로 행동할 수도 없다'는 사실이 아니라 '서구의 근대적 어휘로 원주민의 세계관을 이해하기 불가능하다'는 사실이다. 원주민운동은 원주민이 말할 수 있고 정치적으로 행동할 수 있음을 보여주었다. 더 나아가

---

2) "(반역사적 돌발은) 안정적인 역사의 지반을 흔들며 출현하고, 항상 자랑스러운 표정을 짓고 있는 역사의 얼굴에 침을 뱉으며, 아니 피를 튀기며 나타난다. 이런 돌발적 사건들은 당시의 역사로선 매끄럽게 싸안을 수도 없고 적당하게 한 자리를 주어 잠재울 수 없는 것으로 역사 안에 출현한다. 이런 점에서 그것은 역사가 쉽사리 봉합할 수 없는 균열의 지점이다. 그래서 대개는 배제해버리거나 지워버려서 소리 나지 않게 하려고 하지만, 그로 인해 지워진 소리가 끊이지 않고 발생하는 진원지가 된다. 즉 그것은 역사가 담을 수 없는 사건이지만 그렇다고 지워버릴 수도 없는 사건이란 의미에서 '역사적 이성'의 무능력의 지대를 형성한다. 그것은 역사화할 수 없는 사건이다. 이를 '반역사적 돌발'이라고 부르자"(이진경, 2010b: 81~82). 인용에서 언급한 역사적 이성의 '무능력의 지대'는 역사적 이성의 '맹목성(blindness)의 지대' 혹은 '색맹 지대'라고 하는 것이 더 적절할 듯하다.

반역사적 돌발로서의 원주민운동은 정체성 정치가 아니라 '정치적 정체성(identity in politics)'이다. 정체성 정치가 '정치의 문화화(culturalization of politics)'(Mandani, 2004. 브라운, 2010: 43에서 재인용)를 통해 탈정치화되는 경향을 보이는 반면에, 정치적 정체성은 정체성 정치 내부에 있으면서도 역설적이게도 정체성의 폐지를 향하는 혁명적인 사유와 실천이다. 다시 말하자면, 정치적 정체성은 정체성에서 출발하여 정체성 정치를 관통함으로써 정체성 정치를 넘어선다(네그리·하트, 2014). 정치적 정체성은 단순히 차이가 아닌 저항이며, 저항을 넘어선 대안의 모색이다.

라틴아메리카 원주민운동이 모색하는 대안은 원주민의 세계관에 토대를 둔 공동체의 재구축이다. 여기서 언급하는 공동체는 이 논문의 주제인 안데스 지역의 원주민 공동체인 아이유(ayllu)를 가리키는 동시에 일반적인 공동체(community/comunidad)의 의미를 내포한다.3) 1980년대 이후 본격적으로 활성화된 안데스 지역 원주민운동의 실천적인 목표는 아이유의 재구축이다. 아이유의 재구축은 원주민운동이 아메리카 발견/정복 이후 지속되어온 예속·차별·배제의 메커니즘과 체제에 대한 저항을 넘어서서 자율과 자결을 실천하기 위한 구체적인 대안이다. 원주민운동을 대안사회운동으로 규정한 것은 이 때문이다. 그러나 아이유의 재구축은 라틴아메리카 사회운동과 전 지구적 사회운동의 대안이라고 말할 수는 없다. 대안이 될 수 있다면 아이유의 재구축이 아니라 일반적 의미의 공동체의 재구축, 혹은 각각의 지역에 적용될 수 있는 공동체의 재구축일 것이다. 공동체의 재구축은, 한편으로는 전 지구적

---

3) 메소아메리카 지역의 원주민 공동체는 알테페틀(altepetl)이다. 이 글에서는 안데스 원주민 공동체인 아이유만 다룬다. 안데스라는 지리적 위치는 콜롬비아, 페루, 에콰도르, 볼리비아, 칠레를 포함하는 지역을 가리키지만 이 글의 사례 연구는 볼리비아에 해당됨을 밝혀둔다.

자본주의 체제가 생태적 차원과 사회경제적 차원에서 **공동적인 것**을 사적 소유로 편입시키는 상황에서, 다른 한편으로는 '개인'이라는 개념이 존재가 아니라 소유에 의해 정의되는 상황에서 시급하게 요구되는 전 지구적 차원의 윤리적 기획이다.

2. '공동적인 것(the common/lo común)'과 코뮤니즘

오늘날 자본 축적의 가장 두드러진 특징은 '공동적인 것'의 착취의 형태로 이루어진다는 것이다.[4] 공동적인 것은 크게 두 가지로 나뉠 수 있는데, 하나는 지구의 모든 자원들과 연관된 공동적인 것이고, 다른 하나는 아이디어, 언어, 정동(affect) 같은 인간 노동과 사회적 창조물이다. 자본 축적의 또 다른 중요한 특징은 공동적인 것의 착취가 생산과정의 외부에서 일어난다는 것이다. 생산과정의 외부에서 공동적인 것을 착취하는 첫 번째 방식은 '시초 축적'/'강탈에 의한 축적'이다. 아담 스미스를 따라 마르크스는 '시원적' 혹은 '기원적'으로 이미 발생한 과정을 '시초 축적'이라고 불렀지만, 하비(David Harvey)는 시초 축적이 자본 축적 과정에서 계속적으로 반복되는 것을 강조하기 위해 '강탈에 의한 축적'이라고 부른다. '강탈에 의한 축적'이라는 표현은 "시초 축적의

---

4) the common은 '공통적인 것', '공동적인 것'으로 옮겨질 수 있다. '공동적인 것'은 '공통적인 것'과 겹쳐지는 부분이 있으나 구성요소들을 하나로 묶는 공동성은 개체가 가지고 있는 어떤 성질/소유물(property)을 뜻하는 공통성과 다르다는 점에서 이 글에서는 the common/lo común을 '공동적인 것'으로 옮겼다. 인용문에서 공통적인 것으로 번역한 것은 고치지 않고 그대로 옮겼다. 네그리와 하트의 저서 (*Commonwealth*)도 『공통체』로 번역되었다.

메커니즘과 자본주의적 생산과정 사이에 선형적인 역사적 관계가 없다는 것을, 전자가 후자에게 자리를 내주는 식의 진보주의적 역사 발전이란 없다는 것을 보여준다. 시초 축적은 계속 다시 등장하고 자본주의적 생산과 공존하는 부단한 왕복운동이다. 그리고 오늘날 신자유주의 경제가 점점 더 공동적인 것의 수탈을 통한 축적을 선호하는 한, 시초 축적이라는 개념은 훨씬 더 중심적인 분석 도구가 된다"(네그리·하트, 2014: 206).5) 생산과정의 외부에서 일어나는 공동적인 것을 착취하는 두 번째 방식은 삶정치적 생산의 착취이다.6) 삶정치적 생산이란 사회적 공동성을 생산하는 것, 즉 사회적 협력, 사회적 구성원 간의 상호작용을 통한 정동과 언어의 생산, 주체와 타자에 대한 새로운 형태의 관계의 발명 등과 관련된 삶의 국지화된 생산적 힘들이다. 각자도생(各自圖生)이라는 말이 의미하듯이 오늘날 자본은 생산에 필요한 수단을 제공할 수는

---

5) 강탈에 의한 축적은 시초 축적으로 설명되지 않는 몇 가지 특징을 보인다. 첫째, 프롤레타리아화 과정은 전자본주의적 기능, 사회적 관계, 지식, 심상의 습성, 믿음 등의 강제와 전유의 혼합을 동반한다. 그 결과로 노동계급 형성에서 전자본주의적 사회관계의 흔적이 남아 있고, 노동계급이 어떻게 정의될 것인가에 관하여 상이한 지리적·역사적·인류학적 차이가 발생한다. 둘째, 시초 축적의 메커니즘 가운데 일부는 오히려 현재 더 강한 역할을 담당하는데, 대표적으로 신용체계와 금융자본이다. 셋째, 지적 재산권은 강탈에 의한 축적을 위한 완전히 새로운 메커니즘이다(하비, 2005; 조정환, 2011).

6) 푸코의 삶정치(biopolitics)라는 개념은 일반적으로 삶을 관리하고 생산하는 권력 개념으로 이해되었다. 즉 삶정치는 주체를 억압하기보다는 생산하는 규율권력에 초점을 맞추었다. 이 때문에 푸코의 규율권력론은 주체의 자율성과 능동성을 차단한다는 비판을 받았다. 네그리와 하트는 푸코의 권력 개념의 이중적 성격에 주목하고 권력을 삶권력(biopower)과 삶정치로 구분한다. 삶권력이 삶을 지배하는 힘을 가리킨다면, 삶정치는 저항을 통해 주체성의 대안적 생산을 낳는 힘이다(네그리·하트, 2014; 하트, 2012).

있지만 생산적 협력을 조직하지는 않는다. 다시 말해, 자본은 정보 흐름, 소통네트워크, 사회적 코드, 언어적 혁신, 정동의 수준에서 협력을 제공하기보다는 수탈한다. 요약하자면 삶정치적 맥락에서 볼 때 자본은 생산과정만이 아니라 사회 전체를, 사회적 삶 전체를 실질적으로 포섭하고 있다.

최근 전 지구적인 차원의 사회운동들의 중심에 공동적인 것을 위한 투쟁이 자리 잡고 있는 것은 이런 맥락이다. 근대는 사적 소유를 기반으로 구성되었고 신자유주의 세계화의 시대에 이르러 사적 이익의 추구가 극단화되면서 공동적인 것에 대한 투쟁이 전 지구적 의제로 등장했기 때문이다. 사회적 투쟁은 학술적 이론화 작업보다 언제나 앞서는 것이어서 신자유주의 세계화에 대한 저항이 시작된 것은 사회주의 블록이 붕괴되었던 1990년대 초반이었지만 학술적으로 대안이 모색되기 시작한 것은 최근의 일이다. 네그리와 하트의 『공통체(Commonwealth)』가 출간되고 듀크 대학교에서 "공동적인 것과 코뮌의 형태들: 대안적인 사회적 상상들(The Commons and the Forms of the Commune)"이라는 제목의 심포지엄이 개최된 것은 2009년이었다.[7] 또한 알랭 바디우(Alain Badiou)와 슬라보이 지제크(Slavoj Žižek)가 런던에서 "코뮤니즘의 이념에 대하여(On the Idea of Communism)"라는 제목의 학술대회를 공동으로 개최한 것도 같은 해였다. 그 뒤 동일한 제목의 학술대회가 파리와 베를린(2010년), 뉴욕(2011년)에서도 개최되었고 2013년에는 서울에서 개최되었다. 서울 대회에서 주최 측은 "글로벌 자본주의 체제 하에서 공통의 생태계,

---

7) 심포지엄에서 발표된 논문들은 2010년 ≪마르크스주의 재고≫ 특집호에 수록되었다. *Rethinking Marxism: A Journal of Economics, Culture & Society*, vol. 22, no. 3, Special Issue: The Commons and the Forms of the Commune, ed. Anna Curcio and Ceren Özselçuk, July 2010.

공통의 지식, 공통의 과학적 속성들, 그리고 장벽을 초월한 공통의 인간성 등 '공통적인 것'을 사유화하려는 것을 막기 위한 저항이 세계 도처에서 일어나고 있고, 이 상태를 방치했다간 모든 것을 잃어버릴 수 있다는 자각이 신분과 계층을 막론하고 확산되고 있다"는 점을 강조하면서 "우리가 함께 고민하고 지켜 나가야 할 공통적인 것에 대한 논의, 개인을 구속하고 저해하는 국가주의를 넘어선 새로운 공동체를 지향하는 움직임을 이번 행사에서 북돋우고자 한다"고 대회 개최의 취지를 밝혔다.8) (필자가 과문한 탓에 확신할 수는 없지만) 국내 학계에서 코뮤니즘에 대한 논의가 시작된 것은 2009년보다 빨랐다. 계간지 ≪문학과경계≫에는 2001년 겨울호 특집으로 "코뮨주의"에 관한 3편의 논문이 실렸다. 『코뮨주의 선언(Commun-ist Manifesto)』이라는 제목의 공동저작이 단행본으로 출간된 것은 2007년이었고, 2010년에는 『코뮨주의: 공동성과 평등성의 존재론』이 출간되었다.9)

최근에 시작된 코뮤니즘(혹은 코뮨주의)에 대한 논쟁은 코뮤니즘의 이념에 대한 논쟁으로부터 시작된다. '코뮤니즘', '코뮨', '공통적인 것' 등의 표현은 과거에 공산주의로 해석되었던 이념과 결별하기 위한 것이면서 동시에 "비(非)마르크스주의적이거나 전(前)마르크스주의적이거나 혹은 더 나아가 반(反)마르크스주의적인 공동체, 공상적이거나 자유주의적인, 원시적이거나 공동체주의적인, 전식민적이거나 탈식민적인, 문예적이거나 공예적인, 이런 다수의 공동체들과 관련된"(보스틸스, 2014: 39) 어떤 것을 재구축하려는 시도이다. 요컨대 코뮤니즘은 현실

---

8) http://theghostschool.tistory.com/44

9) 2008년 2월 1일부터 4회에 걸쳐 한겨레신문에서 코뮨주의에 대한 논쟁을 실은 것은 『코뮨주의 선언(Commun-ist Manifesto)』의 출간이 계기가 된 것으로 생각된다.

사회주의의 역사적 과거를 모르는 체 할 수 없으며, 마르크스주의와 관련된 수많은 질문에 대해 여전히 대답해야 할 필요가 있고, 더 나아가 미래의 대안을 제시해야 한다. 그렇다면 공산주의로부터 코뮤니즘에로의 이행 전략은 구체적이고 긍정적인 결실을 거두고 있는가? 이러한 질문에 대해 대답을 하는 것은 필자의 능력을 벗어난 일이다. 그러나 전 세계적인 상황은 접어두고 국내의 상황을 보면 긍정적인 평가보다 부정적인 평가가 두드러진다.

문제는 이처럼 가장 급진적인 정치적 입장을 과시하고, 전복적이며 때로는 파괴적이기까지 한 주장을 서슴없이 제시하는 이 사상가들 ― 알랭 바디우, 슬라보이 지젝, 조르조 아감벤 ― 에 대해 이른바 '운동권' 좌파나 아니면 마르크스주의를 포함한 급진적인 인문사회과학자들이(이런저런 비판적 반응을 제외하면) 거의 아무런 관심을 기울이지 않는다는 점이다. 그 대신 이 사상가들은 넓은 의미의 교양 대중을 포함하여 주로 문학이나 영화 및 기타 대중예술 관련 연구자들에 의해 열광적으로(연구되기보다는) 수용되고 인용되고 있다(진태원, 2014: 174).

진태원은 세 명의 사상가들이 "각자 나름대로 급진적인 해방의 정치를 추구하고 있으며, 이러한 정치를 제도 정치 바깥에서 찾고 있다"는 점에서 이들의 정치적 담론을 "바깥의 정치"로 개념화하면서 이들이 "메시아주의적 관점"을 표방하고 있다고 말한다. 그리고

이들을 좌파 메시아주의로 부를 수 있는 이유는, 이들이 자본주의 및 자유민주주의 체제와의 급진적이고 전면적인 단절을 주장할 뿐만 아니라, …… 누구도(막연하고 일반적인 정식들을 제외한다면) 신자유주의적 자본

주의나 국가에 대한 구체적인 분석을 제시하지 않으며 그것에 맞설 수 있는 대안적인 운동이나 조직에 관한 구체적인 성찰도 보여주지 않(기 때문이다) …… 더욱이 이들의 이론적 작업은 경험적인 현실 구조를 다루는 사회과학과의 연계 속에서, 그것에 대한 비판적 성찰 속에서 이루어지는 것이라기보다는 주로 사변적인 역사철학이나 정치신학, 문화이론적 차원의 논의라고 할 수 있다(진태원, 2014: 179~185).

진태원의 비판과 유사한 비판을 웬디 브라운(Wendy Brown)에게서도 발견할 수 있다.

(오늘날) 출현하는 것은 현재의 상황에 대한 깊고 근본적인 비판이나 또는 현 상태에 대한 강렬한 대안 없이도 작동하는 좌파이다. 그러나 아마 훨씬 곤란하게도, 그 잠재적인 유익함과 연관되기보다는 그 불가능성과 더 많이 연결되어 왔던 것이 좌파이다. 좌파는 희망 가운데 머무르는 것이 아니라 그 자신의 주변성과 실패 가운데 머무르는 일이 가장 편하다고 느끼며, 또 좌파는 그 자신의 죽은 과거가 주는 어떤 부담에 우울증적 애착 구조로 붙들려 있다. 그의 정신은 유령과도 같으며, 그의 욕망의 구조는 회고적이고 벌하는 것이다(「좌파의 우울증에 대해 저항하며」. 보스틸스, 2014: 328쪽에서 재인용. 강조는 필자).[10]

---

10) 바디우, 지제크, 아감벤이 표방하는 코뮤니즘이 메시아주의로 경도되고 있다는 비판을 받는다면, 네그리와 하트는 자본주의적 생산방식의 내부에서 코뮤니즘의 잠재성을 언급하고 있다는 점에서 큰 차이점이 있다. 네그리와 하트는 오늘날의 비물질적/삶정치적 생산은 사적이든 공적이든 소유될 경우 생산성이 급격히 감소하기 때문에 소유는 자본주의적 생산양식의 족쇄가 되어가고 있음을 지적한다. 따라서 자본이 삶정치적 생산을 통제하고 착취하고 있음에도 불구하

20세기 들어와 전 지구적 사회운동을 주도했던 행동가들을 포함한 좌파 진영의 많은 사람들이 라틴아메리카의 '핑크빛 물결(pink tide)'을 새로운 희망의 보루로 바라보는 것은 좌파 메시아주의의 현실적 불가능성 때문이다. 이 때문에 좌파 진영은 중심부에서 파산한 좌파의 희망을 주변부인 라틴아메리카에서 찾는다. 베네수엘라, 아르헨티나, 브라질로부터 볼리비아, 에콰도르, 니카라과에 이르기까지 선거를 통해 권력을 잡은 라틴아메리카 중도좌파 정권들은 워싱턴 컨센서스가 강제한 신자유주의 정책을 정면으로 비판했기 때문이다. 그렇다면 원주민운동의 대안적 세계관과 라틴아메리카 좌파 정권의 정치적 기획 사이에는 친연성이 존재하는가? 혹은 보스틸스(Bruno Bosteels)가『공산주의의 현실성(Actuality of Communism)』에서 희망을 피력했던 것처럼 "라틴아메리카의 볼리비아는 확실히 그와 같이 비(非)국가적인 방식으로 국가권력을 장악하는 일이 시도되고 있는 곳이며, 따라서 낡은 것이건 아니면 새것이건 간에 다시금 공산주의가 실현될 법한 그런 곳"인가?(327).[11] 안데스 코뮤니즘은 구체적 현실성이 있으며 서구적 세계관의 대안이 될 수 있는가? 아니면, 많은 사람들이 우려하듯이, 원주민운동은 대안 없이 작동하는 서구 좌파의 한 분파에 불과한 것은 아닌가?

고, 삶정치적 생산은 자본주의적 관계의 한계를 넘어서서 끊임없이 공동적인 것으로 돌아가는 방식을 통해 노동에 점점 더 큰 자율성을 부여하고 해방의 기획에 유용한 도구와 무기를 제공하고 있다는 점을 강조한다(네그리·하트 2014; 하트 2012).

11) 이 책의 역자는 communism을 코뮤니즘 대신에 공산주의로 옮겼다. 이하 보스틸스의 인용은 페이지만 표시한다.

3. 코뮤니즘의 현실성

좌파 메시아주의에 대한 비판은 코뮤니즘의 현실성 혹은 실행성과 밀접하게 관련되어 있다. 런던에서 열렸던 제1차 학술대회와 뉴욕에서 개최되었던 제4차 '코뮤니즘의 이념' 학술대회에 참여했던 브루노 보스틸스는 코뮤니즘의 구체적인 현실성을 볼리비아에서 찾는다.[12] 21세기 초에 되돌아온 "코뮤니즘에 대한 사유가 많은 경우 불가능성의 형상을 취하고 있고, 무엇보다 존재론적인 사유의 양상으로 펼쳐지고 있는 상황"(이진경, 2010a: 18)에서 보스틸스는 구체적인 정치사회적 실천의 현장에서 코뮤니즘의 현실성을 찾으려고 하는 것이다. 코뮤니즘에 대한 사유가 '존재론적 사유의 양상으로 펼쳐진다는 것'은 '존재하는 모든 것이 항상-이미 공동체(코뮨)로 존재한다는 것'을 의미한다. 이와 동시에 코뮤니즘에 대한 사유가 불가능성의 형상을 취한다는 것은 코뮤니즘이 교조적인 사회 모델이나 국가 체제, 새로운 생산양식을 의미하는 것이 아니라 현존하는 질서를 폐지하고 넘어서는 지속적인 운동이라는 뜻이다. 이것은 마르크스와 엥겔스가 『독일 이데올로기』에서 규정했던 공산주의의 의미와 동일하다. "우리에게 공산주의는 어떤 확립되어야 할 사태, 현실이 스스로를 맞추어 나가야 할 어떤 이상이 아니다. 우리는 공산주의를 사물의 현 상태를 철폐하는 실제적 운동이라고 부른다. 이 운동의 조건은 현존하는 전제들에서 비롯된다"(맑스·엥겔스, 1997: 49).

---

12) 네그리와 하트도 『공통체』에서 볼리비아 사례를 언급한다는 점에 주목할 필요가 있다. 네그리가 라틴아메리카 사례에 주목한 것은 『공통체』가 처음이 아니다. 그는 2006년에 지우세페 코코(Giuseppe Cocco)와 공저로 *GlobAL: Biopoder y luchas en una América latina globalizada*(Paidós: Buenos Aires-Barcelona-México)를 출간한 바 있다.

보스틸스는 볼리비아 사례를 통해 "오늘날의 코뮤니즘이 실제의 운동이며 죽은 과거로부터의 유령 같은 정신에 불과한 것이 아니라(는 것을 보여주기 위해) …… 더 나아가 좌파의 끝없는 자기 학대에 뒤따르는 정치의 도덕화로부터 빠져나올 방법을 제공하기 위해"(329) 에보 모랄레스의 러닝메이트로 출마해 볼리비아의 부통령이 된 가르시아 리네라(Álvaro García Linera)의 코뮤니즘에 대한 사유를 정통 마르크스주의 견해와 정반대로 읽어내려고 시도한다. 이러한 작업은 코뮤니즘을 결코 도달할 수 없는 지평이 아니라 우리를 둘러싼 환경의 현실적인 구성 방식이자 조건으로 받아들이는 것이다. 즉 "코뮤니즘은 역사적 필연성과 단계론에 대한 모든 가정 바깥에서 다시 역사화해야 하는 것일 뿐만 아니라, 현재의 상태를 지양하는 실재적 운동으로서 현실화되고 조직되어야만 하는 것이다"(348). 가르시아 리네라에 대한 독해에서 보스틸스가 먼저 주목하는 것은 가르시아 리네라의『민중 권력(La potencia plebeya: Acción colectiva e identidades indígenas, obreras y populares en Bolivia)』에 나타나는 민중, 정당, 국가의 개념이다. 가르시아 리네라는 자신이 정부에 들어가서 하는 일은 "국가가 스스로를 구성하는 새로운 권력에 맡길 수 있도록 …… 국가 수준에서 법령을 비준하고 운영을 시작하는 것이고 …… (이를 통해) 가능한 한 최대한으로 사회의 자율적인 조직 능력을 펼쳐내는 일을 지지하는 것"(357~358)임을 강조한다. "이것이야말로 좌파의 국가, 혁명적 국가가 무엇을 할 수 있느냐라는 문제와 관련하여 해낼 수 있는 최대한이다. 노동자의 기반을 넓히고 노동자 세계의 자치권을 확장하는 일, 공동체주의적인 그물망과 절합과 기획이 있는 곳곳마다 (코뮤니즘적) 공동체 경제의 형식을 가능하게 만드는 일이다"(García Linera, 2009a: 75. 강조는 필자).[13] 보스틸스가 국가와 코뮤니즘의 관계에 대한 가르시아 리네라의 해석에서 주목하는 것은 기존의 해석의 방향성을 역전시켰다는 것이며, 이를 통해 전(前)자본주의적 형태를 띤 공동체 문제를 진지하게 다루고 있다는 것이다. 가르시아 리네라는 1990년대에 쓴 두 권의 중요한 책에서 사회주의가 죽었다는 것은 멍청한 소리라고 확신했다.[14] 소련이 붕괴하고 니카라과 산디니스타 정권이 패배했을 뿐만 아니라 워싱턴 컨센서스의 막강한 영향력 하에서 "대부분의 좌파가 회개하는 반(反)마르크스주의자라고 말하지는 않는다 하더라도 자신을 포스트-마르크스주의자라고 자랑스럽게 선언하던 시기에"(365) 그가 이러한 확신을 가질 수 있었던 것은 "사회주의란 이상이 아니며 살아 있는 노동이 자신의 착취당한 능력을 되찾기 위해 공동체의 형태를 띠고 수행하는 일반적인 투쟁의 실천운동"(364)이라고 생각했기 때문이다. 가르시아 리네라는 『가치 형태와 공동체 형태』의 마지막 장에서 원주민 공동체에 대해 보다 구체적으로 다루고 있다.

선조들의 공동체를 오늘날 공동소유의 사회유형이라는 보다 우월한 행태로 재구축하는 이 역사적인 작업은 모든 공동체 형식을 파멸시키려는 바로 그 체제, 즉 세계체제가 된 자본주의가 쏟아 내놓은 여러 가지 폐해

---

13) http://www.contextolatinoamericano.com/documentos/el-descubrimiento-del-estado/
14) 가르시아 리네라는 투팍 카타리 게릴라 활동을 하던 중 체포되어 감옥에 들어갔던 1990년대의 경험을 바탕으로 두 권의 책을 썼다. 이 당시에 가르시아 리네라는 카난치리(Qhananchiri)라는 아이마라어 필명을 사용했는데 카난치리는 '사태를 밝히는 사람'이라는 뜻이다. Qhananchiri(1991), *De demonios escondidos y momentos de revolució: Marx y la revolución social en las extremidades del cuerpo capitalista*, La Paz: Ediciones Ofensiva Roja; Qhananchiri(1995), *Forma valor y forma comunidad: Aproximación teórico-abstracta a los fundamentos civilizatorios que preceden al Ayllu Universal*, La Paz: Chonchocoro.

덕분에 가능해졌다. 왜냐하면 **공동체** 형식과 관련하여 세계체제로서 자본주의가 갖는 동시성은 이 공동체들이 자본주의의 끔찍한 부침을 겪지 않고도 그 긍정적 성취 전부를 전유할 수 있게 해주기 때문이다. 이는 특히 새로운 사회적 형식 아래에서 생산자들 사이의 전 세계적 상호소통과 상호의존을 회복함으로써, 또 발전의 과학적이고도 기술적인 형식이 내포한 특정한 우수성들을 되찾음으로써, 사회적 부의 척도인 노동시간의 억제를 다시 추구함으로써, 그리고 그 밖의 많은 일들을 통해서 그렇게 한다. 하지만 이 모든 일은 사회가 자신의 창조적인 위력을 진정으로 재전유하는 양상으로 실현되기 위하여 **공동체의 주체적이면서 물질적인 자기통일**을 그 전제조건이자 견인줄로 삼는다. 공동체의 이런 자기통일은 여러 공동체들이 서로 간에 대해서 또 동시대 사회의 나머지 다른 노동력에 대해서 스스로가 그런 상태에 처해 있다고 여기는 국지적인 고립과 낙담으로부터 공동체 자체를 해방시킬 것이다. **사회의 해방이란 이것 이외의 다른 것이 아니다**(García Linera, 2009b: 335. 보스틸스, 2014: 373~374에서 재인용. 강조는 필자).

국가권력이 공동체의 주체적이고 물질적인 자기통일을 억압한다고 비판하는 사람들은 가르시아 리네라의 '권력 내부의 개혁'에 대해 의심의 눈초리를 보낸다. 이러한 비판의 정당성 여부와 관계없이 여기서 중요한 것은 조상들로부터 면면히 이어져 내려온 안데스의 코뮤니즘이 메시아주의적 관점의 표방이나 과거에 대한 목가적 몽상 또는 민속학적 호기심이 아니라 **공동적인 것을 위한 현실적 투쟁이자 자본주의의 대안**으로 인식되고 있다는 점이다.

원주민 학자와 활동가들은 최근에 안데스 지역 국가인 볼리비아와 에콰도르에서 재구축을 시도하고 있는 선조들의 공동체를 공동체적 체계(sistema comunal/communal system)로 부른다. 유럽의 관점에서 볼 때 안데스 지역의 공동체적 체계는 사회주의나 공산주의와 유사한 것으로 인식된다. 그러나 안데스 지역의 공동체적 체계는 사회주의나 공산주의와는 다르다. 유럽에서 출현한 사회주의와 공산주의가 자유주의와 자본주의에 대한 대안이었다면 안데스의 공동체적 체계는 아메리카 발견/정복 이전부터 이어져 내려온 선조들의 공동체이다. 공동체적 체계의 재구축은 에콰도르(2008년)와 볼리비아(2009년)의 새로운 헌법에 명시되어 있다. 예를 들어, 볼리비아 신헌법은 볼리비아를 "자유롭고, 독립적이며, 주권을 갖고, 민주적이며, 상호문화적이고, 탈중심적이며 자율적인 복수국민적이고 공동체적 법률을 유지하는 사회적 연합 국가(a social unitary state of pluri-national and communal law, free, independent, sovereign, democratic, intercultural, decentralised and with autonomies)"로 규정한다. 다시 말하자면, 볼리비아와 에콰도르는 새로운 헌법에 국가를 독립적인 정치적·법률적·문화적 조직을 갖춘 복수의 국민으로 구성되는 실체로 규정한다. 이러한 규정은 볼리비아와 에콰도르 국내뿐만 아니라 국제적으로도 첨예한 논쟁을 불러일으키는 계기가 되었다. 볼리비아와 에콰도르의 헌법 개정은 1980년대 말부터 활성화되기 시작해 정치적 영향력을 행사하기 시작한 원주민운동이 거둔 성과이면서 식민시기와 독립 이후 공화국 시기를 거치면서 여전히 지속되고 있는 원주민 세계관의 복원이다.15)

---

15) 원주민 공동체와 세계관을 부정하는 사람들은 볼리비아와 에콰도르의 헌법 개정을 신헌정주의(New Constitutionalism)라고 폄하한다. "포퓰리즘적 정치 과정을 통해 통과된 신헌법은 대체로 자유민주주의에서 선호하는 '보호적 헌정주의(protective constitutionalism)'와는 거리가 멀고, 위정자와 지지 세력의 염원을 담은 '희망적 헌정주의(aspirational constitutionalism)'의 성격을 띠고 있

여기에서 우리는 두 가지 질문을 던져야 한다. 첫 번째는 '안데스 지역의 코뮤니즘은 유럽에서 새롭게 등장하고 있는 코뮤니즘과 같은가, 다른가?'에 대해 묻는 것이고, 두 번째 질문은 '만일 양자가 서로 다르다면 안데스 지역의 코뮤니즘의 구체적 내용은 무엇인가?' 하는 것이다. 첫 번째 질문에 대한 대답은 **공동적인 것**(the commons)과 **공동체적인 것**(the communal)의 근원이 다르다는 것이다. 공동적인 것은 20세기의 현실 사회주의로부터 방향 전환을 모색하는 유럽의 코뮤니즘의 핵심적 개념이고 공동체적인 것은 볼리비아를 중심으로 복원을 시도하는 안데스 코뮤니즘의 핵심적 개념이다. 따라서 공동적인 것이 유럽의 자유주의적·공화주의적 상상력과 긴밀하게 연관되어 있다면 공동체적인 것은 탈식민적(de-colonial) 기획이다. 이런 맥락에서 에보 모랄레스의 집권을 원주민주의가 라틴 좌파(Latin left)에 합류했다고 규정하는 것은 틀린 것이다.

(크리올과 메스티소가 주도하는) 라틴 좌파의 사상적 뿌리는 유럽 사상의 계보학에서 찾을 수 있다. 즉 유럽 사상의 계보학에서 아무리 멀리 벗어나 있다 하더라도 라틴 좌파의 사유는 넓게 보아 마르크스-레닌주의에 뿌리를 두고 있다. 라틴 좌파가 원주민운동을 인정하고 동맹을 맺은 것은 두 개의 혁명적 기획인 원주민주의(indianismo)와 마르크시즘이 합류하려는 확실한 신호지만 그럼에도 불구하고 양자의 노선은 다르다. 코뮤니즘을 구축하기 위한 양자의 경험의 뿌리와 사상적 궤적이 다르기 때문이다. 원주민주의의

다. 전자가 한 사회가 겪은 역사적 승리의 기록이라면, 후자는 자유와 평등의 이상을 실현하고 이를 구체적으로 명시한 기록물로 최대주의적(maximalist) 문서라고 말할 수 있다"(Edwards, 2010: 187. 이성형, 2012: 60~61에서 재인용).

관점에서 보면 문제는 단지 자본주의가 아니라 자본주의와 마르크스주의를 포괄하는 옥시덴탈리즘(occidentalism)이다. 원주민 지도자였던 파우스토 레이나가(Fausto Reinaga, 1906~1994)는 마르크스를 열렬히 숭배했지만 자신의 저서 『원주민 혁명(The Indigenous Revolution)』과 마르크스의 『공산당 선언』은 큰 차이가 있다고 말했다. 레이나가에 따르면 마르크스는 노동 계급의 관점과 그들의 이해관계에서 부르주아지에 맞섰고 서구 문명 내에서 계급투쟁을 제안했다면, 원주민 혁명은 서구에서 출현한 좌파를 포함한 서구 문명에 맞선다. 이것이 원주민운동을 원주민 좌파가 원주민의 탈식민주의로 보아야 되는 이유이다(Mignolo, 2009: 30).

유럽 코뮤니즘의 공동적인 것과 안데스 코뮤니즘의 공동체적인 것을 구분하는 것은 양자 간의 유사성이나 공통점이 존재한다는 것을 부정하는 것이 아니라, 후자를 전자로 포섭하고 전자를 통해 후자의 차이를 무시하고 억압하기 때문이다. 유럽 코뮤니즘과 안데스 코뮤니즘은 같은 시기에 출현해 다른 방향으로 나아가고 있는 것이 아니다. 유럽의 코뮤니즘은 자본주의의 사적 소유도, 사회주의의 공적 소유도 아닌 코뮤니즘에서의 공동적인 것이라는 또 다른 가능성을 탐구하는 과정에서 코뮤니즘이라는 개념이 역사적 현실주의의 실패로 인해 심하게 부패되어 거의 사용할 수 없다는 딜레마에 부딪혀 있다. 이러한 딜레마에도 불구하고, 많은 사람들이 주장하듯이, 코뮤니즘이라는 개념을 둘러싼 싸움을 통해 그것들의 의미를 회복하고 갱신하려고 노력하는 것은 코뮤니즘이라는 개념에 결부되어 있는 투쟁, 꿈, 염원의 오랜 역사를 버리지 못하기 때문이다(하트, 2012; 이진경, 2010a; 바디우, 2006; 블랑쇼·낭시, 2005). 이런 맥락에서 유럽의 코뮤니즘은 전자본주의적 공동체의 회복을 시도하면서도 마르크스-레닌주의에 붙들려 있다. 유럽의 코뮤니즘과 달리 안데스 코뮤니즘은 아메리카 발견/정복 이전부터 존재했고 식민시기와 독립 이후 공화국 시기를 거치면서 여전히 지속되어온 공동체의 복원이라는 점에서 이런 딜레마로부터 상대적으로 자유롭다. 안데스 코뮤니즘의 재구축을 가로막는 장애는 자본주의뿐만 아니라 사회주의를 포함한 제국주의적 옥시덴탈리즘이다. 파블로 곤살레스 카사노바(Pablo Gonzalez Casanova)는 해방의 기획으로 등장한 라틴 좌파가 원주민주의를 억압하는 역설적 상황을 '내적 식민주의(colonialismo interno)'로 정의했다.

　이제 두 번째 질문에 대해 대답할 차례이다. 가르시아 리네라가 말했던 것처럼 주체적이면서 물질적인 자기 통일을 전제 조건으로 하는 안데스 코뮤니즘의 구체적인 모습은 무엇인가? 보스틸스는 볼리비아 사례를 통해 코뮤니즘이 단순히 추상적 이론이나 좌파 메시아주의가 아니라 구체적 현실성을 가질 수 있음을 보여주려고 했다. 그러나 보스틸스는 코뮤니즘이 "전방위적인 집단적 자기 해방의 실행"이며 "코뮤니즘을 통해서 어떤 인민-공동체, 시민사회, 민족국가, 혹은 국제 조직으로서의 민중-이 자기 자신의 운명을 손에 쥘 수 있다"(385)는 것을 보여주려고 할 뿐, 안데스 코뮤니즘의 구체적인 모습에 대해서는 언급하지 않는다. 다만 원주민들이 선조들로부터 계승하고 있는 안데스 공동체의 이름을 몇 번 언급할 뿐인데 그것은 아이유(ayllu)이다. 가르시아 리네라는 『가치 형태와 공동체 형태』에서 아이유에 대해 다음과 같이 말한다.

　아이마라 원주민들의 오래된 역사에서 가장 특징적인 것은 잉카 지배 이전부터 오래도록 지속되어왔던 지역적, 행정적, 문화적, 조직적 분할이다. 아이유들이 모여서 이루어진 아이유 연합-차르카스(los Charcas), 루파카스(los Lupacas), 코야스(los Collas), 카라카라스(los Caracaras), 파카-하케스

(los Paka-jakes) 등－은 공통의 언어, 비슷한 신체적 특징, 가족공동체로 구성된 노동생산 관계, 동일한 기술적 형태(관개로, 비포장도로, 노동 수단, 생산물의 저장 등)를 공유했을 뿐만 아니라, 많은 경우 유사한 신을 섬겼고, (자연을 존재하는 모든 것의 총체로서 살아 있는 생명으로 대하고 자연이 주는 선물을 받기 위해 제례를 통해 자연과 대화하는) 무차별적인 기술적-종교적 태도(actitudes técnico-religiosas indiferenciadas)까지도 공유했다. 다시 말해, 아이유 연합은 **정치적으로 자결권을 갖는 사회적 재생산의 자율적 형태**(figuras autónomas de reproducción social políticamente autounificadas)를 이루면서 서로 분할되어 살았다(García Linera, 2009b: 214. 강조는 원문).[16]

잉카 지배 이전부터 안데스 지역에 존재했던 원주민 공동체 조직인 아이유는 잉카의 지배 하에서 변화되고 형태가 달라졌지만 사라지지 않았고, 식민지 시기의 수탈이 불러온 극심한 생태 파괴와 선교공동체(reducción)가 발생시킨 변화 속에서도 사멸되지 않았다. 볼리비아를 중심으로 안데스 지역의 아이유가 부딪힌 최대의 위기는 '52년 혁명(Revolución del 52)'이 몰고 온 근대화 물결이었다. 산업부르주아지의 등장과 더불어 시행된 일련의 조치들－농지 개혁, 보통 선거, 광산의 국유화, 기타 구조적 개혁 등－은 원주민을 농민으로, 원주민 노동자를 임금 노동자로 만들었다. 차코전쟁(1932~1935년) 이후 대규모 농장 시스템이 붕괴된 지역을 중심으로 등장한 농민노동조합은 '52년 혁명' 이후 볼리

---

16) 이 글에서 상론할 수 없지만 공동적인 것은 자연과 문화, 자연과학과 정신과학 간의 분리를 넘어선다. 아이유는 '규모와 상관없는(without scale)' 생명의 공동체라는 특성을 지닌다. 따라서 아이유는 가장 작은 친족공동체로부터 가장 큰 자연공동체까지 확장된다. 위 인용문의 '무차별적인 기술적-종교적 태도'라는 표현은 아이유의 이런 특징을 의미한다.

비아 정치사회 무대에서 큰 영향력을 행사했다. 그러나 정부의 조합주의 정책에 조종당한 농민노동조합의 지도자들이 정통성을 확보하지 못했고 아이유들을 대표하지도 못했기 때문에 아이유는 생명력을 유지할 수 있었다.

1980년대 이후 신자유주의 정책에 저항한 볼리비아 원주민운동의 주장과 목표는 '아이유의 재구축(la reconstitución del ayllu)'으로 수렴될 수 있다. 안데스 코뮤니즘인 아이유 재구축 운동은 1983년 라파스주에 속하는 인가비 지방에서 시작되어 '쿠야수유 아이유 마르카스 민족의 회(el Consejo Nacional de Ayllus y Markas de Qullasuyu, 이하 CONAMAQ)'라는 조직으로 확장되었다. 그 뒤를 이어 1988년에는 오루로주의 키야카스 지방의 아이유들(Avaroa, Poopó, Garci Mendoza, Sebastián Pagador)로 구성된 '남부 오루로 아이유 연맹(la Federación de Ayllus del Sur de Oruro, 이하 FASOR)'이 조직되었고, 오루로 북쪽 지방에는 '북부 포토시 선주민 아이유 연맹(la Federación de Ayllus Originarios Indígenas del Norte de Oruro, 이하 FAOINP)'이 결성되었다.

아이유 재구축 운동과 관련시켜 언급해야 할 중요한 단체는 '안데스 구전(역)사 연구회(Taller de Historia Oral Andina, 이하 THOA)'이다. 1980년대 초에 역사학과 인류학을 공부하는 원주민 출신의 학자들과 활동가들로 결성된 THOA는 상호 연관된 세 가지 주제를 연구했다.[17] 첫째, 19~20세기에 볼리비아 국가에 참여한 고지대 원주민 공동체에 초점을 맞춘 구전사와 문서 연구이고 둘째, 연구결과물들을 서적, 팸플릿, 라디오 드라마 같은 매체를 통해 대중적으로 유통시키며 셋째, 풀뿌리 조직

---

17) 원주민 출신이라는 의미에는 스스로의 정체성을 원주민으로 규정하는 메스티소도 포함된다.

과의 직접적인 협조를 통해서, 그리고 원주민의 사회정치적 형태에 대한 역사인류학과 연관된 활동가들의 학문적 결과물의 출판을 통해서 원주민의 사회정치적 조직을 복원하고 재활성화하는 작업에 참여하는 것이다. 이러한 작업은 다수의 원주민과 소수의 비원주민으로 구성된 볼리비아를 위한 대안과 공정한 미래를 상상하고 구현하기 위한 것이다 (Orta, 2001). 그 결과로 THOA는 인가비 지방의 풀뿌리 조직과 선구적인 협력 작업을 통해 1993년에 '인가비 지방의 아이유와 원주민공동체 연맹(la Federación de Ayllus y Comunidades Originarias de la Provincia de Ingavi, 이하 FACOPI)'을 결성했다(Choque y Mamani, 2001). 아이유 재구축 운동과 THOA의 동맹은 두 가지 의미에서 중요성을 갖는다. 첫째, 앞에서 반복해서 강조했던 아이유의 **역사적 지속성**을 이론적이고 실천적으로 보여주는 것이다. 요컨대 아이유는 역사적 우여곡절을 겪으면서도 사멸되지 않고 지속되고 있는 '안데스-됨(Andeanness)'의 장소이다. 둘째, 아이유를 대안적 사회성의 공간이자 또-다른 종족-시민 사회의 모델로 제시하는 것이다. 아이유의 재구축은 한편으로는 자원, 권리, 정체성, 영토를 바탕으로 원주민의 자결권에 대한 정치적 모색이면서, 다른 한편으로는 자유주의 체제에 대한 패러다임의 전환이다.

4. 아이유의 재구축: 아이유의 경제구조와 정치구조[18]

에보 모랄레스 정부에서 교육부 장관을 지냈던 아이마라 출신 학자 펠릭스 파치 파코(Félix Patzi Paco)는 안데스의 공동체 체계를 자유주의

---

18) 4장의 일부분은 김은중(2015)을 수정한 것임을 밝혀둔다.

체계의 대안으로 제시했다(Patzi Paco, 2005).[19] 파치 파코는 원주민에 대한 연구가 원주민 공동체 조직의 핵심(la esencia)을 무시한 채 원주민 사회의 환경(el entorno)에 집중되어왔다고 비판한다. (원주민 사회의) 환경이란 상징적이고 문화적인 측면으로 공통의 문화, 언어, 영토적 공간, 종교 등을 가리킨다. 반면에, 그가 원주민 사회의 핵심으로 제시하는 것은 아이유의 정치적, 경제적 조직이다. 그에 따르면, 원주민 공동체 조직의 핵심을 무시하고 환경만을 분석의 대상으로 고려하는 원주민옹호주의자들(indigenistas)과 원주민주의자들(indianistas)은 한편으로는 원주민 공동체 조직을 자본주의적 논리와 적대적 모델로 대립시키고, 다른 한편으로는 원주민 공동체를 상호의존성과 재분배의 원리에 따라 재생산되는 통합적이고 조화로운 상태로 인식한다.[20] 파치 파코에게 이러한 인식은 유토피아에 불과하다. 마르크스가 되풀이해 말한 것처럼 순수하게 시간을 되돌려 고대의 공동체를 새로운 코뮤니즘으로 되살려낼 수 없기 때문이다. 또한 가르시아 리네라가 강조한 것처럼 원주민 사회는 부르주아 국가 속에 통합되어 있고 오늘날의 세계화의 흐름을 거스를 수도 없기 때문이다. '52년 혁명' 이후 계급적 관점 혹은 물질적이고 경제적인 관점에서 볼 때 원주민들은 더 이상 동질적이지 않다. 원주민들은 다양한 분야에서 일용노동자로 일하거나 일부는 기업가로

---

19) 아이유의 경제구조와 정치구조에 대한 이 글의 분석은 파치 파코의 논문에 근거하고 있다. 최근에 원주민 출신 지식인들과 학자들의 논문과 저서가 출간되고 있으나 아이유에 대한 체계적인 분석이 국내에 소개되지 않은 상황에서 이 글의 일관성을 유지하기 위해 다루지 않았다. 아이유에 대한 향후의 연구에서 아이유에 대한 다양한 분석과 관점을 다룰 수 있기를 기대한다.

20) 원주민옹호주의(indigenismo)가 비원주민들의 원주민 정책을 가리킨다면 원주민주의(indianismo)는 원주민의 원주민 정책을 가리킨다.

성장하기도 했다. 부르주아지가 된 원주민 중 일부는 안데스의 공동체 조직의 전통적인 상호의존성(reciprocidad)을 이용해 자본축적을 하기도 한다(Patzi Paco, 2005: 294).

이러한 상황에서 무엇을 해야 할까? 원주민 세계의 내적 차별성을 유지하거나 발전시켜 나가는 것일까? 지식인들과 정치인들이 말하는 원주민 공동체의 재구축(앞에서 말한 아이유의 재구축. 필자)에 대해서도 확신하기 어렵다. 왜냐하면 그들이 구축하고자 하는 종류의 경제를 현실화하는 것은 거의 불가능하며 특히 도시에서는 더 그렇다. 원주민 사회에는 자연과 인간 사이에 조화와 평화, 평등함이 존재했다고 말하는 것만으로는 충분하지 않다(2005: 294).[21]

파치 파코는 모든 사회는 사회조직의 측면과 철학적인 측면에서 중심(centro)과 주변(periferia)으로 구성되어 발전되었다고 본다. 중심은 사회 체계 그 자체로서 사회의 핵심(esencia)을 이루고 주변은 체계에 정당성을 부여하는 환경(entorno)이다. 역사적으로 하나의 사회가 다른 사회와 차이를 갖는 것은 핵심이 다르기 때문이며, 환경은 체계의 발전을 돕는 역할을 한다. 이런 맥락에서 환경이 변화하더라도 사회가 재생산될 수 있도록 보호하는 것은 핵심이다. 이런 관점에서 보면 하나의 체계는 자신의 환경을 완전히 포기할 수도 있고 다른 체계의 환경을 자신의 환경으로 수용할 수도 있다. 하나의 체계가 사멸하는 것은 환경이 바뀔 때가 아니라 체계가 스스로를 재생산할 능력을 상실할 때이다. 그렇다면 체계를 구성하는 요소는 무엇인가? 그것은 앞에서 말한 것처럼 정치

---

21) 이하 파치 파코(2005)에 대한 인용은 페이지만 표시한다.

와 경제이다. "하나의 시대를 다른 시대와 구분하는 것, 혹은 하나의 체계를 다른 체계와 구분하는 것은 경제와 정치가 조직되는 방식이다"(299).

파치 파코는 체계를 구성하는 핵심적인 두 가지 요소를 다시 각각 두 가지 요소로 나눈다. 먼저, 경제를 조직하는 방식은 생산 수단으로서의 자원의 소유 방식과 노동의 전유 형태이다. 자원의 소유 방식과 노동의 전유 형태는 경제적으로 사회를 차별 짓는 요소로 자본주의 사회는 개인이 자원을 소유하고 노동이 소외되는 사회이다. 경제를 조직하는 다른 요소들, 예를 들어 기술과 같은 노동 수단이나 노동 재료는 경제를 조직하는 환경이다. 다음으로, 정치를 조직하는 방식은 의사결정 방식과 권력을 갖는 대표자를 선출하는 방식이다. 의사결정 방식은 '의사결정이 사적인 방식으로 이루어지느냐, 집단적으로 이루어지느냐' 하는 것이다. 사적인 의사결정 방식이란 엘리트에 의한 의사결정 방식을 가리킨다. 대표자 선출 방식은 '대표자가 어떻게 선출되며, 선출된 대표자와 피선출자 집단과의 관계는 무엇인가' 하는 것이다.

파치 파코는 체계를 구성하는 핵심적인 두 가지 요소 이외의 요소들을 체계를 구성하는 환경으로 규정한다. 예를 들어, 기술, 과학, 교육, 문화와 종교, 의복, 가족 형태, 의학, 언어, 시간 개념 등이다. 환경은 다시 내적 환경(entorno interno)과 외적 환경(entorno externo)으로 구분되는데 내적 환경이 동일한 체계 내의 핵심과 환경의 관계라면, 외적 환경은 체계의 핵심과 다른 체계의 환경의 관계이다. 앞에서 말한 것처럼, 환경은 체계를 정당화하는 요소이지만 다른 체계와 구별 짓는 요소는 아니다. 유럽인들이 원주민의 의상과 모자를 착용하는 것처럼 원주민들도 휴대폰을 사용하고 청바지를 입는다. 안데스를 방문해서 원주민의 생활용품을 사가지고 유럽으로 돌아가는 유럽의 관광객들이나 학자들이 자신들의 정체성을 바꾸지도 않고 자본주의적 삶을 부정하지도 않는다면 원주민들에게만 자신들의 삶의 방식을 그대로 유지하기를 바라는 것은 잘못된 것이다.

파치 파코는 안데스 공동체를 자원의 집단적 소유와 자원으로부터 얻어진 생산물의 사적 이용의 체계로 규정한다. 그에 따르면 원주민 사회는 근대 사회와 달리 능력에 따라 차별하지 않으며 사회를 영역(정치 영역, 경제 영역, 문화 영역 등)으로 분리하지 않는다. 달리 말하자면, 원주민 사회는 내적, 외적 환경과 관계를 맺는 유일 체계로 작동한다. 파치 파코가 자유주의 체계에 대한 대안으로 제시하는 것이 바로 자원의 집단적 소유와 생산물의 사적 이용을 토대로 하는 공동체 체계이다. 공동체의 환경은 자유주의 체계에 탄력적으로 반응하며 자유주의 체계에 전유될 수도 있지만 체계는 변화되지 않는다. 이와는 반대로, 원주민 공동체의 체계가 자유주의의 환경을 전유할 수도 있지만 여전히 체계에는 변화가 없다. 이러한 체계의 지속성이 아이유의 역사적 지속성이며 대안으로 제시되는 사회성의 공간이다. 따라서 아이유 재구축은 사적 소유와 대의 민주주의를 근간으로 하는 자본주의 대신에 아이유의 체계에 따라 국가를 재구축하는 것이다. "안데스 공동체 체계 이론은 문화, 언어, 의복, 영토, 역사 등으로 원주민 사회를 규정하는 종족주의적 비전(la visión etinicista)과는 아무런 관련이 없다. 왜냐하면 이러한 요소들은 원주민 사회의 환경을 구성하는 요소이지 체계 그 자체가 아니기 때문이다"(302).

이제 파치 파코가 제시하는 아이유의 경제와 정치를 살펴볼 필요가 있다. 먼저 아이유 경제는 노동 수단과 천연자원의 집단적 소유와 점유(posesión)의 형태로 노동 수단과 자원의 사적 이용으로 요약된다. 공동체의 구성원과 공동체에 소속되는 노동자들은 아이유의 영토 내에 존재하는 자원의 공동소유자이며 자원은 사적이고 가족적인 형태로 용익권이 부여된다. 예를 들어 토지는 점유의 형태로 사적으로 이용되지만 공동체의 소유이다. 따라서 개인이나 가족이 노동의 주인이기 때문에 노동 소외는 발생하지 않는다. 추수가 끝난 토지는 목초지의 형태로 공동으로 사용된다. 목초지의 경우도 목초지의 가축은 사적 소유이지만 목초지는 공동 소유이다. 그렇다면 아이유 경제가 농촌 지역이 아니라 도시에도 적용될까? 파치 파코에 의하면 농촌 지역에서 도시로 이주한 원주민들은 일종의 '마을 모임(las juntas de vecinos)'을 조직해 아이유 체계를 유지하고 있다. 대표적으로 1990년대 이후에 농촌 지역의 원주민의 대량 이주로 형성된 엘알토(la ciudad de El Alto)의 경우에 물 관리 같은 공적 부문의 작업은 집단적으로 이루어지고 사적으로 이용된다. 파치 파코가 또 다른 예로 드는 알토시의 직물협회(La Asociación de Textiles)의 경우에도 생산수단은 기본적으로 집단적으로 관리되고 개인적으로 이용된다. 구성원들은 능력과 필요에 따라 일하고 일한 만큼 임금을 받는다. 네그리와 하트가 엘알토의 경우에 주목하는 것도 물과 가스라는 공동적인 것에 대한 투쟁이 공동체적 조직 구조에 기반을 두고 있다는 점이다.

2003년에 엘알토에서 투쟁에 활기를 부여했던 '천연가스 방어를 위한 위원회'는 지역에 이미 존재하던 자치의 관행과 구조들의 토대 위에서 기능했다. 엘알토는 라파스 주변에 불규칙하게 확장된 교외 도시인데, 주로 지난 20년간 지방의 고지대 지역을 떠나 수도로 이주해온 아이마라족들이 산다. 그리하여 한편으로 투쟁은 공통적인 것—자원과 소유물에 대한 공통적 접근, 공동체 일에 대한 공통의 책임 등—에 기반을 둔 지방 아이마라 공동체의 조직형태와 자치 관행으로부터 성장하고 또 그것에 의해 결정되었다. 다른 한편으로는 도시 전체에 걸쳐 연합조직을 이루고 있는 엘알토의 지역위원회들이 또 다른 자치의 기초를 형성했다. 지역위원회들은 교육에서 보건 및 여타의 사회적 서비스에 이르기까지 정부가 제공하지 않는 광범위한 서비스를 제공하고, 공유자원과 시민의 책임에 관해 결정한다. 그러므로 2003년에 대중시위가 일어났을 때, 그것은 일부가 생각하는 것처럼 자생적인 봉기가 아니라 이미 존재하고 있던 네트워크와 잘 확립된 자치 관행으로부터 직접적으로 성장해 나온 성숙한 조직구조였다(네그리·하트, 2014: 172).

파치 파코가 강조하듯이 아이유 경제의 핵심은 생산수단의 공동 소유와 소외되지 않는 산 노동이다. 이런 맥락에서 그는 아이유 경제 모델을 사적 소유와 소외 노동을 근간으로 하는 자유주의적 자본주의 모델과 국가(의 관료)에 의해 관리되는 사회주의 모델에 대한 대안으로 제시한다. 칼 폴라니(Karl Polanyi)가 『거대한 전환(The Great Transformation)』에서 지적한 것처럼 근대인의 기괴한 업적 두 가지는 토지를 자연으로부터 떼어내어 시장에서 매매할 수 있게 한 것과 노동을 인간의 다른 활동으로부터 떼어내어 시장법칙에 종속시킨 것이다(폴라니, 2009). 따라서 "자본의 권력에 맞서고 이를 넘어서기 위해서 대안적인 경제구조를 어떻게 구성할 것인가와 관련된 몇 가지 기본적인 개념을 중심으로 집단적인 정치적 주체성이 결집되어야 한다. 이런 기초가 없이는 자본을 빼앗아 올 수도 뒤흔들 수도 없다. 여기서 가장 적절한 개념은 소외(alienation)다"(하비, 2014: 387). 아이유 경제에서도 생산력을 중요시한다. 이 때문에 서구의 발전된 기술을 배척하지 않을 뿐만 아니라 생산력을 높이고 이윤을 얻을 수 있는 방법을 스스로 강구하기도 하고 외부에서 받아들이기도 한다. 그러나 아이유 경제에서 생산력은 생산성이나 효율성과는 다르다. 생산력이 생산수단과 노동력으로 이루어진다면 아이유 경제가 중요시하는 것은 생산수단을 공동으로 소유하고, 노동력을 소외시키지 않는 것이다. 또한 아이유의 생산력은 삶을 가동시키지만 그것을 소진시키지 않는다. 더욱이 그 생산물은 배타적으로 이용되지 않는다. 이런 맥락에서 자본주의의 잉여이득과 공동체의 '순환의 이득(benefit of the circulation)'을 구분할 필요가 있다. "생명의 지속이 외부에 의존할 수밖에 없는 한, 생명이라는 과정 내지 활동은 서로가 물고 물리는 순환적 관계 속에서 상호의존적으로 진행된다. 공동체란 어떤 이득을 생산하는 그런 순환계. 그 이득은 상이한 개체들이 순환계를 구성하는 순간 발생하는 이득으로 이를 순환의 이득으로 부를 수 있다. 순환의 이득, 그것은 의도 없이 주는 선물의 다른 이름이다. 뒤집어 말하면 공동체란 이런 선물의 순환계다"(이진경, 2010a: 197).

아이유 정치를 조직하는 핵심적 요소는 의사결정 방식과 대표자 선출 방식이다. 아이유 정치의 의사결정 방식은 개인이나 소수의 사람에게 집중되지 않는다. 자유주의적 대의민주주의와 달리 공동체의 의사결정은 집단적으로 이루어진다. 대표자는 회의, 모임, 의회 등에서 집단의 결정을 전달할 뿐이다. 이 때문에 집단의 결정을 무시하는 대표자는 언제든지 소환될 수 있다. 대의의 기능은 집단적 결정을 도출하는 과정을 관리하는 것이다. 이 때문에 아이유 정치에서 사회적 주권은 위임되지 않고 직접적으로 행사된다고 말할 수 있다. 개인의 의지가 대표자에게 양도되는 계약 관계가 아니기 때문에 결정권이 대표자에게 독점되지 않고 기술적으로 파편화되지도 않는다. 대표자는 집단적으로 합의를 이루는 과정을 조직하고 조율할 뿐이다. 사파티스타들이 가르쳐주었듯이 대표자는 '복종하면서 명령한다(mandar obedeciendo)'.

아이유 정치에서 대표자가 되는 것은 자발적 의지가 아니라 의무이자 봉사이다. 학력은 권위를 실천하기 위한 중요한 변수가 아니며 자유주의 사회에서처럼 권력은 엘리트에게 집중되지 않는다. 아이유 정치의 핵심은 의무(obligación)와 윤번제(rotación)이다.22) 윤번제와 의무를 통해 모든 구성원은 공동체가 정한 기간 동안 공적인 직책을 수행한다. 공동체의 구성원은 공동체의 정치 체계에 의해 제도화된 낮거나 높은 여러 직책을 수행하는 과정을 통해 정치를 배우고 실천하게 된다. 파치 파코가 강조하듯이 아이유 정치의 권위는 합의(consenso)로부터 나온다.

앞에서 언급한 것처럼 원주민 사회는 하부체계(subsistema)로 분리되지 않기 때문에 아이유 정치는 아이유 경제와 밀접하게 연관되어 있다. 공동체의 구성원은 공동체의 생산수단과 자원을 사적으로 이용하는 대가로 공동체 일에 참여해야 한다. 공동체 구성원이 아이유 정치에 참여한다는 것은 구성원 개체 혹은 가족이 경제적이고 사회적으로 스스로를 재생산할 수 있는 생산수단을 분배받는 것을 의미한다.

이러한 정치조직의 형태에서는 어느 누구도 '자유롭게' 선출되고 선출하는 권리에 근거를 두는 자발성과 명성에 의해 권한을 행사하지 않는다. 아이유의 정치는 출발부터 다르다. 즉 개인은 의무와 봉사로서의 일반의지(voluntad general)의 소유자이다. 하위직부터 최상위직까지의 위계는 토지 점유에 따라 행사된다. 왜냐하면 이러한 위계 내에서 경제적 비용은 행사하는 직책에 따라 실행되기 때문이다. 권력 행사와 사회적 차별화가 연관되는 것은 이런 이유 때문이다(Patzi Paco, 1999: 154).

---

22) 현대정치에서도 윤번제가 시행되는 나라가 있는데 스위스가 여기에 해당된다. http://www.ohmynews.com/NWS_Web/View/at_pg.aspx?CNTN_CD=A000215 9635

파치 파코에 따르면, 아이유에서 개인적 의지는 양도될 수 있는 것(un bien transable)이 아니며 '공동체적 존재가 될 의지를 인정받기(ratificación de la diposición a ser-en-común)' 위한 실천과 관계된 것이다. 라파엘 바우티스타(Rafael Bautista)는 존재론적인 측면에서 아이유의 문제를 분석한 글에서 아이유는 수많은 형태의 생명의 친족으로 가득 차 있고, 보살피고 보살핌을 받는 상호 의존적 과정에서 생명이 생산되고 재생산되는 집(casa, 하이데거 식으로 말하면 고향)이다. 더 나아가 아이유는 주어진 어떤 것이 아니라 끊임없이-만들어지는-어떤 것이다(Bautista, 2013). 이런 맥락에서 아이유의 정치에서 권력의 행사는 공동체의 권력의 표현으로 "권력을 점유하되 권력을 소유하지 않는 것(posesión del poder y no-propiedad del poder)"이다(Patzi Paco, 2005: 308).

5. 나가는 말: 존재론적 코뮤니즘, 코뮤니즘적 존재론

유럽을 중심으로 새롭게 출현하고 있는 코뮤니즘의 이념에 대한 학술적 논의는 착취에 의해서가 아니라 강탈에 의한 축적 단계에 들어선 신자유주의 메커니즘에 대한 비판이면서 대안 모색이다. 코뮤니즘에 대한 이념은 자본주의가 공동체를 해체하여 사람들을 무력한 개인으로 만들고 모든 종류의 공동성을 해체하고 파괴하는 방식으로 작동하고 있다는 점에서 자본주의와 대결해야 하며, 역사적 공산주의의 실패를 되풀이할 수 없다는 점에서 공동체적인 것 혹은 공동성을 새롭게 규정하고 혁신해야 한다. 이러한 작업의 토대에는 공산주의의 실패에도 불구하고 모든 개체는 항상-이미 공동체라는 전제가 깔려 있다. 그리고 역사적 공산주의의 실패에서 경험했듯이 항상-이미 존재하는 공동체는 분열과 적대를 피해갈 수 없다는 또 다른 전제가 깔려 있다. 따라서 코뮤니즘의 이념에 대한 논의는 공동체에 존재하는 적대와 분열을 넘어서 새로운 공동체를 창안하고 구성하려는 시도이다. 모든 개체가 항상-이미 공동체라는 전제를 존재론적 코뮤니즘(ontological communism)으로 규정한다면, 존재론적 코뮤니즘을 출발점으로 적대와 분열을 넘어서 새로운 공동체를 창안하고 구성하려는 시도를 코뮤니즘적 존재론 (communal ontology)으로 규정할 수 있다. 그러나 이러한 이론적 모색과 정치적 실천은 전 지구적 자본주의와의 관계 속에서, 그리고 엄청난 부작용을 남기고 사라진 역사적 사회주의와 대비 속에서 코뮤니즘은 가능성보다는 불가능성으로 인식되고 있다.

안데스 원주민운동이 목표로 하는 아이유의 재구축은 오늘날 전 지구적으로 논의가 이루어지고 있는 코뮤니즘, 즉 공동적인 것의 재구성을 위한 투쟁과 밀접하게 관련되어 있다. 이 글의 제목에 코뮤니즘이라는 용어를 사용한 것은 아이유의 재구축이 자본주의와의 관계 속에서, 그리고 사회주의와의 대비 속에서, 그리고 지금 우리가 살고 있는 세계 속에 공동체를 재구축하려는 안데스 원주민의 코뮤니즘이기 때문이다. 자본주의는 공동체를 해체하여 사람들을 기댈 곳 없는 무력한 개인으로 만들지 않고는 시작할 수 없다는 점에서 코뮤니즘은 자본주의가 시작되기 이전의 공동체주의가 아니라 자본주의가 시작된 이후 자본주의와 필연적인 연관관계가 있는 공동체주의이다. 또한 코뮤니즘(commune-ism)이 실패한 공산주의(communism)로부터 나왔지만 공산주의가 아니라는 점에서 사회주의와 대비되는 공동체주의를 지향한다. 또한 코뮤니즘은 역사 이전의 낙원이나 미래에 도래할 유토피아가 아니라 현행적(actual)인 구성의 시도라는 점에서 지금 우리가 살고 있는 세계 속에서 새롭게 구축하려는 공동체주의이다(이진경, 2010a; 네그리·하트, 2014; 하트, 2012).

코뮤니즘의 이념에 대한 학술회의에 처음부터 참여했던 브루노 보스틸스가 볼리비아를 주목하는 것은 코뮤니즘의 불가능성을 가능성으로 제시하기 위한 것이다. 안데스 지역, 특히 볼리비아에서 진행되는 국가 재건(refundación del Estado)의 핵심적 목표는 아이유의 재구축이다. 안데스 지역의 코뮤니즘은 추상적 개념이 아니라 구체적인 고유명사다. 아이유는 역사적 우여곡절을 겪으면서 지속되어온 안데스-됨의 장소이며 대안적 사회성의 공간이다. 아이유의 재구축이란 아이유의 핵심적 요소를 정치적 실천을 통해 복원하는 것을 의미한다. 이러한 시도의 한 축에는 1980년대 이후 교육을 통해 성장하고 있는 원주민 지식인들과 활동가들의 연대가 자리 잡고 있다. 아이유를 재구축하는 것은 도래할 미래의 공동체, 또는 밝힐 수 없는 공동체를 구축하는 것이 아니라 항상-이미 존재했던 아이유를 회복하는 것이다. 이런 맥락에서 아이유 재구축은 탈식민적(decolonial) 운동이며 현실적 운동이다. 이론적이고 실천적인 측면에서 본격화되고 있는 아이유에 대한 연구는, 한편으로는 안데스 코뮤니즘을 토대로 하는 볼리비아의 정치경제적이고 사회적인 개혁에 대한 연구이면서, 다른 한편으로는 전 지구적 차원에서 진행되고 있는 공동적인 것을 위한 투쟁에 대한 연구라는 점에서 주목할 필요가 있다.

참고문헌

고병권·이진경 외. 2007. 『코뮌주의 선언: 우정과 기쁨의 정치학』. 교양인.

김세건·김윤경·김은중·김항섭·오삼교·이남섭·최금좌·최윤국. 2010. 『라틴아메리카 대안사회운동과 참여민주주의』. 높이깊이.

김은중. 2015. 「라틴아메리카 원주민운동의 이론적 뿌리와 실천적 배경: 수마 카마냐(Suma Qamaña)와 아이유(ayllu)」. 서울대학교 라틴아메리카연구소 엮음. 『포스트-신자유주의 시대의 라틴아메리카 사회적 시민권』. 이숲, 19~59쪽.

네그리, 안토니오·마이클 하트(Antonio Negri & Michael Hardt). 2014. 『공통체』. 정남영·윤영광 옮김. 사월의책.

맑스, 칼·프리드리히 엥겔스(Karl Heinrich Marx & Friedrich Engels). 1997. 『칼 맑스 프리드리히 엥겔스 저작선집 1』. 박종철출판사편집부 엮음. 박종철출판사.

바디우, 알랭(Alain Badiou). 2006. 『조건들』. 이종영 옮김. 새물결.

보스틸스, 브루노(Bruno Bosteels). 2014. 『공산주의의 현실성: 현실성의 존재론과 실행의 정치』. 염인수 옮김. 갈무리.

브라운, 웬디(Wendy Brown). 2010. 『관용: 다문화제국의 새로운 통치전략』. 이승철 옮김. 갈무리.

블랑쇼, 모리스·장 뤽 낭시(Maurice Blanchot & Jean-Luc Nancy. 2005. 『밝힐 수 없는 공동체, 마주한 공동체』. 박준상 옮김. 문학과지성사.

이성형. 2012. 「중국의 등장과 포스트-신자유주의: 라틴아메리카 최근 정세에 대한 지정학적 관찰」. ≪라틴아메리카연구≫ 23-1, 35~70쪽.

이진경. 2010a. 『코뮌주의: 공동성과 평등성의 존재론』. 그린비.

_____. 2010b. 『역사의 공간: 소수성, 타자성, 외부성의 사건적 사유』. 휴머니스트.

조정환. 2011. 『인지자본주의: 현대 세계의 거대한 전환과 사회적 삶의 재구성』. 갈무리.

주종택. 2012. 『라틴아메리카의 종족성과 신사회운동』. 한국학술정보.

진태원. 2014. 「좌파 메시아주의라는 이름의 욕망: 알랭 바디우, 슬라보이 지제크, 조르조 아감벤의 국내 수용에 대하여」. ≪황해문화≫ 봄, 172~196쪽.

폴라니, 칼(Karl Polanyi). 2009. 『거대한 전환: 우리 시대의 정치·경제적 기원』. 홍기빈 옮김. 길.

트루요, 미셸-롤프(Michel-Rolph Trouillot). 2011. 『과거 침묵시키기: 권력과 역사의 생산』. 김명혜 옮김. 그린비.

하비, 데이비드(David Harvey). 2014. 『자본의 17가지 모순: 이 시대의 자본주의의 위기와 대안』. 황성원 옮김. 동녘.

_____. 2005. 『신제국주의』. 최병두 옮김. 한울.

하트, 마이클(Michael Hardt). 2012. 「공통적인 것과 코뮤니즘」. 연구공간 L 엮음. 『자본의 코뮤니즘, 우리의 코뮤니즘: 공통적인 것의 구성을 위한 에세이』. 난장, 25~47쪽.

Bautista, Rafael. 2013. "¿Qué quiere decir comunidad?" *Revista de Estudios Bolivianos*, 19, 159-189.

Choque, María Eugenia, Carlos Mamani. 2001. "Reconstitución del ayllu y derechos de los pueblos indígenas: el movimiento indio en los Andes de Bolivia." *The Journal of Latin American Anthropology*, 6-1, pp.202~224.

Edwards, Sebastian. 2010. *Left Behind: Latin America and the False Promise of Populism*, Chicago: University of Chicago Press.

García Linera, Álvaro. 2009a. *La potencia plebeya: Acción colectiva e identidades indígenas, obreras y populares en Bolivia*, Bogotá: Siglo del Hombres Editores y CLACSO.

_____. 2009b. *Forma valor y forma comunidad: Aproximación teórica-abstracta a los fundamentos civilizatorios que preceden al Ayllu Universal*, La Paz: Muela del Diablo Editores y CLACSO.

Mamdani, Mahmood. 2004. *Good Muslim, Bad Muslim: America, the Cold War, and the Roots of Terror*. New York: Pantheon.

Mignolo, Walter. 2009. "The communal and the decolonial." *Turbulence*, 5,

December, pp.29~31. http://turbulence.org.uk/turbulence-5/decolonial/

Orta, Andrew. 2001. "Remembering the Ayllu, Remaking the Nation: Indigenous Scholarship and Activism in the Bolivian Andes." *The Journal of Latin American Anthropology*, 6-1, pp.198~201.

Patzi Paco, Felix. 2005. "Sistema comunal: una propuesta alternativa al sistema liberal." Escárzaga, Fabiola, Raquel Gutiérrez(coord.). *Movimiento indígena en América Latina: resistencia y proyecto alternativo*. México D. F.: Universidad Nacional Autónoma de México.

Patzi Paco, Felix. 1999. *Insurgencia y sumisión: Movimientos indígeno-campesinos 1983-1998*. La Paz: Muela del Diablo.

제6장

에콰도르의 탈식민적 국가 개혁으로서 수막 카우사이

실천적 측면을 중심으로*

김달관 단국대학교 외래교수

조영현 부산외국어대학교 중남미지역원 HK교수

1. 서론

1) 문제제기

2001년 9·11 사태, 2008년 금융위기, 2011년 재정위기는 서구 근대성에 대해 근본적인 문제를 제기했다. 그리고 1990년대에는 20%의 부자와 80%의 빈자 사회를 일컬어 20 Vs 80 사회라는 말이 유행했다. 그러나 최근 미국의 '월스트리트를 점령하라'는 시위를 통해 알 수 있듯이 자본 간 경쟁의 격화로 인해 1%의 부자와 99%의 빈자로 구성되어가는 사회로 변하고 있다. 이처럼 사회적 양극화의 심화는 자본주의가 내파

---

* 이 글은 ≪이베로아메리카≫ 14권 1호(2012)에 발표한 필자의 논문을 총서 취지에 맞게 수정 보완한 것이다.

(Implosion)하고 있음을 보여준다. 칼 폴라니(Karl Polanyi) 식으로 이해하자면, 한편으로 신자유주의에 의해 시장자유주의가 확대되는 과정과 다른 한편으로 노동으로 환원될 수 없는 인간의 총체인 사회의 자기보호 과정으로서 '이중적 운동'이 서로 충돌하면서 발생하는 강력한 파열음으로 인해 거대한 전환이 발생하고 있는 것이다(폴라니, 2009). 이것은 다른 관점에서 자본주의에 반대하는 프롤레타리아 투쟁에서 자본주의에 반대하는 인류의 투쟁으로 옮겨가고 있음을 보여주고 있다.

이러한 상황에서 다양한 대항헤게모니운동이 라틴아메리카에서 출현하고 있다. 1990년대 쿠바는 이미 라틴아메리카와 카리브 지역에 맞는 '토착적 사회주의'를 헌법에 명시했고, 베네수엘라는 '21세기 사회주의'를 주창했으며, 에콰도르에서는 '수막 카우사이 사회주의(socialismo del sumak kawsay)'를 강조했다. 여기에서 사회주의는 유럽의 고전적 마르크스주의를 의미하는 것이 아니라, 라틴아메리카 역사에서 출현한 고유의 사회구조를 '급진적'으로 변화시켜 평등하고 정의로운 사회로 지향하는 것을 의미한다. 다른 한편, 원주민 운동에서 촉발된 대항헤게모니운동에서 예를 들면, 에콰도르와 볼리비아 경우에 '다국민국가(estado plurinacional)', '다문화성(pluriculturalidad)', '상호문화성(inter-culturalidad)', '수막 카우사이', '수마 카마냐(suma qamaña)', '파차마마(pachamama, 자연)'와 공생을 주장했고, 멕시코의 원주민 운동은 '자율성(autonomía)'과 '영토성(territorialidad)'을 강조했다. 라틴아메리카에서 이러한 대항헤게모니운동은 포스트-자본주의를 지향하고 있을 뿐만 아니라, 탈식민적(descolonial) 지향을 보여주고 있는데(현지 인터뷰 로사노), 특히 에콰도르와 볼리비아 경우 정복·식민 그리고 독립이후에도 지속적으로 배제되고 침묵을 강요당했던 타자들은 '역사적 정의(justicia histórica)'를 요구하고 있다(현지인터뷰 말도나도). 이에 정의의 회복으로서 최근 에콰도르와 볼리비아의 제한 과정은 중요하다. 이것은 단순히 사회적 정의일 뿐만 아니라, 역사적 정의이기도 하다. 그래서 에콰도르 와 볼리비아의 대항헤게모니운동이 보다 강력하게 유지될 수 있었다.

하지만 최근 이렇게 라틴아메리카에서 발생하는 복합적이고 다양한 정치 실천의 이해가 쉽지 않다는 것이다. 즉 라틴아메리카에서 정치이 론과 정치 실천 사이에 괴리가 어느 때보다도 커지고 있어 현실의 이해 를 어렵게 만든다. 이러한 혼란이 발생하는 이유는 크게 4개로 정리할 수 있다(Santos, 2007: 26~27). 첫째, 정치이론은 기본적으로 프랑스·영국· 독일·이탈리아·미국 등 북반구에서 기원하며, 19세기 중반부터 서구 북반구 국가는 유럽을 중심으로 보편적이라고 여겨지고 모든 사회에 적용될 수 있는 이론적 틀을 정립했다. 하지만 이러한 개념들은 현재 라틴아메리카 현실에 쉽게 적용할 수 없게 되었다. 둘째, 정치이론은 서구 북반구에서 발생한 사회변화에 대한 이론의 발전으로서, 일반적으 로 일어나는 변화와는 매우 차이가 있다는 사실과 관련이 있다. 다시 말해서, 최근 30년 동안 실제적으로 큰 변화들은 남반구에서 발생했기 때문이다. 셋째, 모든 정치이론은 유럽중심주의적 문화의 역사적 틀을 공유한 단일문화이기 때문이다. 따라서 유럽중심주의적 문화가 원주민 문화처럼 서구적이지 않은 다른 형태의 문화와 종교가 공존하는 지역의 상황이 부정적으로 적용되기 때문이다. 마지막으로, 서구의 비판이론 이 오늘날의 핵심적인 식민성 현상을 인식하지 않기 때문이다. 일반적 으로 사회과학과 정치이론은 라틴아메리카에서 사회적 식민성(colonial-ismo social) 또는 내적 식민성(colonialismo interno)처럼 식민주의가 다른 형태로 지속되고 있는 식민성의 현실을 무시하고 있는데, 이것은 독립 이후 식민성이 종식되었다고 생각하기 때문이다. 따라서 중층적이고 다면적인 라틴아메리카의 현실을 이해하기 위해서는 '전위적 이론'이 아니라 '후위적 이론(teorías de retaguardia)'이 필요하다는 것이다. 그것은 왜냐하면 후위적 이론이 현재 발생하고 있는 라틴아메리카 대항헤게모니운동의 다양하고 풍부한 의미를 포착할 수 있기 때문이다.

앞에서 언급한 것처럼 현재 라틴아메리카의 대항헤게모니운동은 2개의 이행으로 나타나고 있는데 하나는 포스트-자본주의로 이행이고 다른 하나는 식민성에서 탈식민성으로 이행이다. 이 글은 특히, 탈식민적 이행을 에콰도르 국가 개혁의 중요한 관점으로 인식하고 있다. 이 글에서 탈식민적 이행이란 권력의 식민성(colonialidad del poder)의 근간인 '인종주의적 정의(justicia racial)'를 넘어서는 '역사적 정의'를 구현하고, 다양한 국민과 문화가 공존하며(un estado plurinacional), 원주민 세계관의 반영인 자연과 조화로운 공생 추구를 의미한다. 특히 자연과 공생은 인간중심주의(antropocentrismo)에서 생명중심주의(biocentrismo)로의 변화이고, 이것은 자연에 대한 근본적인 인식론적 전환으로서 인간이 아닌 비인간에 본질적 가치를 부여하는 것은 서구 근대성과 가장 중요한 차이점이며, 포스트자본주의 지향을 의미한다.[1] 이러한 맥락에서 에콰도르의 2007-2008년 제헌 과정에서 수막 카우사이가 가장 핵심적인

---

[1] 인간중심주의는 인간 사이의 그리고 인간과 자연 사이의 관계를 표현하는 것으로써 인간의 존재를 중시한다. 인간중심주의 하에서 모든 수단과 가치는 인간의 관점으로부터 시작되고 인간은 자신의 목적을 위한 수단이기도 하다. 그러나 자연은 단지 대상적 존재일 뿐이다. 그래서 인간중심주의에서 가치는 인간을 위한 이익에 봉사하고, 그에 따라 인간을 위한 가치가 구조화되며, 이에 환경은 조작된다. 이러한 관점 하에서 권리의 주체로서 자연은 받아들여질 수 없다. 반면 생명중심주의는 생명체와 비생명체도 고유의 가치를 보유한다는 측면에서 인간뿐만 아니라, 비-인간도 고유한 자신의 권리와 가치를 인정한다. 이에 자연도 권리의 주체가 될 수 있다는 것이다. 이러한 세계관의 반영으로서 신헌법에 자연의 권리가 헌법 제71~74조에 반영되어 있다.

개념으로 등장했다. 따라서 수막 카우사이는 최근 라틴아메리카의 대항 헤게모니운동 중에서 가장 중요한 문제의식을 반영하는 개념이다 (Gudynas, 2011: 3).

에콰도르의 2008년 신헌법에 등장한 수막 카우사이는 키추아(Kichwa) 어로서 수막(sumak)은 충만함(plenitud), 위대함(grandesa), 존엄(digna), 아름다움(hermoso), 멋있음(lindo) 등을 의미하고, 카우사이(kawsay)는 지속적이고 역동적인 삶을 의미한다. 수막 카우사이는 키추아로 '자연친화적인 안데스 원주민의 좋은 삶'이고 스페인어 번역어는 'El Buen Vivir(좋은 삶)'이다. 그러나 "El Buen Vivir"가 수막 카우사이의 직역이지만, 수막 카우사이와 El Buen Vivir가 정확하게 동일한 것은 아니고 원어와 직역 사이에 차이점이 분명히 존재한다. 어째든 수막 카우사이는 신헌법을 관통하는 "전체적이고 통합적인 개념(un concepto holístico y integral)"으로서, 헌법 전문에서 "다양성, 자연과 조화에 기초한 공생의 새로운 방식"으로 규정하고 있고 헌법의 목표로서 위상도 포함하고 있다.[2] 수막 카우사이는 도덕적·윤리적 원리를 넘어서는 권리로서(derechos del buen vivir), 권리국가(estado de derechos)를 지향하고 있으며(현지 인터뷰 미첼레나), 헌법 제12~34조에 명시되어 있다. 권리의 총체로서 수막 카우사이(régimen del buen vivir)는 ① 포용과 공정 ② 생물다양성과 자연자원이라는 기준을 중심으로 한 규정이 헌법 제340~415조에 나타난다. 또한 발전의 대안으로서 수막 카우사이(régimen de desarrollo)는 헌법 제275~339조에 규정되어 있다. 따라서 수막 카우사이와 직접적으로 관련있는 헌법조항은 총444조에서 모두 161항에 이른다.

---

2) 에콰도르 2008년 신헌법 전문에 수막 카우사이를 다음과 같이 정의하고 있다 "una nueva forma de convivencia ciudadana, en diversidad y armonía con la naturaleza."

수막 카우사이는 세계 주변부 국가의 주변부 사회 부문인 에콰도르의 원주민운동에서 유래했다. 수막 카우사이는 오랫동안 사회에서 완전히 배제되었고 은폐되었던 원주민 세계관에서 유래하고, 열등하고 야만적이며 추상적 사고가 불가능하다고 여겨진 타자들의 것이었다(현지 인터뷰 다발로스). 그러나 2008년 신헌법에서 이처럼 주변화 되고 잊어졌던 이들의 언어와 사상이 수용되었는데, 이것은 중요한 의미를 갖는다. 무엇보다도 수막 카우사이는 공동체적 체계로서 공생의 집단적 구성이다(현지 인터뷰 안투니, 촐랑고). 그러나 수막 카우사이는 다른 존재 방식으로서 자연과 인간과 인간 공동체 사이에 조화로운 공간으로서 공생이다(현지 인터뷰 오르티스, 엔리케스). 신헌법의 수막 카우사이는 개인주의적인 서구적 복지개념에 의문을 제기하고, 진보로서 발전 이념에 반대하며, 권력의 식민성에 저항하는 것이다. 그럼에도 불구하고, 수막 카우사이는 원주민 세계의 역사적인 기여뿐만 아니라, 다른 보편적 인류의 철학적 원칙에도 근거하고 있다. 따라서 수막 카우사이는 사상의 보편성 신화, 단하나의 과학, 단하나의 삶의 방식, 지식의 유일한 진리, 동질적 문화, 단하나의 세계경제가 아니라 복수의 가치, 복수의 모델, 복수의 패러다임이 존재할 수 있는 가능성을 열어두고 있는 것이다. 즉 수막 카우사이는 단일 보편성(uni-versalidad)에서 다양성, 공생, 공감, 공유, 공공성, 공동체에 기초한 다보편성(pluri-versalidad) 및 이보편성(di-versalidad)으로 전환을 의미한다. 이에 수막 카우사이는 복수적(plural)이고 다면적인 개념이며 현재에도 진행 중인 개념이다. 이러한 의미에서 에콰도르의 수막 카우사이는 근대성과 자본주의에 대한 반작용으로서 미래를 향한 새로운 패러다임이라 할 수 있다(현지 인터뷰 촐랑고, 에체베리아).

2) 연구방법과 연구목적

이 글은 에콰도르의 2008년 제헌과정에서 새로운 패러다임으로 등장한 수막 카우사이를 분석하는 것이다. 수막 카우사이 개념 형성에 사상적, 담론적, 실천적 측면이 있는데, 사상적 측면은 발전의 개념적 기초, 특히 진보이념에 대한 급진적인 문제제기이다. 따라서 수막 카우사이는 발전 그 이상의 측면이 있고, 인간을 이해하는 방식 그리고 세계를 인식하는 방식과 관련된 근본적인 문제제기와 관련이 있다. 담론적 측면은 특히 이러한 사상의 정당성과 관련이 있다. 수막 카우사이는 경제성장이나 서구의 복지로서 물질소비담론과 일정한 거리를 유지하고 있고, 소비 또는 이익 추구를 주장하지도 않는다. 삶의 질과 관련이 있는 수막 카우사이는 경제성장과 소비와 다른 관점을 지향하고 있고, 인간뿐만 아니라 자연도 포함시키고 있다. 실천적 측면은, 변화를 위한 정치프로젝트, 정부계획, 전통적 발전에 대한 대안의 기준, 법률, 헌법, 정책 등 구체적 행위와 관련이 있다(Gudynas, 2011: 2). 이에 이 글에서는 권리의 총체로서 수막 카우사이를 실천적 측면을 중심으로 논의하고자 한다.

연구방법으로는 에콰도르에 직접 방문하여 현지조사, 인터뷰, 문헌연구 등을 실시했다.[3] 선행 연구로는 오비에도(Oviedo, 2011)의 『수막 카우

---

3) 에콰도르 현지조사는 2012년 1월18-2월9일까지 3주간 키토에서 진행되었다. 이하는 인터뷰 대상자 명단이다; ① 에콰도르의 다국민연합운동으로서 정당 성격을 갖는 파차쿠틱(Pachakutik)의 당직자인 라파엘 안투니 카타니(Rafael Antuni Catani) ② 에콰도르의 대표적인 원주민 단체인 CONAIE 대표인 움베르토 촐랑고(Humberto Cholango) ③ 환경운동가이자 여성운동가이며 여성 변호사인 마르셀라 엔리께스 바스께스(Marcela Enríquez Vásquez) ④ 가톨릭대학의 경제학 교수인 파블로 다발

사이/삶의 문화』가 있는데, 이것은 수막 카우사이를 다루기보다는 안
데스 지역의 철학을 중심으로 다루고 있다. 아코스타(Acosta, 2009)의
편저로서『잘 삶: 발전을 위한 길』은 수막 카우사이를 발전이라는 측면
을 중심으로 여러 저자의 글을 모은 것이다. 로아(Roa, 2009)의 논문인
「권력의 탈식민성의 표현으로서 수막 카우사이」는 수막 카우사이에
중점을 두었다기보다는 수막 카우사이에서 권력의 탈식민적 측면을
보다 많이 다루고 있다. 국내연구로는 김달관의「에콰도르의 탈식민적
국가 개혁: 국민국가에서 다국민국가로」에서 수막 카우사이의 개요에
대해서 간단히 다루고 있다(김달관, 2011b: 13~15). 따라서 이 글은 권리의
총체로서 수막 카우사이를 실천적 관점에서 종합적으로 다루고 있다는
측면에서 의미가 있다.

　탈식민적 국가 개혁으로서 에콰도르의 수막 카우사이를 실천적 관점
에서 연구하기 위해 이 연구의 제2장에서는 2008년 신헌법을 중심으로
① 공생으로서 수막 카우사이, ② 권리국가로서 수막 카우사이, ③ 정의
로운 국가로서 수막 카우사이 측면을 분석한다. 제3장은 구체적 실천으
로서 수막 카우사이를 ① 야수니 ITT 기획을 살펴보고 ② 신헌법 제280
조에 근거한 '수막 카우사이를 위한 계획(Plan Nacional para el Buen Vivir

로스(Pablo Dávalos) ⑤ 전 복지부 장관이자 원주민운동단체(Centro de Estudios
de Buen Gobiernos y Sumak Kawsay para las Nacionalidades y Pueblos del
Ecuador)의 대표인 루이스 말도나도(Luis Maldonado) ⑥ 정부기구로서 대통령
직속기구(Consejo de Desarrollo de las Nacionalidades y Pueblos del Ecuador:
CODENPE)의 담당자인 알프레도 로사노(Alfredo Lozano) ⑦ 가톨릭대학의 법대
교수인 훌리오 미첼레나(Julio Michelena) ⑧ 안데스 대학의 교수인 파블로 오르티
스(Pablo Ortiz) ⑨ FLACSO 대학의 정치학 교수인 훌리오 에체베리아(Julio
Echeverría) 등과 인터뷰를 실시했다. 그밖에도 개인적, 정치적 이유로 인해 녹음이
불가능한 경우에는 비공식적으로 수막 카우사이에 대해 인터뷰를 실시했다.

2009-2013)'을 고찰하며 ③ 사회적 연대경제법을 조망한다. 제4장에서는 수막 카우사이의 도전과 한계를 살펴보고, 제5장은 결론으로서 에콰도르의 수막 카우사이의 함의를 다루고자 한다.

2. 탈식민적 국가 개혁으로서 수막 카우사이: 2008년 헌법

1) 공생으로서 수막 카우사이

정의(Justicia) 이론 분석에서 일반적인 2개의 질문은 누가 정의의 원칙을 규정하는가? 그리고 이러한 원칙은 누구를 위한 것인가? 이다. 이러한 관점에서 1830~1929년 동안 에콰도르 헌법은 과두지주세력을 위한 것이었다. 이 기간 동안에 부(富)는 권력을 보존하는 기제로 작동했고 국가는 과두지배세력 재생산을 보증하는 역할을 했다. 실제로 에콰도르 독립 이후 헌법인 1830년 헌법 총 75개 항은 배제적이고 인종차별적인 것이었다. 예를 들면, 헌법 제12조는 시민권자의 조건을 명시하고 있는데, 그것은 ① 결혼한 자 또는 22세 이상인 자 ② 300페소 이상 부동산 소유자이면서, 타인에게 종속되지 않는 유용한 직종에 종사하는 자 ③ 글을 읽고 쓸 줄 아는 자로 규정하고 있다. 이러한 규정에 의하면 당시 인구의 90%가 배제되었고, 1950년 헌법규정에 의하면 44%가 제외되었으며, 1980년 헌법규정에 따르면 당시 인구의 25%가 배제되었다 (Ramírez, 2010a: 57). 이처럼 모든 헌법은 역사적 순간의 결과물이며 축적된 사회 과정의 결정체이다. 또한 모든 헌법은 삶에 대한 특정한 이해방식을 표현한다. 따라서 헌법은 다양한 사회적 주체가 변혁을 추진하기 위해 장기적 과정의 저항과 사회투쟁에서 나온 다양한 제안이 깃들어 있다. 이에 헌법은 한 국가에서 국민의 삶을 규제하는 단순한 법률체계일 뿐만 아니라, 존재방식을 의미하기도 한다.

이러한 관점에서 에콰도르의 1998·2008년 헌법을 살펴보고자 한다.[4] 라미레스(René Ramírez)는 정의의 분석 관점에서 헌법을 분석하기 위해 '정보의 기초(base de información)', '배분 기준(pauta distributiva)', '분석 단위(unidad de análisis)', '사회 선택(elección social)' 등 4가지 관점에서 분석했다(Ramírez, 2010a; 2010b; 2011b). 정보의 기초란 제한된 사회적 공적 자원이 특정한 방식으로 배분될 때 개입되는 선호와 관련된 변수이다. 제한된 사회적 공적 자원을 어디에 배분하고 어디에 더 관심을 두어야 하는지를 선택하는 결정을 말한다. 배분 기준이란 선호가 이미 내재되어 있는 정보의 기초에 따라 사회적 자원을 어떻게 배분하는지에 대한 사회의 배분 방식이다. 분석 단위는 이러한 배분 방식에 따라 제한된 사회적 자원을 누구에게(개인, 집단, 지역, 사회) 배분할 것인지와 관련이 있다. 사회 선택은 집단적 결정을 어떻게 하는지와 관련이 있다.

---

4) 왜냐하면, 에콰도르 역사에서 보면, 1990년 원주민 봉기 이후 원주민을 중심으로 하는 사회운동이 1997년 아브달라 부카람(Abdalá Bucaram) 대통령을 강제로 퇴진시키면서 국민의 제헌 요구에 의해 1998년 신헌법이 제정되었으나 그것은 국민의 여망을 실현 했다기보다는 엘리트 간의 협약이었다. 즉 1998년 신헌법이 민주화를 촉발시킨 1978년 헌법보다는 국민의 권리가 좀 더 향상되었지만, 신자유주의를 중심으로 하는 에콰도르 엘리트의 이해를 주로 반영한 헌법이었다. 하지만 1999년 금융위기, 2000년 하밀 마우아드(Jamil Mahuad) 대통령의 강제퇴진, 2005년 루시오 구티에레스(Lucio Gutiérrez) 대통령의 강제 퇴진을 통해 시민사회운동의 영향력이 확대되는 과정에서 진보적인 대통령 후보였던 코레아(Rafael Correa)와 '국가동맹(Alianza País)'에 의해 2008년 신헌법이 탄생할 수 있었다. 이에 2008년 신헌법은 엘리트 간의 협약인 1998년 헌법보다 진보적이며 국민의 여망을 잘 반영하고 있다(김달관, 2011a: 75~87).

기본적으로 1998년 헌법은 정치적으로 신자유주의 이념이 중요하게 투영되어 있는데, 이것은 효용과 자유주의적 원리가 혼합되어 있다는 의미이다. 이에 1998년 헌법에서 정보의 기초는 소득과 소비이고 사회적 측면에서 생존을 위한 최소한의 장치만 있을 뿐이다(Ramírez, 2010a: 60~61). 2008년 헌법에서 정보의 기초는 헌법의 전문에서 "공생의 새로운 방식"이라고 언급한 수막 카우사이이다. 이것은 2008년 헌법이 추구하는 것이 소득, 소비, 1인당 GDP 등이 아니라, '함께 잘 공생하는(Convivir Bien)' 방식임을 잘 보여주고 있다(헌법 제275조). 1998년 헌법에서 배분 기준은 최소한의 생존 보장에 기초한 사회정책과 시장을 통한 것이다. 2008년 헌법의 배분 기준은 경제적 관점에서 소수의 경제 엘리트를 위한 국가를 지양하고, 사회적 유대에 기초하면서 다양한 방식의 생산과 조직을 지향하는 사회를 추구하는 것이다(헌법 제276, 278, 281, 283, 321, 334, 335조). 왜냐하면 수막 카우사이의 경제에 대한 기본 가치가 사회적이고 공동 책임에 기초하기 때문이다. 따라서 인간 사이의 "경제적 식인주의(canibalismo económico)"를 촉발시키는 현실로서 자유경쟁이라는 허상을 추구하는 현재와는 다른 경제를 지향한다(Acosta, 2010: 23). 무엇보다도 2008년 신헌법은 사회적이고 유대감에 기초한 경제로서 인간은 경제활동의 중심이다. 따라서 경제는 자본축적을 위한 것이 아니라 인간의 삶 향상에 봉사해야 하는 것이다. 이것은 자본축적이 목적이 아니라, 삶 그자체가 목적이 되는 변화를 의미한다. 그리고 사회적, 유대적 경제에서는 자본보다 노동이 더 중시된다(Larrera, 2010a: 22). 이러한 관점에서 수막 카우사이는 평등주의적 배분 기준을 갖고 있다. 1998년 헌법에서 분석단위는 자신 스스로의 노력과 만족을 지향하는 원자적이고 고립적인 개인이다. 그러나 2008년 헌법에서 분석단위는 개인에서 사회, 집단, 영토 등으로 변해가고 있다(헌법 제57, 58,

<표 6-1> 2008년 헌법의 수막 카우사이 실현 방식

구분	1998년 헌법	2008년 헌법
정보의 기초	소득, 소비	공생
배분 기준	시장	사회적 연대
분석 단위	개인	공동체
사회 선택	대의민주주의	참여민주주의
기본 원리	신자유주의	공생의 생태평등주의

자료: Ramírez(2010a; 2010b; 2011b)의 내용을 요약·편집.

59, 60, 285, 321조). 즉 고립적인 존재로서 개인을 보는 관점에서 사회적·문화적·경제적 측면에서 공생, 상호 호혜, 관계, 보완, 연대에 중심을 둔 공동체적 관점으로 변해가고 있다. 1998년 헌법에서 사회 선택은 시장에서 구매의 선호 표현으로서 대의민주주의에 따른 것이다. 2008년 헌법에서 사회 선택은 보다 창의적인 논의를 거쳐 대의민주주의를 보완하려는 방식으로서 참여민주주의와 공동체민주주의를 언급하고 있다(헌법 제95~117조). 결론적으로 <표 6-1>에서 볼 수 있듯이 2008년 헌법에서 수막 카우사이를 실현하는 방식으로서 중요한 가치가 공생임을 알 수 있다.

2) 권리국가로서 수막 카우사이

에콰도르 2008년 헌법은 기존의 사회적 법치국가(estado social de derecho), 또는 헌법적 법치국가(estado constitucional de derecho)에서 '권리국가(estado de derechos)' 모델로 변모했는데(현지 인터뷰 미첼레나), 이것은 의무의 시대에서 권리의 시대로 커다란 변화를 의미한다. 이러한 측면은 국가의 역사적 변천과정과 권력의 관점에서 분석할 수 있다. 이것은 특별히 볼리비아의 수마 카마냐와 차이가 있는데, 수마 카마냐는 윤리

〈표 6-2〉 국가의 형태

구분	절대국가	법치국가	헌법국가	권리국가
국가	국가(절대군주)가 권리를 구속	법이 국가를 구속	헌법이 국가를 구속	인간의 천부적 권리가 국가를 구속
권력의 원천	당국	의회	제헌의회	사람과 국민

자료: Avila(2011: 123).

적·도덕적 원리이지만 에콰도르의 수막 카우사이는 윤리적·도덕적 원리를 넘는 권리로서 보다 적극적이고 구체적인 의미를 갖는다.

법과 관련하여 국가 형태의 역사적 진화 과정에서 보면, 법 위에 있는 국가(절대국가), 법에 의한 국가(법치국가), 천부인권에 의한 국가(권리국가) 등 3개의 모델로 구분할 수 있다. 절대국가에서는 국가(절대군주)가 권리를 제한하고, 법치국가에서는 법이 국가를 제한하며, 권리국가에서는 천부인권이 국가를 제한한다. 즉 권리국가는 역사적으로 고유한 사회에서 인간의 보편적 권리와 특별하게 인정된 권리에 의해 권력이 제한되는 국가이다. 권력의 관점에서 국가를 구분하면, 절대국가에서 권력을 보유한 자는(절대군주) 사법체계를 절대군주의 의지에 복속시키고, 사법적 법치국가에서 의회는 법률을 통해 국가를 복속시키며, 헌법적 법치국가에서는 제헌의회가 헌법을 통해 모든 법률적 권력을 복속시킨다. 권리국가에서는 국가보다 상위에 있고 국가 이전에 존재했던 인간의 역사적 권리가 제헌의회와 모든 권력을 복속시킨다. 이러한 관점에서 수막 카우사이는 유럽의 정복·식민 그리고 에콰도르라는 국가 이전에 존재했던 원주민의 역사적·천부적 권리를 회복하려는 노력이다. 따라서 수막 카우사이는 역사적 정의를 실현하려는 노력이다(Avila Santamaría, 2011: 121~23).

이러한 관점에서 2008년 헌법에서 역사적·천부적 인간의 권리에 복속되는 권리국가 요소를 찾아보면 다음과 같다.

- 권리의 유효한 향유를 보장하는 것은 국가의 주요한 의무이다(헌법 제3
  조1항)
- 국가의 최고 의무는 권리를 존중하고 권리를 존중하도록 하게 하는 것이
  다(헌법 제11조9항).
- 모든 공적 이해와 관련 있는 참여는 권리이다(헌법 제95조).
- 의회와 법률제정과 관련이 있는 모든 기관은 권리에 반하는 규정을 정할
  수 없다(헌법 제84조).
- 공공정책의 입안, 실행, 평가, 통제에 관한 것은 행정부의 권한이고(헌법
  제141조), 행정부는 권리를 보장한다(헌법 제85조).
- 판사는 권리존중 원칙하에 사법체계를 관장한다(헌법 제172조).
- 사회적 투명성과 통제기능은 권리 이행과 실천을 보호한다(헌법 제204조).
- 선거기능은 정치참여의 권리를 보장한다(헌법 제217조).

권리국가 관점에서 그밖에도 공공행정(헌법 제226조), 발전 모델(헌법
제275조), 경제체제(헌법 제233조), 외채(헌법 제290조2항), 국가재정(헌법
제298조), 금융체제(헌법 제358조), 투자와 전략 부문(헌법 제339조), 생산
(헌법 제319조) 등에서 언급되고 있다. 모든 권력과 법률은 천부적 권리
에 복속되고, 국가는 국민의 권리를 보장한다는 측면을 2008년 헌법에
서 찾아보면 다음과 같다.

- 어떠한 법률이나 사법 규정 그리고 공권력은 권리에 반해서는 아니 된다
  (헌법 제84조).
- 헌법은 최고의 규정이고 어떠한 다른 규정보다 상위에 있다(헌법 제424조).

- 권리는 어떠한 공적기관이라도 즉시 이행하고 실천해야 한다(헌법 제 426조).
- 모든 규정은 원리로서 인권을 존중하고 발전시켜야 하는 의무를 갖는다 (헌법 제84조).
- 공적 정책, 공적 서비스, 시민 참여 보장은 권리를 보장하는 것이어야 한다(헌법 제85조).
- 판사를 통한 기제로서 사법적 보장은 권리를 통합적으로 보호해야 한다 (헌법 제86-94조).

3) 정의로운 국가로서 수막 카우사이

정의란 무엇인가? 아리스토텔레스에게 정의란 사람들에게 그들이 마땅히 받아야 할 것을 주는 것이다(샌델, 2010: 265). 따라서 정의에 관한 것은 '좋은 삶' 즉 수막 카우사이와 밀접한 관련이 있고, 아리스토 텔레스가 '좋은 삶'의 구현을 정치의 목적이라 언급한 것을 이해할 수 있다. 따라서 이 장에서는 '역사적 정의' 회복이라는 차원에서 국가의 역할을 살펴보고자 한다.

정복·식민 시대부터 라틴아메리카는 자연자원이 풍부했기 때문에, 이로 인해 서구의 강한 탐욕의 대상이 되어버렸다. 그러나 라틴아메리 카의 인간적, 문화적, 언어적, 정신적 측면의 풍부함은 항상 관심 밖에 있었고, 정치·경제·사회의 모든 공간으로부터 흑인, 원주민, 혼혈인을 배제했던 유럽중심주의적인 패러다임은 현실과 동떨어진 타자의 방식 을 강제했다. 이처럼 권력의 식민성의 기초를 구축하는 과정에서 원주 민의 문화, 지식, 지혜, 기술, 삶의 실천, 정신성은 비가시화 되었고 정당성을 상실하게 되었다(Roa, 2009). 이에 역사적 정의를 회복하려는 국가 개혁으로서 2008년 신헌법에서 수막 카우사이의 중요성은 첫째, 유럽중심주의에서 원주민 세계관의 도입으로서 패러다임의 전환이다. 1830년 독립 이후에도 에콰도르는 유럽의 정치적 패러다임에 기초한 헌법을 제정했지만, 2008년 신헌법은 역사상 처음으로 정치적 질서와 정당성의 토대로서 원주민 전통에 속하는 수막 카우사이를 핵심 개념으로 수용했다. 이것은 500년 동안의 '식민적' 권력질서 토대와의 단절이다. 이러한 식민적 헌법질서 단절은 원주민운동, 사회운동, 농민운동, 여성운동 등 대항헤게모니운동에 의한 저항과 투쟁의 결과이다. 둘째, 수막 카우사이는 다양성 속에서 공생을 중시하는데, 이것은 유럽적·기독교적 보편주의의 핵심인 단일문화(일원론) 개념을 극복했다. 즉 하나의 가치, 하나의 기준, 하나의 진리, 하나의 모델, 하나의 삶의 방식, 하나의 경제체제, 하나의 패러다임을 중심으로 이러한 척도에서 벗어나는 것을 차별하고 배제했던 그리하여 구조적 폭력을 양산했던 단일보편성에서 다양성, 조화, 공감, 공유, 공공성, 공동체에 기초해서 여러 개의 보편성인 다보편성(pluriversalidad)으로 그리고 근대성에 기초하는 시간의 독재(직선적 시간관)가 아니라 공간의 차이를 인정하는 다원적 보편성인 이보편성(diversalidad)으로 전환을 의미한다. 셋째, 2008년 신헌법은 다양성 안에서 공생뿐만 아니라, 자연과의 조화도 중시하고 있다. 유럽 전통에서 자연과 인간은 서로 분리되었고, 이에 자연은 인간을 위한 대상으로 인식되었으나, 원주민 세계관의 핵심인 파차마마는 인간과 자연이 분리되어 있는 것이 아니고 인간과 자연이 함께 공생해야 하며 자연을 권리의 주체로 인식한다. 그리고 파차마마는 현 세대뿐만 아니라, 미래 세대와의 공생을 위해 자연 보존도 중시한다.

배제적 국가로서 에콰도르는 정복·식민 그리고 독립 이후까지 원주민·혼혈인·아프리카계 후손을 사회조직에서 제도적으로 배제하였으나,

수막 카우사이를 실현하는 정의국가에서는 이들을 사회조직으로 포용한다. 에콰도르는 정복·식민 그리고 독립 이후까지 배제적 국가로서 권리 측면에서 백인에게만 정치·사회·경제·문화 측면에서 특권을 허용했다면, 수막 카우사이를 실현하는 정의국가에서는 권리측면에서 500년 동안 배제되었던 원주민·혼혈인·아프리카계후손에 보편적 권리를 허용한다. 배제적 국가에서 오랫동안 지속되었던 부정의 결과는 원주민·혼혈인·아프리카계 후손의 구조적·제도적 차별로 귀결되었다. 그러나 2008년 신헌법의 정의국가에서는 500년 동안 지속되었던 배제와 차별을 극복함으로써 모든 국민과 종족이 공생할 수 있는 새로운 방식을 찾고자 하는 것이다. 따라서 정의국가는 <표 6-3>에서 보는 것처럼 포용과 평등의 가치를 지향한다.

이 장에서는 정의 문제를 2008년 헌법에서 구체적으로 어떻게 다루고 있는지를 살펴보고자 한다. 2008년 헌법은 수막 카우사이를 기본적으로 사회적·경제적·정치적으로 취약한 국민에 대한 보호라는 측면에서 연대감에 기초하는 평등주의 모델을 지향하고 있다. 이하는 구체적 원칙을 예시한 것이다.

- 국가는 기본 원칙으로서 자원과 부를 공정하게 배분한다(헌법 제3조5항).
- 불평등 상태에 있는 국민의 평등을 진흥하기 위해 국가는 노력한다(헌법 제11조2항).
- 국가는 부와 수익 배분을 보증하는 경제정책을 실행한다(헌법 제284조 1항).
- 적절한 재정지원, 조세, 보조금 등의 수단을 통해 국가는 수익 배분을 위한 재정정책을 실시한다(헌법 제285조1항).
- 노동에 종사하는 여성에 대한 불평등, 차별 근절을 위한 정책을 발전시

킨다(헌법 제334조 2항).

- 내부적 불평등을 축소하기 위해 교역정책을 진흥한다(헌법 제304조4항).
- 금융 부문은 금융서비스의 지속적이고, 효율적이며, 공정한 제공을 목적으로 한다. 신용은 사회적 취약 단체를 우선시한다(헌법 제310조).
- 국가의 공적 서비스 가격과 요율은 공정해야 한다(헌법 제314조).
- 국가는 소유권 접근 기회와 권리 측면에서 평등을 보장한다(헌법 제324조).
- 국가는 다양성과 차별 금지 측면에서 평등을 보장하는 통합적인 보호 조건을 제공하고, 불평등, 배제, 차별, 폭력의 지속적인 상황으로 인해 특별한 관심이 요구되는 특정한 단체를 위해 우선적으로 정부의 조치를 취한다(헌법 제334조).
- 공교육을 위한 자원배분은 사회적·인구적·지역적 평등이라는 관점에서 주관한다(헌법 제347조).

3. 구체적 실천으로서 수막 카우사이

야수니 ITT 기획은 권리의 총제로서 수막 카우사이라는 측면보다는 발전의 대안으로서 수막 카우사이의 측면이 강조될 수 있다. 그러나 코레아 정부의 수막 카우사이 실천에 대한 의지를 상징적으로 평가할 수 있는 대표적인 중요한 정책이기 때문에 고찰하고자 한다. 사회적 연대경제 법도 발전의 대안으로서 수막 카우사이 특징이 있는 것이 사실이지만, 권리의 총제로서 수막 카우사이라는 측면도 있는 것이 사실이다. 어쨌든 코레아 정부의 야수니 ITT 기획, 수막 카우사이를 위한 계획, 사회적 연대경제 법 등은 수막 카우사이 실천의 대표성을 갖고 있기 때문에 수막 카우사이에 대한 코레아 정부의 전반적인 정책의지를 살펴볼 수 있다.

1) 야수니 ITT 기획(Iniciativa de Yasuní-ITT)

야수니 ITT(Ishpingo-Tambococha-Tiputini) 기획은 코레아 정부의 수막 카우사이 실천이라는 측면에서 중요하다. 즉 코레아 정부의 야수니 ITT 기획은 수막 카우사이의 핵심적인 정책 실천 의지를 가늠할 수 있는 방향타이다. 이와 관련하여 야수니 ITT 기획단 대표인 이보네 바키 (Ivonne Baki)는 2011년 12월 30일 야수니 국립공원의 원유를 개발하지 않는 대신에 선진국으로부터 13년간 36억 달러를 모금하는 야수니 ITT 기획을 계속한다고 밝혔다.5) 이보니 바키는 2011년 현재 모금액은 1억 2000만 달러이고 2012~2013년에 약 2억 9000만 달러 모금을 예상한다고 언급했다. 그리고 야수니 ITT 기획의 명칭을 "야수니 세계를 달린다 (Yasuní recorre el mundo)"로 변경한다고 공표했다(*El Universo*, 2011.12.30).

야수니 ITT 기획은 2007년 3월, 전 에너지부 장관이었던 아코스타 (Alberto Acosta)가 에콰도르 동북부 지역에 위치한 야수니 국립공원 내부인 ITT 지역에 원유가 매장되어 있는데, 원유 개발 수익 50%에 대해

---

5) 야수니 국립공원은 지구의 생물다양성이 잘 보존된 장소 중의 하나이다. 야수니 국립공원은 1979년 창설되었고, 1989년 유네스코에 의해 세계 생물권 보존지역으로 지정되었다. 야수니 국립공원 면적은 982,000헥타르로서 서울 면적의 약 16배의 크기이다. 야수니 국립공원에는 약 2274종의 식물군과 655종의 동물군이 서식하고 있다. 따라서 야수니 국립공원에는 약 2929종의 동식물이 서식하고 있다. 이것은 미국과 캐나다에서 서식하는 모든 동식물보다 많은 동식물이 야수니 국립공원에 서식하고 있는 것이다. 또한 이곳에는 593종의 새들이 서식하고 있는데, 이것은 세계에서 가장 다양한 새가 서식하고 있는 장소 중의 하나이다.

선진국의 경제적 보상을 대가로 원유 개발을 하지 말자고 제안한 것이다(Lombeyda, 2010: 4) 이러한 입장을 이후에 코레아가 받아들였고, 그는 2007년 유엔 정기총회에서 만약 국제사회가 원유 개발 시 에콰도르가 얻게 될 이익의 50%를 지원한다면, 에콰도르 원유 매장량의 20%인 야수니 국립공원에 있는 8억 5000만 배럴의 원유를 무기한으로 개발하지 않겠다고 선언했는데, 이것이 야수니 ITT 기획이다.

1972년부터 에콰도르는 석유수출 국가가 되면서 석유는 에콰도르 경제의 중요한 축이 되었다. 석유는 총수출의 53%를 차지하고, 2000~2007년 재정수입의 36%를 차지했다(Larrera, 2011: 23). 이처럼 에콰도르에서 석유는 경제적으로 중요한 비중을 차지하고 있는데, 서울 면적의 약 16배에 달하는 야수니 공원에서 8억 5000만 배럴의 원유가 매장되어 있는 것이 확인되었다. 이것은 약 25년간 개발할 수 있는 것으로 평가되며 2035년경에는 원유가 고갈될 것으로 알려졌다(Lombeyda, 2010: 11). 이것을 가치로 환산하면 2010년 현재 8억 5000만 배럴의 원유는 약 76억 달러에 이르고, 이것은 사용했을 때 방출하는 이산화탄소 배출권을 계산하면 54억 달러에 이르며, 추가적 가치도 78억 달러에 이르러 총 208억 달러에 이른다. 이러한 상황에서 코레아 정부는 원유를 개발할 때 발생할 수 있는 이러한 이익을 포기하고, 국제사회가 13년 동안 36억 달러를 지원한다면 무기한으로 야수니 국립공원 내의 원유를 개발하지 않겠다고 선언한 것이다. 이에 국제사회가 지원하는 모금액으로 에콰도르 정부는 ① 지구 온난화 방지 ② 생물다양성 보호 ③ 사회적 발전 ④ 과학기술에 투자한다는 것이다(Larrera, 2011: 8).[6]

---

6) 태양빛이 지구에 도달하면 부분적으로 열에너지로 변하는데, 태양빛은 지구의 평균 온도인 −22도에서 +14도를 유지하도록 해준다. 이러한 온실효과는 6가지 가스(수

이처럼 야수니 ITT 기획은 코레아 정부의 수막 카우사이 실천의 진정한 도전을 대표한다. 왜냐하면 자연과 공생, 지구 온난화 방지, 생물다양성 보호, 야수니 국립공원에 살고 있는 원주민 보호 등은 파차마마 존중, 다국민성을 실현하는 것이다. 그리고 야수니 ITT 기획의 인정은 야수니의 원유가 세계인의 공적인 재화임을 인정한다는 것으로써, 자연의 가치, 세계적 수준에서 집단행위의 가치, 어제의 삶, 오늘의 삶, 미래의 삶이 똑같이 중요한 의미를 갖는다는 것을 인정하는 것이다(Ramírez, 2010a: 62). 또한 많은 어려움에도 불구하고 석유추출에 기초한 발전 모델에서 자연과 인간의 공생을 위해 새로운 패러다임 모색을 시도하는 것이다.

2) 수막 카우사이를 위한 계획(Plan Nacional para el Buen Vivir 2009-2013)

에콰도르에서 차별과 배제의 역사는 세계화에 따른 변화, 새로운 생산·노동 모델의 출현, 비전통적인 가족 모델, 인간 이동성의 결과로서 성별과 사회구조의 변화에 따른 관계의 변화 등으로 인해 최근에 보다 심오하고 복잡한 방식으로 나타났는데, 이것은 에콰도르의 역사적이고 문화적인 기원에 바탕을 두고 있다. 사회구조로서 표현되는 배제의 방식과 조건은 특히, 원주민, 아프리카계 후손, 혼혈인의 시민권을 제한한

증기, 이산화탄소, 메탄, 산화질소, 오존, 프레온)에 의해 발생되는 열기가 대기 중에 흐르면서 온도를 높이는 것이다. 산업혁명 이후 1900~2009년 사이에 이산화탄소가 축적되면서 지구 평균온도가 13.6도에서 14.4도로 증가했다. 이러한 경향에 따르면 21세기 말에는 지구 온도가 1.8~5.8 정도 상승이 예상된다. 인간의 활동으로 온도의 변화가 2도를 넘지 않을 때는 문제가 없지만, 2도를 넘게 되면 큰 문제가 발생한다.

<표 6-4> 에콰도르에서 인종에 따른 불평등(2006년)

구분	분석범주	인종				전체
		원주민	아프리카계	혼혈인	백인	전체
인구 (%)	가구 비중	7.3	5.5	79.4	7.7	100
	개인 비중	8.5	5.7	78.8	7.0	100
빈곤 (%)	빈곤	70	48.7	34.6	33.2	38.3
	극빈	41.2	13.7	10.1	8.9	12.9
소득과 소비 (US$)	가구당 월평균 소비	236	328	456	500	438
	가구당 월평균 소득	305	400	545	575	522
	개인당 월평균 소득	165	210	278	316	267
교육 (%/년)	문맹률	28.8	12.6	7.48	6.7	9.13
	24세 이상 인구의 교육연령(년)	4.2	6.9	8.5	9.0	8.1
	초등교육 참여 비율	93.4	92.3	94.7	92.9	94.3
	중등교육 참여 비율	36.9	38.8	58.4	57.8	55.3
	고등교육 참여 비율	4.7	8.2	20.1	16.0	18.09
	24세 이상 인구의 고등교육 참여 비율	2.52	7.24	14.66	14.50	13.03
	24세 이상 인구의 고등교육 졸업 비율	1.8	4.0	10.5	9.6	9.5
노동 시장 (%)	경제활동인구	87.8	71.6	70.6	67.8	71.2
	노동 가능인구	63.3	68.6	72.9	74.3	72.0
	도시 실업률	6.0	11.0	7.7	8.6	7.9
	도시 남성 실업률	6.9	6.7	5.8	5.2	8.6
	도시 여성 실업률	4.7	17.5	10.5	13.6	10.8
사회보험 (%)	일반사회보험가입률	3.2	7.2	10.9	12.03	10.2
	농업사회보험가입률	9.59	6.77	5.42	3.2	5.6
주택 (%)	자가 주택비율	75.2	62.3	65.6	59.8	65.7
	공공상수도 가구 비율	29.9	32.3	43.6	46.5	42.2
	집 전화 보유 가구 비율	11.5	24.2	37.8	42.9	35.5
	인터넷서비스 가입 가구 비율	0.2	0.4	2.7	4.6	2.5
	외국에서 송금을 받는 가구 비율	9.2	14.1	15.8	19.9	15.6
	음식을 충분히 마련하지 못하는 가구 비율	23.3	23.1	13.9	12.2	15.0
	개인 휴대전화 보유 비율	17.2	32.8	39.8	43.0	38.1
차별 (%)	당신은 에콰도르인이 인종차별주의자라고 생각하십니까?	53.0	73.0	65.0	67.0	65.0
	당신은 인종차별주의자입니까?	11.0	5.0	10.0	14.0	10.0
	아프리카계 후손에 대한 인종편견 간접지수	80.5	60.8	81.5	81.5	75.9

자료: 에콰도르 자연자원과 문화자원 협력국, 2009: 99~100.

다. 부, 생산수단, 소득 집중에 기초한 성장과 축적 모델의 배제/포용 (exclusión/ inclusión)의 순환이 첨예화되면서 에콰도르 사회의 불평등을 증대시켰고, 사회 정체성과 소속감의 역동성을 저해했다. 이에 에콰도르 정부는 인종차별 극복과 평등을 위한 구체적인 시도를 하게 된다.

역사적으로 빈곤과 인종 사이의 관계는 식민시대부터 존재했던 구조적인 인종차별주의에 기초를 두고 있다. 권력의 식민성으로서 인종차별주의는 부와 권력, 사회적 위신과 명예, 사회적 편견을 위계적으로 배분하는 기초가 되었다. 이러한 모습은 지금의 인종과 빈곤과의 밀접한 상관관계로 나타나고 있다. <표 6-4>에 의하면 2006년에 원주민의 빈곤율은 70.0%, 아프리카계 후손은 48.7%, 혼혈인은 34.6%, 백인은 33.2%로서 백인은 인종 구분으로 보면 가장 빈곤율이 낮고 전체 평균보다도 훨씬 낮은 편이며, 원주민은 빈곤과 극빈비율이 가장 높고 전체 평균보다도 훨씬 높은 편이다. 2004년 정부기구가 인종 차별에 대한 인식을 조사했는데, 조사대상자의 65%가 에콰도르에 인종차별이 존재한다고 답했으나, 인종차별을 자신이 실천한다는 답변은 10%로 나와 모순적인 측면을 보여주고 있다(에콰도르 자연자원과 문화자원 협력국, 2009: 8). 이처럼 불평등은 인종차별뿐만 아니라, 성차별에서도 나타난다. 2008년 정부연구에 의하면, 집안에서 여성에 대한 폭력이 95%로 나타났다. 또한 불평등은 노동시장에서 여성, 아프리카계 후손, 원주민 등에게 진입 장벽으로 작동하고 있으며, 이러한 진입 장벽은 다른 에콰도르 국민과 똑같은 교육 수준과 경험을 보유하고 있음에도 불구하고 적은 보상을 받는 것으로 나타났다(SENPLADES, 2009: 141~42).

이러한 상황 인식 하에서 특히, 인종차별 극복과 불평등을 극복하기 위해 정부는 헌법 제280조에 의거한 '수막 카우사이를 위한 계획'에서 10개의 기본 목표를 설정했고, 89개의 구체적 정책 방향을 규정했으며,

19개의 구체적 실천 목표를 확정했다.[7] 특히 인종차별 극복을 위해 행정부서(Secretaría de Pueblos, Movimientos Sociales y Participación Ciudadana)에서는 '인종차별과 인종적·문화적 배제 극복을 위한 다국민 계획(Plan Plurinacional para Eliminar la Discriminación Racial y la Exclusión Étnica y Cultural)'을 통해 보다 구체적인 실천을 하고 있다(에콰도르 자연자원과 문화자원 협력국, 2009: 27~49).

3) 사회적 연대경제 법(Ley de la Economía Social y Solidaria)

사회적 연대 경제법은 헌법 제283, 281조를 구체적으로 실현하기 위해 2011년에 제정되었고 총153조로 구성되어 있다. 헌법에서 사회적 연대 경제(Economía Social y Solidaria: ESS)는 인간을 주체와 목적으로 인정하고, 자연과 조화 속에서 사회·국가·시장 사이에 역동적이고 공정한 관계를 지향하며, 수막 카우사이를 실현하기 위해 물질적·비물질적 조건의 생산·재생산을 보장하는 것을 목적으로 한다(헌법 제283조). 따라

---

7) • 자가 주택보유비율을 2008년 67.7%에서 2013년까지 71%로 향상시킨다.
   • 고등학교 등록 비중을 2008년 53.17%에서 2013년까지 66.5%로 향상시킨다.
   • 경제적 불평등을 2013년까지 적어도 1995년 수준으로 낮춘다. 소득지니계수를 2006년 0.46에서 2013년까지 0.42로 축소시킨다.
   • 건강보험 가입자를 2008년 24.40%에서 2013년까지 40%로 증가시킨다.
   • 장애인의 정식 직원 고용비율을 2007년 33%에서 2013년까지 40%로 확대한다.
   • 토지 집중 비율을 2013년까지 22% 축소한다. 토지 지니계수를 2008년 0.7836에서 2013년까지 0.6112로 감소시킨다.
   • 2013년까지 개인소득세와 부가가치세의 재분배 효과 누진율을 10% 향상시킨다. 개인소득세와 부가가치세의 '카카와니(Kakwani) 지수'를 2008년 0.38에서 2013년까지 0.41로 향상시킨다(SENPLADES, 2009: 151~160, 442~444).

서 사회적 연대 경제는 지금까지 바나나, 화훼, 새우 등을 중심으로 한 1차산품 수출 전략이 실패하면서 중요한 의미를 갖는다.

사회적 연대 경제법에서 사회적 연대경제란 "개인적 또는 집단적 경제 형식과 실천의 총체이다. 집단인 경우, 이익과 자본축적보다는 자연과 조화에 따라 수막 카우사이를 실현하는 행위의 주체이자 목적으로서 인간을 중시하면서, 노동자·생산자·소비자 역할을 동시에 수행하는 것"으로 언급하고 있다(제1조). 사회적 연대경제의 특징으로는 ① 자가 고용 및 구성원의 필요를 공통적으로 만족시키는 목적 추구 ② 공동체의 지역발전과 자연과 조화로운 공생 실천 ③ 구성원과 관계에서 이익을 목적으로 추구하지 않음 ④ 어떠한 구성원에게라도 특권을 허용하거나 차별을 행하지 않음 ⑤ 민주적·참여적 자율경영, 자기통제, 자기책임성 ⑥ 자본에 대한 노동의 우위, 개인적 이해에 대한 집단적·공적 이해의 우위, 이기주의와 경쟁보다는 상호성과 협력의 우위 등이 있다(제3조). 여기에서 공적이해란 "사회적 연대경제 체제를 구축하고, 경제발전, 민주주의 실천, 정체성 보호, 부의 공정한 배분, 경제적·사회적 포용을 이룩하기 위해 효율적인 기제로서 사회적·연대적 경제조직의 진흥, 보호, 강화"를 위한 것이다(제5조). 또한 자율이란 "국가가 사회적·연대적 경제조직의 실천, 독립, 자유로운 발전을 보장하는 것"을 의미한다(제6조). 그리고 사회적 연대경제의 가치는 "사회관계와 경제행위에서 사회적·연대적 경제조직은 정의, 정직, 투명, 사회적 책임이라는 가치에 구속되고, 상호원조, 고유의 노력, 민주적 운영, 정의로운 사업의 실천, 윤리적 소비 등의 원칙에 따라 활동하는 것"을 강조한다(제4조).

사회적 연대경제 법에 의해 승인된 조합은 1684개로서 60.7%는 내륙지역에 위치하고, 32.4%는 해안지역에 위치하며, 6.7%는 아마존 지역에 위치한다. 사회적 연대 경제법 진흥청(Instituto Nacional de Economía Popular y Solidaria)은 2009년 창설되어, 2009~2011년 동안 313개의 프로젝트를 통해 2억 5200만 달러를 투입했다. 또한 2011년 204개의 사회적 연대경제 금융단체가 27만 1000 건의 사업을 통해 1억 6000만 달러를 지원했다(http://www.fae.usah.cl).

에콰도르의 경제 모델은 사회적 연대 경제(ESS)이다. 즉 경제 역동성에 대부분의 국민을 통합하기 위한 자본주의적 시장경제의 무능과 불충분함을 인정한 것이다. 제도로서 국가도 또한 자본주의적 시장경제에 국민통합의 실패를 인정한 것이다. 시장과 국가가 국민을 시장경제에 통합하는 것에 실패한 상황에서 사회적 연대경제의 주체는 신자유주의 모델과 대자본으로부터 발생한 배제, 강탈, 착취에 저항하고 있는 것이다. 사회적 연대경제는 경제의 역동성을 유지하면서 에콰도르에서 고용과 부를 창출하고 많은 제약과 적대 속에서 창의적으로 진정한 국민의 필요를 해결하는 것이다(http://lalineadefuego.info/2011/04/13). 다시 말하면, 수막 카우사이의 사회적 연대경제를 통해 자본주의가 파괴한 인간과 자연을 회복하면서 공생의 새로운 방식을 실현하고 있는 것이다.

4. 도전과 한계

에콰도르에서 수막 카우사이는 일정한 성과를 이룩했다. 예를 들면, 수막 카우사이가 전체적이고 통합적인 개념으로서 2008년 헌법을 관통하고 있고, 새로운 패러다임의 가능성을 제시했으며(현지 인터뷰 촐랑고, 로사노), 상호 문화성 교육법(Ley de Educación Intercultural) 및 사회적 연대 경제법 등 구체적 법률이 제정되었다(현지 인터뷰 미첼레나). 또한 원주민

의 사법적 정의가 부분적으로 인정되었다(현지 인터뷰 엔리케스, 말도나
도). 그럼에도 현재 수막 카우사이 실현을 위해 코레아 정부는 어려움에
처해 있다. 가장 중요한 점은 기본적으로 자유주의적 국가론에 기초하
고 있기 때문에 헌법에서 자유주의적 국가와 수막 카우사이가 서로
충돌한다는 것이다(현지 인터뷰 다발로스, 미첼레나). 그리고 발전의 대안
으로서 수막 카우사이가 헌법에는 '발전체제(régimen de desarrollo)'라고
명기되어 있는 것에서 알 수 있듯이 수막 카우사이가 진정으로 기존의
발전개념을 극복했다고 하기에 어려움이 있다. 이 두 가지는 헌법에서
가장 중요한 한계이다. 다른 한편, 현실적으로도 코레아 정부는 수막
카우사이 실현이 쉽지 않다는 것을 알고 있기 때문에 정치구호로서
수막 카우사이를 전면에 내세우지 않고 대신에 '시민혁명(revolución
ciudadana)'을 가장 중요한 정치 구호로 내세우고 있으며(현지 인터뷰 촐랑
고), 코레아의 '시민혁명'은 수막 카우사이의 실현이라기보다는 서구의
복지개념에 더 가깝다. 다른 한편, 현실 정치인으로서 코레아 대통령의
경제정책에서 석유개발에 의한 발전방식에 유혹이 있다. 왜냐하면 현실
적으로 다른 경제발전전략을 찾기가 쉽지 않을 뿐만 아니라, 내년으로
다가온 대선에서 승리하기 위해 국민에게 가시적인 성과를 보여줘야
하는데, 수막 카우사이는 한 번에 모두를 실현할 수 없는 현실적 한계가
있다. 게다가 대선에서 코레아 정부가 실패한다면 헌법을 다시 새롭게
제정할 가능성도 완전히 배제할 수 없다(현지 인터뷰 미첼레나).

　권리의 총체로서 수막 카우사이는 많은 성과를 이룩했지만, 헌법에
명시된 많은 조항이 후속법령으로 제정되어야 한다. 특히 인터뷰한 여
러 사람이 용수법(Ley de Agua)의 필요성을 강조했다. 그리고 이미 제정
된 법령도 일부 보완될 필요가 있다. 예를 들면, "수막 카우사이를 위한
계획"과 관련하여 이 계획은 전통적인 발전 사상에 의해 준비된 것이

아니라 목표로서 수막 카우사이를 염두에 두고 준비한 것이지만, 자원 추출주의(extractivismo)를 포함하여 계획이 전통적인 발전과 비슷한 도구와 과정으로 치우친 감이 있다. 다른 한편, 사회적 연대경제 법과 관련하여 첫째, 현재의 사회적 연대경제(ESS)의 위상이 주변부에 있는데, 핵심적인 역량을 강화해야 한다는 비판이 있다. 둘째, 사회적 연대경제의 주체에 대해서는 자세히 묘사되어 있으나, 사회적 연대경제의 주체를 위한 동기부여를 어떻게 할 것인지가 부족하다는 것이다. 예를 들면, 정부조달 부문에서 사회적 연대경제의 구매를 우선적으로 한다고 언급하고 있지만, 언제 그리고 어떻게 운영할 것인지에 대해서 언급이 없다는 것이다. 셋째, 사회적 연대경제의 주체에 대한 명확한 사법적 규정이 필요하다는 것이다. 즉 사회적 연대경제 법은 조합 부문을 강조하고 있지만, 공동체 부문과 연합 부문은 간단하게 언급되어 있다. 이에 서로 간의 차이가 무엇인지 명확하지 않다는 비판이 있다.

결론적으로 500년 동안 여러 분야에서 켜켜이 쌓인 도전을 한 번에 모두 해결할 수 없다. 수막 카우사이는 완결된 것이 아니라 신자유주의 패러다임을 극복하려는 국민의 지혜를 계속해서 수렴해야 하는 현재 진행형의 과정이다. 새로운 패러다임으로서 수막 카우사이는 한 번에 모든 것을 바꿀 수 있는 것도 아니고, 법제정으로 모든 것이 한 번에 해결되는 것도 아니다. 그것은 개방적이고 민주적인 수렴의 구체적 실천을 통해서만 가능하다.

5. 결론

에콰도르에서 수막 카우사이는 이윤의 극대화와 '이윤율의 경향적

저하의 법칙'이 충돌하면서 신자유주의의 구조적 폭력 에너지가 라틴 아메리카에서 가장 불안정한 지역인 에콰도르와 볼리비아에 전선을 형성시켰다. 이러한 맥락에서 에콰도르의 가장 취약한 집단인 원주민이 대항헤게모니운동의 핵심세력으로 등장했다. 에콰도르에서 원주민운 동은 1990년 원주민 봉기를 기점으로 1997, 2000, 2005년 현직 대통령 이 약속을 이행하지 않음에 따라 현직 대통령 3명을 강제로 퇴진시키는 초유의 사태를 발생시켰다(김달관, 2010: 51). 이러한 상황에서 진보적인 코레아 대통령 후보가 대선에서 당선될 수 있었고, 2008년 신헌법에 원주민의 세계관인 수막 카우사이를 실현시킬 수 있었다.

수막 카우사이는 기본적으로 권리의 총체로서 그리고 발전의 대안으 로서 이해할 수 있다. 수막 카우사이는 2008년 신헌법에서 가장 핵심적 인 개념이자 신헌법의 가장 중요한 목적이기도 하다. 수막 카우사이는 정복·식민 그리고 독립 이후에도 계속된 권력의 식민성을 극복하려는 '역사적 정의' 회복과 발전의 대안이라는 측면에서 미래를 향한 새로운 시선이자 새로운 패러다임이다.

그러나 현실로서 수막 카우사이는 여러 가지 도전에 직면하고 있다. 당연한 것이지만, 500년 동안 지속된 식민성을 하루아침에 다 고치려는 것은 현실적으로 어려움이 있다. 그러나 중요한 것은 현실적 도전 그 자체가 아니라, 그것을 극복하려는 개방적이고 민주적인 수렴의 과정이 필요하다. 에콰도르의 수막 카우사이는 지적 유희가 아니라, 라틴아메 리카, 더 나아가 세계에서 가장 어려움을 겪는 사회집단의 피맺힌 절규 와 고민의 결정체이다. 현재 우리나라에서도 양극화에 따른 계급적, 세대적, 지역적 모순과 갈등이 증가하고 있다. 이러한 상황이 더욱 심화 된다면, 자본주의적 세계체제에서 우리나라의 위상으로 인해 에콰도르 보다는 덜 하겠지만, 대항헤게모니운동이 출현할 가능성이 있다. 21세기 큰 변화의 격랑 속에서 우리나라는 방향타로서 새로운 패러다임이 절실하게 필요하다. 에콰도르 사례에서 볼 수 있는 것처럼 새로운 패러다임은 다양성과 자연과의 조화에 기초한 공생의 새로운 방식을 찾는 것이라 할 수 있다. 즉 유일보편성에서 다보편성 및 이보편성에 기초한 조화, 공생, 공유, 공공성, 공감 등이 중시되어야 할 것이다. 이러한 관점에서 라틴아메리카의 다양한 사회변동에 대한 연구는 우리나라가 필요한 새로운 패러다임 모색에 도움이 될 수 있다.

참고문헌

김달관. 2011a. 「민주화 이후의 에콰도르 민주주의: 1979-2010」. ≪이베로아메리카연구≫ 제22권 1호, 63~91쪽.

김달관. 2011b. 「에콰도르의 탈식민적 국가개혁: 국민국가에서 다국민국가로」. ≪이베로아메리카≫ 제13권 2호, 1~31쪽.

김달관. 2010. 「에콰도르 원주민 운동의 등장배경과 변천과정: 국민국가형성부터 현재까지」. ≪이베로아메리카연구≫ 제21권 2호, 25~55쪽.

샌델, 마이클(Michael J. Sandel). 2010. 『정의란 무엇인가』. 이창신 옮김. 김영사.

칼 폴라니(Karl Polanyi). 2009. 『거대한 전환』. 홍기빈 옮김. 길.

Acosta, Alberto. 2009. *El Buen Vivir. Una Vía para el Desarrollo.* Ediciones ABYA-YALA, Quito.

_____. 2010. *El Buen Vivir en el Camino del Post-Desarrollo. Una Lectura desde la Constitución de Montecristi.* Policy Paper 9. Fundación Friedrich, FES-ILDIS, Quito.

Avila Santamaría, Ramiro. 2011. *El Neoconstitucionalismo Transformador: El Estado y el Derecho en la Constitución de 2008.* Ediciones ABYA-YALA, Quito.

Constitución Política de la República del Ecuador. 2008.

De Souza Santos, Boaventura. 2007. "La Reinvención del Estado y el Estado Plurinacional." *OSAL*, No. 22, Buenos Aires: CLACSO, pp. 25~46.

El Universo(Diario). 2011. "Ecuador Extiende Plazo para la Iniciativa Yasuní-ITT." 30 de diciembre de 2011, http://www.eluniverso.com.

Fatheuer, Thomas. 2011. *Buen Vivir: A Brief Introduction to Latin America's New Concepts for the Good Life and the Rights of Nature.* agit-druck, Berline.

Gudynas, Eduardo. 2011. "Buen Vivir: Germinando Alternativa al Desarrollo." *América Latina en Movimiento*, No.462, Quito, pp.1~21.

Gudynas, Eduardo y Alberto Acosta. 2011a. "El Buen Vivir más allá del Desarrollo." *Qué Hacer*, No.181, Perú, pp.70~81.

Gudynas, Eduardo y Alberto Acosta. 2011b. "La Renovación de la Crítica al Desarrollo y el Buen Vivir como Aternativa." *Revista Internacional de Filosofía Iberoamericana y Teoría Social*, No.53, Venezuela, pp.71~83.

Larrera, Calos. 2011. Yasuní-ITT: Una Iniciativa para Cambiar la Historia. Fondo para el Logro de los ODM. UNDP. Ecuador.

Ley de la Economia popular y solidaria, Quito

Lombeyda M., Benjamín. 2010. *Propuesta Yasuníi-ITT. Análisis Económico, Social y Ambiente*. Quito: Facultad de Economía de Pontificia Universidad Católica.

Ministerio Coordinador de Patrimonio Natural y Cultural(에콰도르 자연자원과 문화 지원 협력국). 2009. *Plan Plurinacional para Eliminar la Discriminación Racial y la Exclusión Ética y Cultural*. Quito.

Oviedo Friere, Atawallpa. 2011. *Sumak kawsay/ Cultura de la Vida. Camino Alternativo al Desarrollo*. Quito: Sumak Editores.

Ramírez, René. 2010a. "Socialismo del Sumak Kawsay o Biosocialismo Republicano." en SENPLADES. *Los Nuevos Retos de América Latina: Socialismo y Sumak Kawsay*. Quito, pp.55~76.

_____. 2010b. "Sugunda Mesa: El Estado como motor de la economía, el Valor del Trabajo por encima del Valor del Capital y Nuevos Modelos de Propiedad y Producción." en SENPLADES. Foro Internacional: Los nuevos de América Latina. Socialismo y Sumak Kawsay. Memorias. Quito, 18-19 de enero de 2010.

_____. 2011b. Socialismo del Sumak Kawsay o Biosocialismo Republicano. SENPLADES. *Documento de Trabajo*, No.2, Quito.

Roa, Tatiano. 2009. "Sumak Kawsay como Expresión de la Descolonialidad del Poder." http://www.iniciativaambiental.net/noticias, 자료검색, 2011

년 12월 16일.

SENPLADES. 2009. *Plan Nacional para el Buen Vivir 2009-2013*. Quito: Secretaría Nacional de Planificación y Desarrollo.

http://lalineadefuego.info/2011/04/13 자료검색, 2012년 4월 24일.

http://www.fae.usacj.cl 자료검색, 2012년 4월 24일.

제7장

마야 원주민 운동과 시민선거위원회*

이성훈 서울대학교 라틴아메리카연구소 HK교수

1. 서론

과테말라는 아메리카 대륙에서 전체 인구에서 차지하는 원주민 비율이 볼리비아 다음으로 높은 나라로, 자료에 따라 다르기는 하지만 마야 원주민의 수가 거의 절반에 달한다. 그럼에도 불구하고 과테말라의 원주민 운동은 다른 원주민 다수 국가인 볼리비아나 에콰도르에서 보인 양상과는 상당한 차이를 보여주고 있다. 에콰도르에서 1990년대 강력한 원주민 운동 세력이었던 에콰도르 원주민 민족연합(Confederación de Nacionalidades Indígenas del Ecuador: CONAIE)는 파차쿠틱(Movimiento de Unidad Plurinacional Pachakutik)이라는 정당으로 변모하여 제도 정치에 참여하여 일정한 성과를 보여주었다. 볼리비아의 원주민 운동의 성과는

---

1) 이 글은 ≪스페인라틴아메리카연구≫ 9권 1호에 발표한 필자의 논문을 총서 취지에 맞게 수정 보완한 것이다.

에보 모랄레스의 사회주의운동당(Movimiento al Socialismo: MAS)의 사례에서 보는 것처럼 보다 더 가시적이다.

이들 국가에서 원주민 운동은 사회운동 세력으로서 거둔 성취를 넘어, 정당 조직으로서 사회적 변화를 추동해 내는 현실 정치세력으로 자리 잡고 있다. 이에 반해 1970년대부터 등장한 과테말라 원주민 운동이 1990년대 중반 사회 운동으로서 의미 있는 성과를 거뒀음에도 불구하고, 앞의 두 국가와는 차별적인 모습을 보여준다. 즉, 과테말라의 경우 원주민 인구가 다수임에도 불구하고, 원주민 정당 조직인 위낙정치운동(Movimiento Político Winaq)이 원주민 대통령 후보를 입후보시킨 것은 2011년에 이르러서였다.[1] 최초로 원주민 대통령 후보가 출마한 것은 2007년으로, 이 두 번의 선거에 출마한 원주민은 1992년 노벨 평화상 수상자인 리고베르타 멘추(Rigoberta Menchú)였다. 원주민 운동의 상징으로 대내외에 알려진 그였지만 두 번의 선거에서의 득표율은 3% 내외에 불과했다. 2007년 선거에서는 14명의 후보자 중 7번째였고, 2011년 선거에서는 10명의 후보자 중 6번째 다득표자였다.[2]

원주민 운동의 성과를 기존 정치 제도 내에서의 대표성 확보, 정당 정치체제에 편입, 국가 권력 획득의 문제로 평가하는 것이 적절한 것인

---

1) 위낙(winaq)은 마야 원주민어로 '통합적인 완전한 인간(ser humano integral, ser humano completo)'을 의미한다. http://www.urng-maiz.org.gt/2015/08/programa-politico-de-las-mujeres-de-izquierda-winaq-urng/

2) 2007년 선거에서는 3.06%, 2011년 선거에서는 3.22%를 얻었다. 이 선거들과 관련한 자세한 자료는 다음을 참고하시오. Guatemala: Informe Analítico del Proceso Electoral 2007(www.kas.de/wf/doc/kas_16479-544-4-30.pdf), Informe analítico del proceso electoral Guatemala, 2011(www.kas.de/wf/doc/kas_31580-1522-4-30.pdf?120720224645)

가에 대한 논란이 있을 수 있다. 그러나 원주민 운동의 주된 목표가 기존 국가 체제나 정치 질서의 변화를 통해서 가능한 측면이 있다는 점을 고려한다면, 이런 원주민 운동의 전화를 적극적으로 평가하는 것이 바람직하다. 이런 맥락에서 보면 과테말라의 원주민 운동은 다른 안데스 국가에 비해 원주민 운동의 정치 세력화가 더디게 진행되었을 뿐만 아니라, 성과 또한 상당한 차이를 보여준다. 그렇다면 대표적인 원주민 다수 국가이고 또 원주민 운동의 상당한 성취에도 불구하고, 정치의 영역에서 원주민이 과소 대표되고 원주민 정당의 수행성이 약한 이유는 무엇일까? 과테말라의 경우 원주민들의 정치적 대표성은 인구 구성에 비해 상당히 낮다. 의회의 경우 원주민 의원의 비율이 1985년 선거에서 8%였고, 1999년에는 가장 높은 11.5%, 2011년 선거에서는 11.4%에 불과한 실정이다(Rull, 2013: 1510).

이렇게 원주민들의 정치적 대표성이 낮은 이유는 식민 시기부터 존재했던 지배 엘리트들의 원주민에 대한 인종주의적 거부감과 함께, 원주민들의 참여를 막는 제도적인 장벽들이 존재하기 때문이다. 여기에 원주민 운동에 존재하는 차이와 갈등이라는 내재적인 요인들이 존재한다. 특히 마야 공동체들 사이의 문화적, 이데올로기적 차이들이 공동의 정치적 목표를 설정하는 것을 어렵게 하고 있다. 볼리비아나 에콰도르에서 공동의 목표 달성을 위한 집단들 간의 전략적 연대가 원주민 운동의 정치적 성취에서 중요한 역할을 했다면, 과테말라의 경우에는 내부적인 차이들이 공동체들 사이의 전략적 연대를 가로 막고 있는 것이다. 이런 제약 요소로 인해 원주민 정당의 출현이 다른 안데스 국가들보다 늦은 2011년에 가능했고, 정치적 대표성이 약하다고 할 수 있다.

라틴아메리카 원주민 운동에 대한 많은 관심에도 불구하고, 국내에서 과테말라 원주민 운동에 관한 연구는 최진숙과 정이나의 논문 외에는 찾기 어렵다. 최진숙은 마야 원주민 운동을 문화 다양성이라는 관점에서 접근하고 있다. 평화 협정 이후에 등장한 범마야 운동을 "문화 운동이자 민족 재생 운동"으로 파악하고, "다문화, 다언어 민족으로 구성된 마야인들을 '하나의 마야'로 집결시키려는 시도라는 것이다. 한편 마야 원주민 운동이 '무정치적인 정치운동'이라는 모순적인 성격을 가지고 있는데, 그 이유가 내전 기간의 트라우마에서 기인했다고 본다. 또한 마야 원주민 운동을 라디노(ladino)와 크리오요가 추구하던 "동화와 진보를 통한 근대성"에 기반을 둔 국가와는 다른 방식의 국가를 상상한 것으로 이해한다. 그리고 현재 범마야 운동가들은 이러한 문화적 차이에 토대를 둔 '다문화주의'를 요구한다고 본다. 물론 최진숙은 이러한 마야원주민 운동이 추구하는 다문화주의가 과연 근대국민주의를 대체하는 새로운 국가이데올로기에 불과한 것인지, 아니면 기존의 근대국가와는 전혀 다른 대안적 세계의 상상인지라는 중요한 물음을 던져 준다고 하면서 마야 원주민 운동에 대한 명확한 평가를 유보하고 있다(최진숙, 2007: 187~190).

정이나는 최진숙과 달리 마야 원주민 운동에 대해 비판적인 관점을 제기하고 있다. 마야 원주민 운동이 사회개혁이 아닌 문화적 권리 중심의 운동으로 발전하면서 대다수 원주민이 빈곤에서 헤어나지 못하고 있으며 소수 원주민 운동이 관변화되었다고 파악한다. 그는 이 문화적 권리 중심적인 원주민 운동이 대중과 괴리되었으며 사회운동의 성격을 상실하고 있다는 것이다. 이러한 원주민 운동이 변화하게 된 계기로 내전 시기 자행된 대규모 국가 폭력을 들고 있다. 국가 폭력으로 인해 1970년대 마야 원주민 운동의 주된 흐름이었던 계급적인 관점 중심의 운동이 탈계급적이고 탈정치적인 방향으로 전환했다고 본다. 이렇게 마야 원주민 운동이 계급이 아닌 마야 전통을 강조하는 문화적 투쟁으로 변모하면서, 마야 원주민 운동은 계급적인 성격을 상실하고 일종의 관변화되었다는 것이다. 그는 나아가 마야 운동의 성취라고 할 수 있는 평화협정 시기의 일정한 역할도 기득권 세력이 최소한의 양보를 통해 자신들의 지배력을 보호하기 위한 기만적인 것으로 파악한다. 따라서 그는 과테말라 원주민 운동이 정치 세력화에 실패했으며, 정부의 관제 대변기구 역할에 머물고 있다고 본다. 원주민 운동의 이러한 변질은 내전 과정의 국가 폭력에 의한 트라우마를 감안하더라도 "문화주의에 매몰"되어 "계급성을 상실한 과테말라 원주민 운동의 한계"에서 기인한 것으로 파악한다(정이나, 2015a: 263~281).

이 글은 정이나 최진숙의 문제의식과는 다소 차이가 있다. 원주민 운동이 원주민 정당으로 발전하여 국가 권력을 획득하거나 현실 정치 질서에 참여한 다른 안데스 국가들과 달리, 과테말라 원주민 운동이 현실적인 정치 세력으로 성장하지 못한 이유를 제도적인 측면에서 살펴보고자 한다. 원주민 정당의 출현을 제한하는 외부적인 요인 중에서 가장 근본적인 것은 선거법이다. 현행 과테말라 선거법은 정당이 22개 주 중에서 적어도 12개와 무니시피오 50개의 지방 조직을 구축하고 있을 것을 정하고 있다. 이 조건은 마야 족 내부에 존재하는 22개 언어민족 그룹이 자신들의 정당을 만드는 것을 막고 있다. 예를 들어, 가장 수가 많은 키체 족의 경우에도 단지 5개 주에만 거주하고 있기 때문이다 (Rull, 2013: 1510).[3] 경제적인 이유도 문제가 되는데 정당 활동과 관계된 공적 지원이 거의 없기 때문에, 반대로 정치 세력이 사적인 재원을

---

3) 팔리스터(Pallister)의 경우 이러한 조건이 매우 엄격한 것은 아니라고 본다. 그러나 마야 공동체 내의 다양성과 지역주의가 원주민 정당의 출현을 어렵게 한다고 해석한다(Pallister, 2013: 124)

사용하는 데 전혀 제한이 없기 때문에 원주민 운동 세력이 정당을 유지하는 데 필요한 재원을 마련하기는 쉽지 않다. 결국 마야 원주민 내부에서 공동의 정치적 목표를 설정하지 않는다면, 원주민 정당의 창당과 선거 참여가 그리 쉽지 않다. 따라서 과테말라 원주민 운동 세력은 다른 길을 선택할 수밖에 없었다. 이 글에서는 과테말라 원주민 운동의 성장과 정체 현상을 내부적인 원인과 함께 과테말라 선거에서 독특한 '시민선거위원회'를 중심으로 살펴보고자 한다.

2. 과테말라 정치 상황과 마야 원주민 운동의 등장

과테말라에서 마야 원주민 운동이 나타나게 된 것은 만연한 인종차별과 내전으로 인한 기나긴 정치적 갈등의 결과였다. 에밀리오 델 바에 에스칼란테(Emilio del Valle Escalante)는 1970년대 마야 원주민 운동이 출현하게 된 배경을 마야 인들의 내전(1960~1996) 참여[4], 1978년 농민단결위원회(Comité de Unidad Campesina, CUC) 결성으로 이어지는 농촌 지역의 정치적 각성, 그리고 마야적인 관점에서 자신들의 문화적 정체성과 역사를 재확인하려는 지식인 집단의 존재 등을 들고 있다(del Valle Escalante, 2009: 3). 이렇듯 마야 원주민 운동은 원주민 공동체에 대한 억압, 인종주의, 착취에 기반을 둔 식민적 상황을 극복하기 위한 것이었다. 그들은 자신들이 겪고 있는 사회적 차별과 억압을 해소하고, 마야

---

4) 1960년 미국의 피그만 공격을 과테말라 군이 지원한 것에 대하여 하급 장교들이 저항하고 좌파적인 정책을 요구하면서 내전이 시작된다. 그러나 이 저항은 군부 내 헤게모니 다툼의 성격을 띠었고, 본격적인 내전은 1963년 대학생들과 무장 게릴라들의 게릴라 활동으로 발발했다(Afflitto, 2007: 3; McAlliser & Nelson, 2013: 13).

종족을 과테말라 국민과 차별되는 하나의 정치적 집단이자 차별적인 문화 정체성을 지닌 집단으로 위치시키고자 했다.

원주민 운동이 본격적으로 나타나게 된 계기는 내전과 밀접한 관련이 있다. 내전 시기 원주민들은 국가 권력에 저항하는 수단으로 게릴라 투쟁을 선택하여 과테말라 전국혁명동맹(Unidad Revolucionaria Nacional Guatemalteca, URNG)를 중심으로 한 혁명 세력에 많은 원주민들이 참여했다. 1960년대에 시작한 내전이 정점에 달한 것은 1978~1984년으로, 원주민 대다수가 거주하고 있던 농촌 지역은 엄청난 폭력의 피해를 보았다. 농촌의 원주민 공동체를 혁명 세력의 거점이자 후방 기지로 간주한 군은 원주민 공동체에 대한 유례없는 폭력을 자행했고, 이로 인해 약 20만 명의 원주민이 살해되거나 실종되었다(Bastos and Cumes, 2007: 57). 물론 원주민 공동체에 대한 폭력은 정부군에 의한 것만은 아니지만, 주로 정부군과 이들의 지지 세력에 의해 자행되었다. 이렇게 국가권력이 원주민 공동체에 자행한 폭력이 원주민들의 정치적 자각과 동원을 위한 직접적인 배경이 된다(Harvey, 2008: 2)

이렇게 과테말라의 내전은 원주민 공동체에 대한 대규모의 체계적인 폭력을 야기했고, 이는 불가피하게도 원주민 정체성의 정치화를 야기했다. 그리고 앞서 정이나가 지적한 것처럼 국가 폭력과 사회경제적 차별에 저항하기 위한 다양한 활동은 농민단결위원회(CUC)처럼 주로 계급주의적인 민중운동 조직에 기반을 두었다. 이렇게 원주민들이 정부군의 억압에 맞서 게릴라 활동에 참여한 것은 당연한 결과였다.

이와는 다른 흐름 또한 나타나기 시작했다. 내전이 격화되어가고 원주민 공동체의 피해가 악화되면서, 많은 마야 활동가들은 갈등을 극복하기 위한 대안으로 마야 문화의 복원을 내세우기 시작했다(Warren, 1998: 22). 1980년대 후반에서 1990년대 초반 들어 마야 종족성에 기반을 둔 통합된 사회 운동으로 발전시키는 쪽으로 확대되었다. 이 흐름은 주로 원주민 공동체들 사이에 존재하는 언어적 차이를 뛰어 넘어, 공통의 문화유산의 복원과 통합에 강조를 두었다. 이러한 사회운동을 범마야 운동이라고 한다. 물론 이 흐름 내에 마야 종족이 직면한 식민적 상황을 극복하기 위해서는 국가 체제를 변화시키는 것이 중요하다는 경향도 존재한다. 그러나 기본적으로 범마야 운동은 몬테호의 지적처럼 "마야의 언어 공동체들 사이에서 생존과 문화적 재확인을 위한 연대적 노력의 건설 과정"이다(Montejo, 2005: 80). 워렌 역시 범마야 운동의 대표적인 요구는 국민 국가 내에서 문화적 다양성을 인정받는 것으로 파악한다(Warren, 1998: 36). 이처럼 범마야 운동을 마야 공동체가 직면한 내부 식민지에 맞선 투쟁으로 간주하면서 정치 사회적 경향성을 강조하는 입장도 존재하지만, 주로 범마야 운동은 마야 공동체의 당면 과제를 문화적인 관점에서 이해하고 해결책을 모색했다(Cojtí Cuxil, 1996: 21).

범마야 운동이 나타나기 된 직접적인 계기는 내전이라고 할 수 있지만, 범마야 운동의 맹아는 다른 곳에 위치한다. 1960년대 가톨릭교회의 진보적인 흐름들이 마야 공동체의 초·중등 교육을 지원하고, 마야인들이 이런 기회를 적극적으로 이용했다. 1970년대 중등 교육을 마친 마야인들이 고등 교육기관에 진학하여 전문적인 기술을 습득하고, 공동체 내에서 전통적인 역할을 넘어서는 유기적 공동체 지도자로 성장했다. 이렇게 보면 좌파 게릴라 활동에 참여한 마야인들이 좌파 혁명 세력에 동원된 것이 아니라, 나름의 내적 논리를 가지고 참여했다는 평가도 가능하다. 즉, 게릴라 활동에 참여한 것은 라디노들 사이의 계급적 문제에 동의해서가 아니라, 자신들에게 직접적인 영향을 끼치는 인종주의를 극복하려는 시도의 일부였다는 것이다. 라디노 주도의 전통적인 좌파 세력이 자신들의 목표를 위해 원주민들을 동원했다면, 원주민들은 자신들의 목표를 위해 이 내전에 참여했다. 이런 양상을 "모반 속의 모반(la conspiración dentro de la conspiración)"이라고 표현하기도 한다(Arias, 2006: 252~253).

명백하게 원주민적인 요구들을 주장하는 원주민 조직들은 1980년대 중반에 나타나게 된다. 이 조직들은 라디노 주도의 좌파 혁명 조직이 주장하는 계급적인 관점이 아니라, 범마야주의에 기반을 두고 마야의 전통과 문화의 부활, 이중 언어, 정치적 자율성 등을 주장했다. 1980년대에 많은 수의 마야 조직들이 만들어졌고, 1990년 이 조직들을 대표하는 과테말라 마야조직위원회(Consejo de Organizaciones Mayas de Guatemala, COMG)가 결성되었다.

원주민 공동체에 가해지는 차별을 해소하기 위한 수단으로 내전에 참여했던 원주민들은 평화협상 과정에서 평화적이고 제도적인 수단을 동원하여 자신들의 문화적 유산을 재확인하는 데 전념했다. 평화협정 시기 동안 마야 원주민 운동은 평화 협정의 책임 있는 당사자로 자리매김하면서, 1995년 자신들의 주장을 담은 '원주민 종족의 정체성과 권리에 대한 합의(Acuerdo de Identidad y Derechos de los Pueblos Indígena: AIDPI)'를 이끌어냈다. 협약의 구체적 안들을 협의하는 정부 측과의 양자 교섭 과정에서도 원주민 사회 운동 세력의 존재감은 부각되었다. 이런 일련의 과정은 과테말라 전국해방동맹(URNG)와 정부 사이의 평화협상에 마야 원주민 운동 조직들이 새롭게 구성된 마야 원주민 운동 조직인 과테말라 마야민족 조직연합(Coordinación de Organizaciones del Pueblo Maya de Guatemala: COPMAGUA)를 통해 참여하면서 이뤄진다. 평화협상에 참여하여 '원주민 종족의 정체성과 권리에 대한 합의'를 얻어내는 과정은 원주민 운동, 특히 범마야 운동 세력의 승리라고 할 수 있다.

워렌은 이 합의가 "마야 공동체들이 자신들의 운명에 대한 결정권을 지닌 국가를 요구하고, 문화적, 집단적 권리의 인정을 얻어낼 수 있는 기회를 제공했다"고 긍정적으로 평가한다(Warren, 2001: 147). 이 합의에 는 과테말라를 "다종족, 다문화, 그리고 다언어 국가" 인정하고, 마야인 들의 전통 보존, 이중 언어 및 다문화 교육, 정부에 원주민 참여, 그리고 지역적 관습법 및 공동체 토지의 인정을 요구했다. 이런 성취를 바탕으 로 마야 운동 조직들의 대표 조직인 과테말라 마야민족 조직연합 (COPMAGUA)은 마야 통합의 "결정적인 단계"로 간주되었다(Arias, 2006: 257).5)

1996년 평화 협정 체결로 이중 언어 정책이 실시되는 등 범마야 운동 은 일정 부분 성과를 거둔 것처럼 보였다. 또한 '원주민 종족의 정체성 과 권리에 대한 합의'가 규정한 위원회들은 평화협정 체결 이후에도 공식적인 조직으로 유지되어 협상을 진행했다. 따라서 평화협정 체결 이후에도 원주민 운동이 과테말라 사회에서 의미 있는 역할을 할 것으 로 기대되었다. 그러나 이러한 기대는 1999년 헌법 개정 투표가 부결되 면서 한계에 봉착하게 된다. 약 80%에 달하는 유권자가 기권을 했고 반대가 55%로 승리했다. 같은 해 치러진 의회 선거에서 원주민 탄압의 주역이었던 에프라인 리오스 몬트(Efraín Ríos Montt)의 과테말라 공화주 의전선(Frente Republicano Guatemalteco)이 승리하면서 원주민 운동의 황 금 시기는 막을 내리게 된다(McAllister & Nelson, 2013: 82).

이 투표가 부결된 이유는 '원주민 종족의 정체성과 권리에 대한 합의'

---

5) '원주민 종족의 정체성과 권리에 대한 합의'는 또한 정치적 권리로서 자치와 자율성, 그리고 경제적 불평등과 불균등한 토지 분배 등의 문제를 다루지 못했다는 한계를 지닌다는 비판도 존재한다(McAllister & Nelson, 2013: 80).

를 최종의 목표로 설정한 과테말라 전국혁명동맹(URNG)의 입장과 자신들의 목표를 달성해 나가기 위한 중간 단계로 설정한 과테말라 마야민족 조직연합(COPMAGUA)의 입장 차, 원주민의 참여에 부담을 가진 라디노들의 반발, 원주민들이 가진 인종주의적인 패배감과 공포, 그리고 전반적인 무관심을 들 수 있다(Arias, 2006: 258). 이 경험은 마야 원주민 운동의 역량과 한계를 잘 보여주는 사례일 것이다. 원주민 운동 조직들이 개혁의 실현을 보장하기 위한 제도적인 수단을 갖지 못한 상황, 즉, 기존 정당이든지 신생 마야 정당이든지 간에 정당 체제 내에서 대표성을 갖지 못하면 원주민 운동은 협상 테이블에서 얻은 약속을 실현하는 데 있어 제한을 받을 수밖에 없다는 것이다. 이런 일련의 과정을 통해 범마야 운동 세력과 영향력은 심각하게 훼손되었다.

3. 마야 운동 내부의 차이와 분열

이렇듯 마야 원주민 운동은 2000년을 거치면서 전국 단위의 사회운동 성격을 상실하게 된다. 마야 원주민 운동이 다른 안데스 국가들처럼 정치 정당으로 변모하여 국가 권력을 획득하거나 의회에 진출하여 국가 체제의 변화를 시도하지 못하고, 문화 영역에서의 일정한 성과를 남기고 쇠퇴한 것이다. 이 장에서는 이런 마야 원주민 운동의 침체를 태생적인 원인을 들어 설명하고자 한다.

1944년 호르헤 우비코(Jorge Ubico) 정권 이후 10년간의 '민주주의의 봄'은 1954년 군부의 쿠데타로 끝나고 30년 넘게 군부 통치가 시작된다. 이 군부 통치는 경제적 과두 세력의 지지로 유지되었고, 군부 시기의 원주민에 대한 억압 그리고 과테말라 사회에 완고하게 자리 잡은 원주민에 대한 인종주의가 1970년대 마야 운동의 탄생으로 이어졌다. 이 마야 원주민 운동은 정치인이나 지식인 중심의 느슨한 연합체 형식이었고, 군부에 맞서기 위한 많은 비공개적인 조직들의 탄생으로 이어졌다. 그러나 마야 운동은 곧 군부의 원주민 공동체를 대상으로 한 체계적인 폭력 속에서 위축되었다. 이렇게 억눌려 있던 마야 원주민 운동이 국가 정치에 공개적으로 참여할 수 있게 된 것은 1990년대 초반 평화협상 과정이 진행되면서 부터이다(Warren, 2004: 149). 36년에 걸친 기나긴 내전으로 인해 과테말라에서 원주민 운동은 다른 안데스 지역 국가들에 비해 상대적으로 늦게 출현했지만, 1990년대 초반 정치 환경의 변화가 원주민 운동에 새로운 기회가 되었던 것이다. 국제적인 압력, 소비에트의 붕괴, ILO의 '원주민과 부족민에 대한 협약(169호 협약)' 등으로 원주민 운동에 유리한 국면이 마련되었고, 마야 조직들의 집합체인 과테말라 마야민족 조직연합(COPMAGUA)이 결성되어 평화 협상 시기에 강력한 정치적 영향력을 행사했다(Vogt, 2015: 29).[6]

그러나 이 조직은 짧은 동거 기간 후에 내부적인 분열로 인해 해소되었다.[7] 또한 1999년 원주민 권리를 규정한 국민 투표가 부결된 사건은 원주민 운동의 정치적 영향력이 쇠퇴하고 있음을 보여주는 가장 상징적

---

6) 평화협정은 이러한 외부적인 조건 하에서 시작되었지만, 내부적으로는 게릴라 세력과 정부군 사이의 적대 행위에서 야기된 막대한 피해와 사회적 피로감, 그리고 게릴라 내부에서 군사적 승리를 담보할 수 없다는 객관적인 인식 등이 평화협정의 요인이라고 할 수 있다(Afflitto, 2007: 26).

7) 2000년 과테말라 마야민족 조직연합(COPMAGUA)의 공식적인 해산은 단순한 조직적 해산을 넘어서는 의미를 갖는다. 평화협정 시기 축적된 마야의 정치적 성장이 한계에 봉착하고 마야 운동 내의 각 분파들의 복합적이고 긴밀했던 관계가 단절되었음을 의미한다(McAlliste & Nelson, 2013: 71).

인 사건이었다. 물론 지금도 원주민 운동 조직이 여전히 정치 과정에 참여하고 있지만 매우 형식적인 수준이다. 또한 몇몇 원주민 운동 활동가들이 정부에 참여하고 있지만 부차적인 역할을 수행할 뿐이다(Warren, 2004: 174~75). 2008년 의회 선거에서 158명의 의원 중 단지 17명이 원주민 출신이었다는 점에서 과테말라 현실정치에서 원주민의 정치적 영향력은 매우 제한적이라고 할 수 있다. 이런 점에서 본다면 과테말라의 원주민 현실을 신자유주의적인 다문화주의라는 개념을 통해 설명한 헤일(Hale)의 분석이 정확하다(Vogt, 2015: 34에서 재인용). 즉, 원주민 운동이 주장한 문화적 권리와 형식적 평등에 대해서는 수사적인 층위라고 할지라도 동의가 존재한다. 그러나 원주민들의 실질적인 삶의 조건과 관련된 정치적, 경제적 권력을 민주적으로 분배하라는 본질적인 요구에 대해서는 방관 혹은 거부하고 있다. 이 문화적 권리에 대한 수사적 동의와 본질적인 변화에 대한 거부가 공존하는 형태를 신자유주의적인 다문화주의라고 본 것이다.

이렇게 1990년대 후반 원주민 운동은 정체 혹은 퇴행을 경험하게 된다. 마야 원주민 운동의 정치적 분열과 정체는 마야 공동체가 가지고 있는 이질성과 깊은 관계를 가지고 있다. 여기에는 다양한 요인들이 존재하지만 여기에서는 마야 운동 내부의 마야 운동 노선을 둘러싼 분열에 주목하여 살펴보기로 한다.

마누엘 보그트(Manuel Vogt)는 과테말라의 원주민 운동이 전국 단위에서 약한 이유를 오도넬의 '수평적 목소리'라는 개념을 사용하여 설명하고 있다. 이 수평적 목소리는 "국가에 영향을 끼칠 수 있는 강력한 '수직적 목소리'의 출현을 가능하게 하는, 정치적인 집단 정체성과 의제를 구성할 수 있는 능력"을 의미한다(Vogt, 2015: 30). 이러한 수평적 목소리가 출현하는 데 장애가 되는 요소들이 과테말라 원주민 운동

내외부에 존재하는데, 이 요인들이 다른 국가의 원주민 운동이 보여주는 성공적인 사례들과 차별성을 가져온다는 것이다. 그는 "조직 내의 분파주의, 핵심적인 이슈에 대한 마야 엘리트의 합의 부재, 그리고 명확하지 않은 연대 정책" 등이 마야 조직들 간의 수평적 목소리가 형성되고 수직적 목소리로 전화하는 데 부정적인 영향을 끼쳤다고 분석한다(Vogt, 2015: 30). 이러한 내부적인 요인이 국가 폭력의 트라우마라는 외부적인 요인과 결합하여 마야 원주민 조직들 사이의 수평적 목소리가 출현하는 것을 제약하고 마야 원주민 조직들을 분열시켰다는 것이다.[8]

마야 공동체 내부에 존재하는 언어적 다름이라는 본래적인 차이를 제외하면, 마야 원주민 운동 내부의 가장 대립적인 측면은 이데올로기적인 것이다. 마야 원주민 운동 내에는 서로 다른 두 개의 이데올로기적인 경향이 존재한다. 이 두 경향이 역사적 조건에 따라 서로 보충적이거나 혹은 서로 대립적인 방식으로 공존했다. 첫 번째 경향은 마야의 문화적 권리를 주장하는, 이른바 문화적 마야(Maya culturales) 경향으로 주로 원주민 공동체의 문화적 특수성을 옹호한다. 원주민 정체성을 무엇보다 우선시하는 원주민 조직들과 마야 지식인들로 구성되었다. 이들의 주된 목표는 과테말라에 만연한 인종주의를 혁파하고, 원주민들의 문화적 정체성과 역사를 강조할 수 있는 교육적인 도구들을 개발하는 것이었다. 여기에 마야어 교육, 종교, 의복 등이 포함된다. 대표적인 것이 과테말라 마야언어 아카데미(Academy of Maya Languages of Guatemala:

---

8) 국가 폭력에 의한 트라우마는 정부군에 의한 원주민 공동체에 대한 직접적인 공격이라는 측면 이외에도, 공동체 내부의 문제에도 존재한다. 즉, 당시 전체 농촌 인구 800만 명 중에서 약 100만 명의 남성이 정부군에 협력하는 민병대에 속하여 게릴라 토벌 및 게릴라 지원세력으로 의심되는 원주민 공동체 공격에 협력했다(McAllister & Nelson, 2013: 3).

ALMG)로 마야어 문법이나 사전 등을 편찬하는 작업을 수행했던 기관이다(del Valle Escalante, 2009: 4-5).

다른 경향은 마야 민중의 권리를 중시하는 입장으로 마야민중그룹 (Maya populares)라고 할 수 있다. 이 경향은 과테말라 사회와 원주민 문제를 계급의 관점에서 이해하고 원주민 정체성 문제를 부차적인 것으로 간주한다. 이들은 문화적 요구보다는 계급적인 관점에서 농촌의 빈곤과 억압을 해결하고자 했으며, 농촌이나 도시 공동체에 대해 자행된 국가 폭력에 저항했다(del Valle Escalante, 2009: 5). 이들 두 경향은 국민투표가 부결되고 그리고 원주민 탄압의 주역이었던 에프라인 리오스 (Efraín Ríos Montt)가 이끌던 과테말라 공화주의전선(Frente Republicano Guatemalteco)이 선거에서 승리한 1999년 이후 서로 단절에 이를 정도로 심각한 반목을 보여주었다.

이 두 흐름은 마야 운동 시작부터 공존했다. 문화적 마야와 민중적 마야가 지향하는 목표가 서로 차이가 있었고, 이러한 차이는 좌파 운동 조직인 과테말라전국해방동맹(URNG)과의 연대를 둘러싸고 극심한 대립을 보인다(Arias, 2008: 528). 마야 정체성 복원 등 문화적 층위의 요구를 내세운 문화적 마야와 달리, 원주민 문제를 계급적으로 인식하는 민중적 마야 입장은 주로 좌파 운동 조직인 과테말라전국해방동맹(URNG)과의 연대 활동에 주력했다. 원주민 집단의 당면 과제를 계급적인 관점에서 이해했던 이들은 과테말라전국해방동맹의 좌파적인 지침에 따라 활동을 펼쳤다. 원주민들의 물적 조건 향상, 사회적 권리, 폭력 행위의 진상 규명과 책임자 처벌 등에 주목했고, 문화적 마야 입장이 강조하고 있던 종족성 문제에는 상대적으로 관심을 덜 가졌다(warren, 1998: 35). 따라서 문화적 마야는 라디노 주도의 좌파 세력이 자신들을 동원하기 위한 수단으로 원주민 문제를 사용한다고 비판했다. 또한 엄격한 규율과 질서를 요구하는 좌파 혁명 조직의 태도는 많은 문화적 마야 그룹의 반감을 유발했다.

따라서 평화협정 시기에 이들 그룹들이 과테말라 마야민족조직연합 (COPMAGUA)에 참여했지만, 이들 사이에 갈등이 여전했다. 그 이유는 앞서 말한 것처럼 두 경향 사이에 본질적인 차이가 존재하기 때문이었다. 민중적 마야 입장이 종족적인 이해관계보다는 좌파 정당인 과테말라전국해방동맹(URNG)의 정파적 이해관계를 우선 시하기 때문이다 (Arias, 2008: 528). 따라서 범마야운동을 통한 진전에도 불구하고, 과테말라 원주민운동 내에는 종족성이 이해되는 방식과 관련해 좌파 세력과의 연대를 두고 분열이 여전히 존재했던 것이다. 마야 원주민운동이 거둔 승리에도 불구하고 혹은 이런 승리로 인해 내부적인 분열이 심화되어 결국 대표적인 마야운동 조직이라 할 수 있는 과테말라 마야민족조직연합(COPMAGUA)이 분열되는 상황이 되었다.

이처럼 마야 원주민이 본래적으로 가지고 있던 지역적, 언어적 차이들에 더해 마야 원주민 운동의 목표와 전술을 둘러싼 입장 차이로 인해 원주민 운동의 전국적인 연대가 쉽지 않았다. 또한 '신자유주의적인 다문화주의'에 의해 원주민 운동이 국가 체제 내에 포섭되었고, 이로 인해 원주민 운동이 분열되었다는 점도 들 수 있다. 앞서 살펴본 것처럼 강력한 수직적 목소리는 집단 구성원이나 지도자들이 자신들의 집단의 이름으로 추구해야 할 정치적 이해에 대한 합의를 통해서 가능하다. 따라서 마야 원주민 운동이 국가에 대한 정치적 영향력을 갖기 위해서는 이러한 합의를 만들어 낼 수 있는 능력이 선결조건이라고 할 것이다. 그러나 마야 운동 내부에는 분열적인 요인들이 존재하고 이러한 분열들이 해소되지 않음으로써, 효과적인 수평적 목소리가 만들어지지 못했다. 그 결과 과테말라의 경우 마야 원주민 운동이 다른 안데스 국가들의 그것들과는 다른 양상을 보여주었다.

4. 제도적 요인과 원주민 운동의 지역화

다른 라틴아메리카 국가들의 원주민 운동과 달리 과테말라의 원주민 운동은 독자적인 원주민 기반의 정당이 뒤늦게 출현했고, 의미 있는 영향력을 행사하지 못하고 있다. 마야 원주민운동의 성공과 상대적으로 개방적인 제도적 환경은 원주민 정당이 출현하는 데 우호적인 조건이었지만, 원주민운동 조직들은 지역 단위에서의 정치적 동원을 우선시하고 전국적인 층위의 정당 건설을 간과했다. 따라서 마야 원주민 공동체의 정치 참여는 전국단위보다는 지역 단위에서 활발하게 진행되고 있다.

이런 현상을 선거 과정을 통해서 살펴보면 더 명확하게 드러난다. 이렇게 전국 단위 혹은 주 단위 선거에서 원주민의 정치 세력화는 더디거나 정체된 것에 반해, 최소 지방 자치단위라고 할 수 있는 무니시피오(municipio)에서는 활발하다. 즉, 1985년 59명이었던 원주민 시장의 수가 1990년에는 80명으로 늘었고, 2003년 118명을 정점으로 현재는 110명이다. 과테말라 전체 시 단위 지방자치 단체 수가 1985년에는 330개였고 현재는 333개가 있는데, 이중 약 1/3 정도를 원주민 출신이 차지하고 있는 것이다(Rull, 2013: 1511). 또한 원주민 인구가 50%를 넘는 시 단위 수 및 당선된 원주민 시장 수를 보면 전체 156개의 시에서, 1885, 1990, 1995, 1999, 2003년 각각, 128(82%), 107(68.5%), 110(70.5%), 122(78.3), 122(78.2%)개를 차지하고 있다(Programa de las Naciones Unidas para el Desarrollo, 2005: 206). 원주민 인구가 다수를 차지하고 있는 무니시피오의 약 70~80%에 원주민 시장이 당선되었다. 그러나 원주민 인구가 다수를 차지하는 무니시피오의 경우에도 여전히 약 1/4 정도 지역에서 라디노 시장이 선출되었다. 이와는 반대로 지난 25년 동안 라디노가 다수인 무니시피오에서 원주민 시장이 당선된 경우는 3번에 불과했다 (Rull, 2013: 1511).

이렇게 원주민 시장 수가 증가한 까닭은 룰은 지역 단위에서 원주민들의 정치적 조직화 및 활동성이 강화되었다는 측면도 있고, 다른 측면으로는 기존 정당의 필요에 의한 것이라고 간주한다. 즉, 기존 정당은 지역 단위의 정치 조직을 유지하는 것보다 지역에 근거한 원주민 유력자를 후보자로 영입함으로써, 기존 정당의 득표율을 늘리려는 손쉬운 방법을 사용한다는 것이다. 지역 단위의 원주민 후보자는 전국 정당의 우산이 필요했고, 전국 정당의 경우 자기 정당의 대통령 후보자에게 투표를 유도할 수 있었기 때문에 이런 연합이 일상화된 셈이다. 이 경우 기존 정당의 정책과 원주민의 정책의 정합성은 부차적인 것으로 간주되었다(Rull, 2013: 1511). 따라서 원주민 시장의 선출 증가를 원주민 운동의 성장으로 보기에는 다소 미흡한 측면이 없지 않다.

이렇게 시장 당선의 문제가 아니라 선거 참여의 관점에서 과테말라 원주민 운동의 정치세력화를 바라 볼 때, 가장 중요한 제도적인 요인이 바로 과테말라 특유의 선거 제도 중 하나인 "시민선거위원회(comité civico electoral)"이다(Rull, 2013; Pallister, 2013). 원주민 시장이 주로 기존 정당을 통해서 선출되었지만, 지역 단위에서 원주민 운동의 정치 참여를 담보하고 있는 조직이 '시민선거위원회'인 것이다.

룰의 지적처럼 무니시피오 단위 선거에서 시민선거위원회가 정당에 대한 대안으로 존재하고 있지만, 정당과 동등한 조건을 가지고 경쟁하는 것은 아니다. 시민선거위원회는 무니시피오 단위 지역 선거에만 참여할 수 있고 선거 공고부터 선거까지 세 달 동안만 존재할 수 있었다.

정당이 정치 활동을 위한 상시적인 조직이라면 시민선거위원회는 임시적인 성격을 갖는 조직인 셈이다. 즉 선거를 준비했던 원주민들의 정치적, 조직적 역량이 선거가 종료되면 사라지는 것이다. 또한 정당이 존재하기 위해서는 유권자의 0.3% 이상의 구성원이 필요하지만 시민선거위원회는 법률적 구성 요건이 매우 느슨했다. 예를 들어 5,000명 규모의 무닌시피오의 경우 100명 이상 즉, 약 0.02%의 구성원이 있으면 시민선거위원회를 설립할 수 있었다. 정당보다 대표성이 약화된 형태이지만 소규모 집단의 정체성을 표출하기에는 오히려 더 적절한 형태였다고 할 수 있다. 따라서 시민선거위원회는 민간 정부 들어선 이후에 급격하게 늘어나서, 1985년 50명의 후보자가 출마했던 것에서 1995년 159명의 후보자가 출마할 정도로 증가했다. 이 수는 평화협정 협상 과정이 진행되면서 증가되었고, 2003년 186명이 최대였다. 또한 후보자 당선에서도 1999년 26명, 2003년 27명으로 이 시기에 당선비율이 가장 높았다. (Rull, 2013: 1512)

이 시기가 지난 후 출마자 수 및 당선자의 수에서 약간의 감소세가 진행되고 있다. 2011년 선거에서는 105명이 출마하여 15명이 당선되었다. 이러한 감소의 원인은 다양하지만, 불신하던 기존 정당들을 대체할 것으로 기대했던 시민선거위원회에 대한 원주민들의 실망감 그리고 기존 정당들의 적극적인 원주민 지도자 유인 등을 들 수 있다(Rull, 2013: 1512).

<표 7-1>에서도 알 수 있듯이 1985~2000년 사이 진행된 선거에서 당선된 원주민 시장을 당적 별로 살펴보면, 시민선거위원회의 정치적 성과물이 그리 크지 않다는 것을 알 수 있다. 시민선거위원회 출신 당선자는 전체의 6%를 차지하고 있고, 기존 정당들이 훨씬 더 높은 비중을 차지하고 하고 있음을 알 수 있다.

〈표 7-1〉 1985~2000년 사이 정당 및 시민선거위원회별 원주민 시장 당선자 수

	수	비율(%)
전체	589	100
DCG(Democracia Cristiana Guatemalteca)	159	27
UCN(Unión del Cambio Nacional)	61	10
PAN(Partido de Avanzada Naciona)	83	14
FRG(Frente Republicano Guatemalteco)	128	22
시민선거위원회	33	6
URNG(Unidad Revolucionaria Nacional Guatemalteca)	16	3
GANA(Gran Alianza Nacional)	29	3
UNE(Unidad Nacional de la Esperanza)	14	2
기타	75	13

자료: Programa de las Naciones Unidas para el Desarrollo(2005: 205), fig.9.5.

그러나 당선자 수가 기존 정당에 비해 상당히 열세임에도 불구하고, <그림 7-1>의 그래프는 지역 단위에서 시민선거위원회 활동이 상당히 활성화되어 있음을 보여준다. 2003년 선거를 기준으로 볼 때, 원주민 인구 밀집지역을 중심으로 186개의 시민선거위원회가 선거를 준비하기 위해 결성되었음을 알 수 있다. 이 사실은 선거 과정에서 주요 원주민 거주 지역 대부분의 무니시피오 단위에서 시민선거위원회가 구성되었다는 것을 보여준다. 즉, 기존 정당의 공천을 통해 원주민 시장이 당선되는 비중이 압도적으로 많지만, 개별 무니시피오 단위에서 기존 정당을 불신하고 원주민 조직 역량에 기반을 두고 선거에 참여하는 비율 역시 지속적으로 유지되고 있다는 것이다.

최근 2011년의 자료에 따르면 333개의 전체 시 중에서 18개의 시에서 시민선거위원회가 승리했다(Sanabria Arias, 2012: 52). 그러나 출마자는 107명이었고 이중 당선자는 18명으로 당선율은 16.8%이다. <표 7-2>에

〈표 7-2〉 2011년 시장 후보자 수 및 당선자 수(5개 시 이상 승리한 정당 대상)

	후보자 수	당선자 수	당선율(%)
PP(Partido Patriota)	328	121	35.9
LIDER(Libertad Democrática Renovada)	245	21	8.5
UCN(Unión del Cambio Nacional)	243	18	7.4
CREO(Compromiso, Renovación y Orden)	196	11	5.6
PAN(Partido de Avanzada Nacional)	217	5	2.3
UNE-GANA(Unidad Nacional de la Esperanza-Gran Alianza Nacional)	252	94	37.3
UNE(Unidad Nacional de la Esperanza)	57	22	38.6
시민선거위원회	107	18	16.8

주: 5개 미만의 시에서 승리한 정당은 9개로 당선율은 1~10%에 머물고 있다.
자료: Sanabria Arias(2012: 52), II.0.3.

〈그림 7-1〉 1985-2003 전국, 원주민 다수 주에 구성된 시민선거위원회 수 및 당선자 수

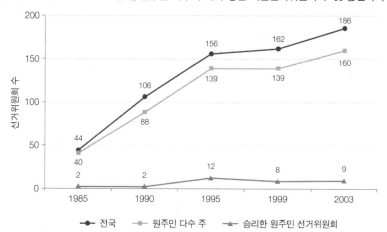

자료: Programa de las Naciones Unidas para el Desarrollo(2005: 206), fig.9.4.

서 보는 것처럼 다른 정당의 당선율에 비해 당선 확률이 상대적으로 높은 편이다.

이상에서 살펴본 것처럼 무니시피오 단위에서 원주민이 시장으로

선출되는 비중은 상대적으로 높다고 할 수 있다. 그러나 이들 시장 중에서 약 90% 이상의 기존 정당을 통해서 당선되었다는 점에서 완전히 원주민 운동의 성장이라는 관점에서 이해하기는 어렵다. 그러나 시민선거위원회가 지속적으로 활동을 하고 있고 상대적으로 높은 당선자를 내고 있다는 사실은 일정 부분 시민선거위원회가 원주민운동의 성장을 지역 단위에서 담보하고 있다는 사실을 보여준다. 또한 원주민 후보자가 무니시피오 단위 원주민 주요 거주 지역에서 폭넓게 참여하고 또 당선자도 많지만, 주 단위 이상 전국 단위 선거에서는 압도적으로 라디노 중심적이다. 이 점은 정당의 이중적 구조를 잘 보여준다고 할 수 있다. 이렇게 시 단위에서 원주민 당선자가 나타나는 데 반해, 의회의 경우 그 비중이 상당히 낮다. 1985~2003년 당선된 전국 명부의 145명의 의원들 중 원주민은 단 6명에 불과하고, 주권역 의원의 경우 538명 중 41명에 불과하다. 즉 그 비율은 4%와 8%에 불과한 것이다(Programa de las Naciones Unidas para el Desarrollo, 2005: 209).

　시민선거위원회와 관련해 중요한 것은 기존 정당에 만족하지 않은 원주민 운동 세력에게 이들이 대안을 제시한다는 것이다. 그러나 한계 역시 존재한다. 무니시피오 단위 선거에서 독립적인 정당을 설립하지 않고도 선거에 참여할 수 있게 함으로써, 원주민 정당이 성장할 수 있는 기반을 약화시키는 부정적인 결과를 가져온 것이다. 즉, 지역 단위 선거에서 승리한 정당이 전국단위 선거로 진출할 수 있는 기회를 차단한 것이다. 따라서 원주민 운동 조직들은 이러한 제약을 없애기 위해 노력했지만 성공하지 못했다. 독립적인 지역 단위 원주민 공동체가 발달한 과테말라의 경우 선거전술로 시민선거위원회를 선호하게 되면서, 원주민 운동의 지역주의가 강화되고 단일한 전국 정당을 건설할 동력이 약화되는 것이다(Pallister, 2013: 128). 또한 시민선거위원회의 선호는 무니시피오 단위 공동체의 정체성에 의해 촉진되고, 또 이 정체성을 강화하는 효과를 가져 온다. 역사적으로 이 공동체들이 문화적, 정치적 정체성의 주요 담지체였고, 지금도 무니시피오는 원주민 공동체의 자치에서 매우 중요한 역할을 가지고 있기 때문이다.

앞서 살펴본 것처럼 마야 공동체의 경우 약 22개로 구성된 언어 공동체가 보여주듯이 지역적 공동체의 정체성이 개인의 정체성을 결정하는 데 중요한 역할을 했고, 이것이 강고한 범마야 운동 혹은 원주민 정당의 출현을 막는 데 일정한 역할을 하고 있다. 여기에 시민선거위원회 제도가 원주민 운동 역량을 지역 단위에 집중하게 하면서 지역 정치와 전국 정치가 분리되는 부정적 효과가 있다. 또한 원주민들에게 정당이나 전국 정치에 대한 무관심을 유발하는 측면이 있다는 것이다(Pallister, 2013: 128). 무니시피오 단위에서 기존 정당의 원주민 후보자 추천의 증가와 원주민 운동 조직의 시민선거위원회 활용은 원주민들의 지역적 대표성 확보에 일정한 도움을 주는 것은 사실이다. 특히 시민선거위원회는 마야 공동체들 사이에 존재하는 이데올로기적, 언어적 차이 등과 결합하여 시 단위 지역 단위 공동체의 정체성을 지속적으로 강화하는 효과를 가져왔다. 그러나 그 결과는 과테말라 정치에서 지역적 전국적 범위의 분리와 마야 원주민 운동의 분열이었다.

마야 원주민 운동의 관점에서도 마야 통합에 있어 중요한 역할을 하던 과테말라 마야민족조직연합이 2000년에 활동을 멈추었고, 그로 인해 원주민 활동이 주로 지역단위 활동에 머물게 된다. 이는 무니시피오 단위의 지역적 정체성이 과테말라에서 역사적으로 중요한 역할을 해왔기 때문이기는 하지만, 시민선거위원회라는 제도적인 요인 역시 마야 운동의 분열 및 원주민 정당의 좌절에 기여했다고 할 수 있다.

과테말라의 경우 멘추의 위낙정치운동 창당 이전에도 원주민 정당의 필요성에 관한 논의가 지속적으로 제기된 바 있다. 원주민 기반의 정당의 필요성은 '원주민 종족의 정체성과 권리에 대한 합의' 체결 이후에 제기되어, 1999년 개헌 투표가 실패한 이후에 본격화되었다. 그러나 마야 원주민 운동 내의 이데올로기적인 차이가 독자적인 원주민 정당을 바라보는 입장의 차이를 가져왔다. 즉, 좌파 정당과의 연대 활동에 보다 더 치중해야 한다고 주장하는 입장과, 좌파 정당에 기대는 것보다는 독자적인 마야 원주민 정당을 건설하자는 입장으로 나뉘게 된다. 1999년 개헌 투표의 좌절 이후 많은 마야 활동가들은 원주민 운동이 개별 공동체 중심주의라는 협소한 지역주의를 넘어서는 것이 필요하다고 인식했다. 즉, 원주민 정당이 마야 공동체들 사이에 존재하는 이데올로기적 장벽과 분열을 극복하는 것이 쉽지는 않겠지만, 마야 통합성을 달성하는 방법으로 독자적인 정당의 필요성을 인정했던 것이다. 그러나 이런 흐름과 달리 국민투표 부결을 기존 정당 정치의 한계로 파악하는 입장도 나타난다. 즉, 기존 정당 정치에 편입되는 것으로는 원주민 문제를 본질적으로 해결할 수 없다는 것이다. 이들은 다시 문화적 부활과 원주민 전통에 기반을 둔 사회 제도 건설을 통해 정치적 실천의 대안적 수단을 발견해야 한다고 주장했다(Pallister, 2013: 125).

이런 대립적인 관점들 속에서 마야 원주민 운동은 공동의 정치적 목표를 세우는 데 실패하게 된다. 결국 1990년대 후반 절정에 이른 후에 지역주의를 극복하고 전국적인 정치세력으로 성장하지 못하고, 무니시피오 단위에서의 정치에 고립되어 분열된 상태가 되었다. 이렇게 해서 과테말라에서 원주민에 기반을 둔 정당이 출현한 것은 2011년에 이르러서이다. 기존 정당 체제에서 원주민들은 주로 라디노 주도의 정당에 개인적으로 참여하는 길을 선택했고, 원주민 운동의 의제들은 국가적인 차원에서 논의되거나 해결되지 않고 있다.

5. 나가면서

앞서 살펴본 것처럼 과테말라의 경우 원주민 정당이 성공할 수 있는 우호적인 조건이 존재한다. 원주민 정당이 정치에 참여할 수 있는 제도적 장벽이 낮은 편이고, 기존 정당에 대한 지지도가 낮아서 새롭게 동원할 수 있는 유권자 층이 존재하기 때문이다. 또한 원주민 운동은 평화협상 시기 동안 일정한 주도권을 행사했고 성과물을 얻어냈던 역사적 경험도 가지고 있다. 이런 관점에서 보면 원주민 운동이 원주민들의 정치적 요구를 실현할 수 있는 정치 세력으로 성장할 수 있던 물적인 기반이 존재한다고 할 수 있다. 그러나 원주민 운동은 인구 구성에서 보이는 것과 같은 합당한 정치적 무게를 지닌 원주민 정당으로 나아가지 못했다.

원주민 운동이 범마야 정체성 구축이라는 측면에서는 일정 부분 성공적이었지만, 내부의 차이를 극복하지 못했던 것이다. 마야 원주민 내에 존재하는 20개의 언어로 대표되는 차별적인 정체성들을 가지고 있는 각 공동체들 사이의 차이, 마야족의 종족적 정체성을 강조하는 입장과 계급적인 관점을 강조하는 차이 등이 여전히 존재한다. 물론 이러한 분열들이 1970년대 이후 원주민 운동이 얻어 낸 범마야 정체성이라는 성과를 가리지는 않는다. 그러나 과테말라 원주민 운동이 에콰도르나 볼리비아 원주민 운동이 보여준 조직적 통합성에 장애가 되고 있는 것이 사실이다.

여기에 과테말라의 선거 제도가 일정 부분 마야 운동 내의 조직적, 정치적 분열을 결과하고 있다는 사실이 중요하다. 정당에 속하지 않은 시민선거위원회의 구성을 허용한 선거법은 시민선거위원회가 무니시피오 단위 선거에서 후보자를 추천할 수 있게 한다. 전국 정당에만 허용되어 있는 전국 단위 후보와 달리, 소규모 시민들로 구성된 시민선거위원회가 무니시피오 단위에서 시장 후보자를 추천할 수 있게 한 것이다. 그러나 이 위원회는 선거가 끝나면 자동적으로 해산되기 때문에 조직적 역량을 축적할 수 없는 한계를 갖고 있다. 이렇게 되면 원주민 공동체들은 무니시피오 단위에서는 잘 대표되지만, 전국 단위 선거에서는 여전히 주변화되는 것이다.

자치라는 정치의 본질적인 측면에서는 무니시피오 단위의 성과가 의미가 있을 수 있다. 그러나 마야 원주민 공동체들은 무니시피오 단위의 정치적 동원을 통해 자신들의 공동체 단위의 정체성을 강화하려 했고, 이런 선거 과정을 통해 마야족 내부의 차이와 분열이 고착되었던 것이다. 이처럼 원주민 운동이 무니시피오 단위에서는 일정한 성취를 거두고 있지만, 전국적인 단위에서 통합적인 목표를 설정하지 못함으로써 분열과 정체를 겪고 있다고 할 수 있다. 또한 이로 인해 전국적인 원주민 정당의 출현이 더뎠고 이 원주민 정당이 현실적인 힘을 갖지 못하고 있는 것이 현실이라고 할 수 있다.

참고문헌

정이나. 2015a. 「과테말라 마야 원주민 운동 정치: '계급'과 '문화' 사이에서」. ≪중
남미연구≫, 34(2), 259~288쪽.

정이나. 2015b. 「과테말라 원주민 시정부 제도의 역사적 고찰과 전망」. ≪이베로아
메리카≫, 26(1), 130~167쪽.

최진숙. 2007. 「과테칼라에서 '인종' 개념에 대한 역사적 고찰」. ≪라틴아메리카연
구≫, 20(3), 173~195쪽.

Afflitto, Frank M. 2007. *The Quiet Revolutionaries:Seeking Justice in Guatemala.*
Austin: Univ. of Texas Press.

Arias, Arturo. 2006. "The Maya Movement, Postcolonialism and Cultural Agency."
Journal of Latin American Cultural Studies, 15: 2.

Bastos, Santiago y Camus, Manuela. 2003. *El movimiento maya en perspectiva:
Texto para reflexión y debate.* Guatemala: FLACSO.

Bastos, Santiago y Cumes, Aura(eds.). 2007. *Mayanización y vida cotidiana: La
ideología multicultural en la sociedad guatemalteca.* Guatemala: FLACSO
CIRMA Cholsamaj.

Cojtí Cuxil, Demetrio. 1996. "The Politics of Maya Revindication." in Edward F.
Fischer and R. Mckenna Brown(eds.). *Maya Cultural Activism in Guatemala.*
Austin: University of Texas Press.

del Valle Escalante, Emilio. 2009. *Maya Nationalisms and Postcolonial Challenges
in Guatemala: Coloniality, Modernity, and Identity Politics.* Santa Fe, NM:
School for Advanced Research.

Hope, Harvey. 2008. "Mayan Realities: Exploring the Base of the Pan-Mayan
Movement", https://apps.carleton.edu/curricular/ocs/guatemala/assets/Harvey_
2008.pdf

McAllister, Carlota and Nelson, Diane M.(eds.). 2013. *War by Other
Means:Aftermath in Post-Genocide Guatemala.* Durham and London:Duke

Univ. Press.

Montejo, Victor. 2005. *Maya Intellectual Renaissance: Identity, Representation, and Leadership*. Austin: University of Texas Press.

Pallister, Kevin. 2013. "Why No Mayan Party? Indigenous Movements and National Politics in Guatemala." *Latin American Politics and Society*, 55: 3.

Programa de las Naciones Unidas para el Desarrollo. 2005. *Guatemala: Diversidad Étnico Cultural, Informe Nacional de Desarrollo Humano 2005*. http:// desarrollohumano.org.gt/content/2005-guatemala-diversidad- etnico-cultural

Rull, Mathias. 2013. "Los comités cívicos: primeras agrupaciones políticas indígenas de Guatema." in Heriberto Cairo Carou, Almudena Cabezas González, Tomás Mallo Gutiérrez, Esther del Campo García, José Carpio Martín(eds.). *XV Encuentro de Latinoamericanistas Españoles*, Nov 2012, Madrid, Spain. Trama editorial; CEEIB.

Sanabria Arias, José Carlos. 2012. *Informe análico del proceso electoral Guatemala 2011*. Asociación de Investigación y Estudios Sociales: Ciudad de Guatema,.

Vogt, Manuel. 2015. "The disarticulated Movement: Barriers to Maya Mobilizatioin in Post-Conflict Guatemala." *Latin American Politics and Society*, 57(1).

Warren, Kay B. 1998. *Indigenous Movements and their Critics:Pan-Maya Activism in Guatemala*. New Jersey: Princeton Univ. Press.

_____. 2001. "Pan-Mayaism and the Guatemalan Peace Process." In Christopher Chase-Dunn, Susanne Jonas, and Nelson Amaro, *Globalization on the Ground: Postbellum Guatemalan Democracy and Development*, Lanham: Rowman and Littlefield.

_____. 2004. "Voting Against Indigenous Rights in Guatemala: Lessons from the 1999 Referendum." In Warren and Jean E. Jackson(eds.). *Indigenous Movements, Self-Representation, and the State in Latin America*. Austin: University of Texas Press.

제8장

라틴아메리카 지역주의의 패러다임 전환

태평양동맹과 2단계 개방적 지역주의의 도래*

임태균 서울대학교 라틴아메리카연구소 HK교수

1. 도입

라틴아메리카는 상당히 긴 지역주의의 역사를 지니고 있다. 20세기 중반 이래로 라틴아메리카는 제2차 세계대전 이후의 구지역주의(old regionalism)와 포스트-냉전 세계화 시대의 개방적 지역주의(open regionalism) 하에서 많은 지역통합체의 생성과 쇠퇴를 경험하였다. 21세기에 들어서는 라틴아메리카에서 가장 큰 지역협정인 남미공동시장(MERCOSUR), 그리고 포스트-자유주의 지역주의(post-liberal regionalism)의 두 축인 아메리카를 위한 볼리바르 동맹(ALBA)과 남미연합(UNASUR)이 라틴아메리카 지역통합에 중대한 변화를 가져오면서 큰 학문적 관심을 받게 되었다(Phillips, 2003; Rivarola, 2007; Sanahuja, 2008, 2012; Serbin, 2010;

---

* 이 글은 ≪스페인라틴아메리카연구≫ 7권 2호(2014)에 발표한 필자의 논문을 총서 취지에 맞게 직접 번역 및 수정 보완한 것이다.

Riggirozzi, 2012; Kegel & Amal, 2012; Flôres, 2013 참조). 필립스(Phillips, 2003)는 개방적 지역주의의 원칙에 기초하여 형성된 MERCOSUR가 21세기 초 금융위기의 후폭풍 가운데서 정치화하였다고 주장하였다. 사나우하(Sanahuja, 2008; 2012)는 ALBA와 UNASUR의 발족을 계기로 라틴아메리카의 지역주의가 포스트-자유주의적 지역주의라는 새로운 패러다임으로 전환하였다고 역설하였다.

하지만 지난 몇 년 동안 라틴아메리카는 태평양동맹이라는 새로운 지역협정의 출현을 맞이했다. 2012년 6월 멕시코, 칠레, 콜롬비아, 페루 등 라틴아메리카에서 가장 개방적 성향을 가진 4개국이 공식적으로 지역공동체를 발족하였다. ALBA와 UNASUR 같은 좌파 성향의 지역주의가 확산되고 있던 가운데 태평양동맹의 설립은 라틴아메리카뿐만 아니라 전 세계의 이목을 집중시켰다. 태평양동맹이 라틴아메리카 지역경제 구도에 중대한 변화를 가져올 것으로 기대되었기 때문이다. 하지만 태평양동맹에 관한 대부분의 연구들은 태평양동맹이 라틴아메리카 경제에서 지닐 정책적 함의에 대한 논의에 집중하고 있다(Dade & Meacham, 2013; Lim & Yi, 2013; Meacham, 2014).

이 글은 지역주의 패러다임에 관한 논의 안에서 태평양동맹을 분석하고자 한다. 태평양동맹의 성격을 면밀히 조사함으로써 태평양동맹이 라틴아메리카 지역주의 패러다임 변화에 지니는 영향을 설명하고자 한다. 이에 저자는 다음과 같은 문제를 제기한다. 라틴아메리카의 지역주의는 어떻게 변천하였는가? 태평양동맹은 어떤 특징을 가지며, 기존의 라틴아메리카 지역주의 패러다임들과 어떤 연관을 가지고 있는가? 저자는 태평양동맹이 라틴아메리카에서 2단계 개방적 지역주의의 도래를 알렸으며 그 이념형(ideal type)을 강화하였다고 주장한다. 태평양동맹은 20세기 개방적 지역주의로의 회귀를 의미하는 듯하지만, 1980년대와 1990년대 개방적 지역주의의 단순한 재생은 아니다. 개방적 지역주의의 이념형과 멀어지며 쇠퇴한 기존의 라틴아메리카 지역공동체들과 비교해, 태평양동맹은 개방적 지역주의의 본래 이념형에 더욱 가까이 접근하고 있다.

필자는 2장에서 구 지역주의와 개방적 지역주의를 포함한 20세기 지역주의의 변천에 대하여 논하고자 한다. 3장에서는 21세기 라틴아메리카에서의 포스트-자유주의적 지역주의의 확산과 쇠퇴에 대해 설명하고자 한다. 4장에서는 라틴아메리카 지역주의의 새로운 시도로서의 태평양동맹의 기원과 발전에 대해 논하고, 5장에서는 태평양동맹의 특징을 동시대의 두 가지 라틴아메리카 지역주의 형태인 개방적 지역주의와 포스트-자유주의적 지역주의와 비교하여 분석하고자 한다.

2. 20세기 지역주의의 패러다임 변화

1) 2차 세계 대전 이후 시대의 구지역주의(Old regionalism)

구지역주의에 대한 논의는 1940년대 후반 제2차 세계대전 이후 시대에 부상하였다. 1957년 유럽연합(European Union: EU)의 전신인 유럽경제공동체(European Economic Community: EEC)의 설립을 통해 구체화하였는데, 서유럽의 6개국, 벨기에, 프랑스, 독일, 이탈리아, 룩셈부르크, 그리고 네덜란드가 아프리카에서 프랑스의 전 식민지들과 특혜적인 협력을 촉진하기 위해 EEC를 발족하였다. 구지역주의는 개발도상국들(global south)까지 확산되었으나, 1970년 후반에 쇠퇴하였다.

구지역주의는 일반적으로 무역과 안보라는 특정한 목적에 초점을 맞추고 있어 특혜 무역 협정과 안보 동맹을 추구하였다(Söderbaum, 2004: 17). 냉전체제라는 당시의 국제정치적 상황이 지역공동체의 형성에 영향을 주었기 때문에 안보가 지역통합에 있어서 고려되어야 할 가장 큰 관심거리가 되는 것이 당연했다. 지역통합의 영역은 안보 이외에 거의 무역만을 포함할 정도로 좁았다. 이러한 수준의 지역통합을 추진함에 있어서, 구지역주의는 특혜적 무역에 기초하여 해당 지역공동체의 외부에 대하여 닫혀 있고 보호주의적인 성향을 띠었다.

특히 라틴아메리카에서는 구지역주의가 수입대체산업화(Import Substitution Industrialization: ISI)의 한계를 극복하기 위한 방안으로 도입되어 국경을 넘어선 시장 통합을 통해 규모의 경제(economy of scale)를 추구하였다. EEC의 형성에 대한 국가 주도적 대응으로 라틴아메리카는 방어적인 지역주의를 추구하며 "경제 통합이 교섭에서의 위치를 향상시키고 지역적인 규모에서 수입대체를 통한 산업화를 용이하게 할 것"이라 기대하였다(Riggirozzi, 2012: 428). 구지역주의에 바탕을 둔 첫 번째 대표적인 라틴아메리카 지역통합은 라틴아메리카 자유무역연합(Latin American Free Trade Association: LAFTA)이었다. UN 라틴아메리카·카리브경제위원회(Economic Commission for Latin America and the Caribbean: ECLAC)의 영향 하에 아르헨티나, 브라질, 칠레, 멕시코, 파라과이, 페루 그리고 우루과이 등 7개 국가가 역내 자유무역을 위한 경제 블록을 만든 것이다. 1960년과 1969년에는 각각 중미공동시장(Central American Common Market)과 안데스 조약(Andean Pact)이 주권국들은 대개 "지역의 책무의 성격을 조정할 수 있고 보조금과 관세를 통하여 외부 경쟁으로부터 국내 생산자들을 보호할 수 있다"는 기치 하에 발족하였다(Riggirozzi, 2012: 428). 하지만 경제적 민족주의라는 대의를 공유하던 라틴아메리카 국가들이 1970년대 초반 들어 수입대체산업화의 결과로 경기침체가 더욱 악화하면서 라틴아메리카의 구지역주의는 쇠퇴하였다.

2) 경제적 세계화 초기의 개방적 지역주의(Open regionalism)

포스트-냉전의 정치적 상황과 급속한 경제적 세계화의 배경하에 1980년대 후반 10여 년 간의 침묵을 깨고 개방적 지역주의, 또는 신지역주의(new regionalism)라 불리는 새로운 지역주의 패러다임이 부상하였다. 이는 "새로운 배경에서 새로운 내용을 담고 생겨난 질적으로 새로운 현상"이었다(Söderbaum, 2005: 234). 개방적 자유주의는 신자유주의 정책의 확산 하에 서유럽과 미국에서 먼저 시작하였다. 1986년 단일유럽법(Single European Act)과 1988년 미국-캐나다 자유무역협정(US-Canada Free Trade Agreement)이 개방적 지역주의의 도래를 알렸고, 1994년 북미 자유무역협정(North American Free Trade Agreement: NAFTA)의 발족이 그 입지를 확고히 했다.

구지역주의와 비교하여 개방적 지역주의의 발전은 범위와 규모 면에서 중요한 의미를 지닌다. 먼저, 구지역주의에서의 무역협정이 국내 산업화의 심화를 위한 내부 지향적이고 보호주의적이었던 반면, 개방적 지역주의는 개방적이고 외부 지향적이며 경제적 세계화와 긴밀히 연결되어 있었다. 지역통합이 세계경제의 통합 과정을 위한 디딤돌로서 "시장 지향적이고 외부 지향적이어야 하며, 높은 수준의 보호 장벽을 삼가야 한다"는 개념을 조장했다(Hettne, 2005: 549). 개방적 지역주의가 국가 간의 어느 정도 특혜적 관계를 암시하는 국가 주도적 프로젝트이긴 했지만 다른 국가나 블록에 대한 개방성을 추구하며 다자주의에 맥락을 같이하였다(Baquero-Herrera, 2005: 142). 다시 말해, 개방적 지역주의는 지역주의에 대한 세계 자본주의에 열려 있었다. 한편, 포스트-냉전의 정치적 상황을 반영하여 개방적 지역주의는 세계열강들로부터 비교적 독립적이었으며 지역의 내부적 역학으로부터 생겨났다(Hettne, 1994: 2). 미-소 2강 체제의 정치적·사상적 긴장이 완화하면서, 지역의 내생적인 경제 논리들이 더욱 자유롭게 표출될 수 있었고 따라서 지역 내부의 추진력이 훨씬 더 중요해졌다. 또한, 개방적 지역주의는 포괄적이고 다차원적이었다(Hettne, 2005: 550~554). 구지역주의가 무역과 안보에만 집중하는 경향이 있던 반면, 개방적 지역주의는 다양한 초점과 형태를 띠었다. 즉, 지역통합을 통한 경제적 협력이 더 이상 무역에 국한되지 않고 투자, 화폐통합, 교통, 통신 등 다양한 경제적 요인들을 복합적으로 포괄하였다. 이주와 환경보호와 같은 정치·경제적 이슈들도 포함하였다. 이와 같이 개방적 지역주의의 범주가 구지역주의보다 확대되었다. 또한, 개방적 지역주의에서는 국가가 유일한 행위자이던 구지역주의에서보다 비국가 행위자들의 역할이 증가하였다. 물론 국가의 역할은 여전히 능동적이고 중요하다. 하지만 국가뿐만 아니라 민간 부문의 행위자들, 시민사회, 그리고 국제금융기구나 해외 공여자와 같은 외부 행위자도 종종 지역통합의 과정에서 중요한 목소리를 냈다. 특히 국제 비즈니스 행위자, 즉 다국적 기업들은 해외직접투자와 무역과 같은 국경을 넘나드는 활동을 확대하면서 더욱 지역통합에 영향을 미치게 되었다(Spindler, 2002: 13).

라틴아메리카는 많은 국가들이 신자유주의 경제정책의 일환으로 개방적 지역주의를 추진하기 시작하였다. 1991년 아르헨티나와 브라질의 주도로 남미 4개국, 즉 아르헨티나, 브라질, 파라과이, 우루과이가 MERCOSUR를 창설하였고, 같은 해 중미의 7개국, 즉 과테말라, 온두라스, 엘살바도르, 코스타리카, 니카라과, 파나마, 그리고 벨리즈가 중미통합기구(Central American Integration System)를 발족하였다. 1994년에는 NAFTA가 발족하였고, 곧 미주자유무역지대(Free Trade Area of the Americas: FTAA) 협상이 미국의 주도 하에 쿠바를 제외한 34개 국가들의 참여로 시작되었다. 1996년에는 안데스공동체(Andean Community of Nations)가 기존의 안데스협약(Andean Pact)을 대체하며 설립되었다. 이러한 지역협약들이 모두 미국의 헤게모니적 영향에서 완전히 벗어나지는 못하였지만, 근본적으로 라틴아메리카의 개방적 지역주의는 역내 국가들이 새로운 형태의 지역주의를 통해 세계경제의 상호 의존성에 대응하고자하는 공감대에서 나타났다. 1990년대 중반에는 ECLAC이 심화하는 경제적 세계화에 대한 대응으로 새로운 지역통합 노력에 대한 가이드를 제공하기 시작하였다. ECLAC은 개방적 지역주의를 다음과 같이 설명하였다.

특혜적 통합 협정과 자유화 및 탈규제화 정책들에 의해 촉진되었고, 지역 국가들의 경쟁력 향상, 가능하다면, 더욱 개방적이고 투명한 국제 경제를 위한 구성요소의 형성을 위해 설계된, 지역 수준에서의 증가하는 경제적 상호의존의 과정(ECLAC, 1994: 8).

이 설명은 앞에서 언급한 개방적 지역주의의 특성들을 뒷받침하였고, 이를 바탕으로 한 ECLAC의 조력은 라틴아메리카에 새로운 지역통합의 물결이 이는 데 기여하였다.

3. 21세기 라틴아메리카에서의 포스트-자유주의적 지역주의의 반격

1) 좌파주의 지역주의

두 번째 지역주의 물결인 개방적 지역주의가 세계 대부분의 지역에서 잘 지속하고 있던 반면, 라틴아메리카에서는 그 탄력을 유지하지 못하고 좌파 정권들이 주도한 새로운 지역주의 물결, 즉 포스트-자유주의적 지역주의(post-liberal regionalism)에 의해 밀려나게 되었다. 유일하게 NAFTA만이 회원국인 캐나다, 멕시코, 미국의 자유주의적 경향 덕분에 제대로 유지되고 있을 뿐, 라틴아메리카 개방적 지역주의의 전성기를 풍미하던 다른 지역협정들은 원래 의도대로 기능을 발휘하지 못하고 쇠퇴하였다. FTAA 협상은 미국과 좌파 정부를 위주로 한 라틴아메리카 국가들 간의 큰 이해 차이로 인해 2004년 말에 아예 최종 결렬되었다.

21세기 초 라틴아메리카는 많은 국가들에서 좌파 정권의 부활을 경험하였다. 먼저 1999년 베네수엘라에서 우고 차베스(Hugo Chávez)가 대통령에 등극하여 4번째 임기를 시작한 2013년 초 암으로 세상을 떠날 때까지 현대 라틴아메리카에서 가장 급진적인 좌파 대통령이었다. 차베스가 죽자 곧 정부 여당의 니콜라스 마두로(Nicolás Maduro)가 대통령에 선출되어 차베스의 정책들을 지속하였다. 2003년에는 브라질에서 루이스 이나시우 룰라 다 시우바(Luiz Inácio Lula da Silva)가 정권을 잡아 온건 실용 좌파 정책들을 펼쳐나갔다. 온건 실용 좌파는 사회주의를 옹호하나 동시에 시장경제를 추구하였다. 룰라 다 시우바의 두 번째 임기 후에, 지우마 호세프(Dilma Rousseff)가 2011년 대통령에 올랐는데 그녀는 전임자의 정책기조를 유지하였다. 아르헨티나에서는 2003년 온건 좌파 정치가 네스토르 키르츠네르(Néstor Kirchner)가 대통령이 되었고, 뒤이어 2007년 그의 아내인 크리스티나 페르난데스 데 키르츠네르 (Cristina Fernández de Kirchner)가 정권을 잡았다. 2008년의 세계 경제위기에 의한 경제 침체에 직면하여 그녀는 좌파적인 경제정책을 더욱 심화시켰다. 볼리비아에서는 2006년 에보 모랄레스(Evo Morales)가 대통령이 되었고, 에콰도르에서는 이듬해인 2007년 라파엘 코레아(Rafael Correa)가 정권을 잡았다. 이 두 대통령은 차베스 대통령과 함께 현대 라틴아메리카의 3대 급진 좌파로 불렸다. 칠레에서는 2006년 미첼 바첼레트 (Michelle Bachelet)가 온건 실용좌파 대통령으로 등극하였는데, 그 후 우파 대통령인 세바스티안 피녜라(Sebastián Piñera)의 정권 탈환에 이어 2014년 다시 대통령이 되었다. 칠레에서는 좌파 정권과 우파 정권 사이의 교체가 무역정책에 별다른 차이를 만들어내지 않았는데, 이는 칠레의 견고한 자유무역 전통 때문이다. 이 외에 우루과이, 니카라과, 과테말라와 같은 국가에서 좌파 정권이 들어섰다. 라틴아메리카의 이러한 좌경화는 역내 포스트-자유주의적 지역주의의 도래를 위한 기반을 제공하였다.

세르빈(Serbin, 2007)에 의하면, 통합 프로젝트에 따라 약간의 변화는 있지만 포스트-자유주의적 지역주의는 이전의 지역주의 물결과는 구분되는 특징들이 있었다. 첫째, 라틴아메리카의 포스트-자유주의적 지역주의는 매우 정치화하는 경향이 있었다. 회원국들의 좌파적 성향 때문에 강한 민족주의를 나타내며, 미국이 이끄는 신자유주의에 대해 적대감을 가졌다. 따라서 경제논리보다 정치논리가 더 중요시되곤 했다. 둘째, 포스트-자유주의적 지역주의는 세계 통합에 대한 별다른 기대 없이 지역 수준의 통합에 초점을 맞추었다. 지역 인프라 구축과 에너지 안보에 대한 염려가 이 맥락에서 이해될 수 있는데, 이 주제들은 라틴아메리카 역외의 세계 시장으로의 접근보다는 라틴아메리카 내부의 균형적 발전과 지역 주권의 강화를 위한 것이었다. 셋째, 포스트-자유주의적 지역주의는 국가 간의 균형적 발전과 빈곤 및 불평등 감소와 같은 지역 통합의 사회적 측면을 강조하였다. 사회정의를 가장 중요한 가치로 추구하면서, 지역의 통합과 발전으로부터의 잠재적 이익이 얼마나 균등하게 구성원들에게 분배되는지에 큰 관심을 가졌다. 마지막으로, 포스트-자유주의적 지역주의는 지역통합의 과정에서 유일한 행위자로서 국가의 역할을 강조하였다. 국가야말로 지역통합에서 발생할 수 있는 사회적 불평등을 바로잡거나 예방할 수 있는 존재라는 것이었다. 민간 부문과 시장 세력은 별다른 영향력을 행사할 수 있는 여건을 가지지 못했다.

2) 포스트-자유주의적 지역주의의 성장과 쇠퇴

라틴아메리카의 포스트-자유주의 지역주의의 대표적인 예로 ALBA 와 UNASUR, 그리고 변화한 MERCOSUR를 들 수 있다. 이러한 지역통합의 추세 뒤에는 라틴아메리카 좌파의 가장 강력한 카리스마인 베네수엘라의 우고 차베스의 등장과 브라질과 아르헨티나의 보호주의로의 전환이 있었다.

먼저, 남아메리카의 두 대국인 브라질과 아르헨티나가 자유무역의 원칙에서 물러나면서 라틴아메리카의 개방적 지역주의의 가장 큰 프로젝트였던 MERCOSUR의 위상이 심각하게 약해졌다. 사실 2003년 룰라 다 시우바와 키르츠네르가 각각 브라질과 아르헨티나의 대통령이 되기 이전인 1990년대 후반기부터 이미 MERCOSUR는 통합에 대한 회원국들의 충성도가 감소하고 있었다(Bouza, 2001). 특히 1999년 1월 브라질 통화의 평가절하와 2001-2002년 아르헨티나의 외환위기는 MERCOSUR 의 중심인 두 국가 간의 무역 및 외교 갈등을 고조시켰고, 이는 서로에 대한 상호 의존도를 약화시키고 보호무역주의 정책을 야기했다 (Gómez-Mera, 2008: 289). 2003년 두 국가에 좌파 정부가 들어서면서도 상황은 많이 변하지 않았으며, 양국을 포함한 회원국 간의 무역 갈등은 반복되었다. 최근에는 파라과이의 반대에도 불구하고 베네수엘라를 정회원으로 받아들이면서 MERCOSUR는 심각한 외교적 갈등을 겪기도 했다. MERCOSUR는 무역에 있어서 역외 지향적으로 선회하지 못하고 회원국 간에 정치적·경제적 합의와 융합을 만들어내는 데 실패하면서 원래 의도했던 개방적 지역주의와는 다른 종류의 지역주의가 되어버렸다(Phillips, 2003).

우고 차베스의 베네수엘라 대통령 등극은 라틴아메리카에 제3의 지역주의 물결인 포스트-자유주의적 지역주의의 출현에 더욱 중요한 역할을 하였다. "21세기 사회주의"라는 구호 하에 차베스 대통령은 자원 민족주의, 반미제국주의, 그리고 반신자유주의를 강력히 주장하였다. 이러한 이념들을 실천하기 위한 노력으로 차베스 대통령은 미국 주도의 FTAA에 대한 대안으로 새로운 지역공동체를 제안하였다. 이것이 바로 쿠바의 동지, 카스트로와 함께 2004년에 발족한 ALBA였다. 이후 몇 해 동안 7개 국가(볼리비아, 니카라과, 도미니카, 에콰도르, 세인트빈센트 그레나딘, 안티구아 바르부다, 세인트루시아)가 가입하면서 ALBA는 라틴 아메리카의 거의 모든 급진 좌파 정부들을 포함한 독특한 지역연합을 형성하였다. ALBA는 베네수엘라의 석유를 협력을 위한 주요 자원이자 메커니즘으로 이용하였는데, 베네수엘라가 회원국들에게 싼 가격과 긴 상환 기간으로 석유를 제공하였다. 이러한 정치적 프로젝트로서의 지역 통합은 미국의 헤게모니에 대항하여 다극화한 국제정치 구도를 건설하고자 한 것이었다(Sanahuja, 2008: 25). 하지만 2013년 초 ALBA의 핵심 인물이던 차베스 대통령이 죽고 베네수엘라 경제가 불안해지면서

ALBA의 미래는 그리 밝지 않게 되었다. 차베스를 대신할 만한 카리스마적인 인물이 없는 상황에서 그의 죽음은 라틴아메리카 급진 좌파 세력의 상당한 약화를 가져왔다.

베네수엘라가 이끄는 ALBA와 달리, 라틴아메리카 제3의 지역주의 물결의 또 하나의 주요한 예인 UNASUR는 브라질에 의해 주도되었다. EU 모델을 기반으로 UNASUR는 2008년 MERCOSUR와 안데스 공동체 회원국들을 포함한 12개국(브라질, 아르헨티나, 우루과이, 파라과이, 베네수엘라, 볼리비아, 콜롬비아, 에콰도르, 페루, 칠레, 가이아나, 수리남)이 함께 발족하였다. 미국 중심의 신자유주의에 대하여 라틴아메리카의 주권을 수호하기 위해 UNASUR는 남아메리카의 통합을 촉진하고자 하였다. 이 프로젝트를 통해 브라질은 남아메리카에서의 입지 강화를 추구하였다. UNASUR의 중요한 토대는 2004년 제3회 남아메리카 정상회담으로 거슬러 올라간다. 남미 정상들은 미국의 커져가는 영향력에 대응하기 위해 장차 남미 통합을 위한 세 가지 목표를 정하였다: "무역을 통한 MERCOSUR, 안데스 공동체 그리고 칠레의 융합; 더 근본적으로 물리적인 인프라 진척을 위한 새로운 의지; 그리고 정치적 협력"(Riggiriozzi, 2012: 432). 무역 자체에만 관심을 두기보다, UNASUR는 민주주의, 사회 발전, 물리적 통합과 같은 비교적 비경제적인 이슈들에 초점을 두었다. 그러나 현재까지 UNASUR는 확실히 자리를 잡은 지역 공동체로서의 면모를 보여주지는 못하고 있다. 회원국들의 다양한 정치적, 이념적 정체성 때문에 UNASUR는 구체적인 프로젝트를 제안하여 실행에 옮기기가 쉽지 않았다. 게다가 UNASUR에서 브라질의 리더십에 대해 탐탁지 않게 보는 베네수엘라는 ALBA를 통한 지역통합의 다른 길을 추구하였다. 느슨하게 엮인 정치 공동체로서 UNASUR는 경제적 세계화에 대응하여 지역 내 상호의존적 이슈에 관해 영향력을 발휘하는 데에 한계가 있었다. 그리고 브라질은 UNASUR의 발전에 있어서 기대했던 만큼 중심적인 역할을 하지 못하였다. UNASUR에 대해 처음 가졌던 포부와는 달리, 브라질은 적절한 리더십을 지속적으로 보여주지 못하였다.

4. 좌파 지역주의에 대응한 태평양동맹(Pacific Alliance)의 출현

1) 태평양동맹의 기원

포스트-자유주의적 지역주의가 쇠퇴하기 시작할 즈음, 새로운 지역통합 프로젝트가 라틴아메리카의 태평양 연안을 따라 형성되고 있었다. 콜롬비아, 칠레, 멕시코, 페루 4개국이 2012년 6월 공식적으로 태평양동맹을 발족하며 라틴아메리카 지역주의의 새로운 국면을 예고하였다. 태평양동맹의 형성은 태평양 아크(Arc of the Pacific; 공식명: Forum on the Initiative of the Latin American Pacific Rim)가 만들어진 2000년대 중반으로 올라간다(Briceño-Ruiz, 2010: 50). 비록 베네수엘라는 2006년 안데스 공동체로부터 탈퇴하였지만 나머지 4개의 회원국 중 볼리비아와 에콰도르에서 2006년과 2007년 각각 좌파 성향의 대통령인 모랄레스와 코레아가 집권을 시작하면서, 무역 자유화를 추구하던 페루 정부는 안데스 공동체의 증가하는 좌파 색채에 불편해하였다. 그래서 자유 무역을 전적으로 추구하는 칠레를 안데스 공동체에 초대하고자 하였으나 칠레는 거절하였다. 이러한 상황에서 페루는 아시아-태평양의 새로운 시장을 개척하고 아시아의 떠오르는 거대 경제, 중국을 상대하는 방안으로 역내 태평양 연안에 있는 국가들로 구성된 지역 공동체를 제안하였다

(Briceño-Ruiz, 2010: 51). 2007년 1월 콜롬비아, 칠레, 에콰도르, 엘살바도르, 과테말라, 온두라스, 멕시코, 파나마 그리고 페루가 콜롬비아, 칼리에 모여서 태평양 아크를 발족하였다. 코스타리카와 니카라과가 후에 가입하여 총 11개 회원국이 정기적인 장관급 회의를 열었다. 태평양 아크는 투자, 무역, 인프라 등에서 회원국 간의 상호 경제 협력을 증대시키고 또한 중국을 비롯한 아시아 국가들과의 경제 및 기술 협력을 촉진하려는 의도가 있었다. 하지만 이러한 큰 목표에도 불구하고 태평양 아크는 실질적으로 거의 무역에만 관여하였다. 태평양 아크는 2010년까지 6차례의 장관급 회의와 1차례의 정상 회의를 개최하였다(Roldan, Perez-Restrepo and Garza, 2011: 6). 하지만 2010년 10월 마지막 회의를 끝으로 더 이상 특별한 움직임을 보이지 않고 사실상 사장되었다(Dade and Meacham, 2013: 3).

태평양 아크가 실질적인 결과물을 만들어내지 못하고 흐지부지되자, 콜롬비아, 칠레, 멕시코, 페루 등 4개의 핵심 국가들이 태평양동맹이라는 새로운 지역 공동체를 창설하였다. 이 새로운 공동체는, 회원 구성에 있어서 매우 포괄적이던 태평양 아크와 달리, 실제적 통합에 대한 강한 의지가 있는 소수의 국가들로만 구성되었다. 태평양 아크의 동력이 이미 거의 사라진 2010년 10월 마지막 회의에서, 당시 페루 대통령인 알란 가르시아(Alan García)가 콜롬비아, 칠레, 에콰도르, 파나마 대통령에게 높은 수준의 경제 통합체를 만들 것을 제안하였다. 이에 콜롬비아와 칠레가 긍정적인 태도를 보였으며 멕시코도 초대하고자 하였다. 결국 콜롬비아, 칠레, 멕시코는 정회원으로, 파나마는 옵저버 국가로 참여하기로 하였으며, 에콰도르는 답하지 않았다(Mexican Ministry of Economy, 2012). 4개 정회원국의 대통령들은 2010년 12월 아르헨티나에서 개최된 20회 이베로아메리카 정상회담 기간 동안 태평양동맹의 설립에 대해 본격적으로 논의하기 시작하였고 이를 위한 장관급 협력 또한 약속하였다. 2011년 4월 이들은 페루, 리마에서 태평양동맹의 첫 번째 공식 정상회담을 열어 리마 선언서에 조인하였고 공식적으로 태평양동맹의 설립에 동의하고 그 비전을 분명히 하였다. 또한 태평양동맹을 위한 기본협약을 만드는 것에 동의하였는데, 이 협약은 2012년 3월 화상회의로 열린 제3차 정상회담에서 승인되었다. 이 세 번째 정상회담에서는 코스타리카가 옵저버 국가로 가입하였다. 기본협약은 2012년 6월 칠레, 파라날에서 열린 제4차 정상회담에서 조인되었으며, 이로써 태평양동맹은 4개의 정회원(콜롬비아, 칠레, 멕시코, 페루)과 2개의 옵저버 국가(파나마, 코스타리카)로 공식 발족하였다.

2) 태평양동맹의 빠른 진전

태평양동맹은 꾸준하고 빠른 진전을 이루었다. 시장통합의 핵심 이슈들에 대한 협상을 2013년에 마무리하였고, 정회원국 정상들은 2014년 2월 콜롬비아 카르타헤나에서 열린 제8차 정상회담에서 그 이슈들에 대한 협정에 조인하였다. 2011년 4월 첫 번째 정상회담 이래로, 태평양동맹은 2016년 7월 칠레 정상회담까지 총 11회의 정상회담을 개최하였다. 태평양동맹의 의장직은 임시의장(presidency pro tempore)으로 각 정회원국 대통령이 국가명 알파벳순으로 1년을 주기로 번갈아가며 맡고 있는데, 의장국이 당해의 정상회담을 개최한다. 정상회담 이외에 태평양동맹은 장관급 회의, 고위급 회의(차관급), 분과 회의로 이루어져 있는데, 이 회의들은 모두 상임 위원회가 아니라 필요에 의해 소집되는 임시 기구들이다. 회원국들의 적극적인 움직임으로 인해 태평양동맹은 전 세계로부터 많은 관심을 받고 있다. 2016년 5월 현재 4개의 정회원국과 전 세계로부터 42개의 옵저버 국가를 가지고 있으며, 옵저버 국가 중에 파나마와 코스타리카는 정회원 후보국이다.

태평양동맹의 4개 정회원국들은 다양하지만 서로 양립되는 이유들로 태평양동맹에 참여하고 있는데, 주로 정치적이기보다는 경제적인 이유를 가지고 있다(Lim, 2014: 230~232). 먼저, 칠레는 태평양동맹을 통해 라틴아메리카 물류와 교통의 허브가 되고자 하였다. 지리적으로 칠레는 아시아-태평양과 라틴아메리카, 특히 남아메리카를 연결하는 관문 국가이다. 경제적으로 칠레는 시장개방과 세계화를 추구해왔으며 그래서 아시아와의 무역관계에서 여느 라틴아메리카 국가보다 앞서 있다. 이런 상황에서 태평양동맹은 칠레로 하여금 주변 우방국과의 통합을 통하여 아시아 시장으로의 확대 진출을 위한 충분한 예행연습과 지지를 축적하도록 도와줄 수 있다. 다음으로, 콜롬비아는 태평양동맹을 통해 아시아와의 경제적 관계를 향상시키는 데에 중요한 목적을 가지고 있었다. 콜롬비아는 아시아와의 경제 협력에 있어서 태평양동맹의 다른 국가들보다 다소 뒤처져 있다. 칠레와 페루는 아시아 3대국인 중국, 일본, 한국 모두와 FTA를 시행 중이며, 멕시코는 일본과 FTA를 시행 중이다. 반면, 콜롬비아는 아시아 3대국 중 어느 국가와도 FTA를 시행 중이지 않으며, 한국과의 FTA만이 타결되었을 뿐 아직 발효되지 않은 상태이다. 또한, 정회원국 중 유일하게 아시아태평양경제협력체(Asia-Pacific Economic Cooperation: APEC)나 환태평양경제동반자협정(Trans-Pacific Partnership: TPP)의 회원국이 아니다. 콜롬비아가 APEC이나 TPP에 가입하는 데에 태평양동맹을 통한 우방국들의 지지는 매우 긍정적인 역할을 할 것이며, 이로 인해 아시아와의 경제 협력에도 활로를 찾을 수 있을 것으로 기대된다. 한편, 멕시코는 태평양동맹을 통해 수출시장을 다변화하고 남아메리카에서 멕시코의 영향력을 회복하고자 하였다.

NAFTA에 가입하기 전까지 멕시코는 라틴아메리카 지역에서 상당한 역할을 했었다. 하지만 NAFTA 발족 이후 멕시코는 라틴아메리카 국가로서의 정체성을 잃고 오히려 북아메리카 경제에 편입하며 미국 경제에 매우 의존적이 되었다. 이러한 상황에서 멕시코는 수출 지역을 다변화함으로써 국가경제의 취약성을 개선할 필요가 있었다. 마지막으로 페루는 태평양동맹의 발의자로서 상대적으로 평범한 목적을 가지고 있었다. 라틴아메리카 국가들과 더 높은 수준의 시장 개방을 추구하는 것이다. 페루는 다른 정회원국들과의 쌍무적 FTA 관계에서 상대적으로 낮은 수준의 시장 개방을 나타내고 있었다. 예를 들어, 콜롬비아와 칠레가 각각 멕시코와 지니고 있는 FTA는 페루가 멕시코와 시행 중인 FTA보다 그 수준이 더 높다. 페루는 태평양동맹을 통해 우방국과의 경제협력 수준을 강화하고 그리하여 국제무역을 증가시키는 효과를 기대하고 있다.

5. 라틴아메리카의 2단계 개방적 지역주의로서의 태평양동맹

그럼 태평양동맹의 주요 특징은 무엇인가? 태평양동맹이 라틴아메리카에서 포스트-자유주의적 지역주의의 뒤를 이어 새로운 지역통합의 패러다임을 예고하는가? 아니면 제2의 지역주의 물결인 20세기 개방적 지역주의로의 단순한 회귀인가? 이번 장은 4가지 측면(통합의 방향성, 정치적 이념의 영향, 통합의 영역, 비국가행위자의 관여)에서 태평양동맹을 분석함으로써 위의 질문들에 대해 답하고자 한다.

1) 외부 지향적 대 내부 지향적

　태평양동맹은 공동시장과 동등한 수준의 지역통합을 추구하고 있다. 라틴아메리카에서 공동시장을 추구한 것은 태평양동맹이 처음은 아니다. 안데스 공동체와 MERCOSUR가 공동시장이라는 기치 아래 발족하였다. 그러나 이들은 사실상 실패한 공동시장으로 여겨진다. 태평양동맹이 기존의 지역협정들과 다른 점은 모든 정회원국들이 서로 쌍무적 FTA를 시행 중이라는 것이다. 이렇게 이미 시행 중인 FTA에도 불구하고 이들 국가들 간의 무역과 투자는 매우 작았으며, 그래서 무엇보다 태평양동맹을 통해 지역공동체 내의 경제 협력을 확대하고자 하였다. 태평양동맹은 2013년에 이미 92.1%의 상품에 대한 관세를 철폐하기로 하였는데, 2016년 4월 1일부터 시행에 들어갔으며, 다른 7% 가량의 상품에 대해서는 2년, 4년, 7년에 걸쳐서 점진적으로 관세를 철폐하기로 하였다. 그리고 농산품을 위주로 한 나머지 1%의 민감한 상품은 10년가량 관세를 유지하되 그 후에 점진적으로 철폐하기로 합의하였다. 이렇듯 태평양동맹은 공동체 내에서의 자유무역을 심화하는 데에 첫 번째 비중을 두고 있다.

　하지만 태평양동맹은 이에 그치지 않고 공동체 외부에 대해 매우 개방적인 성향을 띠며 외부와의 FTA 또한 추구한다. 현 시점에서 태평양동맹이 공동체 내의 통합에 초점을 맞추고 있는 것은 사실이나, 아시아-태평양을 중심으로 한 외부와의 경제적 관계를 확대하고자 하는 의지를 확고히 해왔다. 정회원 4개국은 태평양동맹과 각국의 투자 및 무역 환경을 알리기 위해 전 세계에서 공동으로 다양한 활동을 펼쳐나가고 있다. 각국의 해외 대사관뿐만 아니라 수출 진흥 기관인 ProChile, ProColombia, ProMexico, PromPeru가 선봉에서 일련의 홍보 활동들을 하는 데에 중요한 역할을 하고 있다. 비록 현재의 노력들이 태평양동맹 자체보다는 각국의 개별경제를 알리는 데에 더 치중하는 면이 있으나, 그 궁극적 목표는 자유무역 및 다른 경제 교류를 통하여 태평양동맹을 해외 시장과 연결하는 것이다. 또한 옵저버 국가들을 확대함으로써 태평양동맹 정회원국들이 공동체 외부와 더욱 원활하게 교류하는 것을 추구하고 있다.

한편 태평양동맹은 정회원이 되기 위한 쉽지 않은 조건을 내세우며 내부지향적인 모습을 보이기도 한다. 상세한 조건들을 나열함으로써 특정 성향의 국가들을 배제하거나 선호한다기보다는, 잠재적인 회원국을 위한 세 가지 포괄적인 선결조건을 제시하였다. 첫 번째 조건은 정회원국이 되기 위해서는 인권과 자유를 보장하는 민주주의 국가여야 한다는 것이다. 이 조건은 전 세계에 북한을 비롯한 극소수의 국가를 제외하고는 결격 사유가 없는 것으로 거의 모든 국가를 수용한다고 할 수 있다. 두 번째 조건은 정회원국이 되기 위해서는 기존의 태평양동맹 정회원국들과 모두 쌍무적 FTA를 먼저 시행해야 한다는 것이다. 이 조건은 태평양동맹 국가 간의 동질성을 유지하여 실질적인 통합을 위한 협상에 집중할 수 있게 해 준다. 이는 협상의 빠른 진전을 용이하게 해주는 반면, 정회원이 되고자 하는 국가들의 가입 절차를 지연시킬 수 있다. 세 번째 조건은 정회원국이 되기 위해서는 기존의 정회원국들이 합의한 모든 규정을 준수해야 한다는 것이다. 이는 초기에 태평양동맹에 관심이 있었으나 후발주자로서 몇몇 받아들이기 힘든 기존 협약 내용을 발견하는 잠재적인 회원국의 탈락을 야기할 수 있다. 이와 같은 세 가지 조건은 태평양동맹의 내적 결속을 강화하기 위한 틀을 제공한다고 볼 수 있다.

요컨대, 통합의 방향성에 있어서 태평양동맹은 외부 지향적이고 공동체 외부와의 자유무역을 추구한다는 점에서 포스트-자유주의적 지역주의와 확연한 차이를 보인다. 다자주의와 세계경제통합에 대한 태평양동맹의 호의적인 성향은 개방적 지역주의의 특징이라고 볼 수 있다. 한편 태평양동맹은 공동체 내부의 자유무역을 강화하고자 하고 잠재적 회원국들에게 까다로운 선결 조건을 제시한다는 측면에서 내부 지향적이기도 하다. 어느 정도의 특혜는 구지역주의나 개방적 지역주의 둘 다에 해당한다. 하지만 태평양동맹에서 주목할 점은, 기존의 개방적 지역주의와 달리, 내부 지향적 특징이 외부 지향적 방향성을 상쇄하지 않는다는 것이다. 다시 말해, 태평양동맹은 양립할 수 없을 것 같은 둘 사이에서 제로섬게임(zero-sum game)을 피한다는 점이다. 이러한 방식으로 태평양동맹은 과거 20여 년 전의 개방적 지역주의보다 그 이념형(ideal type)에 더욱 근접해 있다고 하겠다.

2) 정치적 이념 대 경제적 동기

태평양동맹은 통합에 있어서 실용주의를 추구한다. 정치적 이념을 배제하고 오로지 경제적 동기에만 근거하여 경제 통합을 실현하고자 한다. 태평양동맹은 정치적 또는 이념적 방향성 때문에 어느 특정 국가를 제외하거나 초대하지 않는다. 비록 모든 회원국이 인권과 자유를 존중하는 입헌 민주주의여야 한다는 조건이 있지만, 이 일반적인 조건 이외에는 잠재적 회원국에게 어떠한 정치적 잣대도 들이대지 않는다. 이는 부분적으로 정회원국들의 자유주의적인 정치경제적 성향 때문이기도 하다. 현재 태평양동맹은 우파 또는 온건좌파 정권들로 구성되어 있으며, 그들의 정치적 성향과 상관없이 모든 정회원국은 경제적, 정치적 자유주의를 추구하고 있다. 또한 미국과 모두 우호적인 관계를 맺고 있으며 FTA도 시행 중이다.

비정치적이며 경제적인 동기에 기반을 둔 태평양동맹의 성향은 정권의 교체에도 불구하고 안정적이다. 일반적으로 정권의 교체는 새로 선출된 대통령의 정치경제적 성향에 따라 국가 정책의 전환으로 이어질 수 있다. 이는 역사상 좌파와 우파의 정권 교체가 빈번한 라틴아메리카에서 더욱 그러하다고 할 수 있다. 하지만 다행히 태평양동맹은 회원국의 정권교체에도 불구하고 그 운명에 영향을 줄 만한 어떠한 불안도 경험하지 않았다. 4개 정회원국 중에 페루, 멕시코, 칠레가 정권 교체를 경험하였다. 페루는 2011년 태평양동맹에 대한 논의를 발의했던 가르시아 대통령의 우파 정권에서 오얀타 우말라(Ollanta Humala) 대통령의 좌파 정권으로 정권교체를 겪었다. 하지만 우말라 대통령은 전 정권의 시장 친화적 경제 정책을 유지해나갔다. 멕시코는 2012년 우파 펠리페 칼데론(Felipe Calderón) 대통령에서 온건우파인 페냐 니에토(Peña Nieto) 대통령으로 정권이 교체되었는데, 두 대통령 모두 우파적 정치 성향을 가지고 있어서 태평양동맹에 대한 우호적인 정책은 별다른 변화 없이 지속하였다. 칠레는 2014년 우파 대통령인 세바스티안 피녜라에서 온건좌파 대통령 미첼 바첼레트로 정권 교체를 경험하였다. 2006년에서 2010년까지의 첫 대통령 임기 때와 마찬가지로 바첼레트 대통령은 실용주의적, 개방 경제 정책을 추구하였는데, 이는 피노체트 정권 이래로 칠레 경제정책의 일반적인 성격이라고 할 수 있다. 요약하면, 정회원국들의 정권 교체가 정치적 이념이 아닌 경제적 동기에 의해 추진된 태평양동맹의 성격상 별다른 영향을 주지 못하였고, 회원국들의 태평양동맹에 대한 안정적인 태도는 지역통합의 빠르고 효율적인 진전에 도움을 주고 있다.

정치적 이념의 영향에 있어서, 태평양동맹은 실용주의를 추구하기 때문에 포스트-자유주의적 지역주의와 큰 차이를 보인다. 태평양동맹은 경제적 동기에 근거한 지역협정으로, ALBA나 UNASUR와 같은 정치적 성향이 강한 21세기 지역협정과 그 성격을 달리했다. 정회원국들의 경제적 자유주의 성향은 태평양동맹이 정치적, 이념적 논의로부터 거리를 유지하는 데에 일조하였다. 이러한 특징은 포스트-냉전시대에 부상한 20세기의 개방적 지역주의와 유사하다. 미국의 영향이 20여 년 전보다 훨씬 약화한 현 상황에서, 상대적으로 정치화로부터 멀리 떨어져 있는 태평양동맹은 매우 안정적이라고 할 수 있다.

3) 경제적 이슈 대 사회적 이슈

실용적이고 경제적인 동기에 기인한 태평양동맹은 기본 협정에 명시된 바와 같이 경제적 통합과 직접 관련이 있는 이슈들에 집중해왔다. 이러한 경제적 초점은 통합의 초기 단계에서 명확히 나타났다. 여느 경제적 통합 노력과 마찬가지로 태평양동맹은 공동체 내부의 경제통합을 주로 다루었다. 무역 상품에 관한 관세 철폐 이외에, 금융통합에 있어서는 칠레, 페루, 콜롬비아로 구성되어 있던 주식시장 라틴아메리카통합시장(Latin American Integrated Market: MILA)에 멕시코가 가입하면서 태평양동맹을 대표하는 공동주식시장을 만들었다. 이주에 관해서는, 정회원국 국민들에게 공동체 내에서의 관광 및 사업 비자를 면제해주었다. 또한 터키를 시작으로 해외 여러 국가에서 재외공관이나 영사관을 공유하기 시작하였다.

태평양동맹은 경제적 측면의 지역통합을 추구하는 동시에 사회적 측면의 지역통합 또한 진지하게 고려하고 있다. 태평양동맹은 사회복지, 사회경제적 불평등, 사회적 통합의 향상을 중요한 가치로 추구하고 있다(Pacific Alliance, 2012). 현재의 통합 초기 단계에서는 이러한 사회적 측면의 목표들이 뚜렷하게 우선시되지는 않는 듯하지만, 몇몇 주목할 만한 진전을 만들기 시작하였다. 태평양동맹은 "학생 및 학문적 이동성을 위한 플랫폼(Platform for Student and Academic Mobility)"이라는 공동체제를 시행 중인데, 이를 통하여 회원국의 대학생, 대학원생, 교수, 연구원들의 교류와 교환을 위한 장학금을 제공하고 있다. 태평양동맹은 또한 "기후변화에 관한 과학적 연구 네트워크(Network of Scientific Research on Climate Change)"라는 프로젝트를 시작하여 기후변화에 대한 지식을 공유하고 공동 사업을 진행하고 있다.

요컨대, 통합의 영역의 문제에서 태평양동맹은 일반적으로 개방적 지역주의의 특성을 따르는데, 다루는 이슈들이 다차원적이고 포괄적이다. 주목할 점은 태평양동맹의 다차원주의가 아이러니하게도 포스트-자유주의 지역주의의 핵심 이슈인 사회적 발전을 중요한 영역으로 다루고 있다는 것이다. 이런 측면에서 태평양동맹은 다양한 경제적 이슈들뿐만 아니라 20세기 개방적 지역주의가 주목하지 않던 복지, 불평등, 사회통합과 같은 비경제적 이슈들까지 중요하게 다룸으로써 다차원주의를 강화하고 있다.

4) 국가 대 비국가행위자

태평양동맹은 회원국 정부의 강력한 의지에 의해 진전을 이루어왔다. 발생 초기부터 회원국 정부들은 태평양동맹이라는 통합 프로젝트를 직접적인 관여와 소통으로 이끌어왔다. 국가의 확고한 의지 때문에 태평양동맹은 제도화와 관료화를 거부하고 제도적 최소주의를 추구하였다. 상당한 시간, 노력, 재원이 드는 상설기구를 만드는 대신, 태평양동맹의 회원국들은 대통령, 장관, 그리고 지역통합에 관여하는 정부 관료들의 빈번한 회의를 선호하였다. 이러한 제도적 최소주의는 기존의 라틴아메리카 지역통합이 제도화에 실패한 경험으로부터 배운 것이다. 예를 들어, 안데스 공동체는 통합 과정을 위한 상당히 제도화된 기구들이 존재하였다. 그러나 실질적으로 이러한 기구들은 큰 효율성을 끌어내지 못하고 오히려 통합 노력의 쇠퇴를 가속화했다(van Klaveren, 1993: 135). 물론 EU와 같이 지역통합의 발전을 촉진시킨 상설기구를 지닌 지역공동체도 존재한다. 하지만, 이는 라틴아메리카의 경우에는 적용되지 못했다. 태평양동맹이 정부 간의 빈번한 회의를 통해 긍정적인 진전을 이룸에 따라, 상설기구의 제도화의 필요성은 더욱 감소하였다. 태평양동맹 안에는 오직 하나의 공식적인 상설기구가 존재하는데 바로 태평양동맹 협력기금(Pacific Alliance Cooperation Fund)이다. 협력기금은 2013년에 만들어졌는데, 정회원국들이 균등하게 낸 기부금을 관리하고 협력 사업이나 행사에 자금을 집행하기 위한 기구로 임시의장국이 관리한다. 협력기금에 대해 주목할 것은 자금을 어디에 어떻게 쓸 것인가에 대해 논의하거나 결정할 권리가 없다는 점이다. 단순히 기부금을 행정적으로 관리하는 기능만을 가질 뿐이다.

태평양동맹의 중요한 특징 중의 하나는 태평양동맹 경제협의회(Pacific Alliance Business Council: PABC)의 존재인데, 이 기구는 국가에 대응되는 민간 부분의 목소리를 대변한다. PABC는 "회원국에 이익을 줄 새로운 비즈니스 기회를 찾고 정상회담의 한 부분으로서 국가 수장들과의 대화를 지속함으로써 태평양동맹에 기여하는 주요 비즈니스 지도자와 기업가들"의 모임이다(Mexican Ministry of Foreign Affairs, 2014). 태평양동맹은 민간 부문 관여의 중요성을 인식하고 민간 부문을 통합의 과정에 연결시키기 위하여 PABC를 설립하였다. 사실, 회원국 대통령들의 동의가 있었지만, PABC는 태평양동맹의 정부 주도적 논의 과정에서 민간 부문의 이익을 대변하고자 하는 민간의 발의였다. 태평양동맹 내의 공식 분과위원회 중 하나인 태평양동맹 경제인연합 전문가위원회(Pacific Alliance Business Council Committee of Experts)가 PABC와 태평양동맹 사이에서 조정 기관이자 연락통의 역할을 하고 있다. PABC는 보통 태평양동맹의 진전을 모니터하고 심도 있는 통합을 위한 주제별 제안을 하기 위해 정상회담 기간에 소집된다. PABC의 잘 정립된 기능은 태평양동맹의 기본적인 특징 중의 하나이며, 태평양동맹이 비록 국가에 의해 시작하였지만 비국가행위자들의 목소리를 포함한다는 것을 보여준다.

요약하자면, 비국가행위자의 관여에 있어서, 태평양동맹은 회원국 정부의 적극적인 노력에 의해 시작되고 진척되어왔지만 민간 부문의 실질적인 이익을 반영하고 있다. 지역주의 패러다임과 상관없이, 지역통합에서 국가의 주도적 역할은 정도의 차이는 있지만 기정사실이다. 이 점을 고려할 때, 개방적 지역주의는 이론적으로 포스트-자유주의적 지역주의보다 비국가행위자의 더 많은 관여를 옹호한다. 하지만 중요한 점은 태평양동맹이 PABC를 통해 비국가행위자, 특히 비즈니스 부문의 관여를 인정한다는 것이다. 20세기 개방적 지역주의에서 비국가행위자의 개입이 그리 뚜렷하지 않았던 것에 비해, 태평양동맹은 PABC의 활동을 통해 비국가행위자의 적극적이고 눈에 띄는 참여를 보여준다.

6. 결론

이 글은 라틴아메리카 지역주의 패러다임 안에서 태평양동맹의 의미를 분석하고 논의하였다. 태평양동맹은 확실히 포스트-자유주의적 지역주의와 차별되며, 대신에 20세기 개방적 지역주의로의 회귀를 의미하는 듯 보였다. 하지만 그것은 1980년대와 1990년대의 개방적 지역주의의 단순한 재생산은 아니다. 라틴아메리카의 과거 개방적 지역주의 협정들이 개방적 지역주의의 이념상을 제대로 실현하지 못하고 쇠퇴하였던 반면, 태평양동맹은 그 본래의 이념상과 훨씬 더 근접해 있다. 이렇게 하여 태평양동맹은 라틴아메리카에 2단계 개방적 지역주의의 도래를 알렸으며 개방적 지역주의의 이념형을 강화하였다. 어떤 측면에서 21세기 초반 포스트-자유주의적 지역주의의 부상이 상대적으로 자유주의적이고 개방적인 4개국, 칠레, 콜롬비아, 멕시코, 페루에게 기존의 개방적 지역주의를 개선하도록 교훈을 주었다고도 할 수 있다.

태평양동맹은 여전히 회원국들이 원래 의도하던 수준의 통합을 완성하기까지 먼 길이 남아 있다. 태평양동맹이 현재의 긍정적인 통합의 진전을 유지할 것인지 아니면 이전의 다른 통합체들처럼 쇠퇴할 것인지는 아직 판단하기 이르다. 하지만 기대했던 것보다 훨씬 빠르게 진행되어 라틴아메리카의 지역적 헤게모니에 영향을 줄 만큼 번성할 가능성도 충분하다. 만약 그렇다면, 태평양동맹은 MERCOSUR의 강력한 경쟁자가 될 것이며, 두 지역 블록 간의 경쟁, 그리고 그들의 대국인 멕시코와 브라질 간의 경쟁 구도에 새로운 변화를 가져올 수도 있다. 물론 태평양동맹이 그 동력을 잃고 쇠퇴할 수도 있다. 하지만 현재 태평양동맹 정회원국들의 상황과 라틴아메리카 전체의 정치경제를 고려해볼 때, 태평양동맹은 라틴아메리카 지역주의의 매력적인 새 패러다임으로 성장할 가능성이 크다.

　태평양동맹 정회원국들은 전 세계에서 다양한 공동 활동을 통해 그들의 지역통합이 지니는 긍정적인 잠재력을 알리고 있다. 태평양동맹의 그러한 노력과 진전은 라틴아메리카에서 자유무역정책에 대한 우호적인 분위기를 만들어내고 있다. 태평양동맹에 의해 대표되는 2단계 개방적 지역주의가 과연 앞으로 라틴아메리카 전역에 확산될 것인지, 만약 그렇다면 어떻게 확산될 것인지 앞으로 주시할 만한 문제다.

참고문헌

Baquero-Herrera, Mauricio. 2005. "Open Regionalism in Latin America: An Appraisal." *Law and Business Review of the Americas*, Vol.11, No.2, pp.139~183.

Bouzas, Roberto. 2001. "El MERCOSUR Diez Años después. ¿Proceso de Aprendizaje o Déjà vu?" *Desarrollo Económico*, 41(162), pp.179~200.

Briceno-Ruiz, José. 2010. "La Iniciativa del Arco del Pacífico Latinoamericano: Un nuevo actor en el escenario de la integración regional." *Nueva Sociedad*, 228, pp.44~59.

Dade, Carlo & Carl Meacham. 2013. *The Pacific Alliance: An Example of Lessons Learned*. http://csis.org/files/publication/130711_CDadeCMeacham_Pacific Alliance.pdf (accessed August 10, 2014)

ECLAC. 1994. *Open regionalism in Latin America and the Caribbean. Economic integration as a contribution to changing productions patterns with social equity*. Santiago: ECLAC.

Flôres, Renato G. Jr. 2013. "In Search of a Feasible EU-Mercosul Free Trade Agreement." *CEPS Working Document*, No.378.

Gómez-Mera, Laura. 2008. "How 'new' is the 'New Regionalism' in the Americas? The case of MERCOSUR." *Journal of International Relations and Development*, 11, pp.279~308.

Hettne, Bjorn. 1994. "The New Regionalism: Implications for Development and Peace." in Bjorn Hettne and Andras Inotai. *The New Regionalism: Implications for Global Development and International Security*. Helsinki: UNU/WIDER.

_____. 2005. "Beyond the 'New' Regionalism." *New Political Economy*, 10(4), pp.543~571.

Kegel, Patricia L. and Mohamed Amal. 2012. "MERCOSUR and its Current Relationship to the European Uion: Prospects and Challenges in a Changing

World." *ZEI Discussion Paper*, No.C209.

Lim, Taekyoon. 2014. "Rising Regional Integration in Latin America, the Pacific Alliance." *2014 Latin America: Socio-economic Inequality and the Leftist Regimes.* Seoul National University Institute of Latin American Studies

Lim, Taekyoon and Siun Yi. 2013. *Prospects and Implications of the Pacific Alliance.* Korea Institute for International Economic Policy

Meacham, Carl. 2014. *The Pacific Alliance and New Zealand: Latin American Origin, Global Reach.* Center for Strategic and International Studies

Mexican Ministry of Economy. 2012. "Unidad de Coordinacion de Negociaciones Internacionales." http://www.economia.gob.mx/files/transparencia/informe_ APF/memorias/6_md_alianza_pacifico_sce.pdf(accessed August 10, 2014)

Mexican Ministry of Foreign Affairs. 2014 "The Sixth Session of the Pacific Alliance Business Council is Held in Nayarit" June 19, 2014. http://www.sre. gob.mx/en/index.php/archived-press-releases/2587-the-sixth-session-of-the-p acific-alliance-business-council-is-held-in-nayarit(accessed August 10, 2014)

Pacific Alliance. 2012. "Acuerdo Marco de la Alianza del Pacífico." http:// alianzapacifico.net/documents/2014/Acuerdo_Comercial.pdf(accessed August 15 2014)

Phillips, Nicolas. 2003. "The Rise and Fall of Open Regionalism? Comparative Reflections on Regional Governance inthe Southern Cone of Latin America." *Third World Quarterly*, 24(2), pp.217~234.

Riggirozzi, Pia. 2012. "Region, regionness and regionalism in Latin America: towards a new synthesis." *New Political Economy*, 17(4), pp.421~443.

Rivarola, Andrés. 2007. "Global Shift: The U.N. System and the New Regionalism in LatinAmerica." *Latin American Politics and Society*, 49(1), pp.89~112.

Roldan, Adriana, Camilo Alberto Pérez-Restrepo, and Maria del Mar Garza Agudelo. 2011. "Arco del Pacifico Latinoamericano y ASEAN: Oportunidades de cooperación birregional." Paper presented at XIII Congreso Internacional de ALADAA(March 23 -25).

Sanahuja, José A. 2008. "Del 'regionalismo abierto' al 'regionalismo post-liberal': Crisis y cambio en la integración regional en América Latina." *Anuario de integración*, 7, pp.11~54.

_____. 2012. "Post-liberal Regionalism in South America: The Case of UNASUR." *EUI Working Paper*, No.RSCAS 2012/05.

Serbin, Andrés. 2007. "Entre UNASUR y ALBA: ¿Otra Integración (ciudadana) es posible?" in Mesa, Manuela(ed.). *Paz y conflicto en el siglo xxi: tendencias globales. Anuario 2007-2008*, pp.183~207.

_____. 2010. "Regionalism y soberanía nacional en América Latina: Los nuevos desafíos." *Documentos CRIES*, No.15.

Söderbaum, Fredrik. 2004. *The Political Economy of Regionalism: The Case of Southern Africa*. London: Palgrave Macmillan.

_____. 2005. "The International Political Economy of Regionalism." in Nicola Phillips(ed.). *Globalizing International Political Economy*. London: Palgrave Macmillan, pp.221~245,

Spindler, Manuela. 2002. "New Regionalism and the Construction of Global Order." *CSGR Working paper*, 93(02).

van Klaveren, Alberto. 1993. "Why Integration Now? Options for Latin America." in Peter H. Smith(ed.). *The Challenge of Integration: Europe and the Americas*. New Brunswick: Transaction Publishers.

제9장

자발적 의존과 비자발적 고착화

푸에르토리코 경제 위기에 대한 역사적 접근*

임태균 서울대학교 라틴아메리카연구소 HK교수

1. 서론

푸에르토리코는 카리브해에 위치한 섬나라로 육지 면적은 8870km²
(경기도 면적의 약 1.4배), 바다를 포함한 전체 면적은 1만 3791km²에
불과한 매우 작은 국가이다. 인구도 360만 명 정도로 작으며 GDP는
약 1000억 달러 밖에 되지 않는다. 엄밀히 말하면, 푸에르토리코는 하나
의 완전한 독립국가가 아니다. 자치 헌법은 가지고 있지만 미국의 영토
로서 푸에르토리코의 외교와 국방은 미국 연방정부가 책임을 지고 있
다. 그렇다고 푸에르토리코가 미국의 주도 아니다. 예산, 행정, 그리고
제한적이지만 사법체제는 미국의 주보다 훨씬 더 자치적으로 운영되고
있다. 정치적으로, 푸에르토리코인들은 1917년 3월 통과된 존스-샤프로

---

* 이 글은 ≪이베로아메리카연구≫ 27권 3호(2015)에 발표한 필자의 논문을 총서
취지에 맞게 수정 보완한 것이다.

스법(Jones-Shafroth Act, 또는 Jones Act of Puerto Rico)에 의거해 미국시민권을 가지고 있지만 미국 대통령이나 상하의원 선거에 투표권은 없다. 그러나 미국 본토로 이주하면 해당 주 거주자로서 투표권을 가질 수 있게 된다. 1947년 푸에르토리코는 자치적으로 자신의 지사(governor)를 뽑을 권한이 주어졌고 이듬해인 1948년 선거를 통해 최초의 지사 루이스 무뇨스 마린(Luis Muñoz Marín)을 선출하였다. 1952년에는 공식적으로 미국의 자치령(commonwealth)의 지위가 주어졌다.

최근 들어 푸에르토리코는 디폴트(채무불이행)에 빠졌고 앞으로도 채무 상환에 대한 뚜렷한 방안이 없어 큰 논란이 되고 있다. 현재 푸에르토리코는 약 720억 달러의 채무를 가지고 있으며 정부는 이를 지불할 수 없는 상태임을 시인하고 있다. 이번 푸에르토리코 경제위기는 미국 역사상 가장 큰 지방자치단체 파산인 2013년 디트로이트 파산보다 그 규모가 4배가량 클 것으로 보이는데, 푸에르토리코의 미국자치보호령으로서의 지위가 미국법에 의한 파산 신청을 불가능하게 하고 있어 채권자들과의 협상을 통한 분쟁 해결은 할 수 없는 상태이다. 한편 미국 정부도 푸에르토리코에 대한 긴급 구제금융 제공을 고려하고 있지 않고 있어 귀추가 주목되고 있다.

이에 이 글은 최근 푸에르토리코의 디폴트가 어디에서 기인했는지에 대한 질문을 역사적인 접근을 통해 답하고자 한다. 푸에르토리코의 디폴트를 지난 10년간 푸에르토리코 정부의 비효율적이고 방만한 경제운용의 결과로 여기는 것은 다소 근시안적이고 단편적이다. 반대로, 미국의 자치보호령이라는 정치적인 지위 때문에 푸에르토리코의 경제발전과 위기를 애초부터 미국과의 절대적 종속 관계에서 설명하는 것도 충분하지 않다. 이에 저자는 푸에르토리코 경제발전에서 발견되는 자발적 의존과 비자발적 고착화를 통해 현 푸에르토리코 경제 위기의 근원을 설명하고자 한다. 20세기 중반 푸에르토리코는 국가 엘리트들이 자발적으로 선택한 경제 모델 오퍼레이션 부트스트랩(Operation Boot-strap)[1]을 통해 미국 자본에 의존하는 산업화를 추진하였다. 하지만 산업화를 위한 이러한 자발적 의존은 점차 푸에르토리코 경제에 고착되어 실질적으로는 자치적 운용이 거의 불가능한 상태에 이르렀고 결국 현재의 경제 위기에까지 이르게 되었다. 다시 말해, 산업화 과정에서 푸에르토리코의 자발적 결정이 아이러니하게도 푸에르토리코의 경제적 자율성을 제약하고 위기에 빠뜨린 것이다.

이 글은 다음과 같은 순서로 위의 질문과 설명을 전개해 나간다. 먼저 제2장에서는 경제발전의 또 다른 대명사인 동아시아의 경제위기에 관한 문헌을 발판 삼아 푸에르토리코 경제 침체와 관련한 기존 문헌에 대해 고찰한다. 제3장에서는 현 푸에르토리코 경제의 디폴트 상황을 간략하게 살펴보고, 제4장과 제5장에서는 각각 Operation Bootstrap이라는 경제정책의 시행 이전까지의 푸에르토리코 경제와 Operation Bootstrap하에서의 산업화 과정을 살펴본다. 제6장에서는 자발적 산업화 과정에서 고착화된 푸에르토리코의 경제구조를 살펴봄으로써 현 푸에르토리코 위기에 대한 설명을 제공한다. 마지막으로 제7장에서 본 논문을 마무리한다.

2. 푸에르토리코 경제 침체에 관한 문헌 검토

푸에르토리코의 경제성장은 종종 한국을 중심으로 한 동아시아 신흥

---

1) '신발 끈을 묶다'라는 뜻으로 무뇨스 마린 정부가 추진했던 산업화 정책이다.

공업국들의 경제성장과 비교되곤 한다(Dietz, 2003; Baumol and Wolff, 1996; Padin, 2003 참조). 이는 푸에르토리코가 20세기 중반을 지나면서 주목할 만한 산업화를 통해 경제발전을 이룩하였으며, 그 발전 모델이 아시아 신흥공업국들이 추구한 모델과 유사점과 차이점을 동시에 가지고 있기 때문이다. 두 경제발전 모델은 공통적으로 수출주도형 경제성장을 추구하였다. 라틴아메리카의 주요 국가들이 수입대체산업화 모델을 추진했던 것과 달리, 푸에르토리코는 아시아의 신흥공업국처럼 원자재를 수입하여 공산품을 제조한 후 다시 수출하는 해외시장 지향적인 산업화를 전개하였다. 한편, 아시아의 신흥공업국에서 국내 저축이 산업화 자금 조달에 중요한 역할을 담당했던 것과 달리, 푸에르토리코에서는 해외자본, 특히 미국 자본이 산업화의 거의 유일한 재원이 되었다. 또한 전자는 국가가 해외자본의 국내유입과 운용을 엄격히 통제 또는 감독하였던 반면, 후자는 해외자본을 적극적으로 유치하고 국내에서의 활동을 지원하였다.

푸에르토리코 경제성장 모델의 비교대상으로서 동아시아 신흥공업국의 성장에 대한 연구는 1997년을 기점으로 동아시아 경제위기의 원인에 대한 연구로 초점이 맞추어졌다. 1997년 태국 발 외환위기의 연장선상에서 일어난 동아시아 신흥공업국의 경제위기는 많은 학자들의 관심을 불러일으켰다. 동아시아 경제위기를 설명하는 관점은 크게 두 가지로 나누어지는데, 하나는 경제위기를 대내외적 자유화에 의한 동아시아 경제 모델의 붕괴에 기인한 것으로 보는 것과, 다른 하나는 동아시아 경제 모델의 본질적인 특성에 기인한 것으로 보는 관점이다. 전자의 관점은 한국 또는 동아시아 경제위기에 대해 IMF를 비롯한 국제금융기구들과 서구열강들에 의해 권장된 급격한 금융자유화가 견고한 규제와 감독으로 일궈진 동아시아의 안정적인 발전 모델을 붕괴시켰다고 주장한다(Wade and Veneroso, 1998; Bernard, 1999; Crotty and Dymski, 2001). 이 관점은 한국의 경제위기를 1990년대 중반 국가가 산업투자에 대한 조정자 역할을 멈추고 기업의 차관 유치에 대한 규제 또한 대폭 완화하는 과정에서 나타난 결과라고 말한다. 이러한 탈규제화 과정에서 급격히 성장한 금융회사들이 대규모의 단기차관을 들여오면서 1997년 말 외채 부담을 감당할 수 없게 되었다고 본다. 반면에 후자의 관점은 동아시아 경제위기는 그 발전 모델에 내재해 있는 정실자본주의(Crony capitalism)라는 도덕적 해이에 원인이 있다고 주장한다(Krugman, 1998; Frankel, 1998). 족벌 경영과 정경 유착, 산업정책에 의한 정부의 편향적 투자 보장, 그리고 대마불사(Too big to fail) 논리에 기인한 과도한 위험 부담과 같은 동아시아 발전 모델의 내재적인 도덕적 해이가 결국 외환위기로 폭발할 수밖에 없었다는 것이다. 이와 같은 동아시아 경제위기에 대한 연구에 있어서 IMF식의 신자유주의적 정책이 경제위기에 미친 영향은 주요한 논점이다. 최근 푸에르토리코의 경제위기에서도 신자유주의적 정책의 확대는 중요한 요인 또는 해결책으로서 논의되고 있다. 하지만 푸에르토리코는, 한국을 비롯한 동아시아의 상황과 달리, 정실자본주의를 심각하게 논할 만큼 국내기업가 계층이 확립되지도 못하였고, 3~4년 동안의 짧은 기간 내에 금융자유화가 급격히 일어나지도 않았다. 그리고 미국의 자치령이라는 지위 때문에 IMF의 직접적인 관여로부터도 자유롭다.

기존의 푸에르토리코의 경제 위기에 대한 연구는 푸에르토리코가 1950년대와 1960년대의 괄목할 만한 경제성장을 이어가지 못하고 1970년대 경기침체에 빠진 배경과 원인에 대한 연구에 집중되어 있다. 이러한 연구는 라틴아메리카 경제에 대한 고전적인 설명인 종속이론의 한계점에 대한 인식에서 시작되었다고 할 수 있다. 전형적 종속이론에 따르면, 제3세계 국가는 세계 자본주의 경제에 통합됨으로 인해 후진성과 저발전의 굴레에 빠지게 된다. 대표적인 종속이론가 안드레 군더 프랑크(Andre Gunder Frank)는 『라틴아메리카의 자본주의와 저개발(Capitalism and Underdevelopment in Latin America)』(1967)를 통해서 라틴아메리카는 16세기 세계시장경제에 편입되면서부터 자본주의 체제로서 발전하였으며 라틴아메리카와 같은 주변부에서 서구열강, 즉 중심부로 잉여자본이 집중됨에 따라 주변부는 구조적으로 후진적인 자본주의로 남게 될 수밖에 없다고 말하였다. 하지만 푸에르토리코의 경우, 적어도 1950년대와 1960년대에 놀랄 만한 경제성장을 이룩하였으며 산업구조 면에서도 농업에서 제조업으로 성공적으로 전환하였다. 또한 1970년대 이래로는 자본/기술 집약적인 제조업, 즉 국제분업에서 중심부 국가들이 선점하고 있는 산업으로 전환하였다. 다른 산업화한 라틴아메리카 국가들처럼 수입대체산업화를 통한 산업화가 아니라 수출지향적인 산업화였다. 다시 말해, 미국과의 관계에서 푸에르토리코는 전형적 종속이론이 제시하는 저발전과는 다소 다른 방향으로 발전하였다. 이렇게 보면, 세계 자본주의 체제로의 편입이 푸에르토리코의 산업발전에 긍정적인 영향을 미쳤다고도 볼 수 있다. 하지만 이 또한 1970년대 이래로 생산성 향상에 실패하고 외국자본에의 의존이 증가하며 침체와 정체를 거듭한 끝에 현재의 디폴트에까지 이르게 된 것을 보면 푸에르토리코가 여전히 세계시장경제에서 주변부에 머무르고 있다는 것은 자명하다.

디에츠(Dietz, 1982)는 1970년대 푸에르토리코 경제의 부진이 면밀히 계획되지 않은 경제발전 모델의 전개에서 비롯되었다고 주장한다. 1950년대와 1960년대의 주목할 만한 산업발전이 장기적인 발전을 위한 견고한 초석으로부터 만들어진 것이 아니라 미국 기업에 의존한 단기적인 경제성장에 초점이 맞추어진 정책에 기인한 것으로, 근본적으로 푸에르토리코의 자생적인 산업발전을 오히려 저해하는 요인이 되었다고 주장한다. 디에츠(Dietz, 1979)는 또한 미국의 제국주의적 자본주의의 확장이 푸에르토리코의 산업화의 결정적인 유인이라고 주장한다. 그는 미국 정부의 조세감면과 연방기금 등의 혜택이 제국주의적 자본주의의 도구이며 이에 의존한 산업화는 푸에르토리코 자본주의의 발전에 한계를 가져왔다고 본다. 비록 푸에르토리코가 정치적으로 미국에 종속되어 있는 것은 사실이지만, 디에츠는 푸에르토리코의 경제발전에 있어서 푸에르토리코 정부의 자발적인 움직임과 노력을 저평가하는 경향이 있다. 푸에르토리코 정부의 발전전략을 미국과의 관계에서 완전히 분리해서 바라볼 수는 없지만, 푸에르토리코 국가 엘리트들의 이익 또는 이성에 의한 결정은 무시할 수 없는 중요한 요소이다.

파딘(Padin, 2003)은 푸에르토리코의 경제발전 모델은 1940년대 국가가 어떻게 관여해야 할 것인지에 대한 국내 산업가과 국가 간의 갈등을 통해서 이루어진 것이라고 주장한다. 단순히 미국과의 관계에서 오는 외부적 요인이 아니라, 국내의 행위자들 간의 투쟁에서 기업가들이 자유화를 강력히 옹호하여 국가가 받아들이게 되었으며 이는 푸에르토리코의 장기적 발전 궤도의 시초가 되었다는 것이다. 그는 1947년, 즉 푸에르토리코가 본격적인 산업화 정책을 전개하기 시작한 시점까지 푸에르토리코에서 미국의 정치적·경제적인 측면에서 존재감이 뚜렷하지 않았으며 푸에르토리코 정부에 영향을 줄 만한 미국 정부와 미국 자본가 간의 결탁에 대한 명확한 증거도 없다고 주장한다(Padin, 2003: 286).

다소 극단적인 입장에서 보물과 울프(Baumol and Wolff, 1996)는 미국과의 특수한 정치적 관계가 푸에르토리코의 성장에 중요한 영향을 미치지 못했다고 주장한다. 통계적 접근을 통해 그들은 미국 본토로의 이주,

연방보조금, 세금 특혜와 같이 미국과의 특수한 관계에서 오는 요인들이 없이도 푸에르토리코는 실제 경제성장에 버금가는 발전을 이룩하였을 것이라고 말한다. 1950년에서 1990년까지 푸에르토리코의 연평균 1인당 GDP는 4.2%였는데, 앞에서 말한 특수한 상황들이 없다고 가정했을 때도 연평균 1인당 GDP는 3.8%로 그리 크게 달라지지 않는다고 분석한다. 보몰과 울프는 푸에르토리코 경제에 대한 미국의 직간접적인 영향을 부정하는 새로운 논거를 내세웠지만, 장기적인 측면에서 통계로 완전히 파악될 수 없는 국제경제 또는 지역경제의 영향을 배제하였다는 점에서 그 주장의 타당성은 떨어진다고 할 수 있다.

한편, 종속이론의 아류적인 시각으로부터 와소우(Wasow, 1978)는 급격히 늘어난 해외투자가 1950년대에서 1970년대 초반까지의 푸에르토리코 산업화에 중요한 역할을 하였으나, 이러한 해외자본의 확대가 국내 저축을 감소시키는 부작용을 낳았다고 주장한다. 1970년대 초에 해외투자의 유입이 줄어들면서 푸에르토리코 정부는 외자에 의존한 공공지출을 늘렸으나 이는 생산적인 투자가 아니었으며 따라서 지속가능한 성장 모델을 저해하였다는 것이다(Wasow, 1978: 124~127). 와소우는 이러한 발전 패턴이 장기적으로 GDP의 심각한 해외 유출 그리고 외국 자본에 의한 국내자본 잠식을 야기할 것이며 이는 국내저축의 회복을 통해서만 바로잡을 수 있다고 주장하였다. 비슷한 입장에서 멜렌데스(Melendez, 1990)는 1970년대 중반에 찾아온 푸에르토리코의 경제 침체를 생산성 하락에 기인한 외국 자본의 재투자 감소에 따른 것으로 분석한다. 그는 푸에르토리코 정부의 외국 자본에 대한 세제 혜택, 공공시설 사용료 인하, 노동자 연수 등의 지원이 생산성 하락으로 인한 해외투자 감소를 회복시키기에는 한계가 있었다고 주장한다.

최근 터진 푸에르토리코의 디폴트 사태는 지난 수십 년 간의 산업화 과정을 거치면서 누적된 푸에르토리코 경제의 취약성의 결과이다. 이런 측면에서 앞에서 언급된 1970년대 경제 침체에 대한 연구들은 현재의 상황을 바라보는 데에 시사하는 바가 크다. 하지만 현재 많은 전문가들의 푸에르토리코 경제위기에 대한 언급은 주로 빠른 회복을 위한 단기 해결책에 초점이 맞추어져 있다 보니, 위기의 원인에 대한 논의 또한 단기적인 요인, 즉 지난 두어 정권의 경제상황과 정책에 치중되어 있다. 마르티네스-오테로와 세다-이리사리(Martínez-Otero and Seda-Irizarry, 2015)는 2008년 미국 발 금융위기에 대한 당시 정권과 그 다음 정권의 미숙한 대응에 대해 지적한다. 2009년 집권한 보수진영의 새진보당(New Progressive Party)이 푸에르토리코의 경기 침체에 대해 신자유주의적 구조조정과 긴축정책을 단행하였는데, 이는 투자 회복은커녕 오히려 경제의 침체를 심화시켰으며 결국 국채의 과도한 발행이라는 길을 선택하게 되었다. 2013년 정권을 탈환한 중도좌파 대중민주당(Popular Democratic Party)은 공공 부문의 축소를 멈출 것을 약속하였으나 푸에르토리코 신용도가 하락하고 국채에 대한 부담이 커지면서 결국 공공부문 지출을 감소하고 세금을 올려 국민생활이 더욱 불안정해졌다(Martínez-Otero and Seda-Irizarry, 2015). 크루거(Krueger, 2015)는 조금 더 거슬러 올라가 푸에르토리코의 디폴트를 1996년에 시작된 푸에르토리코 주재 미국 기업에 대한 미국 정부의 법인세 면제의 단계적인 철폐에 기인한 것으로 본다. 그는 1996년 이래로 미국의 자본집약적 기업들, 즉 제약회사들이 푸에르토리코를 떠나기 시작하면서 경제가 거의 성장하지 못했고 특히 지난 10여 년은 인플레이션을 감안한 실질 GDP가 감소 추세에 있다고 말한다.

비슷한 맥락에서, 지난 10년간의 푸에르토리코 정책들 가운데 가장 많이 비판받는 것이 국영전력회사(Puerto Rico Electric Power Authority:

PREPA), 국영상하수도회사(Puerto Rico Aqueduct and Sewer Authority: PRASA), 그리고 국영도로교통회사(Highways and Transportation Authority: HTA)와 같은 주요 국영기업들의 적자 경영이다. 특히 국영전력회사인 PREPA는 전력 생산을 위해 비싼 수입 석유에 지나치게 의존해왔다. 다른 카리브해 섬 국가들이 비용 절감을 위해 태양력 및 풍력 발전을 적극 시행해 오고 있는 데 반해, 푸에르토리코는 이러한 노력을 거의 하지 않고 석유 수입에 많은 비용을 들여왔다. 푸에르토리코 정부는 이러한 비효율적인 에너지 시스템을 고집하면서 PREPA를 통한 심각한 재정의 유출을 방치해왔으며, 이를 메우기 위해 끌어들여온 채무가 지난 10년의 장기 경기침체와 최근의 디폴트 사태까지 이르는 하나의 원인이 되었다고 볼 수 있다.

푸에르토리코 디폴트 사태에 대한 이러한 단기적인 요인들은 정책 수립의 측면에서는 중요한 의미를 가진다. 하지만 이러한 단기적인 요인들은 푸에르토리코가 처해 있는 경제적 상황을 포괄적으로 설명하기에는 한계가 있다. 현 푸에르토리코의 디폴트는 지난 반세기의 산업화 역사에서 푸에르토리코 정부가 어떠한 결정을 어떠한 환경 속에서 내렸으며 그 결정이 어떠한 결과를 낳았는지를 살펴봄으로써 더욱 명확히 이해될 수 있다. 이는 단순히 푸에르토리코 경제가 미국과의 관계에서 어떠한 영향을 받았는지를 분석하는 것이 아니라, 푸에르토리코 정부가 선택한 발전 방향이 어떻게 푸에르토리코 경제를 외부 요인, 즉 미국 자본에 의존적이게 만들었고 그러한 의존성이 경제적 종속으로 고착화 되어 갔는지 역사적 접근을 통해 분석하는 것이다. 다시 말해, 푸에르토 리코의 현 경제위기의 근본적인 원인을 역사적인 관점에서 접근하되 시작부터 정해져 있는 미국과의 정치적 관계에서 찾지 않고 산업화 과정에서 발현한 경제적 역학에서 찾고자 하는 것이다.

3. 푸에르토리코 경제의 디폴트 현황

2015년 디폴트로 터진 푸에르토리코의 경제 위기는 사실 어제오늘의 이야기가 아니다. <그림 9-1>에서 보는 바와 같이, 약 10년 전부터 푸에르토리코의 경제는 이미 눈에 띄게 내리막길을 걸어왔으며, 특히 2008년 미국 발 금융위기를 계기로 심각한 마이너스 성장을 거듭했다. 2010년에는 -3.8이라는 최악의 경제 성장률을 기록하기도 했다. 2012년에 잠시 GDP 성장률이 플러스로 돌아서는 듯 했지만 이내 다시 마이너스 성장으로 추락하였다. 지난 10년 동안 푸에르토리코는 마이너스 성장을 반복하며 기나긴 침체의 늪을 빠져 나오지 못하고 있는 것이다.

그러다보니 국가 재정 또한 매년 적자를 면치 못하고 있다. <그림 9-2>에서 볼 수 있듯이, 푸에르토리코의 재정수지는 2000년대 들어서 적자폭이 상당히 늘어난 상황으로, 2009년에는 18억 달러가 넘는 재정 적자를 기록하기도 하였다.

마찬가지로 현재 푸에르토리코의 부채 문제는 매우 심각한 상태이다.

〈그림 9-1〉 푸에르토리코 GDP 성장률(2005-2014년)

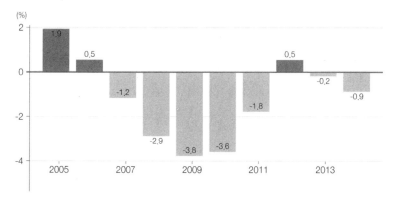

자료: Trading Economics(www.tradingeconomics.com).

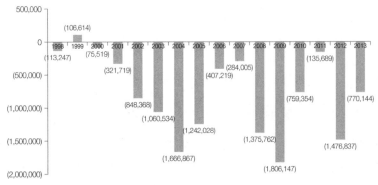

〈그림 9-2〉 푸에르토리코 재정수지(1998-2013년)

자료: Marxuach(2015: 8).

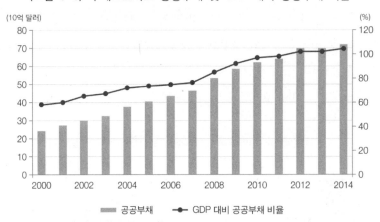

〈그림 9-3〉 푸에르토리코 공공부채 및 GNP 대비 공공부채 비율

■ 공공부채 ●— GDP 대비 공공부채 비율

자료: Marxuach(2015: 11).

<그림 9-3>이 보여주듯이, 푸에르토리코의 공공부채는 꾸준히 증가하
여 2000년에 58%이던 GNP 대비 공공부채 비율이 2014년에는 104%에
이르렀다(Marxuach, 2015: 11). 상황이 이렇다 보니 2006년부터는 푸에르
토리코 총재정에서 채무상환이 차지하는 비중이 공공복지가 차지하는

비중을 능가하였으며, 2014년에는 그 비율이 각각 14.4%와 5%로 그 간격이 매우 심화되었다(Marxuach, 2015: 11~12). 작년부터는 본격적으로 디폴트가 예견되기 시작했는데, 알레한드로 가르시아 파디야(Alejandro García Padilla) 현 푸에르토리코 지사는 푸에르토리코가 채무를 지불할 능력이 없음을 공개적으로 인정하곤 했다.

GDP 감소와 정부부채 증가의 지속적인 경제 불안은 푸에르토리코 국민들의 삶에 매우 부정적인 영향을 주었다. <그림 9-4>와 <그림 9-5>에 나타난 2000년대 푸에르토리코의 실업자 수와 실업률을 살펴보면, 2008년 미국 발 외환위기를 거치며 실업이 매우 악화되었음을 알 수 있다. 2010년 5월에는 실업자 수가 21만 명을 넘으며 16.9%라는 최악의 실업률을 기록하기도 했다. 2010년 정점을 찍은 후 푸에르토리코의 실업문제는 실업자 수 및 실업률 통계상으로는 점차 개선되고 있는 듯 보인다.

하지만 이런 수치상의 개선은 실제 고용의 증가를 의미하는 것이 아니었다. <그림 9-6>에서 같은 기간 푸에르토리코의 고용 인구를 살펴보면 2006년 이래로 꾸준히 감소하고 있는 것을 알 수 있다. 2008년 미국 발 경제 위기로 인하여 고용 인구가 크게 감소한 이후로 그 감소 폭은 다소 줄었으나 뚜렷한 개선의 여지는 보이지 않고 있는 것이다.

실업자 수와 실업률의 감소에도 불구하고 고용 인구가 늘지 않는 푸에르토리코의 기형적인 노동 현황은 전체 인구 감소에 따른 노동인구의 급격한 감소로 인한 현상이다. <그림 9-7>에서 볼 수 있듯이, 노동인구 변화 추이는 고용인구 변화 추이와 거의 동일한 패턴을 보이고 있다.

이러한 푸에르토리코의 노동인구 감소는 푸에르토리코에서 미국 본토로의 급증하는 이민을 반영하는 것이다. 물론 미국으로의 이주가 이 시기에 갑자기 일어난 현상은 아니다. 이전부터 많은 푸에르토리코 인

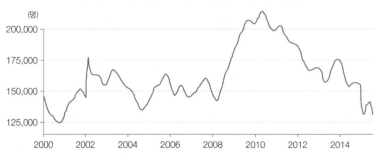

〈그림 9-4〉 푸에르토리코 실업자 수 추이(명)

자료: Bureau of Labor Statistics, United States Department of Labor(http://www.bls.gov/eag/eag.pr.htm).

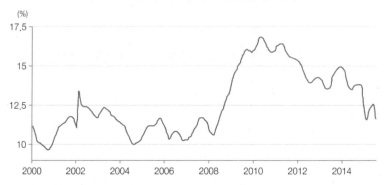

〈그림 9-5〉 푸에르토리코 실업률 추이(%)

자료: Bureau of Labor Statistics, United States Department of Labor(http://www.bls.gov/eag/eag.pr.htm).

들에게 미국은 꿈의 땅이었고 미국으로 이주하여 더욱 윤택한 삶을 살고자 하는 열망이 있었다. 하지만 2006년 즈음 그 수가 더욱 증가하면서 전체 인구, 따라서 노동 인구의 부족이라는 문제가 더욱 부각되었다 (Velázquez-Estrada et al., 2015: 11). 디폴트에 대한 우려가 나돌기 시작한 2014년에 들어서는 미국으로 이주하는 푸에르토리코인 수가 기하급수적으로 늘어 2014년 상반기에만 7만 2000명을 넘어서 2013년 연간

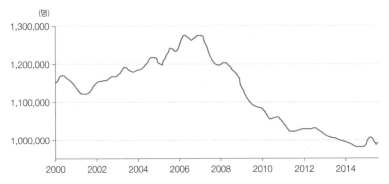

〈그림 9-6〉 푸에르토리코 고용 인구 추이(명)

자료: Bureau of Labor Statistics, United States Department of Labor(http://www.bls.gov/
eag/eag.pr.htm).

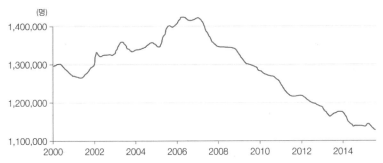

〈그림 9-7〉 푸에르토리코 노동 인구 추이(명)

자료: Bureau of Labor Statistics, United States Department of Labor(http://www.bls.gov/
eag/eag.pr.htm).

미국으로의 총 유출인구 수인 4만 8000여 명을 훌쩍 웃돌았다(Puerto
Rico Report, 2015.1.13). 이러한 미국으로의 이주 증가는 올해 디폴트를
계기로 더욱 심해질 것으로 보이며, 동시에 노동인구의 급감이 장기적
으로 푸에르토리코의 경제 위기 극복에 부정적인 영향을 줄 것으로
우려된다. 인구의 감소는 정부의 세입 감소로 이어져 정부가 채무를
갚는 데에 더욱 어려움을 겪게 되고, 이에 더 많은 채무를 끌어오는

악순환이 계속될 수 있기 때문이다.

4. 산업화 추진 이전의 푸에르토리코의 경제

푸에르토리코는 1898년 스페인이 미국과의 전쟁에서 패배하고 미국에 푸에르토리코에 대한 직접 지배권을 넘겨주면서 미국의 식민지가 되었다. 사실 1897년 푸에르토리코 독립 인사들이 스페인과의 협상을 통해 자치권을 인정받았었다. 하지만 미국이 푸에르토리코가 지닌 투자와 무역에 대한 잠재력과 미 해군의 강화에 필요한 지정학적 중요성을 놓치지 않고 푸에르토리코를 침범하면서 푸에르토리코는 당시 미국의 글로벌 전략의 요충지가 되었다(Skidmore, Smith and Green, 2010: 118).

한편 푸에르토리코 지배층의 대부분은 미국의 점령이 푸에르토리코 경제에 가져올 이익 때문 미국으로의 편입을 지지하는 입장을 보였다. 당시 푸에르토리코에서는 설탕 산업이 중심 산업이었는데, 역내 최대 설탕 소비지인 미국이 자국 산업 보호를 위해 수입 설탕에 높은 관세를 부과하고 있었기 때문에 푸에르토리코는 미국으로의 편입이 관세 면제로 자국 설탕 산업을 활성화하는 데에 이득이 될 것으로 기대하였다. 사실 미국은 1900년 포레이커법(Foraker Act)을 제정하여, 푸에르토리코를 미국법이 적용되지만 그 생산품의 미국 본토 유입에는 여전히 관세가 부과되는 지역으로 규정하였다. 하지만 설탕 산업에는 예외를 두어 푸에르토리코는 무관세로 미국에 설탕을 수출할 수 있었다. 이후 한동안 푸에르토리코의 설탕 산업은 가파르게 성장하였고 푸에르토리코의 미국에 대한 무역 의존도는 1930년에 이미 대외무역의 90% 이상이 미국과의 교역에 치중될 만큼 심화하였다.

1930년대에 들어서 푸에르토리코의 설탕 산업은 내리막길을 걷기 시작하였다. 세계 제1차 대전 동안 유럽으로부터의 설탕 공급 급감으로 설탕 가격이 상승하면서 세계 설탕산업은 이례적인 붐을 누렸다. 하지만 세계 제1차 대전이 끝나고 1920년대에 들어 유럽의 설탕 생산이 다시 활기를 띠면서 세계 설탕 가격은 하락하였다. 푸에르토리코는 1930년대에 들어설 때까지 이러한 세계 설탕 시장 변화에 큰 영향을 받지 않고 번성하였는데, 이는 미국이 타국으로부터의 수입 설탕에 대한 관세를 강화하여 국내 설탕 산업을 보호하였기 때문이다. 푸에르토리코는 미국 자치령으로서 이러한 관세 조치의 주요 수혜자가 되었다 (Ayala and Bernabe, 2007: 96). 하지만 미국 정부가 1934년 슈거법(Sugar Act)을 통해 설탕 수입에 대한 쿼터를 쿠바와 하와이에 대거 할당하면서 푸에르토리코는 설탕 생산을 감축할 수밖에 없었다. 이와 함께 사탕수수 농업의 생산성이 하락하면서 푸에르토리코의 설탕 산업은 점점 쇠퇴하였고 1960년대 중반에 가서는 사탕수수 생산이 거의 중단되기에 이르렀다.

1940년대 초 푸에르토리코는 생산성이 낮은 농업 경제를 벗어나 고생산성의 산업 경제로의 전환을 꿈꾸며 개혁을 단행하였다. 1941년 대중민주당의 수장인 루이스 무뇨스 마린이 상원 의장으로 선출되면서, 푸에르토리코는 당시 미국에 의해 보내지던 마지막 미국인 푸에르토리코 지사 렉스포드 터그웰(Rexford Tugwell)의 협조 하에 수입대체산업화에 기반을 둔 산업화 정책을 전개하였다. 당시 터그웰은 푸에르토리코의 자치를 옹호하던 인물로, 무뇨스 마린을 공공연히 지지하였다. 무뇨스 마린의 주도 하에 푸에르토리코 정부는 1942년 푸에르토리코 산업개발회사(Puerto Rico Industrial Development Company: PRIDCO)를 만들어 국영기업의 설립을 관장하도록 하였다. 이러한 푸에르토리코의 수입대체산업화는 사탕수수로 만드는 럼주 공장을 위한 중간재 생산과 건설업 확대에 필요한 자재 생산에 초점이 맞추어져 있었으며, 이들 산업은 역시 국영기업들에 의해 운영되었다(Dietz, 2003: 42). 하지만 1941년에서 1946년경까지 진행된 국가주도의 산업화는 특별한 성과를 만들어내지 못하고 1946~1947년 자유주의적 발전 전략으로 선회하였다(Padin, 2003: 285). 국내 자본가 계층의 눈에 띄는 성장도, 기술의 발전이나 숙련 노동자의 유의미한 증가도 없이, 푸에르토리코는 국영기업들의 사유화를 통해 미국 본토의 자본과 기술에 거의 전적으로 의존하는 새로운 경제 발전의 국면에 들어서게 된 것이다(Dietz, 2003: 45).

5. Operation Bootstrap하의 푸에르토리코 경제 발전

푸에르토리코의 경제 발전은 1947년 Operation Bootstrap(또는 Operación Manos a la Obra)이라는 산업화 정책을 통하여 새로운 국면을 맞이하게 되었다. 1946년 즈음 무뇨스 마린은 더 이상 수입대체산업화가 푸에르토리코 경제의 미래를 책임질 수 없다고 판단하고 수출 지향적 생산과 미국 자본에의 직접 투자로 대중민주당(Popular Democratic Party)의 경제 전략을 수정하였다. 이러한 대폭적인 산업정책의 전환과 그에 따른 괄목할 만한 경제성장의 중심에는 테오도로 모스코소(Teodoro Moscoso)라는 인물이 있었다(Maldonado, 1997). 모스코소는 1942년 PRIDCO의 설립 당시 무뇨스 마린과 터그웰에 의해 사장으로 임명된 인물로, 당시 국가 주도의 산업화를 지지하던 기존의 정책가들과 달리, 푸에르토리코는 자체적인 산업화 재원이 부족하기 때문에 산업화를 위해서는 외국 자본의 도입이 필수적이라는 확고한 의식을 가지고 있었다(Maldonado, 1997: 25~31). 1940년대 초반의 국가주도 내부지향적 산업화가 별다른 성과를 내지 못하자 모스코소의 산업화 방안이 주목을 받게 되었고, 모스코소는 Operation Bootstrap이라는 푸에르토리코 산업화 정책의 주축으로 나서게 되었다. 20세기 하반기에 푸에르토리코가 아메리카의 호랑이라 불릴 정도의 경제 발전을 이루게 하는 시발점이 된 Operation Bootstrap은 기본적으로 '초대에 의한 산업화(Industrialization by Invitation)' 전략이었는데, 미국의 자금과 미국 기업에 의존하여 미국으로의 수출을 위한 제조업의 빠른 구축과 이로 인한 고용 증대가 그 핵심이었다. 특히 1947년 통과된 산업장려법(Industrial Incentives Act of 1947)은 푸에르토리코 역사상 처음으로 지방세를 완전히 면제해주는 법안으로 미국 기업들을 유치하는 데에 큰 역할을 하였다. 또한 미국 연방 최저임금법이 푸에르토리코에서는 일률적으로 적용되지 않고 산업별로 조정됨에 따라 1940년대 말에는 이미 푸에르토리코의 임금이 미국 본토보다 상당히 낮아졌다. 결국 조세감면 혜택과 상대적으로 잘 통제된 저임금이 미국 시장에 대한 자유로운 접근이라는 지정학적 이점과 더불어 푸에르토리코의 새로운 산업화 계획의 중추적 요소가 되었다(Ayala and Bernabe, 2007: 189~190; Suárez, 2001: 68~70). 1950년 푸에르토리코 정부는 경제개발청(Economic Development Administration, 일명 Fomento)을 신설하고 PRIDCO를 그 관하에 두는 개편을 단행하였고 모스코소를 Fomento의 수장으로 지명하여 푸에르토리코의 변화된 산업화 정책을 강화하였다(Dietz, 1986: 211). Fomento는 Operation Bootstrap의 핵심 기관으로 산업화를 위한 해외 민간자본의 유치를 총괄하였는데, 국영기업을 관할하던 PRIDCO가 Fomento 밑으로 편입되었다는 것은 푸에르토리코의 산업화 전략이 자유화의 물결을 탔다는 것을 반증한다.

푸에르토리코는 미국 기업의 투자로 인한 노동집약적 제조업 발전으로 1950년대와 1960년대에 각각 연평균 GNP 5.3%와 7%라는 높은 경제성장을 이룩하였다(Curet Cuevas, 1986: 43-44). 하지만 1960년대 중반에 들면서 푸에르토리코의 경제발전 모델은 고비를 맞이하게 되었다. 제조업으로 인해 창출된 고용이 농업의 퇴보로 인한 실업을 해결할 만큼 크지 못하였고, 이로 인한 미국으로의 인구 유출이 심해졌다. 노동집약적 제조업을 위한 장점이던 낮은 임금도 다른 개발도상국에 비해 더 이상 경쟁력을 유지하지 못하게 되었다. 또한 GATT 협상의 진전으로 인해 미국이 개발도상국으로부터 수입되는 노동집약적 상품에 대해 관세를 낮추면서 푸에르토리코가 특별하게 누리고 있던 미국 시장에의 자유로운 접근이라는 이점도 그 효과가 감소하기 시작하였다.

이에 푸에르토리코 정부는 1960년대 하반기에 들어 Operation Bootstrap 정책의 초점을 기존의 노동집약적 산업 발전에서 자본집약적, 기술집약적 산업 발전으로 전환하였다. 1960년대에 들어 노동집약적인 사업들이 작은 투자 규모와 그에 따른 투자 회수의 용이성이라는 한계를 나타내면서 푸에르토리코 정부는 더 큰 규모의 안정적인 해외투자를 유치하기 위해 석유화학산업으로 눈을 돌리기 시작하였다. 1961년 푸에르토리코 정부는 정유, 합성비료 등의 석유화학 단지에 대한 계획을 추진하기 시작하였다(Ayala and Bernabe, 2007: 192). 미국 정부는 이에 1965년 12월 대통령선언(Presidential Proclamation 3693)을 통해 푸에르토리코의 석유 수입 제한을 대폭 완화하여 푸에르토리코가 더 많은 석유를 가공하여 미국으로 수출할 수 있도록 하였다(Johnson, 1965). 안타깝게도 1973년 제1차 세계오일쇼크를 겪으며 푸에르토리코의 석유 중심 산업화 계획은 제대로 꽃을 피우지 못하였다.

당시 푸에르토리코 지사인 대중민주당의 라파엘 헤르난데스 콜론(Rafael Hernández Colón)은 1974-1975년의 불황에 즉각 대처하며 기존 푸에르토리코의 자본/기술 집약적 산업화를 수정 및 심화시켰다. 1975년 헤르난데스 콜론은 경제학자 제임스 토빈(James Tobin)이 이끄는 위원회를 통해 푸에르토리코의 재정에 관한 리포트를 작성하였는데, 이 리포트는 푸에르토리코 경제에서 재생산 가능 유형재산의 절반이 해외소유임을 지적하며 푸에르토리코가 미국 자본에 덜 의존하는 경제 정책을 만들어야 할 것이라고 결론지었다(Tobin et al., 1975). 하지만 헤르난데스 콜론 정부는 세금면제 정책을 강화하며 오히려 푸에르토리코의 경제발전에 있어서 미국 자본에의 의존을 더욱 확고히 하였다. 1976년 헤르난데스 콜론 정부는 미국 의회에 대한 로비를 통해 기존의 미국 국내세입법 931조(Section 931 of the Internal Revenue Code)를 개정하여 미국 국내세입법 936조(Section 936 of the Internal Revenue Code)를 제정하도록 하였다(Ayala and Bernabe, 2007: 268). 기존의 931조는 푸에르토리코를 포함한 미국령에서 활동하는 미국 기업들이 사업을 청산할 때에만 연방세를 내지 않고 수익을 미국 본토로 송금할 수 있도록 규정하고 있었다. 반면 936조는 사업 청산이라는 조건 없이 어느 때든 수익을 송금할 수 있도록 함으로써, 미국 자본의 푸에르토리코 투자를 활성화하였다. 푸에르토리코의 증가하는 실업과 경제 침체를 우려한 미국 정부의 이러한 세제 개정은 푸에르토리코에 위치한 자회사에서 미국의 모회사로 송금되는 수익에 대해 세금을 면제함으로써 자국 기업들로 하여금 푸에르토리코 투자를 통해 얻은 수익을 오일쇼크로 곤란을 겪고 있던 미국 경제로 들여오도록 장려하기 위한 것이기도 했다(Hexner and Jenkins, 1995: 237~238). 936조를 통해 제약 산업을 중심으로 한 기술/자본 집약적인 산업에 종사하는 미국 기업들이 푸에르토리코에 많이 들어오게 되었는데 이들 소위 "936 기업들"은 936조가 단계적으로 폐지된 1996~2006년까지 푸에르토리코 경제의 주축이 되었다. 이들 기업들은 특히 R&D

를 통한 지적재산과 특허에서 얻은 수익을 푸에르토리코로 이전하여 세금을 면제받곤 하였는데, 실제로 이러한 소득 이전이 미국기업의 푸에르토리코 투자의 중요한 유인이 되기도 하였다(Grubert and Slemrod, 1998: 365). 한편, 푸에르토리코 지방세의 경우 1977년에 새로 집권한 보수진영의 새진보당 지사 카를로스 로메로 바르셀로(Carlos Romero Barceló)가 앞 정권인 대중민주당 헤르난데스 콜론의 정책을 확대하여 1978년 기존의 제조업에 국한되어 있던 면세 범위를 수출 지향의 금융, 유통 및 서비스업으로 확대하였다(Dietz, 2003: 141). 위와 같은 자본/기술 집약적 산업화로의 전환을 통해 푸에르토리코 경제에서 제약, 화학 그리고 전자 산업이 기존의 의류 봉제업을 대체해 나갔고, 소유구조에 있어서도 대규모의 미국 다국적 기업들이 상대적으로 중소규모의 미국 기업들을 대신해 주류를 이루게 되었다.

하지만 염원과 달리 936조를 중심으로 한 푸에르토리코의 미국 자본 유치 계획은 푸에르토리코의 실업 문제를 해결해 주지 못했다. 고도의 기술/자본 집약적 산업은 과거의 농업이나 노동집약적인 산업이 제공하던 만큼의 일자리를 창출할 수 없었다. 또한 미국 기업들의 수익이 푸에르토리코에 충분히 재투자되지 못하면서 민간 부문이 창출하는 생산이 푸에르토리코를 지탱하기에는 점점 더 부족해졌고, 푸에르토리코 정부는 더욱 미국 연방보조금에 의존하게 되었다. 1970년대 중반 경기침체를 거치며 급격히 늘어난 푸에르토리코의 연간 연방보조금 수령액은 1968년 2억 9000달러에서 1979년 29억 달러까리 증가하였고, 1980년에는 푸에르토리코 개인소득의 30% 이상을 연방보조금이 차지할 정도였다(Leibowitz, 1989: 151). 이러한 연방보조금에 대한 의존도는 그 이후로도 현재까지 개인소득의 20% 이상을 차지하고 있다. 이와 더불어 전체 고용에 대한 공공 부문 비중이 1980년에 34%까지 치솟았으며 2000년까지도 25%를 유지할 정도로 큰 비중을 차지하고 있다 (Davis and Rivera-Batiz, 2006: 266).

1981년 로널드 레이건(Ronald Reagan)이 미국의 대통령이 되면서 푸에르토리코에 대한 미국 정부의 태도가 변하기 시작하였다. 레이건 정부는 특히 푸에르토리코 Operation Bootstrap의 핵심 요소인 미국 기업들에 대한 연방세 면제를 비판하였는데, 1982년에는 Section 936이 제정된 1976년 이래 처음으로 푸에르토리코에서 창출된 미국 기업들의 수익의 반에 대해 기존에 완전히 면제되던 연방세의 46%를 징수하도록 하였다 (Rivera-Batiz and Santiago, 1996: 16). 이후로도 미국 정부는 936조에 대한 개정을 통해 연방세 면제로 인해 미국 정부가 부담하는 비용을 줄여나갔으며 결국 1996년에는 936조를 2006년까지 10년에 걸쳐 단계적으로 폐지하기에 이르렀다(Gerow, 2014: 645~646).

우여곡절에도 불구하고 Operation Bootstrap이라는 경제발전 전략이 푸에르토리코로 하여금 눈에 띄는 산업화를 이루어내게 한 것은 기정사실이다. 푸에르토리코는 미국 기업들의 가장 매력적인 투자진출 지역이 되었고, 제조업, 특히 제약회사들이 대거 진출하면서 푸에르토리코 GDP에서 제조업이 차지하는 비율이 두 배 가량 증가하였다. 한 때 미국에서 소비되는 의약품의 절반 이상이 푸에르토리코에서 생산되었을 정도였다. 하지만 미국의 자본과 엄청난 세제 혜택을 그 매개로 선택한 푸에르토리코 경제는 세제 혜택이 사라지면서 급격히 동력을 잃게 되었다. 2000년 대중민주당의 실라 칼데론(Sila Calderón)이 집권을 시작하면서 푸에르토리코 정부는 Operation Bootstrap을 이어나가기 위해 미국 내국세입법 901조(Section 901 of the Internal Revenue Code) 하에 푸에르토리코에 투자하는 미국 기업들이 "제한적 외국 기업"으로 등록함으로써 얻을 수 있는 혜택을 확대하는 법안에 대해 로비를 하였으나 실패하고 말았다(Ayala and Bernabe, 2007: 309).

6. 미국 자본 의존적 경제 모델의 의도하지 않은 결과

푸에르토리코의 경제발전 모델인 Operation Bootstrap은 1996년 936조에 의한 연방세 면제 혜택의 철회가 단계적으로 시작되면서 그 막을 내렸다. 물론 2006년이 되어서야 936조에 의한 세제 혜택이 완전히 사라졌지만, 자국 경제 발전의 핵심 요소 중 하나가 철회된 것 자체가 푸에르토리코 경제에 중요한 사건이라 할 수 있다.

936조의 철회에도 불구하고, Operation Bootstrap 정책 하에서 경제 발전을 주도하던 제조업은 여전히 푸에르토리코 GDP의 가장 큰 부분을 차지하고 있다. <그림 9-8>에서 보듯이, 제조업의 GDP 기여도가 2000년에는 잠시 40% 아래로 떨어지기도 하였으나 곧 1996년 이전 수준인 42%대를 회복하고 2009년 즈음부터 다시 상승하여 45%를 상회하고 있다. 이는 푸에르토리코에 제조업을 뿌리내리게 한 936조가 푸에르토리코의 산업구조를 돌이킬 수 없이 제조업 중심으로 확립해놓았기 때문이다.

GDP에서 차지하는 비중이 감소하지 않고 오히려 다소 증가하였음에도 불구하고, 제조업의 고용에 대한 기여도는 1996년을 기점으로 확연한 하향세를 그리기 시작하였다. 앞에서 언급했듯이, 푸에르토리코에서 제조업은 제약 산업을 중심으로 한 자본집약적, 기술집약적 부문에 초점이 맞추어져 있었기에 기대만큼의 큰 고용 창출 효과를 가지오지는 못하였다. 전체 고용 중 제조업이 차지하는 비율도 1978년 최고점을 찍고 서서히 내리막 추세에 있었다. 하지만 1996년을 기점으로 그나마

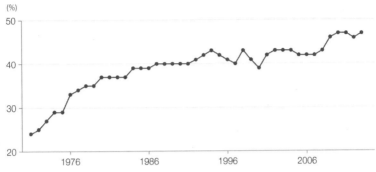

〈그림 9-8〉 푸에르토리코 연간 GDP 대비 제조업이 차지하는 비율(1971~2013년)

자료: World Bank, World Development Indicator.

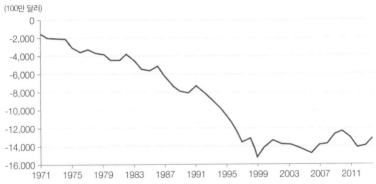

〈그림 9-9〉 푸에르토리코 상품 및 서비스수지(1971~2014년)

자료: *Balanza de Pagos* 1991, 2001, 2005, 2009, 2014(Puerto Rico Planning Board 1992, 2002, 2005, 2009, 2015).

증가하던 고용 인구수도 감소하기 시작하였다. 1995년 17만 2000여 명으로 정점을 찍은 후 감소하여, 1995년에서 2000년 사이 1만 3000명 가량의 고용이 감소하며 4% 이상의 고용 감소를 기록하였다(Dietz, 2003: 152~153). 이러한 제조업 일자리 감소는 새로 주목을 받고 있는 금융, 관광, 그리고 다른 서비스 산업에 의해 제대로 채워지지 못하고 있다.

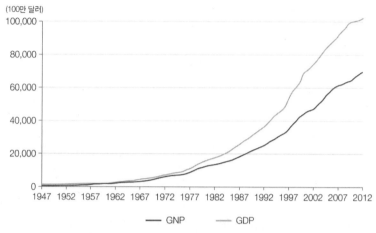

〈그림 9-10〉 푸에르토리코 GNP와 GDP 변화 추이(1947~2013년)

자료: Ayala(2015).

Operation Bootstrap에 의한 경제발전은 또한 푸에르토리코 국제교역의 만성적인 적자를 야기시켰다. <그림 9-9>이 보여주듯 푸에르토리코의 국제 교역을 직접적으로 보여주는 상품 및 서비스수지는 1971년부터 2014년까지 지속적으로 악화되어왔다. 사실 푸에르토리코의 상품수지는 1982년을 기점으로 흑자로 돌아서 2014년 현재 200억여 달러를 기록하고 있다. 하지만 투자소득이 대부분을 차지하고 있는 서비스수지가 산업화 내내 꾸준히 악화하여 상품수지의 흑자를 상쇄하면서 푸에르토리코의 전체적인 교역은 마이너스 성장을 해왔다(Puerto Rico Planning Board, 1992; 2002; 2005; 2009; 2015).

이렇듯 수십 년간의 축적된 결과로서의 나타난 현재 푸에르토리코의 디폴트 상황은 미국 기업이 푸에르토리코 투자/진출을 통해 얻은 수익이 얼마나 푸에르토리코 외부로, 즉 미국 본토로 빠져나갔는지를 살펴보면 더욱 명확히 알 수 있다. 이는 푸에르토리코의 GDP에서 GNP를

〈그림 9-11〉 푸에르토리코 GDP 대비 GNP 비율(1960~2007)

자료: Heston, Summers & Aten(2010), CHASS Penn World Table 6.3.

뺀 값으로 추정할 수 있는데, <그림 9-10>에서 보는 바와 같이 푸에르토리코의 산업화 과정 내내 GDP와 GNP의 격차는 꾸준히 증가하여 왔다. 특히, 1960년대 후반 푸에르토리코의 산업화가 노동집약에서 자본집약적, 기술집약적 산업화로 전환되고 이에 맞추어 대규모 다국적 기업들이 푸에르토리코에 투자하면서 GNP의 증가가 GDP의 증가를 따라잡지 못하고 그 차이가 뚜렷해지기 시작하였다. 2008년부터는 푸에르토리코에서 미국 본토로 유출되는 미국 기업들의 수익이 매년 300억 달러를 넘어섰다(Ayala, 2015).

이러한 지속적인 자본의 유출은 세계적으로도 매우 보기 드문 현상이다. 미국 펜실베이니아 대학의 데이터베이스인 CHASS Penn World Table 6.3(Heston, Summers & Aten, 2010)에 따르면, 2007년 현재 푸에르토리코의 GDP 대비 GNP의 비율은 67.15%로 전 세계 189 조사대상국 평균 99.09%, 중앙값 98.10%과 엄청난 격차를 지닌 188번째 순위를 기록하고 있으며, 이라크만이 푸에르토리코보다 3%가량 낮은 수치를 기록하였다. <그림 9-11>에서 볼 수 있듯이, 푸에르토리코는 1967년에 이미 GDP 대비 GNP 비율이 95% 아래로 떨어졌고 1973년에는 90% 밑으로 떨어지는 등 산업화 이후 줄곧 전 세계에서 가장 낮은 GDP대비 GNP 비율, 즉 가장 높은 국내 수익의 해외 유출을 나타내고 있다.

최근 10년간 푸에르토리코에서 미국으로 유출되는 미국 다국적 기업의 수익을 현재 푸에르토리코 정부부채와 비교하면 그 규모가 얼마나 큰지 알 수 있다. 2005년부터 2014년까지 미국 다국적 기업들은 총 3200억 달러가 넘는 수익을 푸에르토리코에서 미국으로 송금하였으며, 이는 현재 푸에르토리코 부채 720억여 달러의 4배가 넘는 금액이다 (Government Development Bank for Puerto Rico). 푸에르토리코 내에서 생산된 수익의 미국으로의 유출만 지금처럼 심하지 않았다면 푸에르토리코의 디폴트는 아마도 없었을지도 모른다.

이러한 결과는 앞 장에서 살펴본 바와 같이 지난 반세기 동안 Operation Bootstrap 정책하에 전개된 미국 자본에 의존한 경제발전 모델의 결과라고 볼 수 있다. 단순히 지난 10년 동안 푸에르토리코 정부가 재정 관리에 실패한 것으로 모든 것을 돌리기는 어렵다. 최근 푸에르토리코 정부는 정권의 교체에도 불구하고 일관된 긴축재정과 공공 부문 축소를 통해 침체된 경기를 회복시키고자 해왔다. 하지만 해결책이 불투명한 현재의 푸에르토리코 위기는 미국 다국적 기업들을 푸에르토리코에 '초대'하고 푸에르토리코 경제의 주축이 되도록 유도한 오랜 경제정책의 결과라고 하겠다.

7. 결론

푸에르토리코의 경제 위기를 지난 10년간 푸에르토리코 정부의 비효율적이고 방만한 경제 운용의 결과로 여기는 것은 다소 근시안적이고 단편적이다. 물론 신속하고 단기적인 해법을 찾기 위한 입장에서는 최근 정권들의 경제 운용을 분석하는 것이 가장 합리적일 수 있다. 하지만 푸에르토리코의 경제는 지난 반세기의 변화를 거치며 구조화되고 고착화된 산물이기에 이러한 단기적인 접근은 푸에르토리코의 위기를 완전히 설명하기 어렵다.

한편, 미국의 자치보호령이라는 정치적인 지위에도 불구하고, 푸에르토리코의 경제 발전과 위기를 애초부터 미국과의 절대적 종속 관계에서 설명하는 것 또한 무리가 있다. 특히, 푸에르토리코의 독특한 경제 모델인 Operation Bootstrap은 미국으로부터의 압력이나 미국 본토 내부의 이권에 의한 것이라기보다 20세기 중반 푸에르토리코 국가 엘리트의 자발적 선택이었으며 그 궤도의 수정 또한 그들의 자치적인 결정에 의한 것이라고 할 수 있다. 하지만 이러한 엘리트들의 선택들이 시간이 지나면서 미국 경제와의 관계에서 돌이킬 수 없는 종속적 상황을 만들어낸 것이다. 1950년대와 1960년대 푸에르토리코는 Operation Bootstrap이라는 개방적 경제 모델을 추진하여 남다른 성과를 얻어냈고, 이를 동력 삼아 그 후로도 21세기에 접어들 때까지 굴곡은 있지만 적지 않은 성장을 이루어냈다. 하지만 이 경제 모델의 중요한 요소인 미국 자본에 대한 의존은 시간이 갈수록 심해졌고 푸에르토리코 경제구조 안에 고착화하였다. 이러한 미국 자본에 대한 의존은 푸에르토리코 정부가 미국의 세입법에 점점 더 집착하게 만들었다. 결국 미국 자본이라는 발전 매개의 선택이 경제적 자치권을 가지고 있는 푸에르토리코가 차츰 자치적일 수 없는 아이러니한 경제 상황에 이르게 한 중요한 계기가 된 것이다. 이러한 접근은 현 푸에르토리코의 종속적 경제 상황에 있어서 외부 요인을 완전히 부인하기 위한 것은 아니다. 다만 외부 요인이 특정 경제에 영향을 주기 위해서는 내부 요인의 역할이 중요할 수 있음을 환기시키기 위함이다.

푸에르토리코는 Operation Bootstrap 이후 특별한 경제발전 모델 없이 신자유주의적인 기조 하에 가능한 한 빠른 경기회복에 모든 초점을 맞추어왔다. 최근 정권들은 연이어 균형예산을 상정하고 있지만 매번 저하된 성장은 예상보다 큰 세입 감소와 지출 증가로 이어지고 있다. 이번 디폴트 상황에 대한 해결책으로도 IMF를 비롯한 많은 경제학자들이 폐교, 교사감축, 최저임금삭감 등을 포함한 더욱 강력한 긴축정책을 제안하고 있다. 공공 부문에 대한 공격적인 축소에 초점이 맞추어진 신자유주의적 방안들이 쏟아지고 있는 것이다. 이와 비슷한 맥락에서 현 푸에르토리코 지사 알레한드로 가르시아 파디야(Alejandro García Padilla)는 재정 건전성과 성장의 회복을 위해 5개년 계획을 수립 중에 있다. 현재로서는 신자유주의적 대처 이외의 다른 대안에 대한 논의마저 어려운 상황처럼 보이지만, 이번 위기를 통하여 하루빨리 푸에르토리코가 미국 경제와의 관계를 푸에르토리코만의 이점으로 승화시켜 장기적인 경제 안정을 위한 발판을 마련할 수 있기를 기대한다.

참고문헌

Ayala, César. 2015. "Behind Puerto Rico's Debt, Corporations That Drain Profits from the Island." *MRzine*, August 12, http://mrzine.monthlyreview.org/2015/ayala120815.html accessed on October 13, 2015.

Ayala, César and Rafael Bernabe. 2007. *Puerto Rico in the American Century: A History since 1898*. Chapel Hill: University of North Carolina Press.

Baumol, William and Edward Wolff. 1996. "Catching up in the postwar period: Puerto Rico as the 'fifth tiger'?" *World Development*, Vol.24, No.5, pp.869~885.

Bernard, Mitchell. 1999. "East Asia's stumbling dominoes: financial crises and the myth of the regional model." in L. Panitch and C. Leys(eds.). *The Socialist Register 1999*. New York and London: Monthly Review Press. pp.178~208.

Bureau of Labor Statistics, United States Department of Labor. "Economy at a Glance: Puerto Rico." http://www.bls.gov/eag/eag.pr.htm accessed on October 10, 2015.

Puerto Rico Planning Board. 1992. *Balanza de Pagos 1991*.

_____. 2002. *Balanza de Pagos 2001*.

_____. 2006. *Balanza de Pagos 2005*.

_____. 2010. *Balanza de Pagos 2009*.

_____. 2015. *Balanza de Pagos 2014*.

Crotty, James and Gary Dymski. 2001. "Can the global neoliberal regime survive victory in Asia? The political economy of the Asian crisis." in Arestis, P. and Sawyer, M.(eds.). *Money, Finance and Capitalist Development*. Cheltenham and Northampton: Edward Elgar.

Curet Cuevas, Eliézer. 1986. *Puerto Rico: Development by Integration to the US*. Rio Piedras: Editorial Cultural.

Davis, Steven and Luis Rivera-Batiz. 2006. "The climate for business development and employment growth." in *The Economy of Puerto Rico: Restoring*

Growth. Susan Collins, Barry Bosworth, Miguel Soto-Class(eds.). Brookings Institution Press and the Center for the New Economy.

Dietz, James. 1979. "Imperialism and underdevelopment: A theoretical perspective and a case study of Puerto Rico." *Review of Radical Political Economics*. Vol.11, No.4, pp.16~32.

_____. 1982. "Puerto Rico in the 1970s and 1980s: Crisis of the development model." *Journal of Economic Issues*, Vol.16, No.2, pp.497~506.

_____. 1986. *Economic History of Puerto Rico: Institutional Change and Capitalist Development*. Princeton: Princeton University Press.

_____. 2003. *Puerto Rico: Negotiating Development and Change*. Boulder and London: Lynne Rienner Publishers.

Frank, Andre Gunder. 1967. *Capitalism and Underdevelopment in Latin America*. New York and London: Monthly Review Press.

Frankel, Jeffrey. 1998. "The Asian model, the miracle, thecrisis and the fund." A speech delivered at the US International Trade Commission, April 16.

Gerow, Andrew. 2014. "Shooting for the Stars(and Stripes): How Decades of Failed Corporate Tax Policy Contributed to Puerto Rico's Historic Vote in Favor of Statehood." *Tulane Law Review*, Vol.88, pp.627~650.

Glubert, Harry and Joel Slemrod. 1998. "The effect of taxes on investment and income shifting to Puerto Rico." *Review of Economics and Statistics*, Vol.80, No.3, pp.365~373.

Government Development Bank for Puerto Rico. "Gross National Product and Gross Domestic Product by Major Industrial Sector." Statistical Appendix of the Economic Report for the Governor and Legislative Assembly http://www.bgfpr.com/economy/statistical-appendix.html accessed on October 13, 2015.

Heston, Alan, Robert Summers and Bettina Aten. 2010. CHASS Penn World Table 6.3, http://datacentre.chass.utoronto.ca/pwt/alphacountries.html accessed on October 13, 2015.

Hexner, J. Thomas and Glenn Jenkins. 1995. "Puerto Rico and Section 936: A costly dependence." *Tax Notes International*, January 16, pp.235~254.

Johnson, Lyndon. 1965. "Proclamation 3693: Modifying Proclamation 3279 Adjusting Imports of Petroleum and Petroleum Products." December 10, Online by Gerhard Peters and John T. Woolley, The American Presidency Project. http://www.presidency.ucsb.edu/ws/?pid=105656. accessed on October 1, 2015.

Krueger, Anne. 2015. "Puerto Rico in crisis." *Project Syndicate*, September 2, http://www.project-syndicate.org/default/library/c60bbc15a9e8b0fb604fe97deb184 9fe.square.png accessed on October 10, 2015.

Krugman, Paul. 1998. Fire-sale FDI. A paper presented at the NBER Conference on Capital Flows to Emerging Markets, February 20-21.

Leibowitz, Arnold. 1989. *Defining Status: A Comprehensive Analysis of United States Territorial Relations*. Dordrecht and Boston: Martinus Nijhoff Publishers.

Maldonado, Alex. 1997. *Teodoro Moscoso and Puerto Rico's Operation Bootstrap*. Gainesville: University of Florida Press.

Martínez-Otero, Heriberto and Ian Seda-Irizarry. 2015. "The origins of the Puerto Rican debt crisis", Jacobin, August 10,https://www.jacobinmag.com/2015/08/puerto-rico-debt-crisis-imf/ accessed on October 10, 2015.

Marxuach, Sergio. 2015. *Analysis of Puerto Rico's Current Economic and Fiscal Situation*. Center for a New Economy: San Juan.

Melendez, Edwin. 1990. "Accumulation and crisis in a small and open economy: the postwar social structure of accumulation in Puerto Rico." *Review of Radical Political Economics*, Vol.22, No.2-3, pp.231~251.

Padin, Jose. 2003. "Puerto Rico in the post war: liberalized development banking and the fall of the 'fifth tiger'." *World Development,* Vol.31, No.2, pp.281~301.

Puerto Rico Report. 2015. "Rate of Puerto Ricans leaving territory for a State triples." January 13. http://www.puertoricoreport.com/rate-puerto-ricans-leaving-territory-state-triples/#.Vkw9BHYrLIV accessed on October 15, 2015.

Rivera-Batiz, Francisco and Carlos Santiago. 1996. *Island Paradox: Puerto Rico in the 1990s*. New York: Russell Sage Foundation

Skidmore, Thomas, Peter Smith and James Green. 2010. *Modern Latin America*. New York: Oxford University Press.

Suárez, Sandra. 2001. "Political and economic motivations for labor control: A comparison of Ireland, Puerto Rico, and Singapore." *Studies in Comparative International Development*. Vol.36, No.2, pp.54~81.

Tobin, James et al. 1975. *The Committee to Study Puerto Rico's Finances*, Report to the Governor.

Trading Economics. "Puerto Rico GDP Annual Growth Rate." http://www.trading economics.com/puerto-rico/gdp-growth-annual

Velázquez-Estrada, Alberto et al. 2015. *Perfil del Migrante 2013*, Instituto de Estadísticas de Puerto Rico.

Wade, Robert and Frank Veneroso. 1998. "The Asian crisis: the high debt model versus the wall street-treasury-IMF complex." *New Left Review*, No.228, pp.3~22.

Wasow, Bernard. 1978. "Dependent growth in a capital-importing economy: the case of Puerto Rico." *Oxford Economic Papers*, Vol.30, No.1, pp.117~129.

World Bank, "Manufacturing, value added(current US$)." World Development Indicator.

제3부

탈영토화와 상호문화성

제10장

안데스 텍스트의 탈식민적 독해를 위하여*

우석균 서울대학교 라틴아메리카연구소 HK교수

1. 서론

한국에서 안데스 선주민이나 탈식민주의(decolonialism) 혹은 이 양자를 결합시킨 연구는 몰이해의 장벽에 부딪히곤 한다. 라틴아메리카 연구 자체가 한국 학계에서 변방에 위치해 있기도 하지만, 라틴아메리카 연구의 장에서조차 푸대접을 받기 일쑤다. 가령, 정치적·경제적으로 영향력이 크지 않은 안데스 선주민을 연구 대상으로 하는 페루 연구가 우리나라에서 굳이 필요하냐는 문제 제기를 하기도 하고, 누군가는 '식민'이라는 단어가 들어갔다 하여 탈식민주의 연구를 식민지시대 연구로 오인하는 오류를 저지르는 것도 모자라 왜 과거 연구에만 매몰되어 있느냐고 힐난하기도 한다. 역사학자가 들으면 기가 찰 수준의 질문이

---

* 이 글은 ≪라틴아메리카연구≫ 29권 4호(2016)에 발표한 필자의 논문을 총서 취지에 맞게 수정 보완한 것이다.

라는 것도 깨닫지 못하고 말이다.

사실 너무 극단적인 문제 제기이고 힐난이라 당사자 개인의 무지나 몰이해로 치부하면 그뿐일지도 모른다. 하지만 필자는 확신하게 되었다. 안데스 선주민 연구나 탈식민주의 연구를 대하는 우리 한국인의 인식에 전반적인 문제가 있다 보니 그런 극단적인 견해에 치우친 이들까지 발생하게 되었다고 말이다. 물론 구체적으로 우리나라 사람들의 전반적인 인식 체계가 어떻게 그러한 편견들로 귀결되었는지 실증적으로 검증하기는 어렵다. 필자의 연구 관심사에 대한 반론이 보통 단편적인 견해 표출 수준의 것이지 학문적으로 또 체계적으로 개진된 적이 없다시피 하기 때문이다.

그럼에도 불구하고 개인적 문제가 아니라 전반적 인식의 문제라고 확신하는 이유는 너무나 친숙한 인식 체계이자 편견이기 때문이다. 가령, 필자가 요즘 잉카 연구를 하고 있다고 말할 때와 안데스 선주민 연구를 하고 있다고 말할 때의 반응은 사뭇 다르다. 잉카 연구를 한다고 할 때는 한국에서도 누군가는 연구해야 할 분야라는 반응이 많지만, 안데스 선주민 연구를 하고 있다고 말하면 '현안'들도 많은데 굳이 그런 선택을 할 필요가 있는가 하는 반응이 많다. 그리고 이 사뭇 다른 반응이야말로 세실리아 멘데스(Cecilia Méndez)가 말하는 "잉카인 yes, 선주민 no(Incas sí, indios no)"라는 공식(Méndez, 1996) 아닌 공식과 너무 흡사하다. 독립 후 스페인과 차별화된 국가 정체성 정립을 필요로 하면서도 선주민들에게 동등한 권리를 부여할 마음은 전혀 없었던 페루 크리오요들의 태도를 이렇게 규정한 것인데, 필자에게는 우리나라 라틴아메리카 연구자들의 태도가 이와 크게 다를 바 없어 보인다. 안데스 선주민에 대한 우월주의에 사로잡혀 있으면서도, 우월주의에 사로잡힌 속물이라는 비판은 받기 싫으니까 잉카 문명에 대한 '열린' 자세로 교양인 놀이 혹은 문화인 놀이를 하는 듯한 느낌이다.

그런데 돌이켜보면 필자 자신도 처음 안데스 연구를 시작해서 탈식민주의로 지평을 확대할 때까지 끊임없이 의구심에 사로잡힌 전력이 있다. 본격적인 연구를 수행한 필자도 그럴진대, 다른 연구자들에게, 나아가 라틴아메리카를 잘 모르는 일반인들에게 편견 없는 인식을 기대하기는 어려운 일이다. 그래서 이 글은 먼저, 필자가 초기에 안데스 연구를 수행하면서 품게 된 의구심들을 중심으로 논의를 시작하고자 한다. 필자의 초기 의구심이 한국인이든 아니든, 혹은 안데스 연구자이든 아니든 간에 외부에서 안데스를 바라볼 때 가질 수 있는 전형적인 편견이었다는 생각이 들기 때문이다.

처음에는 필자가 호세 마리아 아르게다스(José María Arguedas) 연구에 착수했을 때의 의문점을, 그다음 장에서는 식민지시대 안데스 텍스트들 중에서 소위 정전의 대접을 받는 잉카 가르실라소 데 라 베가(Inca Garcilaso de la Vega)의 『잉카 왕실사』와 펠리페 와만 포마 데 아얄라(Felipe Guamán Poma de Ayala)의 『최초의 새로운 연대기와 선정』 연구 과정에서 느낀 의구심들을 정리할 것이다. 학술논문이 아닌 신변잡기로 보일 이야기들이 다소 섞여 있지만 양해를 구한다. 여러 가지 쟁점의 부각에 더 효과적이리라는 판단에서 그렇게 했다. 그다음 두 장에서는 식민지시대 안데스 텍스트의 탈식민적 독해 지평을 본격적으로 제시해보고자 한다. 각각 탈식민적 상상의 지리, 그리고 교섭하는 주체와 역사전쟁이라는 화두를 중심으로 잉카 가르실라소와 와만 포마의 텍스트에서 황당무계하거나 정신적 식민화로 보이는 서술들이 사실은 스페인인들의 정복 서사나 식민주의 담론에 대한 대응이었다는 것을 밝힐 것이다.

2. 노벨문학상 수상 작가와 민족적 작가

2010년 마리오 바르가스 요사(Mario Vargas Llosa)의 노벨문학상 수상 소식이 타전되었을 때 필자는 지인들과 저녁식사를 하고 있다가 몇 군데서 자문과 인터뷰 요청을 받게 되었다. 필자는 기본 정보 제공 요청에만 응하고, 바르가스 요사에 대한 예찬을 요하는 것들은 거절하였다. 그리고 같이 있던 이들에게 페루 유학 시절 미래의 노벨문학상 수상 작가를 버리는 비주류 근성을 발휘했노라고 우스갯소리를 했다. 전적으로 우스갯소리는 아니었다. 석사 과정을 페루에서 하기로 결정하게 된 주요 동기 중 하나가 마리오 바르가스 요사의 나라라는 점 때문이었고, 유학 초기에도 석사 논문은 바르가스 요사 연구로 쓰겠다는 생각을 지니고 있었지만, 정작 호세 마리아 아르게다스의 대표작『깊은 강들(Los ríos profundos)』(1958)을 선택했기 때문이다. 그 결정은 한편으로는 단순한 이유에서였다. 바르가스 요사의 작품을 읽을수록 '이건 페루 현실이 아닌 것 같다'라는 막연한 느낌이 그런 결정으로 귀결되었기 때문이다. 하지만 완전히 즉흥적인 결정도 아니었다. 이미 페루 최고의 작가라는 평을 받던 '매력적'인 소설가 바르가스 요사를 버리는 결정을 그리 쉽게 할 수는 없었다. 고민의 기저에는 위대한 작가라 해서 페루를 대표하는 작가인가라는 문제의식이 자리하고 있었다. 그리고 그 연장선상에서 아르게다스의『깊은 강들』을 택하게 되었다. 아르게다스가 선주민주의 문학의 새로운 지평을 연 신(新)선주민주의(neoindigenismo) 문학의 대표적 작가이고, 바르가스 요사의 국제적 성공이 있기 전에는 페루의 국민작가였고,『깊은 강들』은 그의 대표작이었기 때문이었다.

지식도 일천하고, 따라서 페루에 대한 나름대로의 해석 틀을 갖추고 있었을 리 만무한 시절이니 왜 '이건 페루 현실이 아닌 것 같다'는 느낌을 받았는지 스스로에게도 납득할 만한 설명을 할 수 없었다. 하지만 몇 가지 계기로 그 결정이 옳았다는 일종의 자기 합리화 과정이 뒤따랐다. 하나는 호세 카를로스 마리아테기의 『일곱 편의 페루 현실 해석 소고』(1928)의 제2장 「선주민 문제(El problema del indio)」의 주장에 공감하게 된 일이었다. 선주민 문제의 해결 없이 페루의 미래는 없다는 요지의 소고였다(Mariátegui, 2007: 26~38). 필자의 유학 시절이 센데로 루미노소(Sendero Luminoso)의 극단적인 폭력 노선과 알란 가르시아 정부의 실정이 겹쳐 페루 역사상 손꼽힐 정도로 경제 상황이 안 좋던 시절이라 선주민 문제가 더 심각해진 탓도 컸지만, 당시 인구의 40% 이상을 차지하던 선주민들이 정복 이래 인간답게 살지 못하고 있으니 나라가 잘 돌아갈 리 없다는 생각이 들 수밖에 없었다. 이를테면, 국민으로 인정받지 못하는 다수의 선주민이 존재하는 한 페루가 근대 국민국가로서 정상 궤도에 오를 가능성은 없어보였다. 또 한 가지는 정치인으로서의 바르가스 요사의 행보였다. 대선을 앞둔 바르가스 요사는 페루 발전의 유일한 길은 서구 모델을 따르는 것뿐이라는 주장을 거침없이 하고 있던 터였다. 아르헨티나 우루과이처럼 이민자가 절대 다수인 백인 국가의 작가라면 모를까, 선주민과 메스티소가 다수인 나라의 작가로서는 결정적인 하자라고 생각했다. 페루 작가가 맞는지 의심스러울 정도였다.

제3세계 문학은 불가피하게 민족적 알레고리가 될 수밖에 없다는 혹은 되어야 한다는(Jameson, 1986) 인식 수준의 합리화 과정이고 결론이었기에, 지금 돌이켜 생각해보면 박약하기 그지없는 성찰을 통해 엄청난 결정을 내린 셈이다. 그러나 훗날, 바르가스 요사의 『케케묵은 유토피아: 호세 마리아 아르게다스와 선주민주의 픽션』(1996)을 접했을 때,

필자는 당시의 결정에 자부심을 느끼게 되었다. 젊은 시절의 바르가스 요사는 페루에 소설다운 소설이 존재한 적이 있었냐고 앞 세대 문인들을 가차 없이 비판하는 와중에도 아르게다스만은 높이 평가했다. 그러나 이 책은 선주민주의를 페루의 근대화, 나아가 세계화의 걸림돌로 여기고 그 상징적인 인물로 아르게다스를 꼽고 있다. 그리고 그의 소설을 "아름다운 거짓말(una hermosa mentira)"이었을 뿐이라고 규정하였다 (Vargas Llosa, 2004: 84). 미학적 완성도는 높지만 페루 현실을 왜곡하고 있다는 진단이었다. 이를테면 바르가스 요사는 페루가 아르게다스가 열망하는 나라가 되어서는 안 된다는 결론을 내린 것이다. 그러나 필자는 반대로 페루가 바르가스 요사가 열망하는 나라가 되어서는 안 된다는 결론에 이르렀다. 바르가스 요사의 주장은 그저 '희생양 찾기'로 비쳐졌다. 페루 역사에서 정치적, 경제적 헤게모니를 쥐고 있던 지배계층의 실패 책임을 피지배층에게 전가하고 있으니 말이다. 그래서 필자에게 바르가스 요사는 잘못된 신념에 사로잡혀 국가와 사회가 나아갈 방향에 혼선을 초래한 지식인의 대표적 사례일 뿐이다.

안데스가 워낙 생소한 곳이다 보니 『깊은 강들』을 여러 차례 읽고도 이해하기 힘들었던 부분들이 있었다. 그 중에서도 결말 부분은 처음부터, 또 오랫동안 납득이 가지 않았다. 콜로노(colono), 즉 대농장에 노예처럼 예속되어 있던 이들의 봉기 일화가 담겨 있는 부분이다. 작품 내내 콜로노들은 긍정적으로 그려지지 않았다. 주인공이자 아르게다스의 자전적 인물인 소년 에르네스토는 콜로노들이 자유인 신분의 선주민들과 달리 지주나 사제의 말에 수동적으로 복종하는 것을 내내 안타까워했다. 즉, 주체성을 가진 개인의 모습, 나아가 사회적 주체로 결집하는 모습을 보이지 못하는 점을 아쉬워한 것이다. 그러던 콜로노들이 결말 부분에서는 집단행동에 나서 아방카이시로 몰려간다. 그것도 총을 든

군인들이 지키고 있는데도 이에 굴하지 않는 결연한 모습을 보인다. 에르네스토는 이 모습을 보고 선주민에 대한, 또 안데스에 대한 낙관적 미래 전망을 획득한다(Arguedas, 1983: 196~203). 그런데 필자에게는 콜로노들의 집단행동 이유가 별로 납득이 가지 않았다. 역병이 돌아 죽음의 그림자가 드리워지고 있는 상황에서 전염병 확산 방지를 위해 군인들이 통행을 차단하자, 신부가 농장으로 오지 못해 종부성사도 받지 못하고 죽게 될까 우려했기 때문에 그런 '돌발' 행동을 한 것이다. 아르게다스는 이 결말에 대해 콜로노들의 행동을 마술적 세계관에 따른 것으로 규정한다. 그리고 마술적 세계관만으로도 그토록 결연하게 행동할 수 있다면, 언제가 깨어 있는 의식을 획득하게 될 날 엄청난 변혁의 힘을 발휘할 수 있으리라는 메시지를 전달하고 싶었다고 말한다(VV.AA., 1986: 239).

의문이 꼬리를 물었다. 가톨릭 의례 때문에 봉기를 일으키다니 서구에 대한 안데스 선주민들의 정신적 예속이 너무 심각한 것이 아닐까? 그렇다면 이들을 식민화된 주체로 보아야 하는 것이 아닐까? 종교 의례 때문에 목숨을 걸고 도시로 행진하는 '막무가내' 결정을 내리는 콜로노들이 근대의 합리적인 시민으로 행동할 수 있을까? 그런 모습을 보고 낙관적 전망을 얻는 에르네스토는 그저 시대착오적인 이상주의자가 아닐까?

이러한 일련의 의구심을 지니게 된 것은 일차적으로는 당시 아르게다스를 논문 주제로 잡은 이유와 긴밀한 관련이 있다. 아르게다스에게서 '민족적 작가'의 전형을 보고 싶다는 기대 지평선에서 출발한 논문이었기에 순수하고 원초적이고 직설적인 저항의 목소리를 갈구했던 것이다. 오늘날의 해석 지평에서 보면, 탈식민적 주체(sujeto descolonial)와 탈식민적 텍스트에 대한 갈망이 있었던 것이다. 그래서 그 기대 지평선을 충족시키지 못하는 아르게다스에 대해 일말의 의구심을 품기도 했다. 대표 작품에서마저 납득할 만한 탈식민적 주체의 제시에 '실패'한 것이 상상력의 빈곤이나 철학의 빈곤 때문이 아닐까 하는 의구심이 들 수밖에 없었다.

3. 식민지시대 안데스 텍스트의 문제점

여러 가지 의구심을 지니고 있던 필자에게 한 줄기 빛이 되었던 책은 알베르토 플로레스 갈린도(Alberto Flores Galindo)의『잉카 왕을 찾아서: 안데스의 정체성과 유토피아』(1986)였다. 안데스 텍스트의 탈식민적 해석 지평을 열어주었기 때문이다. 플로레스 갈린도는 식민지시대부터 현대에 이르기까지의 안데스 역사를 유토피아적 열망의 역사로 규정하고, 이를 '안데스 유토피아'로 명명했다. 그 열망은 식민 질서와 독립 후에도 변치 않은 식민적 사회구조에 대한 불만에서 비롯되었으며, 잉카 군주가 메시아로 재림해 기존질서를 뒤엎으리라는 내용을 공통분모로 하고 있다. 잉카리('잉카 왕'이라는 뜻)가 가장 선명한 사례이다. 물론 잉카 군주가 실제로 부활하리라는 '미신' 덕분에 선주민들이 탈식민적 저항의 동력을 얻었다고 플로레스 갈린도가 주장하는 것은 아니다. 상징적 구심점으로서의 잉카 군주의 역사적, 정치적, 사회적, 문화적 역할을 주목했을 뿐이다. 플로레스 갈린도는 적어도 17세기 초에 발생한 잉카리 신화는 물론, 와만 포마와 잉카 가르실라소 그리고 아르게다스에 이르기까지 안데스 유토피아의 흐름이 강력하게 자리하고 있다고 본다(Flores Galindo, 1994; Woo, 2011). 채집과 연구에서 아르게다스가 선구적 역할을 한 일련의 잉카리 신화에 담긴 선명한 탈식민적 정신이나

『깊은 강들』의 1장에서 에르네스토가 어느 잉카 군주의 왕궁 담벼락을 어루만지면서 잉카의 돌들에게 생명력을 부여하는 대목 등에 대한 플로레스 갈린도의 분석을 접하면서 필자는 비로소 석사논문을 쓰던 시절의 찜찜함을 털어낼 수 있었다.

그럼에도 불구하고 필자의 새로운 인식 지평은 확고하게 유지되지 못했다. 플로레스 갈린도가 열어준 해석 지평을 따라 읽은 잉카 가르실라소의 『잉카 왕실사』와 와만 포마의 『최초의 새로운 연대기와 선정』을 비롯한 식민지시대 안데스 텍스트들이 또다시 의구심을 불러일으켰다. 크게 세 가지 점이 거슬렸다.

첫째, 안데스와 무관한 이야기, 그것도 뜬금없다 싶은 이야기들이 너무 많이 포함되어 있었다. 가령, 잉카 가르실라소의 『잉카 왕실사』 1권 1장에서는 세계가 하나인지 여럿인지, 하늘과 땅이 평평한지 둥근지, 모든 지역이 거주 가능한지 아니면 온대 지역만 거주 가능한지, 대척점이 있는지 등을 장황하게 다룬다(Vega, 1995: 9~11). 책을 열자마자 마주친 이 대목에서 필자는 시간낭비를 하고 있다는 느낌에 크게 못마땅했다. 세계지리에 대한 지식이야 다른 책을 통해서도 얻을 수 있는 것이라는 생각이 들어서였다. 와만 포마의 『최초의 새로운 연대기와 선정』의 도입부 부분은 어이없기까지 했다. 아담과 이브, 노아, 아브라함, 다윗 등등 성서의 인물들이 등장하는 것만 해도 동일한 이유로 만족스럽지 못했는데, 노아가 포도주를 마시고 술에 취했다는 대목(Guamán Poma de Ayala, 2001: 25[25])과 조우했을 때는 이러한 하찮은 정보까지 제공하는 '오지랖'에 아연실색할 정도였다.

둘째, 신빙성 없는 대목이 많아서 이들의 텍스트에 대해 신뢰감을 가지기 힘들었다. 특히 역사 서술 부분이 그러했다. 두 작가 모두 안데스 역사를 제대로 알리겠다는 것을 주요 집필 목표 중 하나로 삼고 있으면서도, 오히려 역사를 '날조'하는 서술이 너무도 많았다. 잉카 가르실라소는 무엇보다도 거의 모든 잉카 군주를 최고의 성군으로 미화한다. 가톨릭 전파에 대해서도 '왜곡'을 넘어 '날조' 수준의 황당무계한 서술들이 많다. 잉카 시대에도 십자가가 존재했고, 군주들이 이를 숭배하지는 않았으나 경의는 표했다고 적고 있다(Vega, 1995: 73). 또 미지의 사람들이 나타나 잉카인들의 종교와 제국을 빼앗으리라는 신탁이 정복 전부터 있었다고 서술하기도 한다(Vega, 1995: 319~320). 즉, 스페인인들이 잉카를 정복하리라는 것이 예고되어 있었다는 것이다. 와만 포마 경우는 더 스케일 큰 '허풍'을 늘어놓는다. 가령, 인류의 다섯 시대를 논한 장에서(Guamán Poma de Ayala, 2001: 22[22]~ 32[32]), 아담과 이브의 첫 시대가 지난 뒤 구약의 역사와 안데스의 역사가 사실상 평행하게 전개된 것처럼 서술하고 있다. 두 번째 시대에 노아의 세 아들 중 하나가 안데스에 왔으며, 예수가 태어난 무렵에 안데스는 이미 잉카 2대 군주가 다스리고 있었다는 것이다. 잉카는 1200년 전후해서 건국된 것으로 추정되는데, 와만 포마는 잉카 시대를 예수 탄생 시점과 맞추기 위해 잉카 군주들이 때로는 수백 살을 산 것처럼 서술하는 무리수를 둘 수밖에 없었다. 또한 정복의 역사에 대해서도 '날조'로 일관했다. 와만 포마에 따르면, 자신의 아버지는 아타왈파와 왕위계승 전쟁을 치른 잉카 군주 와스카르의 2인자(segunda persona)였고, 툼베스 항에 사신으로 파견되어 스페인 군주의 사신 피사로와 알마그로 등을 평화롭게 맞아들였다(Guamán Poma de Ayala, 2001: 16[16]). 부친의 신분도, 툼베스 항에 파견되었다는 주장도, 피사로 등이 정복자가 아닌 사신 자격으로 왔다는 서술도 모두 역사적 사실이 아니다.

셋째, 두 사람 다 가톨릭을 척도로 안데스 역사와 사회를 서술하는 점이 거슬렸다. 아르게다스를 처음 접했을 때의 고민이 되살아날 수밖에 없었다. 물론 이해가 가는 측면도 있었다. 잉카 가르실라소와 와만 포마 모두 가톨릭이 지배 담론이었던 시대를 살았던 인물들이기 때문이다. 따라서 아르게다스 경우보다 너그러운 잣대를 들이대야 할 필요가 분명 존재한다. 그러나 와만 포마의 경우『최초의 새로운 연대기와 선정』에서 자신이 국왕과 가톨릭 포교를 위해 30년을 봉사했다는 언급을 되풀이해서 자랑하고 있다는 점이 크게 거슬렸다. 1570년 전후 우상 숭배 근절 책무를 띠고 감찰사(visitador)로 활동한 크리스토발 데 알보르노스(Cristóbal de Albornoz)의 통역을 담당했으며, 초지일관 가톨릭을 적극적으로 받아들여야 한다는 신념의 소유자였다는 점이 포개져서 더욱 그러했다. 잉카 가르실라소의 경우도 가톨릭 수용론자인 것은 마찬가지 이지만 선주민이었던 와만 포마와 달리 메스티소라는 점을 감안하면 비판할 일이 아니라는 전제로 독서에 임했다. 그렇지만 그리스와 로마에 대한 언급들이 크게 못마땅했다. 사실, 잉카 수도 쿠스코를 로마 제국의 수도 로마에 견준다든지(Vega, 1995: 369), 그리스인과 로마인들도 기독교도가 아니라 무려 3만 위에 이르는 신을 숭상한 이교도였다는 언급처럼(Vega, 1995: 29) 잉카 시대를 옹호하기 위한 목적인 경우가 많아서 부정적으로 볼 일만은 아니었다. 하지만 가톨릭뿐만 아니라 그리스·로마 문명까지 텍스트 서술의 척도가 되고 있는 듯한 상황이 마뜩치 않았다. 요약하자면, 두 사람이 식민체제의 '협력자'라는 점, 가톨릭은 물론 그리스와 로마까지 서술의 척도로 삼고 있는 점이 필자의 의구심을 증폭시켰다.

4. 포도주에 취한 노아와 탈식민적 상상의 지리

안데스와 무관한 이야기들이 『잉카 왕실사』와 『최초의 새로운 연대기와 선정』에 포함되어 있는 것에 대한 필자의 불편함은 지금 와서 생각해 보면 크게 반성할 대목이다. 부지불식중에 안데스인은 지역에 대해서만 이야기하면 되지 세계를 논할 자격이 없다는 전제를 깔고 독서에 임한 셈이니 타자에 대한 올바른 이해가 가능할 리 없었다. 나아가 무지의 소치였다는 것도 알게 되었다. 그 불필요해 보이고, 황당무계하게 보이고, 심지어 오지랖으로 보이는 서술들도 사실은 필연적인 이유가 있었던 것들이 있었다.

이를 깨닫게 된 데에는 에드워드 W. 사이드의 '상상의 지리' 개념이 유용했다. 그의 대표적 연구서인 『오리엔탈리즘』의 제2장 「상상의 지리와 그 표상: 동양의 동양화」에 이 개념이 정립되어 있다(Said, 1996: 91~128). '상상의 지리'란 세계에 대한 인간의 지리적 인식이 결코 객관적이고 과학적인 고찰의 산물이 아니라 상상의 산물이라는 뜻이다. 익히 알다시피 사이드는 동양(Orient), 즉 이슬람권에 대한 서양의 특수하다 못해 편견이라고 밖에 할 수 없을 시각을 비판하기 위해 이 책을 썼다. 사이드에 따르면 유럽인들은 세계를 서양과 동양으로 나누는 지리관을 가지고 있었다. 당연히 이러한 지리관은 다른 지역 사람들에게는 공유되기 힘들다. 잉카인들만 해도 세계가 쿠스코를 중심으로 네 지역으로 구성되어 있다는 지리관을 지니고 있었다. 쿠스코가 '세계의 배꼽'이라는 뜻이고, 그들의 나라를 '네 개의 수유(suyu)', 즉, '네 개의 지역'을 뜻하는 '타완틴수유(Tawantinsuyu)'로 부른 것도 그 때문이다. 서양/동양의 이분법은 오로지 서구인들의 상상 속에나 존재하는 이분법이고 그래서 상상의 지리인 것이다. 사이드에 따르면 서구인들의 이러한 상상의 지리는 그리스 시대, 즉 서구 문명의 기원부터 존재했고, 나폴레옹이 1798년 이집트를 점령하면서 설립한 이집트협회와 연계된 이집트 문명, 예술, 언어 등의 연구자들에 의해 확고한 서구중심주의로 발전했다(Said, 1996: 95). 이집트 원정 전의 서구인들의 이슬람권에 대한 지리관이나 역사관이 자민족 중심주의 수준이었다면, 원정 후에는 체계적인 서구 우월주의가 정립되었다고 보는 셈이다.

그러나 서구의 타 지역에 대한 대대적이면서도 확고한 정복과 식민주의의 역사는 이미 아메리카 '발견'과 정복으로 시작되었다. 따라서 나폴레옹 이전에는 자민족중심주의에서 서구중심주의로의 전이가 없었다고 단정 짓는 것은 사이드의 특수한 발화 위치, 즉 아랍인으로 겪었던 서구와의 갈등에 입각한 발화 위치가 작동한 결과가 아닐까 싶다. 아메리카 정복과 식민주의 역사를 되돌아보면 실제로 나폴레옹의 이집트 원정 훨씬 전에 서구 중심적 상상의 지리가 작동하고 있었다. 이를 짐작하게 해주는 사례가 잉카 가르실라소의 다음과 같은 언술이다.

하지만 나는 [하느님의] 무한한 자비심을 믿고, 세계는 하나라고 단언할 수 있다고 말하련다. '구세계'니 '신세계'니 하지만, '신세계'는 새롭게 발견되었기 때문에 하는 말이지 세계가 둘이기 때문은 아니다. 세계는 하나인 것이다. 아직도 여러 세계가 존재한다고 생각하는 사람들에게는 지옥에서 깨달음을 얻을 때까지 이단적인 생각에 사로잡혀 있으라는 말 외에는 달리 대꾸할 필요가 없다(Vega, 1995: 9).

서양/동양의 이분법을 비판하는 사이드와 유사하게 잉카 가르실라소도 구세계와 신세계의 구분에 민감하게 반응하고 있다는 것을 알 수 있다. 잉카 가르실라소가 이러한 이항 대립이 필연적으로 차별로 귀결된다는 것을 사이드처럼 이미 인식하고 있었다는 뜻이다. 사실 이 차별의 기원은 아메리카 '발견' 초기로 거슬러 올라간다. 아메리고 베스푸치와 피에트로 마르티레 단게이라(Pietro Martire d'Anghiera, 1457~1526)의 시각 차이에서 이를 확인할 수 있다. '아메리카'라는 명칭의 기원이 된 이탈리아인 항해사 베스푸치는 몇 차례 아메리카 탐험 뒤에 『새로운 세계(Mundus Novus)』(1502 혹은 1503)라는 기록을 남겼다. 마르티레 단게이라는 이탈리아 태생이지만 1487년부터 스페인에서 활동했고, 1520년 인디아스평의회(Consejo de Indias) 공식 연대기 작가가 되어 『새로운 반구(半球)에 대하여(De orbe novo)』(1530)라는 저서를 남겼다. 유사한 제목의 책들임에도 불구하고 롤레나 아도르노는 베스푸치는 세계 여러 지역이 '각양각색(variety)'이라는 시각으로, 마르티레 단게이라는 세계의 '단일성(unity)'이라는 시각에서 저술 작업을 수행했다고 말한다(Adorno, 2011: 15). 이를테면 두 사람이 다양성/단일성의 상반된 시각을 견지하고 있는 셈이다.

그러나 베스푸치의 다양성이 오늘날 우리가 생각하는 다양성에 대한 존중으로 귀결될 시대상황은 아니었다. 아메리카가 콜럼버스가 믿었던 것처럼 아시아가 아니라면, 따라서 성경에 전혀 언급되지 않은 미지의 대륙이라면 필연적으로 수반될 질문은 아메리카도 과연 신이 창조한 것일까 하는 것이었다. 만일 신이 창조하지 않은 대륙이라면 아메리카는 구세계와 동등한 지위를 누릴 자격이 없고, 따라서 아메리카 선주민도 차별을 받을 수밖에 없다. 반면 아도르노는 마르티레 단게이라의 『새로운 반구에 대하여』가 콜럼버스가 인도에 도착한 것이 아니라 새로운 땅에 도착한 것이고, 새로운 땅 역시 하느님이 창조한 것이고, 구세계와 새로운 땅 모두 하느님이 창조하신 것이고, 따라서 자연도 하나라고 주장하기 위해 쓴 것이라고 말한다(Adorno, 2011: 15). 세계도

〈그림 10-1〉

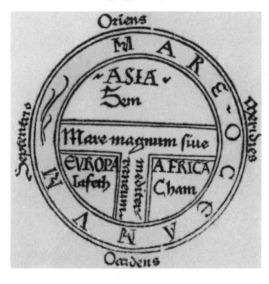

하나, 자연도 하나라는 것은 곧 인간도 하나라는 암시이니 서구인과 선주민의 차별은 신의 섭리를 거스르는 일이 된다. 잉카 가르실라소가 세계지리를 논한 이유도 이 연장선상에서 보아야 한다. 유럽 이외의 대륙을 폄하하는 서구인의 상상의 지리에 대한 해체나 극복 없이 자신과 같은 메스티소, 즉 비서구인이 차별을 받지 않을 가능성은 없다는 것을 잉카 가르실라소는 깨닫고 있었던 것이다. 그래서 구세계와 신세계의 구분은 자의적인 것이지 본질적인 것은 아니라는 잉카 가르실라소의 주장을 탈식민적 상상의 지리로 규정할 수 있다.

놀랍게도 와만 포마가 포도주에 취한 노아를 언급한 것도 탈식민적 상상의 지리의 일환으로 볼 여지가 충분하다. 다만 구세계/신세계의 구분과는 다른 종류의 상상의 지리에 대한 대응이다. 사실 아메리카 '발견' 이전의 중세 유럽인들의 상상의 지리는 확연히 이분법적이지도, 또 서구중심주의적이지도 않았다. T-O지도라고 불리는 <그림 10-1>이

중세 유럽의 상상의 지리를 여실히 보여준다. 7세기 초 세비야의 대주교 이시도로(Isidoro, 556?~636)의 『어원학』에 처음 실린 이래 중세 때 널리 통용된 이 지도에 따르면, 세계는 아시아, 유럽, 아프리카 3대륙으로 되어 있다. 3분법적인 상상의 지리인 셈이다. 또 지도에 표시되어 있지는 않지만 예루살렘을 중심으로 세 대륙을 배치하였다. 기독교의 우위를 인정한 셈이니 서구중심주의에 입각한 지도로 단정 짓기는 어려운 점이 있다.

그렇지만 이 T-O지도에도 훗날의 서구중심주의의 맹아가 담겨 있다. 뚜렷한 대륙 간 차별이 담겨 있기 때문이다. 성경에 입각해 아시아, 아프리카, 유럽을 각각 노아의 세 아들, 즉 셈과 함과 야벳의 후손들이 거주하는 곳으로 굳이 적시해 놓았다는 점이 그렇다. 주지하다시피 성경은 전 세계 모든 인류가 노아의 세 아들의 후손이라고 적고 있다. 그런데 함에 대해서는 아버지 노아에게 불경을 저지른 아들로 서술한다. 포도주에 취해 옷을 벗어버리고 나체로 잠든 아버지 모습을 보고 조롱했다는 것이다. 이로 인해 노아는 다른 두 아들에게만 축복을 내리고 함에게는 저주를 내린다. 그래서 미뇰로는 이 성경 일화를 아프리카인에 대한 유럽인의 우월의식의 발로로 보고, T-O지도가 이 우월의식을 재생산한 것으로 본다(미뇰로, 2010: 66~67).

T-O지도를 통해 표출된 상상의 지리는 아메리카 '발견' 이전의 것이다. 따라서 '발견' 후 마땅히 폐기되어야 할 지도이자 상상의 지리이다. 또 와만 포마가 이 지도를 알고 있었다는 증거는 없다. 그러나 와만 포마가 아프리카인의 조상 함이 노아의 저주를 받았다는 성경의 서술이 아메리카 선주민에게도 불리하게 작용할 것으로 의식하지 않았을까 싶다. 와만 포마는 이렇게 적고 있다.

노아는 방주에서 나와 포도를 심었다. 그리고 포도주를 만들어 마시고 술에 취했다.

그의 아들들은 바빌로니아의 탑을 건설했다. 그 전에는 언어가 동일했으나, 하느님의 명령으로 서로 다른 언어를 가지게 되었다. 이 시대에 인간은 400년 혹은 300년을 살았다.

하느님이 이 땅을 떠나 전 세계로 흩어져 자손을 퍼뜨리라고 명하셨다. 앞서 언급한 노아의 아들들 중 하나가 하느님을 인디아스에 모셔왔다. 인디오들이 번식했고, 이들은 모두 하느님을 알고 있어서 당신을 강력한 존재로 인식하고 있다(Guamán Poma de Ayala, 2001: 25[25]).

인용문을 통해 볼 수 있듯이 와만 포마는 노아가 포도주에 취한 사실까지만 언급한 뒤 그 뒤의 성경 구절들은 건너뛰고 있다. 즉, 함의 조롱, 세 아들에 대한 노아의 엇갈린 축복과 저주, 함과 아프리카의 관련성은 일체 언급하지 않는다. 아프리카를 격하시키는 상상의 지리가 와만 포마 텍스트에서는 사라진 것이다. 이어지는 서술도 의미심장하다. 하느님이 노아의 세 아들에게 전 세계로 흩어지라고 명하고, 이에 따라 한 아들이 아메리카에 왔고, 그의 후손인 선주민들이 하느님을 초월적 존재로 인정하고 있다고 주장한다. 전 인류가 모두 하느님의 피조물이고 동등한 자격을 지니고 있으니 차별받을 이유가 없다는 뜻이다. 바벨탑 관련 서술도 곱씹어볼 필요가 있다. 성경에 따르면 바벨탑을 쌓은 것은 노아의 아들들이 아니고, 탑을 높이 쌓아 하느님에 도전하는 불경을 저지른 죄로 인간의 언어가 달라진다. 그런데 와만 포마는 굳이 노아의 아들들을 바벨탑을 쌓은 이들로 날조하고, 그것이 신에게 불경으로 여겨졌다는 이야기도 또 인간의 언어가 달라진 것이 하느님의 단죄 때문이라는 서술도 생략하고 있다. 여기에는 두 가지 의도가 작용했다고 해석할 수밖에 없다. 아메리카 선주민의 언어가 유럽 언어와 다른 것이 아메리카 선주민이 하느님의 피조물이 아니라는 증거로 사용되는 것을 방지하고자 했던 것이고, 노아의 아들 중 죄 지은 아들이 없다는 주장을 하고 싶은 것이다. 차이가 차별을 만들 소지를 봉쇄하고자 한 것이다. 와만 포마의 탈식민적 상상의 지리가 단순히 지리적 차이를 넘어 더 본질적인 문제까지 겨냥하고 있다는 것을 알 수 있는 대목이다.

5. 교섭하는 주체와 역사 전쟁

이 장에서는 앞에서 언급한 세 가지 의구심 중에서 뒤의 두 가지를 다루려고 한다. 먼저, 기독교 외에 그리스로마 문명도 척도가 되고 있는 것에 대한 필자의 불만은, 돌이켜 생각해보면 공연한 문제 제기에 불과했다는 점을 밝히고 싶다. 유럽 문명이 기독교와 그리스로마 문명의 두 축에 입각해 있고, 스페인도 유럽 문명권에 속하는 이상 양자를 분리해서 볼 일이 아니기 때문이다. 따라서 핵심 쟁점은 식민체제를 기정사실로 받아들이면서 그 질서 속에서 자신의 위치를 모색하는 잉카 가르실라소와 와만 포마의 태도를 어떻게 보아야 하느냐는 것이다. 잉카 가르실라소는 메스티소이기 때문에 이해의 여지가 있지만, 와만 포마는 선주민인데도 불구하고 가톨릭 수용론자가 되었고, 그의 주장이 사실이라면 적어도 30년 동안은 적극적인 체제 협력자로 식민 지배자들을 도왔다. 카하마르카(Cajamarca)에서 정복 전쟁이 시작된 것은 1532년이었고, 와만 포마의 『최초의 새로운 연대기와 선정』이 탈고된 시점은 1615년 혹은 1616년이었다. 불과 80여년 만에 안데스 선주민의 정신적 종속이 그토록 심화되었다는 점을 처음에는 도무지 이해할 수 없었다.

그런데 그간의 연구를 통해서 80여 년은 결코 짧은 세월이 아니었다는 점을 깨닫게 되었다. 그 세월 동안 거의 모든 영역에 걸쳐 식민 질서는 불가역적인 것이 되어버렸기 때문이다. 첫째, 군사 영역에서 정복자들을 축출하기 위한 선주민들의 무장투쟁 동력이 일찌감치 상실되었다. 무장투쟁의 대표적인 사례로는 소위 빌카밤바 왕조의 저항을 들 수 있다. 이 왕조는 스페인인들에 의해 꼭두각시 군주로 옹립되었다가 1536년 도망친 망코 잉카부터 4대에 걸쳐 1572년까지 무장투쟁을 계속했다. 그러나 1536년과 1539년 두 차례의 대규모 봉기에 실패한 후 망코 잉카는 이미 전면적인 전쟁을 획책할 동력을 상실해서, 잉카 고도(古都) 쿠스코에서 멀리 떨어진 빌카밤바를 근거지로 주로 방어를 위한 소규모 국지적 전투만 수행하였다. 심지어 1552년 즉위한 2대 군주 사이리-투팍은 스페인인들과 1555년부터 협상을 벌인 끝에 2년 후 빌카밤바에서 나와 쿠스코에 정착했다. 사실상 항복을 택한 셈이다. 물론 곧이어 3대 군주 티투 쿠시 유팡키가 즉위하여 협상 무효를 선언하고 저항을 재개했지만, 그 역시 1565년 협상에 응해 아콤밤바 협정(Capitulación de Acombamba)이라는 일종의 영구평화 협정에 서명했다(우석균, 2012: 452~454).

둘째, 제도의 영역에서 식민체제 고착화에 결정적인 단초가 된 제반 조치가 취해졌다. 페루 부왕령 부왕으로 1569년에서 1581년까지 재임한 프란시스코 데 톨레도(Francisco de Toledo)의 역할이 컸다. 특히 세 가지 조치가 두드러진다. 강제 이주를 통한 정착촌(reducción) 조성, 선주민 과세 체계 확립, 광산 강제노동 체제 수립이었다(Andrien, 1992: 125). 이 모두가 효율적인 수탈을 목적으로 선주민 통제를 강화한 조치들이었다. 또한 톨레도는 1573년에 『법령(Ordenanzas)』을 편찬, 반포하여 식민지 사회 전반에 걸쳐 제도화에 박차를 가했다.

셋째, 담론의 영역에서 식민지배를 정당화하는 논리들이 지배 담론으로 확고히 뿌리를 내렸다. 정치론 분야에서는 후안 데 마티엔소가 『페루 통치(Gobierno del Perú)』(1567)에서 잉카 군주의 참주정(tiranía)/스페인 군주의 선정이라는 이분법 하에서 공동선(common good)을 위해 잉카 지배층의 정치적 권위를 제거할 것을 주장했다. 역사 분야에서는 페드로 사르미엔토 데 감보아(Pedro Sarmiento de Gamboa)가 동일한 작업을 수행했다. 『잉카 역사(Historia índica)』(1572)라는 책을 통해 잉카 군주들은 외부에서 침입해 나라를 세우고 확장했으며, 피정복민들을 강압적으로 통치한 참주에 불과하다고 깎아내렸다(우석균, 2014: 147). 마티엔소는 폴로 데 온데가르도(Polo de Ondegardo)와 함께 『법령』 편찬을 주도한 인물이고, 사르미엔토 데 감보아는 톨레도의 영에 따라 『잉카 역사』를 썼다. 지식인들의 담론 구축 작업이 식민체제를 굳건히 떠받들고 있었던 것이다.

이러한 상황들이 식민 질서를 불가역적인 것으로 만드는 데 상당히 성공했다는 점은 바흐텔(Nathan Wachtel)의 연구를 통해 뒷받침된다. 그는 1560년대 중반 전쟁과 노동 착취와 전염병에 따른 인구 급감, 전통적 생산양식의 해체에 따른 생산력 감소, 지배계층의 붕괴에 따른 사회적 위계질서의 혼란, 우상숭배 근절 등 대대적인 포교 공세가 초래한 전통적 우주관의 혼란 등 심각한 위기들이 안데스에서 동시에 진행되고 있었다고 말한다. 그래서 안데스의 1560년대 중반을 정복 이전 구질서의 전반적인 해체 국면으로 평가한다(Wachtel, 1976: 135~211).

구질서의 해체는 선주민들의 저항 양상의 변화로 이어졌다. 이와 관련해서는 사라 카스트로-클라렌(Sara Castro-Klarén)의 연구가 시사하는 바가 크다. 그녀는 정복 후 17세기 초에 이르기까지 안데스 선주민들이 저항 방식을 네 가지로 분류하였다. 빌카밤바 왕조가 주도한 무장투쟁, 와만 포마의『최초의 새로운 연대기와 선정』사례 같은 텍스트를 통한 저항, 법적 저항, 타키 옹코이(Taqui Onqoy) 운동 같은 종교적 저항이 그것이다(Castro-Klarén, 2011: 101~102). 다양한 영역에서 다양한 방식의 투쟁이 이루어졌다는 점은 긍정적인 면도 있다. 하지만 전적으로 그렇게 볼 일만은 아니다. 저항의 구심점이 사라졌다는 징후, 각자도생의 시대가 되었다는 징후이기도 하기 때문이다. 사실 카스트로-클라렌의 구분을 보면 지역과 계층의 이해에 따라 저항의 방식이 다르다는 점을 알 수 있다. 초기에 무장투쟁을 주도하다가 이후 협상 노선을 견지하게 된 빌카밤바 왕조의 투쟁은 잉카 최고위층의 선택이었다. 와만 포마의 텍스트를 통한 저항 방식은 이를테면 선주민 지식인의 선택이었다. 비록,『최초의 새로운 연대기와 선정』에서 자신을 '연대기 작가이자 대공(cronista y príncipe)'이라고 줄곧 소개하지만, 자신의 집안이 잉카의 종친 가문이자 핵심 지배층이었다는 주장은 텍스트의 권위를 강화하기 위한 날조였을 뿐이다. 법적 저항은 스페인인과 안데스 선주민이 적어도 법률상으로는 동등한 지위를 지니고 있었기에 가능했던 투쟁으로, 식민체제 속에서 실질적인 권익 보호와 지위 개선을 원했던 지방 토호 차원이나 개인적 차원에서 이루어졌다. '질병의 춤'이라는 의미의 타키 옹코이 운동은 1564년 전 안데스에 번진 와카(huaca) 숭배 신앙이다. 와카는 마을의 수호신이나 조상신 정도에 해당하고, 이에 대한 숭배는 잉카시대 훨씬 이전부터 존재했다. 전통 신앙의 복원을 천명한 반가톨릭, 반스페인 운동이었으며, 잉카 시대 이전 질서의 복원에 더 방점을 둔 비잉카 운동이었다(우석균, 2012: 455~456). 이 운동의 주역들을 굳이 규정하자면, 식민질서도 전면 부정하고 안데스 구 지배계층의 권위도 인정하지 않았다는 점에서 탈식민적 하위주체라고 할 수 있다.

각자도생의 현실에서 주목할 만한 현상이 교섭하는 주체의 탄생이다. 물론 교섭하는 주체는 정복이 시작된 바로 그 순간부터 존재했다. 잉카는 전쟁을 통해서 단시일 내에 급속도로 성장한 국가여서, 피지배 부족들 중에서는 잉카에 마음으로 복속하지 않고 있던 부족들이 많았다. 그래서 스페인인들이 침입했을 때, 반잉카 노선을 취해 이들을 적극적으로 도운 부족들도 있었고, 비스페인·비잉카 노선을 취해 사태의 추이를 관망하는 부족들도 있었다. 하지만 이들은 사태가 종결되고 스페인인들이 철수하기를 기대했지 이들의 잔류를 예상하지 못했다. 따라서 엄격히 말하면 식민체제 자체와 교섭한 것은 아니었다. 반면 카스트로-클라렌이 언급한 네 가지 저항 방식에서 앞의 세 가지는 정복자들이 안데스에 정착하리라는 것을 기정사실로 받아들이고 이에 대응한 것이었다. 그래서 교섭하는 주체가 문제의 시기에 탄생했다고 보는 것이다. 이 와중에도 타키 옹코이 운동을 지지하는 선명한 탈식민적 주체가 존재했다는 점은 대단히 고무적이다. 그렇지만 교섭하는 주체/탈식민적 주체의 이분법적 구분이나, 탈식민적 주체를 더 높이 평가하는 것은 문제를 너무 단순화시키는 것이다. 교섭하는 주체와 탈식민적 주체의 구분 자체가 그리 쉽지도 않을 뿐더러, 때로는 교섭하는 주체도 탈식민적 주체만큼, 혹은 그 이상으로 식민체제에 의미 있는 도전을 했다.

　필자가 보기에, 불가역적인 식민질서 속에서 교섭하는 주체의 길을 택한 와만 포마 혹은 메스티소라는 태생적 운명 때문에 애초부터 스페인인과 선주민 양측을 상대로 교섭하는 주체의 위치에 있었던 잉카 가르실라소가 시도한 가장 중요한 탈식민적 행보는 역사 전쟁이었다. 이들은 '정복'이라는 역사적 사건에 대해 끊임없이 문제 제기를 했다. 이는 라틴아메리카 역사를 바로잡아야 할 역사로 보았다는 뜻이다.

　이들이 취한 가장 일반적인 태도는 정복의 정당성에 대한 문제 제기이다. 그토록 무수히 되풀이되는 가톨릭 관련 서술이 이와 깊은 관계가 있다. 정복자들의 지배 담론은 일반적으로 복음 전파를 정복의 최대 명분으로 삼았다. 그래서 '영혼의 정복' 작업이 뒤따른 것이다. 그런데 와만 포마는 안데스 선주민이 노아의 후손이라고 주장하고, 잉카 가르실라소는 스페인 정복 이전에 십자가가 존재했다고 적고 있다. 스페인인들과 무관하게 안데스에 가톨릭이 전파된 역사가 있다고 주장하는 것이다. 그렇다면 스페인인들의 정복은 명분 없는 짓이다. 따라서 스페인인들의 식민지배 역시 정당성이 결여된 역사가 된다. 물론 교섭하는 주체의 특성상 식민질서를 정면으로 배격하는 서술로 일관하지는 못하고 있다. 그래서 아도르노는 와만 포마의 텍스트가 '은폐된 논쟁(polémica oculta)'의 특징을 띠고 있다고 규정한다(Adorno, 1989: 22). 표면적으로는 자신이 식민체제의 협력자였다는 사실을 빈번하게 상기시키되, 실제로는 정복의 정당성에 문제를 제기하고 있다는 의미에서이다. 메스티소였던 잉카 가르실라소는 더 교묘한 태도를 취한다. 자신의 사회적 지위를 확고하게 하기 위해서는 선주민들의 복권뿐만 아니라 부친 같은 정복자들의 위업을 동시에 기릴 필요가 있었기 때문이다. 그래서 한편으로는 잉카 군주들을 일종의 문화 영웅으로 격상시키고, 또 한편으로는 우상숭배를 타파하지 못했기 때문에 스페인인들의 도래는 불가피했다는 식의 논리를 개발한다. 잉카 군주들을 문화 영웅으로 격상시킨 이유는 로마 황제들처럼 백성을 교화시켜, 장차 가톨릭이라는 형이상학적인 종교 체계까지도 받아들일 수 있는 수준으로 끌어올리는 역할, 즉 가톨릭 수용을 예비하는 역할을 했다고 주장하기 위해서였다. 언제부터인지는 알 수 없으나 잉카 군주들이 십자가를 신성한 장소에 모셔두었다는 서술이나, 11대 군주 와이나 카팍이 태양신보다 더 상급신이 있을지 모른다는 말을 했다는 서술은 가톨릭 수용 예비 역할을 했다는 주장을 뒷받침하기 위한 장치였다(우석균, 2014: 141~143).

역사 전쟁에서 교섭하는 주체들이 주안점을 둔 또 다른 사안은 기독교 보편사, 즉 기독교적 관점에서 서술된 보편사에 선주민들의 자리를 마련하는 일이었다. 안데스 선주민이 노아의 후손이라는 와만 포마의 주장이 이 사안과도 관련이 있다. 그러나 가장 두드러지는 시도는 예수의 12제자 중 한 사람이 정복 이전에 이미 안데스에 기독교를 포교했다는 주장일 것이다. 이 주장은 상당히 광범위하게 유포된 이야기로, 성 도마나 성 바돌로메가 그 주인공으로 지목된다. 가령, 잉카 가르실라소와 와만 포마는 바돌로메를(Vega, 1995: 304; Guamán Poma de Ayala, 2001: 94[94]), 또 다른 선주민 연대기 작가로『고대 페루 왕국 보고서(Relación de antigüedades deste reyno del Piru)』(1613 혹은 1630)를 남긴 후안 데 산타크루스 파차쿠티 얌키 살카마이와(Juan de Santa Cruz Pachacuti Yamqui Salcamayhua)는 도마를 언급한다(우석균, 2012: 457).

사실 이 주장의 기원은 스페인인들이었다. 이에 대해 처음 연구한 피에르 뒤비올(Pierre Duviols)의 연구를 인용, 심화시킨 라켈 창-로드리게스에 따르면, 1548년경에 처음 안데스에 유포되었고, 16세기 중반 스페인인들이 남긴 여러 텍스트에 기록되어 있다. 그러나 1551년 열린 리마 공의회(Concilio Limense)는 공식적으로 이 주장을 배격했다. 그럼에도 불구하고, 그 후 페드로 사르미엔토 데 감보아, 에르난도 데 아벤다뇨(Hernando de Avendaño), 프란시스코 데 아빌라(Francisco de Ávila) 등은 이 주장을 계속 유포했다. 사르미엔토 데 감보아가 톨레도 부왕 시절의 제도권 역사가이고, 뒤의 두 사람이 우상숭배 척결 책무를 맡은 사람이었다는 사실에서 미루어 짐작되듯이, 이들의 의도는 불순했다. 기독교 복음을 접하고도 또다시 혹은 여전히 우상숭배에 빠진 죄를 무겁게 받아들이라는 의도에서 리마 공의회의 공식 입장마저 묵살하고 예수 제자 도래설을 계속 유포한 것이다(Chang-Rodríguez, 1987: 560~562).

하지만, 이 설은 메스티소나 선주민들에게도 충분히 유익하게 이용될 여지가 있었다. 기독교적 관점의 세계사 서술에서 복음 전파의 역사는 대단히 중요한 의미를 지닐 수밖에 없다. 예수가 유태인의 신, 즉 지역의 신이 아니라 보편적 신이라는 기독교 교리를 뒷받침하려면 전 세계적인 복음 전파의 역사가 뒤따라야하기 때문이다. 그래서 기독교적 관점의 보편사 서술은 12사도의 포교를 중요하게 다루고 있다. 그렇다면 안데 스에도 12사도 중 한 사람이 포교를 했다는 설은, 선주민들이 스페인 정복자들에 의해서가 아니라 예수 제자에 의해 복음 전파의 보편사에 이미 자리매김했다는 증거가 된다.

또 다른 역사 전쟁은 '정복'이라는 사건을 스페인인들이 주도한 사건이 아니라 안데스 역사의 흐름 속에서 일어난 사건이라는 점을 부각시키는 일이었다. 잉카 가르실라소는 또다시 이중 전략을 구사한다. 한편으로는 정복자들을 "용기와 군사적 지식을 통해 그 풍요로운 [잉카] 제국을 하느님과 폐하와 자신들을 위해 획득한 영웅적인 스페인인들"(Vega, 2009: 23)이라고 말하면서, 정복에서 스페인인들의 주도적 역할을 인정한다. 그러나 때로는 정복이 외지인들과 상관없이 안데스 역사의 흐름 속에 이미 예정된 일이었던 것처럼 서술한다. 대표적인 사례가 위라코차의 환영(fantasma) 신화이다. 이 신화에 대한 여러 기록을 요약하자면 이렇다. 어느 잉카 왕자에게 위라코차를 자처하는 환영이 나타나 외적의 침입을 예고하고, 실제로 창카인의 쿠스코 침략이 발생하고, 군주는 도망치지만 왕자가 중심이 되어 이를 격퇴한 뒤 왕위를 잇는다. 주목할 점은 위라코차의 모습이 훗날의 스페인 정복자를 연상시켰고, 정복 초기에 선주민들이 스페인인과 위라코차를 동일시했고, 그래서 비교적 순순히 스페인인들을 맞아들였다는 주장이다.

신화의 기원은 불분명하다. 크리스토발 카스트로 데 바카(Cristóbal Vaca de Castro) 부왕 시절인 1542년 매듭문자 키푸 기록자(quipucamayoc) 들의 이야기를 채록한 텍스트가 최초라고도 하고, 1550년 전후 페드로 시에사 데 레온을 위시한 스페인 연대기 작가들이 처음 기록했다고도 한다(Gose, 2008: 55). 잉카 가르실라소는 이 동일시에 대해 때로는 '허망한 믿음(vana creencia)'으로 폄하하기도 한다(Vega, 1995: 301). 하지만 대단히 비중 있게 다루는 모순을 보인다. 『잉카 왕실사』 1부 4권의 21장과 22장, 그리고 5권의 21장, 22장, 28장이 환영 이야기를 중점적으로 다루고, 기타 여러 장에서도 언급하고 있다. 심지어 위라코차 환영의 계시를 받고, 창카인과의 전쟁에 승리하여 즉위하여 환영을 본떠 잉카 위라코차라고 불리게 된 8대 군주 때부터 잉카 왕실에서는 스페인 사람들을 연상시키는 미지의 사람들이 나타나 잉카를 지배하게 되리라는 신탁이 있었다고 서술함으로써(Vega, 1995: 319~320), 환영의 출현과 계시를 기정사실화한다.

주지하다시피 멕시코 정복과 관련해서도 이와 유사한 사례가 있다. 케찰코아틀 귀환 신화로, 아스테카의 군주 목테수마가 코르테스에게 테노치티틀란 무혈입성을 허락한 이유로 종종 거론되어 왔다. 토도로프는 이 신화가 정복 시기에 만들어진 것으로 보고, 목테수마의 케찰코아틀과 코르테스 동일시가 코르테스의 의도적 조작이었다고 강력히 주장한다. 자신을 두려운 존재로 보이게 만들려고, 코르테스가 선주민들의 신화를 왜곡했다는 것이다(Todorov, 1997: 129). 그러나 라틴아메리카 설화 연구자 존 비어호스트(John Bierhorst)의 해석은 다르다. 그에게 이 신화는 정복을 "선주민들의 예언의 영역"에서 다루려 하는 시도이고, 따라서 "서구 역사에서 정복을 삭제"하고 "선주민들에게 주도권을 부여"한 행위이다(Bierhost, 2003: 3~4). 위라코차 환영에 대해서도 해석은 엇갈린다. 정복 전에 실제로 존재한 신화라고기도 하고 정복자들이 날조한 신화라고 보기도 한다(Gose, 2008: 48). 또한 오히려 선주민들이 정복 후에 날조한 신화로 보기도 한다. 신탁에 따라 별다른 저항 없이 스페인인들을 받아들였다고 주장함으로써 식민체제에서 받을 불이익을 경감시키려고 그랬다는 것이다(Gose, 2008: 52).

어떤 해석이 맞는지는 판단하기 쉽지 않다. 아마도 각 집단이 위라코차 환영 이야기를 이해관계에 따라 저마다 다르게 해석했을 가능성이 높다. 하지만 적어도 선주민들에게는 비어호스트의 해석처럼 정복을 스페인인들의 역사가 아닌 그들의 예언의 역사의 실현으로 보고 싶어 하는 심리가 분명 존재했던 것 같다. 이런 해석이 가능한 이유는 16세기 말에서 17세기 초의 원주민 텍스트들이 모두 소위 '정복은 없었다(no hubo conquista) 담론'을 포함하고 있기 때문이다. 가령, 티투 쿠시 유팡키는 부왕 망코 잉카가 프란시스코 피사로를 쿠스코로 초빙했다고 구술하였다(Titu Cusi Yupanqui, 2006: 20). 와만 포마도 앞서 말한 것처럼 부친이 사신 대 사신 자격으로 스페인 정복자들을 툼베스 항에서 맞아들였다고 진술하였다. 그리고 산타 크루스 파차쿠티 역시 자신의 조상들이 자발적으로 스페인 정복자들이 있는 카하마르카로 가서 개종했다고 서술함으로써, 정복이 아니라 평화적 복속이 이루어졌을 따름이라고 주장한다(Chang-Rodríguez, 1987: 563).

6. 결론: '벙어리와 귀머거리의 대화'를 넘어

아스테카 정복 직후 12인의 프란체스코회 수사들이 멕시코에서 포교를 주도적으로 담당한 시절이 있었다. 예수 제자들의 숭고한 사명감과 위업을 계승한다는 의미에서 프란체스코회에서 일부러 12인을 파견한 것이다. 이들은 타자와 대화에 나설 용의가 있었다. 그래서 틀라마티니(tlamatini), 즉 아스테카의 현자들과 만남의 자리를 마련했다. 결과는 어떠했을까? 엔리케 두셀은 이 대화에서 "인디오는 벙어리 같았고, 스페인인들은 귀머거리 같았다"(두셀, 2011: 188~189)라고 평한다. 대화를 하자고 제의했지만, 오직 가톨릭이 정답이고 포교가 지상과제라고 생각한 프란체스코회 수사들에게 틀라마티니들의 이야기가 귀에 들어올 리 없으니 스페인인들은 귀머거리나 다름없었다. 그리고 아무리 이야기를 해도, 수사들에게 자신들의 목소리가 들리지 않으니 틀라마티니들은 벙어리나 마찬가지 신세였다. 승자와 패자 사이에 대등한 대화는 애초에 불가능한 일이었던 것이다.

  안데스 선주민에 대한 우리나라 사람들의 이해도도 귀머거리 수준이 아닐까 싶다. 그래서 더 한심하다. 스페인인들은 승자였기 때문에 천박한 우월감을 지닐 여지라도 있지만, 우리는 무엇 때문에 우월감에 사로잡혀 있는 것일까? 물론 독립 이후 200년이라는 기나긴 세월이 흘렀는데도 별다른 '발전'을 성취하지 못했으면 당사자들 책임이 더 큰 것이 아닌지, 정복과 식민지배 탓만 하는 것이 과거지향적인 태도가 아닌지 등등 여러 가지 문제 제기가 있을 수 있다. 그러나 몇 가지 문제만 짚어보아도 그렇게 쉽게 단정할 일은 아니다. 첫째, 해방 이후 70여 년 만에 상당한 '발전'을 성취한 우리나라 사람 입장에서 안데스의 '낙후'된 현실이 이해하기 힘들리라는 것은 분명해 보인다. 그러나 우리는 36년 지배를 당했을 뿐이고 안데스는 무려 300년이나 식민지배를 겪었다는 점을 직시해야 한다. 36년 지배의 후유증에도 오늘날까지 과거사 문제가 쟁점이 되고 있는 사회를 살면서 300년 식민지배의 후유증을 가볍게 생각하는 우리나라 사람들의 태도가 문제인 것이다. 둘째, 안데스는 독립 이후에도 지배자들이 떠나지 않았다는 차이점도 깊이 성찰해야 한다. 단순히 떠나지 않은 것이 아니라, 만델라 이전의 남아공처럼 인종의 차이가 곧 정치적, 경제적, 사회적 차이를 결정짓는 내부 식민 사회에서 아직도 완전히 탈피했다고 보기 힘들다. 사파티스타들이 "우리는 500년 투쟁의 산물"(Comandancia General del EZLN, 1993)이라고 선언한 것도, 볼리비아가 개헌을 하면서 '제헌 헌법'이라 칭하고 자국 명칭도 '볼리비아 다국민국가(Estado Plurinacional de Bolivia)'로 선언한 이유도 정복 이래 내부 식민이라는 후유증이 너무나 크다는 인식하에서였다. 셋째, 선주민들의 과거지향적 태도가 문제라는 인식도 깊이 성찰해야 할 대상이다. 필자로서는 우리나라에서도 이런 지적이 나온다는 것 자체가 우리가 타자의 목소리를 듣지 못하는 귀머거리의 증거일 뿐이다. 어째서 과거사만 집착해서 현재도 직시하지 못하고 미래도 열어나가지 못하느냐는 비판인데, 우리 사회가 일제 강점기와 그 후유증에 대한 평가를 놓고 갑론을박하는 사회가 아닌가!

도입부 부분을 제외하면 필자는 이 글을 통해 식민지시대 안데스 텍스트의 탈식민적 독해를 돕기 위한 두 가지 시도를 했다. 첫 번째는 황당무계하거나 역사적 날조로 보이는 대목들이 상당 부분 지배담론에 대한 대응의 성격을 지니고 있었다는 점을 밝히는 일이었다. 때로는 '포도주에 취한 노아'라는 하찮은 대목조차 탈식민적 상상의 지리에 입각한 대응이었다는 점을 다시 한 번 강조하고 싶다. 두 번째는 식민체제가 일찌감치 불가역적인 된 상황이 불가피하게 교섭하는 주체를 양산했지만, 이 주체가 식민 지배자에게 협조나 구걸로 일관하지도 않았을 뿐더러 생존 자체가 쉽지 않은 그 엄혹한 현실 속에서도 역사 전쟁을 시도했다는 점을 높이 평가해야 된다고 주장하고 싶었다. 이 전쟁이 과연 얼마나 효과적이었는지, 이를테면 사파티스타봉기나 볼리비아 제헌 헌법에 실제로 도움이 되었는지는 더 많은 논의가 필요할 것이다. 그러나 적어도 그 노력의 의미를 폄하하는 일은 없어야 할 것이다. 다시 한번 우리 사회를 돌아보기 바란다. 최근의 국정교과서 문제는 어느 쪽 입장이 옳고 그르고의 문제를 떠나서 역사 서술이라는 것이 국가와 사회의 현재와 미래를 결정짓는 중요한 문제라는 점을 인식하게 해주었다. 와만 포마나 잉카 가르실라소가 시도한 역사 전쟁도 이런 맥락에서 이해해야 한다. 인종과 계급 차별에 입각한 식민체제가 불가역적인 것이 된 상황에서, 즉 선주민과 메스티소가 차별 받게 된 상황에서 이 상황을 야기한 역사가 잘못되었다는 것을 지적하지 못하면 그들에게 미래는 영원히 없을 것이기 때문이다.

참고문헌

두셀, 엔리케(Enrique Dussel). 2011. 『1492년 타자의 은폐: '근대성 신화'의 기원을
　　찾아서』. 박병규 옮김. 그린비.

미뇰로, 월터 D.(Walter D. Mignolo). 2010. 『라틴아메리카, 만들어진 대륙: 식민적
　　상처와 탈식민적 전환』. 김은중 옮김. 그린비

사이드, 에드워드(Edward W. Said). 1996. 『오리엔탈리즘』. 박홍규 옮김. 교보문고

우석균. 2005. 「안데스 유토피아」, ≪이베로아메리카≫ 7권 2호, 1~30쪽.

＿＿＿. 2011. 「알베르토 플로레스 갈린도의 『잉카 왕을 찾아서』」, ≪트랜스라
　　틴≫ 18호, 67~78쪽. http://translatin.snu.ac.kr/translatin/1112/pdf/Trans11
　　121808.pdf.

＿＿＿. 2012. 「식민체제와 안데스의 원주민 지배층: 잉카 군주의 외교게임과 반식민주
　　의 담론」. ≪스페인어문학≫ 63호, 439~465쪽.

＿＿＿. 2014. 「잉카 가르실라소, 르네상스, 메스티소 텍스트」. ≪이베로아메리카연
　　구≫ 25권 1호, 127~152쪽.

Adorno, Rolena. 1989. *Cronista y príncipe: la obra de don Felipe Guaman Poma
　　de Ayala*. Lima: Pontificia Universidad Católica del Perú.

＿＿＿. 2011. *Colonial Latin American Literature: A Very Short Introduction*.
　　Oxford/New York: Oxford University Press

Andrien, Kenneth J. 1992. "Spaniards, Andeans, and the Early Colonial State in
　　Peru." in Andrien, Kenneth J. and Rolena Adorno(ed.). *Transatlanctic
　　Encounter: Europeans and Andeans in the 16th Century*. Berkeley and Los
　　Angeles: University of California Press, pp.121~148.

Arguedas, José María. 1983. "Los ríos profundos." in José María Arguedas, *Obras
　　completas*, tomo III, Lima: Editorial Horizonte.

Bierhorst, John(comp.). 2003. *Cuentos folklóricos latinoamericanos: fábulas de las
　　tradiciones e indígenas*. trad. José Lucas Badué. New York: Vintage Español.

Castro-Klarén, Sara. 2011. *The Narrow Pass of Our Nerves. Writing Coloniality and Postcolonial Theory.* Madrid: Iberoamericana Vervuert.

Chang-Rodríguez, Raquel. 1987. "Santo Tomás en los Andes." *Revista Iberoamericana,* Vol.LIII, No.140, pp.559~567.

Comandancia General del EZLN. 1993. "Declaración de la Selva Lacandona." http://palabra.ezln.org.mx/comunicados/1994/1993.htm.

Flores Galindo, Alberto. 1994. *Buscando un Inca: identidad y utopía en los Andes.* 4a ed. Lima: Editorial Horizonte.

Gose, Peter. 2008. *Invaders as Ancestors: On the Intercultural Making and Unmaking of Spanish Colonialism in the Andes.* Toronto/Buffalo/London: University of Toronto Press.

Guamán Poma de Ayala, Felipe. 2001. *El primer nueva corónica y buen gobierno.* http://www.kb.dk/permalink/2006/poma/info/es/frontpage.htm.

Jameson, Fredric. 1986. "Third-World Literature in the Era of Multinational Capitalism." *Social Text,* No.15, pp.65~88.

Mariátegui, José Carlos. 2007. *7 ensayos de interpretación de la realidad peruana.* 3a. ed. corregida y aumentada. Caracas: Fundación Biblioteca Ayacucho.

Méndez, Cecilia. 1996. "Incas sí, indios no: Apuntes para el estudio del nacionalismo criollo en el Perú." http://cholonautas.edu.pe/modulo/upload/Mendez.pdf.

Pachacuti Yamqui Salcamaygua, Juan de Santa Cruz. 1995. *Relación de antigüedades de este reino del Perú.* edición, índice analítico y glosario de Carlos Araníbar. Lima: Fondo de Cultura Económica.

Titu Cusi Yupanqui. 2006. *History of How the Spaniards Arrived in Peru.* Dual Language ed., trans. by Catherine Julien. Indianapolis and Cambridge: Hackett Publishing Company.

Todorov, Tzvetan. 1997. *La conquista de América: el problema del otro.* 3a ed. trad. de Floroa Botton Burlá. México, D.F.: Siglo XXI.

Vargas Llosa, Mario. 2004. *La utopía arcaica: José María Arguedas y las ficciones del indigenismo.* 2a reimpresión. México, D.F.: Fondo de Cultura Económica.

Vega, Inca Garcilaso de la. 1995. *Comentarios reales de los incas.* 2 tomos. 1a reimpresión. México, D. F.: Fondo de Cultura Económica.

_____. 2009. *Historia general del Perú*. Lima: SCG.

VV.AA. 1986. *Primer encuentro de narradores peruanos*. 2a ed. Lima: Latinoamericana Editores.

Wachtel, Nathan. 1976. *Los vencidos: los indios del Perú frente a la conquista española*. trans. Antonio Escohotado. Madrid: Alianza Editorial.

제11장

아프로쿠바니스모의 의미와 한계

룸바를 중심으로*

이은아 서울대학교 라틴아메리카연구소 HK교수

1. 서론

아프로쿠바니스모(afrocubanismo)[1]는 20세기 초, 특히 1920년대부터 1940년대 사이 쿠바의 예술계와 대중문화계 전반을 휩쓴 문화 현상이자 운동이며, 쿠바성(cubanness)을 이루는 시대적 담론이다. 동시대 쿠바를 이해하는 데 있어 핵심적 개념일 뿐 아니라 현재 카리브 음악 특히 쿠바 음악의 세계적 대중화를 생각해볼 때, 이는 라틴아메리카 음악을

---

* 이 글은 ≪이베로아메리카연구≫ 24권 1호(2013)에 필자가 발표한 논문을 총서의 취지에 맞게 수정 보완한 것이다.
1) '아프로쿠바니스모', '아프로쿠바(afrocuba)', '아프로쿠바니스타(afrocubanista)'는 번역없이 원어 그대로 이 글에서 사용하고자 한다. 아프로쿠바는 통상 아프리카에서 노예 신분으로 쿠바에 끌려오거나 다른 카리브 국가에서 유입된 사람들의 후손이나 물라토와 관련된 인종, 문화, 집단공동체 등을 일컫는 경우에 사용되는 형용사 혹은 접두사다.

이해하는 데 빼놓을 수 없는 부분이다. 20세기 초반 아프로쿠바니스모를 표방한 쿠바 음악이 미국 엔터테인먼트 산업에서 대중적 인기를 크게 구가했다는 점은 라틴 음악의 세계화[2])에 있어 중요한 공헌이었다. 아프로쿠바니스모가 쿠바의 정체성을 표현하는 핵심적 담론이자 문화 흐름이었고, 쿠바 음악의 국제적 상업화의 시작을 설명하는 중요한 사안이라면, 그 의미와 한계, 모순에 관한 충분한 이해가 필요하다.

아프로쿠바니스모의 배경을 이루는 인종 문제는 쿠바사회에서 여전히 조심스러운 사안이다. 인종 문제를 화두로 한 쿠바의 국가성에 대한 논의는 대략 두 시기에 국한되어 있는 듯하다. 호세 마르티를 중심으로 한 19세기 역사와 쿠바 혁명 전후가 그것이다. 『흑인성의 국가화(Nationalizing Blackness)』라는 책에서 아프로쿠바니스모의 등장 배경과 문화적 성과에 대해 다루고 있는 로빈 무어(Robin Moore)는 1920~1940년대 시기가 쿠바 음악사는 물론 쿠바의 정체성 규정에서도 하나의 핵심적 시기에 해당한다고 주장한다. 그는 이 책에서 흑인성의 대두가 쿠바

---

2) 카리브의 음악 역사를 훌륭히 아우르고 있는 『카리브의 흐름(Caribbean Currents)』 이 책 서두에서 던지는 질문들은 라틴 음악에 대한 일반적 궁금증을 넘어서 학문적 주제가 될 만하다. "정치, 경제, 인구의 힘이 모두 미약한 카리브에서 어떻게 초국가적인 영향력을 행사하며 세계적 인기를 구가하는 음악이 탄생하게 되었는가?", 구체적으로 보면, "어떻게 작고 가난한 나라인 자메이카 출신 레게가 태평양의 하와이에서 아프리카의 말라위까지 울릴 수 있는가?" 혹은 "어떻게 쿠바가 20세기 중반 아프리카의 도시 음악을 지배하는 스타일을 만들게 되었는가?" 아니면 과거로 돌아가 "어떻게 '사라반다'나 '차코나' 같은 아프로라틴 음악이 1600년대 스페인을 휩쓸고, 서유럽 바로크 음악과 춤에 활력을 불어넣게 되었는가?" 등의 질문이 내포하고 있듯이 카리브의 음악적 영향력은 가히 신기하기까지 하다. 카리브 음악에서 쿠바의 위치는 단연 독보적이다. 심지어 1950년대 한국 신문에서 자세히 묘사한 하비에르 쿠갓(Xavier Cugat)을 보면 당시 쿠바 음악가가 미국 대중문화계에서 구가한 인기를 쉽게 짐작할 수 있다.

의 국가성 규정에 어떤 영향과 결과를 가져왔는가에 대해 다양하게 고찰하고 있다.3) 무어는 이 기간 동안 흑백 간의 균등한 질서를 새롭게 정립하기 위해 쿠바가 집단적으로 움직이기 시작했고, 뿌리깊은 인종적 반목과 편견에도 불구하고 아프로쿠바니스모가 전면적으로 부상해 쿠바 역사의 진보적 시기의 시작을 알리는 강력한 흐름을 형성했다고 설명한다. 아프로쿠바니스모는 음악, 춤, 문학, 그림, 대중문화 등 현대 쿠바 문화의 근간을 이룬 모든 영역에서 주도적 영향력을 행사했다고 강조한다.

아프로쿠바니스모가 가장 활발한 영향력을 드러낸 영역이라면 단연 아프로쿠바 음악, 그중에서도 특히 룸바 음악이라고 할 수 있다. 이 시기 룸바는 단순한 음악 장르를 넘어서 아프리카성 혹은 쿠바성과 연관된 예술적 기호로 사용되었다고 해도 과언이 아니다. 이 글에서는 우선 엘리트 계급과 대중계층 사이의 모순적 경향을 명확히 확인할 수 있는 룸바에 대한 수용과 해석을 다룰 것이다. 당시 예술 전반에 중요한 소재로 차용된 룸바 음악의 확산, 변형, 소재의 점유 방식을 살펴보고 아프로쿠바니스모의 의미와 한계를 논의하고자 한다. 또한 쿠바 음악사의 역작으로 불리는 『쿠바의 음악(La Música en Cuba)』을 저술한 알레호 카르펜티에르(Alejo Carpentier)의 시각을 중심으로 1930, 1940년대 아프로쿠바니스모를 근거로 한 쿠바 국민(국가) 음악의 부상을 살펴볼 것이다. 아프로쿠바 양식과 리듬에 대한 수용, 특히 룸바의 요소를 도입한 고전음악 작곡가들에 대한 평가가 중심이 될 것이다.

---

3) 이 책의 두드러지는 점은 유럽-히스패닉 문화가 주도하는 나라에서 아프로쿠바 흐름이 일으킨 강렬하고 모순된 모습을 음악사적으로 광범위하게 접근하고 있다는 것이다. 이런 점에서 쿠바의 저항 내러티브를 음악적 흐름 내에서 서술하고 있다고 하겠다.

마지막으로 아프로쿠바니스모의 철학적·이론적 토대를 제공한 페르난도 오르티스(Fernando Ortiz)가 룸바를 소재로 창작한 아프로쿠바니스타 시인들을 어떻게 비평적으로 접근하는지 살펴봄으로써 그가 지닌 인종과 문화 사이의 간극과 모순적 인식을 간파해 보고자 한다.

이 글은 쿠바의 국가성 논의와 맞물려 있는 아프로쿠바니스모에 대한 논의를 일별함으로써 당시 쿠바의 문화적 화두라고 할 수 있는 아프로쿠바니스모의 다양한 논의와 평가를 고찰하고 그 모순과 한계를 이해하는 데 목적이 있다. 특히 룸바에 관한 카르펜티에르와 오르티스의 편파적 시각을 점검해봄으로써 쿠바성 담론 자체를 비판적으로 이해해보고자 한다. 이로써 쿠바 민족주의나 국가 정체성에 관한 기존 역사적 논의에서 다소 벗어나 20세기 전반부 문화를 중심으로 쿠바성 담론을 조명해보고자 한다.

2. 본론

1) 아프로쿠바니스모와 룸바 양식

아프로쿠바니스모의 등장은 아프로쿠바 전통을 재발견하고 정립하는 헤라르도 마차도(Gerardo Machado) 정부 시기의 경제적 침체와 정치적 불안, 미국의 통제권 강화에 따른 민족주의적 정서의 상승과 맞물려 있다. 아프로쿠바니스모는 국가성에 대한 이데올로기를 근간으로 한 예술적, 미학적 움직임으로, 국가조직과 학술적 연구가 뒷받침되는 급진적이고 광범위한 운동이었다. 이 운동은 쿠바의 인종적 분리 없는 이상적 미래의 이미지를 추구하고 있었으나(Arnedo-Goméz, 2006: 41), 여기에 참여한 백인 지식인들은 '국가의 통합'을 위해 아프로쿠바 전통을 백인의 시각으로 점유하는 데 그치고 만다. 학술적, 예술적 영역에서 쿠바 인종에 대한 접근은 흑인과 물라토에 대한 모순적 태도와 이해의 결핍, 완고한 편견으로 인해 이율배반적 결과를 생산해낸다.

백인 중산층 쿠바인들의 작품은 양식화되고 종종 과도하게 인종적 형태를 지닌 '흑인 문화'를 대중화시키고 유포시키는 데 있어 매우 중요하다. '위로부터' 행해진 흑인들과 흑인 거리음악에 대한 재현은 국가 예술 생활에 가장 중대한 영향을 미쳤다. 대부분 이런 작품은 아프로쿠바인들을 희극적이거나 황당하게 그렸고, 백인 쿠바인들을 흑인 문화의 새로운 혁신자로 치부했다. 거의 모든 경우, 그들은 아프로쿠바 문화와 시각적 요소들을 유럽에서 온 요소들과 혼합했다. 따라서 거리 문화를 덜 위협적이고 보다 접근가능한 것으로 묘사했다(Moore, 1998: 98~99).

이처럼 아프로쿠바니스모는 그 출발점부터 문제적 가능성이 농후했다. 평등성에 대한 지향과 주체의 소외, 하위주체에 대한 재현의 객관성 문제 등이 제기될 수 있었고, 인종과 문화의 괴리 또한 극복하기 어려운 문제였다. 실제로 1940년대까지 대중화된 아프로쿠바 문화 대부분은 백인들의 재현에 달려 있었고, 당시 흑인들의 경제적, 사회적 위상으로 인해 훨씬 더 왜곡된 모습으로 묘사되었다.

아프로쿠바니스모에 가담한 예술가들을 구체적으로 들자면, 쿠바의 고전음악 작곡가로 가르시아 카투를라(García Caturla)와 아마데오 롤단(Amadeo Roldán), 힐베르토 발데스(Gilberto Valdés), 화가로는 하이메 발스 디아스(Jaime Valls Díaz)와 에두아르도 아벨라(Eduardo Abela),[4] 위프레도 람(Wifredo Lam), 단편소설작가로는 「룸바(la rumba)」를 쓴 로헤르 데 라

우리아(Roger de Lauria)와 「봉고(el bongó)」를 쓴 헤라르도 델 바예(Gerardo del Valle), 장편소설작가로는 『에쿠에-얌바-오(Écue-yamba-ó)』의 카르펜티에르, 신화 모음 작가로는 『쿠바의 흑인 이야기(Contes nègres de Cuba)』의 리디아 카브레라(Lydia Cabrera)와 『오, 나의 예마야! 흑인 음악과 이야기(Oh, mío Yemayá! Cuentos y cantos negros)』의 로물로 라차타녜레(Rómulo Lachatañeré) 등이 있다. 이외 시인에는, 「룸바의 무희(Bailadora de rumba)」를 쓴 라몬 기라오(Ramón Guirao)와 「룸바(La rumba)」를 쓴 호세 타예트(José Z. Tallet), 극장 연주가로는 에르네스토 레쿠오나(Ernesto Lecuona)와 하이메 프라츠(Jaime Prats), 곤살로 로이그(Gonzalo Roig) 등이 있다.5)

위의 예에서 짐작할 수 있듯이 룸바는 1920~1940년대 사이 시적, 회화적, 음악적 세계를 지배하는 장르로서, 소외되었던 흑인 소수층의 문화적 역량이 점진적으로 확대되는 모습을 예증한다. 이를 두고 아프리카에 뿌리를 둔 음악과 춤이 쿠바 전체 사회를 '영적으로 정복'6)한다는 표현을 하기도 한다.

룸바는 중산층 백인 예술가들에 의해서 어떻게 주류문화 속으로 유입

---

4) 에두아르도 아벨라는 이 주제를 다룬 회화에서 두각을 나타낸 화가다. 그의 <룸바의 승리(The Triumph of the Rumba)>는 소재 상 아프로쿠바 요소를 많이 도입하였다. 그림에는 야자수, 해변, 드럼 치는 아프로쿠바 남자, 다수의 무희들이 나온다. 룸바는 백인 중간 계층이 혐오하던 춤이었기 때문에 가장 정면에서 춤을 추는 듯 자세를 취하고 있는 여성을 백인으로 묘사하는데, 백인 무희라는 그림의 내용이 비현실적이다.

5) 아르네도 고메스(Arnedo-Gómez)가 『룸바 쓰기: 아프로쿠바니스타 시 운동(Writing Rumba: The Afrocubanista Movement in Poetry)』의 서문에서 종합적으로 거론한 예술가들의 이름과 작품을 간략히 인용하였다(Arnedo-Gómez, 2006: 1~2).

6) 에밀리오 그레넷(Emilio Grenet)이 『대중적 쿠바 음악(Popular Cuban Music)』이라는 책에서 한 말로, 무어의 글에서 재인용(Moore, 1995: 166).

되어 양식화되고 대중화되었는지를 잘 보여주는 경우다. 오케스트라 지휘자인 돈 아스피아수(Don Azpiazu)는 남녀 댄스팀을 대동해 1932년 미국 시카고의 한 카바레에서 밴드 공연을 펼치는데, 이를 통해 처음 룸바를 국제화시키기 시작한다(Moore, 1995: 175). 고전음악 작곡가인 에밀리오 그레넷(Emilio Grenet)은 1939년 키보드용 룸바 악보를 출판했고 살롱 룸바를 유행시키는 데 일조했다. 반면, 룸바 음악의 유행으로 이름만 빌려서 쓰는 경우도 흔했다. 엘리세오 그레넷(Eliseo Grenet)의 유명한 「아이, 마마 이네스(Ay, Mamá Inés)」(1932)는 전통 룸바 스타일과는 상관없이 가사에서만 흑인 어조와 문체를 따오고 있다. 또한 레쿠오나의 피아노 음악 「알리 바바(Ali Baba)」는 부제목으로 "무슬림 룸바(Muslim rumba)"를 사용했지만, 전통적 룸바와 양식상 유사성이 매우 희박하다(Moore, 1995: 176). 다른 한편, 1930년대 중반부터 1940대 초반까지 학문적(고전적) 룸바를 작곡한 작곡가들은 콘서트용 음악에 아프로쿠바 요소를 적극적으로 도입한다. 예를 들면, 카투를라의 「룸바(La rumba)」, 발데스의 「구아구앙코(Guaguancó)」와 「열린 룸바(Rumba abierta)」, 카를로 보르보야(Carlo Borbolla)의 피아노와 노래를 위한 룸바 18곡 등이 그런 경우다(Moore, 1995: 177). 위의 예시들을 통해서 1930년대에 이미 아프로쿠바 리듬과 곡조를 재평가하기 시작했고, 상업 음악과 순수음악 모두에서 이를 영감의 원천으로 사용했다는 점을 알 수 있다.

아프로쿠바니스모의 유행과 더불어 룸바는 시에서는 언어와 운율의 형태로, 악보에서는 5음 멜로디와 리듬으로, 회화에서는 소재와 주제로, 다양한 적용 방식과 아이디어를 통해 소비되었다. 이를 위해 다양한 예술 장르에서 룸바는 거친 야만성을 시민성으로 잠재우는 작업을 거친다. 백인 아프로쿠바니스타들은 흑인 무희들의 성적, 육체적 움직임만을 강조하면서 흑인 아프리카 노예들로부터 나온 야만적이고 천박한 행동으로만 그리거나, 아프로쿠바인들의 삶의 환경과 감성에 진정으로 동화되지 못한 채 심각하게 변형시킨다. 이렇듯 백인 위주로 진행된 룸바의 '색깔 빼기'와 '색깔 굳히기' 작업이 다양한 방식으로 이뤄진다.

2) 룸바 음악의 정의와 '모조품' 룸바

룸바 이춤이 일본에 들어온 것은 비교적 새로운데 "큐바"섬이 발원지다. 동작이 빨러 선정적이라기보다 광조적이다. '큐바'의 원춤은 우리가 보통 보는 것보다도 좀 더 맹렬하여서 미국에서도 그것은 금지되고 말어 지금 이 룸바는 모조품이다(≪동아일보≫, 1938년 12월 10일 자).

이 동아일보 기사에 의하면, 룸바는 쿠바 출신의 '광조적' 음악으로 미국에서도 금지되었기 때문에 원형을 상실한 음악이다. 룸바 음악에 대해 핵심 사항을 짚어 주는 기사가 이미 우리나라 1930년대 신문에 실렸다는 사실은 흥미롭고 놀랍지만, 쿠바 음악의 세계적 유행에 대한 근거라는 점에서 중요한 자료라고 하겠다. 룸바 음악은 1930-1950년대 한국 신문의 연재소설에서 주인공들이 추는 춤[7]으로 등장할 정도로 국제적으로 유행한 음악이다. '원형을 상실한' 배경에는, 앞에서 짧게 언급했듯이, 흑인 문화, 아프로쿠바 문화에 대한 쿠바 사회의 주류층과 미국 소비 계층의 인종차별적 시각 때문인데, 이는 아프로쿠바니스모의

---

7) 다음은 '화상보'라는 신문 연재소설의 한 장면이다. '복히'라는 여주인공이 축음기에서 음악을 트는 장면을 묘사한 후 주인공들이 짝을 지어 춤을 추는 장면이 이어진다. ""이번엔 그럼 좀 흥나는 걸 헐까. 피날벤다 룸바" 아프리카의 흑인종에서 발상하엿다는 격정적인 리즘. "톰톰" "마라카스" "크레브스" 등 "큐바"의 타악기가 울리는 강렬한 박자"(≪동아일보≫, 1940년 1월 9일 자).

모순을 그대로 반영한다.

룸바의 수용과 변화 과정을 보면 아프로쿠바니스모의 유행이 지닌 이런 모순적 측면을 정확히 이해할 수 있다. 우선, 진짜 룸바와 '모조품' 룸바에 대한 구분이 필요하다. 음악 연구가들에 의하면 룸바는 정의하기 어렵다고 한다. 20세기 초 쿠바 국내외 대중문화로 자리매김하게 된 룸바는 주로 1920년대 이후 카바레, 살롱, 무도회장에서 연주된 것과, 19세기 중반 무렵부터 아바나와 마탄사스의 흑인 슬럼지역에서 발달하기 시작해 타악기로만 연주된 전통적 양식의 비상업적 룸바로 구분된다. 후자는 드럼 연주가의 즉흥적 연주가 만드는 반복적, 순환적 리듬이 특징인데, 어떤 장르보다도 아프리카적 소리를 잘 구현한다. 이를 위해 드럼은 타악기와 보컬리스트, 무용수들의 움직임에 매우 민감하게 반응하면서 음악 전반을 이끌어간다(Moore, 1997: 168).

20세기 초중반 해외에서 룸바라고 불린 것은 사실상 쿠바 손(son)으로서, 살사의 원형으로 흔히 간주되는 손과 혼용되었다. 현재 우리가 시각 자료를 통해 쉽게 접할 수 있는 룸바는 대체적으로 구아구앙코(guaguancó)라는 춤으로서, 성적인 표현이 농후해 1960년대 말까지 상업적으로 녹음되지 않았다(Moore, 1997: 169). 수탉과 암탉의 성적 교미 과정을 연상하게 만드는 남자 무용수의 공격적 자세와 여자 무용수의 방어적 제스처로 인해 중산층, 엘리트 쿠바 사회에서는 공공연한 길거리 공연을 반대했다. 비상업적 룸바는 대개 아프리카 반투(Bantu) 지역에서 기원한 것으로 8개의 하위 장르를 포함하는데, 이 중 두드러진 춤 양식으로는 구아구앙코, 얌부(yambú), 콜룸비아(columbia)가 있다.

무어는 룸바의 발전과 상업적 유포를 대략 4단계로 설명하는데, 19세기 중반 토착 연극(teatro vernáculo)의 말미에 춤과 함께 공연된 음악을 시작으로, 1920년대 중산층 연주가들의 살롱 음악, 1930년대 아카데미 출신의 고전 음악가들이 작곡하고 연주한 오케스트라 음악, 미국에서 공연하는 쿠바 출신 밴드 지휘자들의 오락산업용 음악, 이후 1940년대 말부터 아프리카계 미국인과 아프로쿠바 음악가들이 원형을 다소 복원한 상업적 음악에 이르기까지 연속적인 변화와 확산을 거친다. 이런 과정을 통해 룸바는 장르의 혼합과 변용을 겪으면서 타악기가 제외되었다가 재도입되는 과정을 보여주기도 한다.

쿠바 내에서 룸바에 대한 전면적 포용이 있기 전 타악기에 대한 극렬한 반대가 존재했었고 이후 극단적인 시각 변화가 뒤따랐다는 점은 쿠바 지식인 계층의 모순을 시사한다. 흑인 문화8)에 대한 주류사회의 입장을 가장 적나라하게 볼 수 있는 악기가 바로 드럼이다. 아바나 시는 1900년 공공 모임에서 아프리카 드럼 사용을 중지시켰고, 아프로쿠바 길거리 음악을 연주하는 공연들도 불법화했다. 또한 아바쿠아 (Abakuá)나 냐니고(Ñáñigo) 등 비밀리에 조성된 종족적 성격의 공동체 모임들도 금지시켰다. 아프로쿠바 성격이 짙은 음악 행위에 대한 검열과 박해가 사실상 1920년대까지 지속되었다. 심지어 1925년 마차도 정부는 공공 거리에서 드럼 혹은 이와 유사한 도구를 사용하는 것을 금지하는 법령을 제정하기까지 했다(Arnedo-Gómez, 2006: 27~28). 그러나 젊은 세대의 아프로쿠바 문화에 대한 관심9)과 미국의 경제적·문화적

---

8) 1886년 노예제 폐지와 경제적 침체를 거치면서 해방된 농민 노예들이 대거 도시로 이주해 도시 슬럼을 형성하면서 인구의 최하층을 이루게 된다. 이들이 사회에 통합되면서 아프리카 기원의 문화 전통이 백인 지배계층이나 지식인층에게 더욱 눈에 띄게 되었고, 저급한 야만적 문화의 확산을 시킨다는 이유로 위협적인 존재로 비춰졌다.

9) 20세기 첫 20년간 프랑스, 유럽 모더니즘의 아프리카에 대한 관심, 즉 피상적이나마 유행처럼 휩쓴 원시주의의 유행은 1920, 1930년대 라틴아메리카에도 아프리카 미

잠식으로 인해 반미 감정이 대두되면서 국민(국가) 문화의 필요성이 싹트게 된다. 이로 인해 미국의 영향에 물들지 않은 고유의 음악과 전통 악기에 대한 긍정적 인식이 지식인들 사이에서 확산되기 시작한다. "오직 흑인들만 열렬히 안틸레스의 성격과 전통을 보수하고 있다. 봉고 드럼, 월스트리트에 대한 해독제!"(Arnedo-Gómez, 2006: 34에서 재인용) 카르펜티에르의 『에쿠에-얌바-오』의 소설에 나오는 이 장면은 당시의 현실적 이해를 반영하고 있다. 봉고 드럼에 대한 예가 보여주듯이 아프로쿠바 문화에 대한 관심은 흑인들에 대한 진정한 이해보다는 국가적 문화 담론의 필요에서 기인한 측면이 보다 강하다.

무어의 연구나 카리브 지역의 민족음악학자인 피터 웨이드(Peter Wade)나 피터 마누엘(Peter Manuel, 2006)의 설명처럼 룸바는 전통/상업이라는 이분법적 구도에 딱히 해당되지 않는 장르다. 이들은 카리브의 음악이 지배계층의 고급 예술 대 저항적 성격의 소외층 예술이라는 이분법적 구도에서 벗어나, 복잡한 교환, 중재, 수용의 과정을 통해 시골과 도시 간, 사회계층 간 매우 모호한 공간에서 변형을 겪는다고 설명한다(Wade, 2001: 857). 이처럼 룸바 양식은 백인 중류층이 소비하기 시작하고 국제적 흐름에 합류하면서 일종의 '탈흑인화'를 거치게 되고 '위로부터' 영향력을 행사하는 주류 문화로 변모하게 된다. 이런 주류 문화 내의 왜곡된 변형으로 인해 아프로쿠바 음악가들의 저항 또한 부분적으로 거치게 되는데, 이로써 상대적으로 짧은 기간 내 매우 역동적인 변화를 겪게 되는 셈이다.

학이 영향을 미치도록 만들었다. 미국의 할렘 르네상스, 카리브 지역의 네그리튀드 운동 등은 쿠바의 지식인계층의 아프로쿠바 문화에 대한 시각 변화를 일부 설명해 준다.

위 신문기사에서 언급한 '미국에서도 금지'되는 상황에 대해 부연 설명이 필요하다. 미국의 제국적 침략이 한층 현실적으로 가시화되면서 지식인들이 저항적으로 옹호한 룸바가 아이러니하게도 미국의 대중문화 파급력으로 인해 국제적 유행을 맞이하게 된다. 이런 대중적 유행은 스타일의 변형을 가져오고, 아프리카적 뿌리의 '광조적' 느낌을 희석시키는 과정을 거친다. 따라서 '모조품'이라는 말은 '백인화된', '정제된', '양식화된' 룸바를 지칭한 말일 것이다. 파리의 아프리카 예술의 유행과 할렘 르네상스의 영향 외에도 1930년대의 '룸바 크레이지(rumba craze)'가 가능했던 이유는 전통적, 비상업적 룸바의 형태를 벗겨내고, 중간계층의 취향에 맞는 아프로쿠바를 표현했기 때문이다. 1920, 1930년대 외국 투자와 술, 도박, 매춘을 찾아온 관광객의 물결로 인해 쿠바의 오락산업과 음악이 도리어 이들의 취향에 역영향을 받게 된다.

이 '고유의 음악'이 국가적 표현의 전형으로 믿은 외국인들은 대부분의 중산층과 엘리트들을 위한 엔터테인먼트 장소(일급, 이급 카바레)에서 어떤 종류를 막론하고 룸바 춤꾼들과, 아프로쿠바 무용수들을 고용하려 들지 않는다는 것을 알았다. …… 룸바 춤, 양식화된 '환상의 룸바(rumba de fantasía)' 조차 1929년 전에는 어떤 카바레에서도 용납되지 않았다. 1940년 대나 되서야 트로피카나(Tropicana) 극장의 소유주와 규모를 갖춘 다른 장소에서 무대 룸바를 억지로 올렸고, 그것도 겨울에 관광객이 가장 많이 붐빌 때만 그랬다(Moore, 1997: 182).

위의 인용은 국제화된 룸바가 아바나의 오락 극장에서 어떤 대접을 받았는지 짐작하게 해주는 설명이다. 1930년대 이후 작은 클럽이나 카바레에 고용된 아프로쿠바 음악가나 무용수들은 다른 장르의 음악과 혼합해서 룸바를 공연했지만 여전히 국내외 대접은 확실히 달랐다. 당시 미국에서 대단한 유명세를 누린 하비에르 쿠갓은 저속한 '모조품' 룸바를 유포시킨다는 비판을 쿠바에서 받았지만, 룸바의 변형이 워낙 다양해 정의 자체가 어려운 만큼 '모조품' 룸바를 사실상 규명하기가 어렵다. 그럼에도 이런 룸바의 변형을 통해서 중산층 백인의 상상력에 뿌리를 둔 아프로쿠바 문화에 대한 혐오와 수용의 모습을 단면적으로 파악할 수 있고, 미국의 엔터테인먼트 산업이 룸바를 소비하기 위해 쿠바를 자신의 편의대로 인종화시키는 모습을 포착할 수 있다. 따라서 룸바의 상업화, 국제화 과정은 1920년대 이후 쿠바성의 등장, 국가 개념의 공고화와 맞물려 인종을 둘러싼 갈등과 모순을 집약적으로 드러낸다.

3) 카르펜티에르의 『쿠바의 음악』

룸바에 대한 대중적 유행을 훑고 나면, 당시 쿠바 음악사에서는 룸바에 대해 어떤 기록을 남겼을까 하는 의문이 든다. 이에 대한 해답을 찾기 위해 이 장을 통해 카르펜티에르의 음악사가로서의 성과와 아프로쿠바 음악, 특히 손과 룸바에 대한 이중적 인식을 살펴보고자 한다. 카르펜티에르는 대표적인 붐 세대 작가로[10] 국내에 널리 알려져 있지만, 음악학연구가(musicologist)로는 잘 소개되어 있지 않다. 그가 산문을 통해 지속적으로 진행했던 쿠바 정체성에 대한 탐구 작업은 음악사에서도 중요한 결실을 맺었는데, 바로 『쿠바의 음악』(1946)[11]이라는 역작의

---

10) 그의 모든 작품이 음악적 연관을 지니고 있다. 마지막 작품인 『봄의 봉헌(La Consagración de la primavera)』(1978)은 스트라빈스키에게서 제목을 가져왔다.

탄생이다. 이 책은 개인적 삶에서와 마찬가지로 인종차별주의를 뛰어넘는 변별력과 저항성을 보여주었다는 점에서 앞선 작품들을 능가한다는 평가를 받고 있다. 그럼에도 불구하고, 룸바 음악으로 시야를 좁혀 살펴보면, 아프로쿠바니스타들이 지닌 모순적 태도에서 크게 나아가지 못했다는 점을 간파할 수 있다. 즉, 룸바 음악에 대한 직접적 언급은 제한적이고 드문 반면, 당대 고전 음악가들이 차용한 룸바 리듬에 대한 평가에서는 극찬을 아끼지 않고 있는 것이다.

쿠바에서 손꼽을 만한 음악사는 에두아르도 산체스 데 푸엔테스(Eduardo Sánchez de Fuentes)의 『쿠바 음악의 민속(El folklore en la música cubana)』(1923) 그레넷의 『대중적 쿠바 음악』(1939), 카르펜티에르의 『쿠바의 음악』(1946), 오르티스의 『쿠바 민속음악의 아프리카성(La Africanía de la música folklórica de Cuba)』(1950)[12]이라고 할 만하다. 음악의 변천사를 통해 국가의 역사를 기술하는 작업은 19세기 중반 이후 유럽에서 부상한 민족음악학의 영향이다. 유럽에서 베르디와 바그너 이후 애국주

---

11) 1920~1930년대 라틴아메리카의 민족음악학(ethnomusicology)는 '민족적 전기 (national biography)' 혹은 '민족의 영적 통합성(spiritual unity of a people)'을 위한 것이었다. 웨이드(2001)에 의하면, 20세기 초반에는 특정 음악 장르가 국가화되는 과정에 관한 일반적인 방식이 존재했다. 음악가들은 '전통적' 요소를 자신의 고전 양식 속으로 도입시키는 방식을 탐구했고, 이로써 국가적 대중음악 장르가 부상하게 되었다. 즉, 아르헨티나의 탱고, 푸에르토리코의 단사, 멕시코 란체라, 쿠바의 손, 룸바, 콜롬비아의 포로, 쿰비아 등이다. 쿠바의 경우, 국가화/국민화시키는 방식은 단연코 유럽과 아프리카의 혼합이었다.

12) 그레고리 쿠시먼(Gregory Cushman)은 "¿De qué color es el oro? Race, Environment, and the History of Cuban National Music, 1898-1958"에서 이 작품들이 지니는 음악사적 의미와 한계에 대해 설명하고 있다. 이 연구 서적들이 각기 나름대로 선구적 시각을 보이지만 시대의 한계를 넘지 못했다는 비판 또한 받고 있다(Cushman, 2005).

의적 담론과 음악이 결합하면서 역사음악학 연구가 활성화된다. 이는 '민족적 양식'의 발현으로 특정 음악 양식을 고양시킴으로써 민족성의 공고화를 궁극적 목적으로 삼았다. 1920~1930년대 라틴아메리카 지식 인들 사이에서도 삼바, 탱고, 손을 통해 각 국가의 다양한 인종과 문화적 혼종을 국가의 통일성으로 귀결시키려는 노력이 강하게 존재했다.

『쿠바의 음악』은 이전에 출판된 음악사에 비해 매우 포괄적인 내용을 다루고 있다는 점에서 진정한 쿠바 음악사의 첫 성취라고 평가받는다. 카르펜티에르는 1920년대부터 저널리스트와 문화 평론가로 활동했고, 아프로쿠바니스모 양식을 받아들이면서 산문을 통해 쿠바 흑인들의 언어적 특징을 있는 그대로 포착해내고자 노력했다. 1928년에서 1939 년 파리 망명 시기 동안 프랑스의 '흑인 유행(vogue nègre)'에 영향을 받아 원시적이고 아프리카적 기원의 음악적 전통을 쿠바 고유의 문화로 주창하게 된다. 특히 1943년 아이티로의 여행은 이런 전통의 역사적 뿌리를 카리브 타 지역에서도 경험하게 함으로써 쿠바음악사 연구를 본격적으로 추진하도록 만들었다(Cushman, 2005: 177).

이 책의 영문판 서문을 작성한 티머시 브레넌(Timothy Brennan)[13]은 음악사가로서 카르펜티에르의 역할에 대해 정확히 지적한다.

학문성에 관해서 본다면, 카리브 음악 형태에 대한 진지한 연구가 60년대 초반 이후 쿠바에서 폭발적으로 진행되었고, 단지 카르펜티에르에게서만

---

13) 브레넌이 편집을 맡은 영어 번역판은 카르펜티에르 주요 작품 중 마지막으로 영어로 번역된 책이다. 브레넌의 서문은 단순한 책의 소개를 넘어서 이 책의 이데올로기적 배경과 한계를 정확히 짚어내고 있으며, 서문의 후반부에는 아도르노와의 비교를 통해 카르펜티에르의 지식인의 역할, 후기자본주의 비판, 대중 문화에 대한 시각 등을 드러내고 있다.

영감을 받지 않았다 하더라도 이런 연구들은 그에게서 핵심적 지침을 얻었다. 흑인 대중문화 산업의 공개행사장(showcase)으로, 쿠바는 카리브 소리의 역사와 사회적 의미에 대한 작품을 지속적으로 생산해 왔다. …… 전통의 동시성, 고전적인 것과 대중적인 것, 유럽과 아프리카의 특유의 조합, 이것들은 카르펜티에르가 처음으로 완벽하게 파악한 것으로서, 그들(쿠바의 음악 이론가들)은 이것들을 이해한 정치적으로 민감한 일군의 음악적 교양인들이었다(Brennan, 2001: 54).

브레넌은 카르펜티에르가 아프로카리브 음악을 완벽한 고전적 검증을 통해 연구했고, 이 작품 자체가 유럽의 고전음악과 흑인 민족-대중 양식이 창조적 긴장 관계에 영원히 놓여 있음을 보여주는 근거라고 서술한다(Brennan, 2001: 2). 그의 지적처럼, 『쿠바의 음악』은 카르펜티에르의 동시대 음악에 대한 풍부한 지식, 음악가로서의 훈련, 16세기 이래 과거 문헌에 대한 광범위한 연구를 바탕으로 창작되었다. 따라서 작품의 내용과 방법론에서 대중성과 엘리트적 깊이를 조화시켰다고 할 수 있다.

책 서문에서도 카르펜티에르가 타 지역 식민지 지식인들과 많은 부분에서 공유했었고, 그 결과 쿠바 본토 문화를 구성하는 고유한 양식을 발견하기 위해 고심했다고 언급한다. 따라서 이 책의 가장 창의적인 부분은 "쿠바의 흑인(Blacks in Cuba)" "쿠바 부포 연극(Cuban Bufos)"이라 해도 과언이 아닐 것이다. "쿠바의 흑인"이라는 장은 19세기 자유 흑인 음악가들에 대한 이야기로서 그들의 음악적 업적을 기록하고 있고, "쿠바 부포 연극"장에서는 콘트라단사(contradanza)와 단손(danzón)같은 유럽 살롱 음악과 클라베와 같은 아프로쿠바 기원의 타악기 위주 음악의 결합에서 나온 손에 대해 언급한다. 여기서 특별히 국가적 음악 양식으로 지목하는 손의 혼종성과 독창성, 리듬의 자유, 창조적 즉흥성에 대한 분석은 단연 돋보인다.

카르펜티에르는 아프로쿠바니스모 운동의 중심이 되어 실제로 1920년대 롤단의 발레를 위해 시나리오를 써주었고, 카투를라는 카르펜티에르의 시를 음악으로 만들었다(Moreira, 2012: 217). 카르펜티에르는 "아프로쿠바니스모"라는 제목의 장 이후 이어지는 두 장에서 롤단과 카투를라라는 두 고전 음악가들을 자세히 소개함으로써 아이러니하게도 한쪽으로 경도된 작가 자신의 주관적 생각을 들려준다. 이들이 민속음악을 소재로 삼는 인상주의적 관점을 넘었다는 점을 강조하면서, 핵심, 본질, 정신, 영혼 등의 단어를 동원하며 아프로쿠바 문화의 '진정한' 무언가를 표현해냈다고 지적한다. 예를 들어, 롤단의 경우, 그가 "민속을 넘어 그 민속의 영혼 속으로 들어가는 깊이"(Carpentier, 2001: 274)를 획득했고, 쿠바의 타악기들을 사용하여 브라질 민족음악의 대가 "빌라로부스(Villa-Lobos)가 만든 코로스의 영적 핵심"(Carpentier, 2001: 274)에 비견하는 리듬의 총합을 표현했다고 평가한다. "타악기, 마찰음, 흔들음, 악기 위를 달리는 손가락들을 이용한 활주법을 통해 악기들이 지닌 모든 기술적인 가능성을 드러내면서, 쿠바의 민속 악기들의 리듬 기보를 정확히 연주해냈다"(Carpentier, 2001: 275)라고 극찬을 아끼지 않는다. 그럼에도 다른 글에서는 롤단의 '서곡(Obertura)'에 대해, "롤단은 대중적 영감을 사용하기 위해서 일부 측면을 수정하고 순화시키는 강렬한 정련의 작업을 거쳐야 한다고 믿는다. 이는 형식이라는 틀에 잘 맞추기 위해 가볍고 유연한 것으로 변형하고자 함인데, 형식 없이는 작품이 존재할 수 없다"라고 주장한다(Moreira, 2012: 215에서 재인용). 즉, 단순한 대중적 영향력을 넘어서서 형식미를 감춘 음악적 민족주의를 지향하기 위해서는 엘리트적 교양과 감성에 단단히 뿌리내려야 한다는 생각을 표현한 것이다. 따라서 이 글은 『쿠바의 음악』에서 호평한 내용과 그 핵심이 사뭇 다르다.

카투를라의 경우도, 예술과 대중 장르의 혼합을 이뤄낸 오스카 로렌소 페르난데스(Oscar Lorenzo Fernández)의 바투케(Batuque)나 빌라 로부스의 아프리카 춤(Danzas africanas)에 비견할 만한 영적인 상태에서 그가 오케스트라용 단사나 룸바를 창작했다고 말한다. "그는 '라 룸바(la rumba)'를 창작할 때, 처음 흑인들이 도착했을 무렵부터 쿠바에서 들리던 모든 룸바의 정신을 생각하고 있었다. …… 리듬 자체에 대한 관심이라기보다는 일반적인 전율, 일련의 소리의 폭발, 이것들은 룸바의 본질을 하나의 총체로 바라보게 만든다."(Carpentier, 2001: 278)라고 말하며 룸바의 본능, 영혼 등을 언급하며 그의 음악을 격상시키고 있다. 물론 카투를라 역시 아프로쿠바 음악과 춤을 영감의 근원으로 삼고 있지만, 고전 전통을 통해 보편적이고 양식화된 형태로 변형시켰음은 너무나 당연한 사실이다. 또한 '라 룸바'에 대한 전문가들의 설명을 참조한다면, 룸바 양식이 그의 음악 전체를 구성한다기보다는 악기의 일부와 음계의 바탕으로 사용되는 데 그치고 있음을 알 수 있다. 말하자면, '라 룸바'는 아프로쿠바 길거리 콤파르사(comparsa)의 멜로디를 사용하고, 오케스트라에 타악기를 도입하며, 민속음악에 자주 사용되는 5음 음계를 지닌 멜로디와 쿠바 전통 리듬 단위인 트레시요(tresillo)와 싱키요(cinquillo)를 사용한다. 그렇지만 이런 아프로쿠바 전통의 요소는 분명히 정전화된 다조성(polytonality), 복조성(bitonality), 4도 화음(quartal harmonies), 사전 설정된 음열(serial techniques), 19세기 쿠바의 고전음악 전통의 소재들, 기타 스페인 기원의 전통적 요소 등을 기반으로 한다(Moore, 1998: 104). 따라서 카르펜티에르가 그의 음악에서 언급한 룸바는 작가가 주창하듯이 원형적 룸바의 본질이라기보다는 오케스트라 음악

속에 잘 녹아든 대중적 리듬의 일부에 가깝다.

카르펜티에르는 이 책에서 대중음악이라는 용어를 룸바 음악을 위시로 한 아프로쿠바 음악, 즉 민속음악을 지칭하는 데 사용한다. 그는 당시 유럽에서 융성하고 있는 민족음악에 차용된 민속적, 대중적 리듬, 원시적 소리가 이국적이고 불안정하며 돌연적인데 반해, 오히려 이런 요소들이 쿠바에서는 진정하고 완성된 상태로 존재한다고 역설한다. 그럼에도 민속음악을 그 자체로 평가하기보다는 그것이 쿠바의 국민(국가)음악을 표방하는 교양 음악의 탄생에서 어떤 역할을 담당하는지에 초점을 맞추고 있다. 따라서 앞서 언급한 두 고전 음악가들처럼 민속음악에서 해방되어 국가적 고유성에 대한 근거를 자신의 감수성 안에서 발견하고 독창적인 음악을 창출해야 한다는 주장을 펼치고 있다 (Carpentier, 2001: 280~282).

아래의 인용은 카르펜티에르의 룸바에 대한 언급이다. 아프로쿠바니스모와 함께 손의 부상을 설명하면서 룸바와의 유사성을 언급한다.

> 모든 것이 여기에 들어간다. …… 2/4 박자로 연주되는 모든 것은 이 장르로 받아들여질 수 있다. 하나의 장르라기보다는 분위기(atmosphere)다. 그래서 말할 것도 없이, 쿠바에서는 하나의 '룸바'가 없고 다양한 '룸바들'이 있다. …… 거기서 엉덩이를 흔드는 물라토를 한 무용수의 안무 속으로 밀어 넣어라, 그 장소의 모든 사람들이 자신들의 손, 박스, 문, 혹은 벽을 두드리며 적당한 리듬을 만들게 될 것이다. …… '룸바'라는 말이 쿠바인들의 언어 속으로 들어가 흥청댐, 외설적 춤, 길거리의 헤픈 여성들과의 시시덕거림으로 변했다는 사실은 낯설지 않다(Carpentier, 2001: 226).

카르펜티에르는 음악 전반에 대한 강한 애정을 통해 아프로쿠바 문화에 가능한 객관적 접근을 하고 있지만, 궁극적으로 국민(국가) 음악의 탄생을 희구하는 관점을 고수하기 때문에 룸바 혹은 손 음악에 오래 머물지 않는다. 그보다는 음악의 국가적 성격이 여전히 특정한 영웅적 면모를 지닌 천재적 음악가의 정신과 경험에서 나온다는 점을 강력히 시사한다(Cushman, 2005: 179).[14) 따라서 위에서 알 수 있듯이, 예를 들어, 룸바라는 음악 자체보다는 어떻게 이 영웅적 음악가들이 이것을 차용해 '라 룸바'라는 제목의 고전음악을 완성하게 되었는지에 보다 주목했다.

16세기부터 20세기 중반을 아우르는 그의 음악사는 시대별로 부상하는 음악의 흐름과 더불어 특히 엘리트 음악가, 고전음악 연주가에게 치중되어 있다. 쿠바의 국가음악의 부상을 염원하면서도 아프로쿠바 손 음악가들의 이름은 언급하지 않는 반면, 심포니 작곡가들은 면면히 언급하며 상세히 다루는 편이다. 그가 글을 쓰던 시점은 1940, 1950년대로, 쿠바의 대중음악이 황금 시기를 맞던 시기였기 때문에 후반부를 좀 더 상세히 다룰 수 있었음에도 먼발치에서 바라본 내용만을 서술한 듯한 인상을 준다. 또한 그는 고전음악을 훈련받은 흑인 음악가들이 아프로쿠바 음악에 대해 매우 수동적인 반응을 보였다고 해석한다. 이렇듯 그의 정치적 활동이나 문화적 성향과는 별개로, 교양과 대중을 구분하는 작업을 통해 불가피하게 흑백이라는 이분법적 구분으로 돌아갈 수밖에 없는 상황에서는 편파적 시각을 드러내고 만다. 따라서 재즈에 비견할 손의 탄생을 주창했고 가치화시켰으며, 이를 통해 아프로쿠

---

14) 이 책의 특징은 음악가 중심의 음악사 쓰기이다. 천재 음악가들의 공헌을 자세히 다루고 있다. 이런 음악가들을 묘사할 때 사용하는 형용사의 화려함과 문학적 수사를 보면 카르펜티에르의 애정과 관심을 쉽게 짐작할 수 있다.

바니스모의 흐름을 선도했음에도, 흑인이라는 인종적 문제와 직접적으로 얽힌 특정 문화적 영역에서는 여전히 모순적 모습을 반복하고 있다.

4) 오르티스와 아프로쿠바니스타 시인

오르티스가 저술한 『쿠바 민속음악의 아프리카성』(1950)과 『쿠바 민속에서 흑인의 춤과 연극(El teatro y los bailes de los negros en el folklore de Cuba)』(1951)이라는 책은 아프로쿠바 음악에 속한 진정한 감성적 정수, 고유한 음률, 음악적 표현의 본질을 포착해 냈다고 평가받는다. 오르티스의 아프로쿠바 음악에 대한 열정은 놀랄 만큼 방대하고 세세한 연구 결과에서 쉽게 드러난다. 이 책들에서 룸바 음악의 기원과 성격을 다루고 있는 부분을 살펴보면, 오르티스가 룸바의 본질을 스페인 식민 시대의 형태에 보다 가깝게 이해하고 있음을 알 수 있다.

룸바는 팬터마임이 본질이다. 성적 절정에 이르는 사건을 향한 구애의 시뮬레이션이다. 언제나 이성 간의 관계는 양식화된 음란성 혹은 미묘한 희극성을 지니고 발전한다. 그러나 이 본질적인 아프리카적 플롯을 넘어서, 보충적인 일화를 엮어냄으로써 쿠바의 다른 모방적 표현을 수용했다. 오래된 룸바를 통해 '박식'을 드러내고, 멋지게 공연하길 원하는 늙은 혼혈 룸바 음악가들(가수, 드러머, 무희)은, 여전히 팬터마임의 감성을 지닌 룸바를 재생산한다(Daniel, 1995: 70에서 재인용).

오르티스는 룸바가 본래 특징적으로 지녔던 이런 팬터마임의 메시지가 20세기 초반 상업적 영향으로 인해 지나치게 표면적이고 외설적으로 치우치게 되었다고 파악한다(Daniel, 1995: 70). 그럼에도 그는 룸바라는 장르를 차용한 문학 장르에 있어서만큼은 그의 핵심 명제를 예증하는 중요한 예술적 성과물로 삼고 있다. 즉, 아프로쿠바니스타 시들을 물라토 영혼의 구현에 대한 근거로 사용하고 있다.

미스터 쿠바(Mr. Cuba)는 저명한 쿠바계 미국인 학자이자 에세이 작가인 구스타보 페레스-피르맷(Gustavo Pérez-Firmat)이 오르티스에게 붙인 별명이다. 그는 콜럼버스, 훔볼트 다음으로 쿠바를 발명한 제3의 발명가로 오르티스를 거론하면서, 그를 둘러싼 '레전드'가 존재한다고 주장한다. 그 전설이란, 쿠바의 대위법(Contrapunteo cubano)[15) 창조자로서 본질적인 '크리오요'라고 할 만한 무언가, 바로 쿠바성이라는 패러다임을 성립시켰다는 사실이다(Pérez-Firmat, 1989: 16).

그의 쿠바성은 아프로쿠바 문화에 대한 연구를 기반으로 도출되었다. 그의 연구 성과가 워낙 독보적이기 때문에 오르티스가 아프로쿠바라는 무대의 모든 배우들 중 단연 스타였다고 표현되기도 한다(Cass, 2004: 1). 현재는 선구적인 문화횡단[16)이론으로 인해 아프로쿠바 문화에 대한 진정한 이해를 가진 학자로 평가받지만, 사실상 학자의 길을 걷는 동기는 완전히 상반된 것이었다. 20세기 초반에는 인종주의적 관점에서 아프로쿠바 전통, 특히 종교적 제례를 억압하기 위해 글을 발표했고, 심지어 드럼의 금지를 추진할 정도로 흑인 문화에 적대적이었다

---

15) 페레스-피르맷은 그의 미완적 성격의 저작 방식이 아프로쿠바 민속에 대한 연구에서 두드러진다고 주장한다. '진행 중인 연구(work in progress)', '저술 중인 작가(author in progress)', '계속 요리 중인 아히아코(constant cooking of ajiaco)'는 문화횡단이 지닌 비본질적, 비정형적 양식이 저술 내용뿐 아니라 그의 저술 방식에도 적용된다는 설명이다.

16) 「페르난도 오르띠스의 통문화론과 탈식민주의」(우석균, 2002)에서는 문화횡단을 통문화론으로 사용했다. 문화횡단에 관한 전반적 이해를 위해 참조.

(Arnedo-Gómez, 2006: 29). 1924년『아프로흑인성 용어집(Glosario de afro-negrismos)』라는 책에서 룸바에 대해 심지어 "처음부터 두드러지게 음탕한 아프로쿠바 춤"(Arnedo-Gómez, 2006: 79에서 재인용)이라고 묘사하고 있다. 그러나 1936년 "아프로쿠바 연구 협회(Sociedad de Estudios Afro-cubanos)"를 창설해 아프로쿠바 문화와 관련한 첫 학술적 연구기관을 운영하게 된다. 그리고 1930년대 이후부터 1950년대 중반까지 아프로쿠바 연구에 중추적인 역할을 담당하게 되는 저작들을 지속적으로 출판하게 된다.

그는 1920년대 아프로쿠바니스타 시인들 그룹의 영향에 의해 획기적인 변화의 전환점을 맞았지만, 이후 쿠바성에 관한 '전설'로 불릴 만한 선구적 개념을 정립함으로써 오히려 아프로쿠바 예술 전반에 적용될 철학적·미학적 개념을 제공하기에 이른다.

인생 후반에 아프로쿠바 문화에 대한 오르티스의 태도는 중대하게 변화했다. 그는 '아프로쿠바 연구 협회'를 건립해 쿠바의 인종주의에 맞서 싸웠고, 1950년대는 아프로쿠바 음악에 대한 몇 편의 상세한 연구를 출판했는데, 대부분 이런 전통을 가치화시키는 것이었다. 이런 후기 작품들은 널리 알려졌고, 최근까지 오르티스에 관해 압도적으로 긍정적인 평가가 이어졌다. 그러나 논쟁이 전무하기는커녕 오히려 오르티스 출판물의 다수는 문제적 이데올로기로 가득 차 있다. 오르티스의 지적 경력은 은유적으로 아프로쿠바 표현을 쿠바의 것으로 포용하고 그들의 집단적 정체성을 흑인 문화와의 관계 속에서 재배치하려는 국가 전체의 투쟁을 드러낸다(Moore, 1997: 34).

위에서 지적하고 있듯이, 로빈 무어(Robin Moore), 페르난도 코로닐(Fernando Coronil), 호르헤 두아니(Jorge Duany), 루이스 두노 고트베르그

(Luis Duno Gottberg)와 같은 학자들은 모두 오르티스가 아프로쿠바 문화에 대한 인식과 수용에 있어 모순점을 지니고 있다고 지적한다.17) '흑인 모티브를 지닌 백인 예술(arte blanco con motivos negros)'에 대한 비평을 살펴보면, 이런 모순적 시각을 잘 읽어낼 수 있다. 특히 오르티스는 아프로쿠바 문화를 재현하는 시인들의 세계에서 '물라토 영혼(mulatto soul)'을 포착해 내는데, 이것은 재현의 실제 대상보다는 시 속에 반영된 현상, 즉 문학적 성과를 의미하는 경향이 강하다. 그가 주장하는 '물라토 영혼'은 우선 신체 움직임에서 나오는 흑인의 성적 이미지, 아프리카 기원의 드럼에서 나오는 리듬, 흑인 언어에서 비롯된 음성적 특이성을 기반으로 한다. 종교적 제례, 외설적인 춤, 음악적 행위에 깃들여진 모든 복합적 리듬, 구어적 표현 등을 통해 구현되는데(Arnedo-Gómez, 2006: 123), 사실상 아프로쿠바니스타 예술 작품들이 이것을 어떻게 문자 형태로 구현하는지가 그의 주요 관심사였다.

예를 들어, 백인 아프로쿠바니스타인 에밀리오 바야가스(Emilio Ballagas)의 '룸바'의 경우, 흑인 여성 무희의 신체적 움직임을 묘사하는 시어에 대해서 "흑인 에토스를 꿰뚫고 있다"(Arnedo-Gómez, 2006: 72에서 재인용)라고 극찬하면서, "흑인의 음성적 특이성과 같은 문화적 특성을 정확히 재현"(Arnedo-Gómez, 2006: 72에서 재인용)했다고 언급한다. 반면 니콜라스 기옌(Nicolás Guillén)의 '룸바'에 대해서는, "운율과 통사의 의미에서 쿠바의 손이 지닌 대중적 리듬에 카스티야적 표현을 맞춘 것이

---

17) 무어는 흑인들의 문화적 형태가 궁극적으로 국가적인 것이 될 수 있다고 오르티스가 믿지 않았다고 주장했다. 코로닐은 오르티스가 인류문화에 관해 진화적 관점을 지녔다고 비판했고, 고트베르그는 오르티스가 유럽적·스페인적 문화의 우월성에 대한 편견을 지녔다고 보았고, 두아니는 아히아코 은유에서 유럽적인 요소를 가장 중요하게 간주했다고 지적했다(Moore, 1994: 67).

다"(Arnedo-Gómez, 2006: 74에서 재인용)라고 해석하면서 스페인어의 운문적 사용을 호평하지만, 시연 말미의 음율적 패턴은 룸바의 특성을 지니고 있다고 평가함으로써 아프로쿠바 모티브의 시화에 대해 재차 강조한다(Arnedo-Gómez, 2006: 74~75). 한편, 흑인 여성의 성적 표현[18]이 농후한 호세 타예트의 '룸바'를 해석하면서, 시에 드러난 여성의 신체성이 정확히 재현됐다고 언급하고 흑인 카리브 음악을 특징짓는 엉덩이의 스윙과 연관시켜 설명하기까지 한다(Arnedo-Gómez, 2006: 105). 오르티스는 여성의 섹슈얼리티는 "이상이 아닌 오르가슴에 의해 창조되는 황홀함이다. 그것은 사상의 멜로디가 아닌 감각의 리듬적 모방이다"(Arnedo-Gómez, 2006: 106에서 재인용)라고 미화시킴으로써 인종적 정형성에 치우친 아프로쿠바니스타들의 여성성 재현에 비평적 지지를 보탠다. 아프로쿠바 예술 전반에 걸쳐 풍부한 지식을 축적한 오르티스는 진정한 아프로쿠바니스타 시인들이 문화적 내밀성을 스페인어로 시화시킴으로써 새로운 시를 탄생시키고 물라토 영혼을 드러내게 되었다고 설명한다.

시 비평을 통해 확인할 수 있듯이, 오르티스는 확실히 구어를 문어에 비해 하등한 관점으로 인식했고, 흑인의 생리학적 특성에 대해 정형적 개념을 지니고 있었다. 그는 구어적 형태는 발전된 표현 수단을 지니지 못한 사회에서 사용되는 노래로, 시라는 양식화를 통해 '쿠바적', 즉 국가적 의미를 획득하게 된다고 보았다(Arnedo-Gómez, 2006: 80). 이런 인종적 시각 외에도 오르티스는 아프로쿠바 음악, 특히 룸바 음악을 내부인의 시각에서 체험하지 못한 한계를 지녔다. 무어는 오르티스의

---

18) 20세기 초반을 포함해서 특히 19세기 문학에 드러난 물라타(mulata)의 성적 표현, 육체성에 관한 폭넓은 해석을 위해서는 베라 쿠친스키(Vera Kutzinski)의 『설탕의 비밀(Sugar's Secrets)』(1993)을 참조.

아프로쿠바 음악이 진정한 도시 슬럼 음악에 대한 밀착된 체험이 아닌, 다만 고전음악학교에서 들은 아프로쿠바 음악을 재해석한 것일 뿐이라고 지적한다(Moore, 1994: 45~46). 바야가스 또한 아프로쿠바 문화에 대해 살아 있는 직접적 경험을 하지 못한 채 피상적 이해를 바탕으로 시를 창작했다고 언급한다.[19]

그의 유명한 아히아코의 비유[20]에서도 볼 수 있듯이, 오르티스는 아프로쿠바 요소를 고급 예술을 통해 정제되어야 할 날 재료로 간주했기 때문에 언젠가는 사라져야 할 것으로 보았다. 다시 말해, 문화횡단 현상으로 비정형적 쿠바성을 설명하고 있는 오르티스에게 아프로쿠바 요소는 섞여서 소멸되는 재료로서 아히아코가 되는 과정 속에서 기필코 변형을 거쳐야 했던 것이다. 이런 사고로 인해 결국 본질주의를 맴도는 문화적 위계성을 탈피하지 못했다는 비판적 평가를 벗어나기가 어렵다.

우리는 우리의 민족음악을 최고의 승리로 끌어올려야 한다. 우리의 음악은 과도한 자족과 천박과 경멸의 퇴행적 오염으로부터 자유로워야 한다. 우리는 그것을 지키고 강하게 만들고, 최고의 예술로 만들어야 한다. 다른 어느 것과 마찬가지로 음악에서도, 쿠바는 '기술화'되어질 필요가 있다. 쿠바의 특징적 음악은 아프리카적이고 유럽적인 것에서 크레올적인 것, 흑인과 백인에서 물라토로, 민속적인 것에서 대중적인 것으로 변했다. 그리고 쿠바적인(쿠바 이상의 것은 없는) 것을 규명하기 위해서, 지금은 차별

---

19) 무어는 바야가스의 태도가 흡사 1930년대 풍속주의자(costumbrista)의 패러디와 유사하다고 지적한다(Moore, 1997: 199).

20) 아히아코는 쿠바의 전통적인 스튜인데, 남은 음식을 섞어서 만드는데, 이때 새로운 재료들이 더해지게 되면 약간씩 다른 맛을 내가게 된다. 끊임없는 혼합의 과정, 아히아코를 쿠바성의 은유로 삼고 있다.

할 어떤 요소도 존재하지 않는다. (가슴의) 사랑만큼 (두뇌의) 계산에 의해 동기를 부여받아 우리의 미래를 열어주는, 젊고 강한 예술적 기술과 다인 종적 원시성 사이의 아름답고 풍요로운 상속인의 결합을 통해 고전적으로 변할 것이다. 이것은 승혼(昇婚)을 통해 상승을 향한 새롭고 결정적인 한 걸음이 될 것이다(Arnedo-Gómez, 2006: 81에서 재인용).

위의 글은 궁극적으로 순수한 아프로쿠바 형태의 소멸을 의미한다. 문화횡단을 통해 끊임없는 변화의 과정을 겪는 쿠바의 문화는 국가적 문화라는 우월한 형태를 향해 일종의 진화를 거친다는 암시가 함축되어 있다. 오르티스는 쿠바의 정체성을 규정하는 데 인종보다는 문화를 사고의 중핵으로 삼았지만 이미 문화 속에 차별화되어 축적된 인종적 양식은 피해갈 수 없었다. 룸바의 시화에 대한 비평을 통해 확인했듯이, 시적 양식화를 찬양하는 가운데 인종적 성격이 짙은 룸바는 뒷전으로 밀려나야 하는 것이다. 결국 그가 지닌 모순은, 쿠바의 국가문화는 아프로쿠바 문화에 뿌리를 두어야 한다는 신념, 그렇지만 반드시 국가 엘리트 문학에 의해 정제되고 양식을 갖춰야 한다는 전제에서 나온다. 오르티스는 인종, 종족, 문화에 대해 비본질적 태도를 지닌 열린 정신의 선구자였지만 결과적으로 백인 아프로쿠바니스타의 태생적 한계를 극복하지 못했다고 할 수 있다.

3. 결론

국제적으로 대중화된 룸바 음악은 쿠바의 중산층과 미국 대중문화의 상업적 이해가 만나 상승 작용을 발휘한 경우다. 룸바 음악을 통해

본 쿠바 주류 사회의 모순은 흑인 전통문화에 대한 탄압과 아프로쿠바 음악에 대한 대중적 수용으로 요약된다. 1920년 후반까지 인종차별적 사회 분위기와 아프로쿠바 음악에 대한 강렬한 호응이 일치하지 않는 점, 1920, 1930년대 외국인 투자와 관광사업의 비약적 발전[21]으로 인해 오히려 아프로쿠바 음악의 대중화가 이뤄진 점, 아프로쿠바 문화에 대한 혐오에도 불구하고 국가성의 상징으로 부상한 점, 이런 모순들이 결국 아프로쿠바니스모의 진정성을 의심하게 만드는 요인들이다.

쿠바의 정체성을 둘러싼 아프로쿠바니스모의 구체적 산물은 1920~1940년대 아프로쿠바 문화의 가시화를 이끈 지식인과 예술인의 활동에서 기인한 것이다. 쿠바의 예술계는 유럽의 미학적, 예술적 영향을 받았지만, 이보다는 인종적 통합, 물라토 국가라는 이상적 미래에 관한 이미지 창출이라는 목적으로 인해 아프로쿠바니스모에 보다 더 광범위하게 참여하게 된다. 그 결과 인종적·계급적 문제의 한계에 봉착하게 되고, 결국 혼혈 담론이 지닌 모순과 한계를 그대로 답습하고 만다. 따라서 백인에 의해 재현되지 않는 아프로쿠바 문화는 어떻게 자리매김했는가라는 질문을 던질 수 있다. 쿠바 혁명이라는 거대한 흐름이 부가되어 더욱 복잡한 해답을 얻을 수밖에 없다. 이것이 현재 흑인성에 대한 후속 연구가 많이 진행되는 이유일 것이다.

카르펜티에르와 오르티스는 당시의 선구자적 지식인이자 예술가로서 아프로쿠바 음악, 특히 룸바 리듬을 통해서 쿠바의 흑인성을 긍정적으로 평가하는 모습을 보여주었다. 그러나 쿠바성을 모토로 아프로쿠바니스모를 주창했음에도 룸바 장르에 대한 직접적 언급, 혹은 같은 소재를 차용한 작품에 대한 비평을 구체적으로 살펴보면 이들의 이중적

---

21) 페레스-피르맷의 『아바나 습성(The Havana Habit)』에 상세히 기술되어 있다.

인식이 드러나고 만다. 다른 장르에 비해 흑인성과 보다 밀접하게 연관된 룸바는 아무리 대중적 변형과 합의를 거쳤다고 해도 전면적으로 수용하기 어려웠던 것이다. 물론 백인의 감수성과 교양의 우월함이라는 시대적 한계와 모순에도 아프로쿠바 문화를 이해하는 데 그들의 역할을 비판적으로 축소할 수는 없다. 현재의 관점에서 본다면, 그들이 이미 아프로쿠바 문화의 일부가 되었다고 해도 지나치지 않다.

참고문헌

우석균. 2002. 「페르난도 오르띠스의 통문화론과 탈식민주의」. ≪이베로아메리카 연구≫, Vol.13, 181~197쪽.

Arnedo-Gómez, Miguel. 2006. *Writing Rumba*. Charlottesville: University of Virginia Press.

Brennan, Timothy. 2001. "Introduction to the English Edition." in Alejo Carpentier, *Music in Cuba. translated by Alan West-Durán*. Minneapolis: University of Minnesota Press.

Carpentier, Alejo. 2001. *Music in Cuba*. translated by Alan West-Durán. Minneapolis: University of Minnesota Press.

Cass, Jeremy Leeds. 2004. "Fashioning Afrocuba: Fernando Ortiz and the Advent of Afrocuban Studies, 1906-1957." Dissertation, University of Kentucky, 2004.

Cushman, Gregory. 2005. "¿De qué color es el oro? Race, Environment, and the History of Cuban National Music, 1898-1958." *Latin American Music Review*, Vol.26, No.2, pp.164~194.

Daniel, Yvonne. 1995. *Rumba: dance and social change in contemporary Cuba*. Bloomington: Indiana University Press.

Kutzinski, Vera M. 1993. *Sugar's Secrets*. Charlottesville: University of Virginia Press.

Manuel, Peter. 2006. *Caribbean Currents*. Philadelphia: Temple University Press.

Moore, Robin. 1994. "Representations of Afrocuban Expressive Culture in the Writings of Fernando Ortiz." *Latin American Music Review*, Vol.15, No.1, pp.32~54.

_____. 1995. "The Commercial Rumba: Afrocuban Arts as International Popular Culture." *Latin American Music Review*, Vol.16, No.2, pp.165~198.

_____. 1997. *Nationalizing Blackness*. Pittsburgh: University of Pittsburgh Press.

_____. 1998. "Poetic, Visual, and Symphonic Interpretations of the Cuban Rumba: Toward a Model of Integrative Studies." *Lenox Avenue*, Vol.4, pp.93~112.

Moreira, Luiza Franco. 2012. "Songs and Intellectuals: the Musical Projects of Alain Locke, Alejo Carpentier, and Mário de Andrade." *Comparative Literature Studies*, Vol.49, No.2, pp.210~226.

Pérez-Firmat, Gustavo. 1989. *The Cuban Condition*. New York: Cambridge University Press.

Pérez-Firmat, Gustavo. 2012. *The Havana Habit*. New Haven: Yale University Press.

Wade, Peter. 2000. *Music, Race, and Nation: Musica Tropical in Colombia*. Chicago: Chicago University Press.

_____. 2001. "Racial identity and nationalism: a theoretical view from Latin America." Ethnic and Racial Studies, Vol.24, No.5, pp.845~865.

제12장

에세키엘 마르티네스 에스트라다의
『팜파 엑스레이 사진』과 환멸의 역사

토속성과 외래성의 문제를 중심으로*

박병규 서울대학교 라틴아메리카연구소 HK교수

1. 서론

라틴아메리카 수필에서 근대(근대성, 근대화)는 19세기 이후 현대까지
도 지속적인 관심의 대상이다. 어쩌면 우리가 살고 있는 시대가 근대이
기 때문에 당연하게 보일 수도 있지만, 라틴아메리카 지식인은 특히나
19세기 이후 지금까지 근대라는 주제를 꾸준히 천착해왔다. 수필 장르
에서 이미 고전의 반열에 오른 작품만 보더라도 도밍고 파우스티노
사르미엔토(Domingo Faustino Sarmiento)의 『파쿤도: 문명과 야만』(1845),
엔리케 로도(José Enrique Rodó)의 『아리엘』(1900), 에세키엘 마르티네스
에스트라다(Ezequiel Martínez Estrada)의 『팜파의 엑스레이 사진』(1933),
네스토르 가르시아 칸클리니의 『혼종문화』(1990)가 핵심 주제로 문명

---

1) 이 글은 ≪스페인라틴아메리카연구≫ 9권 2호에 발표한 필자의 논문을 총서 취지에
   맞게 수정 보완한 것이다.

과 야만, 바꿔 말해서 근대와 전통(전근대)을 다루고 있다.

라틴아메리카 수필을 살펴보면, 근대에 대한 관점은 크게 3가지로 나뉜다. 하나는 친근대적(pro-modernista) 관점으로, 전근대적인 요소를 완전히 일소하고 근대로 나아가야 한다는 주장이다. 19세기 아르헨티나 사상가 사르미엔토가 여기에 속하며, 현대에 들어와서는 페루의 작가 바르가스 요사가 이 전통을 이어받고 있다. 이 관점에 따르면, 전근대적이고 사회적 약자인 원주민을 멸절시키든지(사르미엔토), 아니면 문화적으로 근대화시켜야(바르가스 요사) 한다(Vargas Llosa, 1996: 415~416; Díaz Quiñones y Tomás Eloy, 1993). 또 다른 관점은 반근대적(anti-modernista)이라고 이름 붙일 수 있는데, 근대성보다는 그리스로마 전통을 물려받은 스페인의 유산을 상찬하는 관점으로, 엔리케 로도가 여기에 속한다. 이러한 두 가지 극단적인 관점 중간에 저항적(resistente) 관점이 위치하고 있다. 이 관점은 주창하는 사람도 많고 그만큼 스펙트럼도 매우 넓어서 간단히 정리하기 어렵다. 이런 곤란을 무릅쓰고 대강을 말하자면, 근대 자체를 무조건 숭앙하지도 않지만 그렇다고 배척하지도 않는다. 다만 라틴아메리카적인 토양에서 서구적인 근대는 적실하지 않으므로 비판적으로 수용하든지 아니면 근대 너머의 대안을 추구해야 한다는 관점이다.

이러한 저항적 관점을 수필이라는 장르를 통해서 라틴아메리카 최초로 표명한 작품 가운데 하나가 바로 이 글에서 다루려고 하는 에세키엘 마르티네스 에스트라다(Ezequiel Martínez Estrada, 1895~1964)의 『팜파 엑스레이 사진(Radiografía de la Pampa)』이다. 그러나 마르티네스 에스트라다는 근대, 전근대와 같은 현대적 어휘를 사용하지 않는다. 당대의 어법을 따라서 토속성, 외래성, 환멸과 같은 상징적이고, 때로는 모호할수도 있는 어휘를 구사한다. 따라서 이 글에서는 마르티네스 에스트라다의 어휘를 존중하여 '토속성과 외래성의 상호작용으로 야기된 환멸의 역사'를 살펴보고, 아르헨티나가 추구해온 근대와 관련지어 그 의미를 논하려고 한다.

2. 팜파 엑스레이 사진의 시대적·지적 배경

1) 시대 배경

사회가 위기에 봉착했을 때, 라틴아메리카와 스페인의 지식인은 새로운 담론을 제시해왔다. 과거를 반추하여 현재 위기의 근본 원인을 규명하고, 미래를 위한 새로운 비전을 탐색함으로써 시대적 책임을 다하려고 노력한 것이다. 하나의 예로, 1898년 미서전쟁으로 스페인에서는 이른바 98세대가 등장했고, 라틴아메리카에서는 엔리케 로도의 『아리엘』이 나타났다. 이와 마찬가지로 아르헨티나의 작가 에세키엘 마르티네스 에스트라다가 1933년에 발표한 에세이 『팜파 엑스레이 사진』 또한 아르헨티나가 직면한 위기에 대한 지식인의 대응 담론이다.

당시 아르헨티나는, 19세기 말의 제1차 세계화에 편승함으로써 라틴아메리카 어떤 국가보다 발전하고 있었다. 특히 유럽 이민자의 노동력과 광대한 팜파라는 생산수단이 결합하여 농산물과 축산물의 생산량이 급속히 증가했고, 이는 비교우위론에 근거한 교역의 활성화로 이어져 국민총생산이 증가하고, 도시화가 급속하게 진행되었으며, 선거제도 혁신을 통한 민주주의를 실현했다. 그러나 1929년 대공황의 여파로 1차산품의 수출 가격이 급락하면서 경제가 침체되었다. 1930년에는 경제 위기를 틈타 호세 펠릭스 우리부루(José Félix Uriburu) 장군이 아르헨티나 역사상 최초로 군부쿠데타를 일으켜 정권을 장악하고 독재정권을 수립함으로써 1916년 이폴리토 이리고엔(Hipólito Yrigoyen) 정부 이래 확립된 민주주의가 퇴행했다. 이러한 경제적·정치적 변동에 따라 아르헨티나 사회는 역동성과 활기를 잃었으며, 미래의 불확실성이 고조되었다.

『팜파 엑스레이 사진』은 이러한 시대적 배경에서 탄생했다. 구체적으로 말하면, 1931년 사르미엔토 탄생 120주년을 기념하는 글을 준비하던 마르티네스 에스트라다는 흙탕물로 뒤범벅이 된 부에노스아이레스 중심가를 산책하면서 1910년에 개최된 거국적이고 화려한 건국 100주년 기념행사를 떠올렸고, 자신은 물론이고 아르헨티나도 그때나 지금이나 변한 것이 없다는 생각이 들었다고 한다(Espinosa, 1969). 다시 말해서, 아르헨티나의 근본 구조는 바뀌지 않았다고 직관적으로 인식한 것이다. 그리하여 마르티네스 에스트라다는, 역사에 대한 문학적 명상이라는 엑스레이(방법론)를 아르헨티나라는 팜파(대상)에 투사하여 시대가 흘러도 불변하는 아르헨티나의 골격(팜파 엑스레이 사진)을 제시하려고 했다.

마르티네스 에스트라다가 찍은 엑스레이 사진은 결코 유쾌하거나 낙관적이지 않다. 이와 정반대로 부정적 어휘와 통렬한 비판으로 점철되어 있다. 모든 비평가가 예외 없이 지적하듯이 비관적이다. 이와 관련하여 호르헤 라라인(Jorge Larrain)은 『라틴아메리카의 근대성과 정체성』에서 『팜파 엑스레이 사진』을 움직이는 정서적 힘은 분노(resentment)라고 지적했다(Larrain, 2000: 106). 라라인의 견해는 마르티네스 에스트라다의 이력을 살펴보면 이해할 수 있다. 스페인 이민자 2세로 아르헨티나의 산타페(Santa Fe)라는 시골에서 태어나서 빈곤 때문에 학업을 중단하고 독학으로 공부하여 시인이 된 마르티네스 에스트라다는 얼마간 문명(文名)은 얻었지만, 아르헨티나 사회에서 아웃사이더였다. 그러나 당시 지배 엘리트가 설파하던 아르헨티나의 공식 담론("문명화된 국가, 부단히 진보하는 국가")은 낙관론 일색이었다(Sigal, 1991: 492). 당시의 기준에서 볼 때 아르헨티나는 세계적인 경제 대국으로 성장했고, 이에 덧붙여 민주주의까지 성취했기 때문에 라틴아메리카에서 가장 선진적인 국가, 근대화된 국가라는 자부심이 팽배했다. 이와 같은 지배 엘리트의 공식 담론에서 마르티네스 에스트라다가 같은 아웃사이더의 자리는 없었다. 그런데 장밋빛 전망이 1930년 회색으로 바뀌자 마르티네스 에스트라다 는『팜파 엑스레이 사진』을 통해서 그간 소외된 삶을 영위하던 민중의 절망과 분노를 대변했다고 말할 수 있을 것이다.

우리의 관점으로, 마르티네스 에스트라다의 분노는 환멸이 야기한 감정이다. 환멸이란 어떤 꿈이나 기대나 이상이 깨질 때 나타나는 정서 적 반응이다. 아르헨티나에서는 누구나 역사는 발전하고 어제보다는 오늘이 모든 면에서 개선되고 있다고 말하는데, 마르티네스 에스트라다 가 문득 뒤돌아본 현실은 어제나 오늘이나 아무런 변화가 없었던 것이 다. 아르헨티나 지배 엘리트가 제시한 공식 담론이 허울이었을 뿐만 아니라 스페인의 신대륙 정복 이래 라틴아메리카 역사와 아르헨티나 역사는 순환적 반복의 굴레에서 벗어나지 못하고 제자리를 맴돌고 있다 는 인식에서 연유한 환멸이『팜파 엑스레이 사진』을 관통하는 주선율 인 것이다. 다른 말로 표현하면, 1930년대 현재 아르헨티나가 성취한 물질적이고 제도적인 근대화가 사실은 하나의 환영에 불과했다는 데서 연유한 환멸이다.

2) 지적 배경

마르티네스 에스트라다의 지적으로 배경으로 무엇보다도 먼저 꼽을 수 있는 책은 19세기 아르헨티나의 사상가이자 정치가인 도밍고 파우스티노 사르미엔토(Domingo Faustino Sarmiento)가 1845년에 출판한 유명한 저서『파쿤도: 문명과 야만』일 것이다. 주지하듯이, 사르미엔토는 이 책에서 가우초, 농촌, 팜파를 야만의 대명사로 인식했으며, 백인, 도시, 유럽을 문명으로 파악했다. 그리고 19세기 초에 독립한 신생국 아르헨티나가 서구나 미국처럼 발전하기 위해서는 야만을 척결하고 문명을 확산시켜야 한다고 주장했다. 이러한 문명과 야만의 대립은 현재의 용어로 바꾸면 근대와 전근대의 대립이므로, 사르미엔토의『파쿤도: 문명과 야만』은 아르헨티나가 미래에 나아가야 할 방안으로 근대화를 제시한 것이다.

마르티네스 에스트라다가『팜파 엑스레이 사진』에서 사르미엔토의 명제를 직접적으로 언급하는 부분은 마지막 절뿐이다. 그러나 적지 않은 분량의 앞부분에서도 항상 사르미엔토의 명제를 염두에 두고 논의를 전개해 나간다. 그리고 책 마지막 부분에서 간단하지만 압축적으로『팜파 엑스레이 사진』이 사르미엔토의 명제, 즉 문명과 야만(근대와 전근대)의 재검토였다고 밝히고 있다(Martínez Estrada, 1993: 254). 이런 점에서『팜파 엑스레이 사진』은 사르미엔토의『파쿤도: 문명과 야만』을 20세기 초의 관점으로 다시 쓴 책이라고 평가할 수 있다.

에세키엘 마르티네스 에스트라다의 지적 배경에서 오스발트 슈펭글러(Oswald Spengler)의『서구의 몰락』(1918, 1922)도 결코 간과할 수 없는 책이다. 이 책은 마르티네스 에스트라다뿐만 아니라 20세기 초반 라틴 아메리카 지성인에게 커다란 영향을 끼쳤다.『서구의 몰락』은 독일에서 출판된 지 얼마 되지 않은 1924년 마르엘 가르시아 모렌테(Manuel García Morente)가 스페인어로 번역하여 출판했다. 이처럼 스페인어판이 신속하게 나올 수 있었던 까닭은 1916년 아르헨티나로 망명 온 스페인 철학자 호세 오르테가 이 가세트(José Ortega y Gasset)의 영향 때문이었다.

독일에서 철학을 공부한 오르테가 이 가세트는 카시러, 후설, 짐멜, 딜타이, 하이데거 등 독일 철학을 스페인과 라틴아메리카에 소개함으로써 독일의 사상과 문화에 대한 관심과 이해를 촉진하였다. 그뿐만 아니라 '20세기 사상 총서'를 기획하였는데, 그 가운데 하나가 슈펭글러의 『서구의 몰락』이었다.

슈펭글러의 『서구의 몰락』은 스페인어로 출판되자마자 라틴아메리카, 특히 칠레와 아르헨티나에서 큰 화제가 되고 또 자주 언급했는데, 그 이유는 서구의 쇠퇴가 라틴아메리카인에게는 희망의 메시지로 다가왔기 때문이다. 일례로, 칠레의 카를로스 켈레르(Carlos Keller)는 1927년 칠레대학교 강연에서 다음과 같이 말했다.

> 지금 서구와 미국은 정치적 발전 단계의 마지막 순간을 맞이하고 있으며 …… 우리 라틴아메리카인은 유럽인보다 열등하다고 생각하고 유럽을 본받으려고 노력했는데, 독일 작가(슈펭글러)는 우리가 유럽인보다 훨씬 앞서 있다고 증명하지 않은가?(Keller, 1927: 8)

이는 명백한 오독이다. 슈펭글러에게 서구의 몰락은 징후였는데, 라틴아메리카 지식인들은 서구 문명이 현재 몰락하고 있으며, 곧 라틴아메리카가 주도권을 쥐게 되리라고 이해하였다.

그러나 마르티네스 에스트라다는 켈레르처럼 문화적 열등감의 극복이라는 관점에서 슈펭글러를 수용하지는 않았다. 그보다는 '역사 연구 방법'을 배웠다. 슈펭글러는 그 방법을 이렇게 소개한다.

> 공감, 직관, 비교, 직접적인 내적 확신, 정확한 감각적 상상 – 이것이야말로 움직이고 있는 현상의 비밀에 다가가는 방법이었다. 그리고 그것이 역사

연구 일반의 방법이다. 그 이외에는 다른 방법이 없다(슈펭글러, 1995: 55).

그리고 이렇게 역사를 연구하면, 역사에 표현된 '혼'을 파악할 수 있다는 것이다. 이러한 슈펭글러의 역사 연구 방법에 의거하여, 마르티네스 에스트라다는 『팜파 엑스레이 사진』에서 구체적인 사실(史實)에는 전혀 주의를 기울이지 않고, 직관적이고 관념적으로 파악한 토속성과 외래성의 두 요소로 라틴아메리카 역사와 아르헨티나 역사 전반을 이야기한다.

마르티네스 에스트라다가 영향을 받았다고 직접 언급한 책으로는 지그문트 프로이트의 『토템과 터부』가 있다. 마르티네스 에스트라다는 1958년 인터뷰에서 프로이트의 이 책을 통해서 심층 심리를 해석하는 방법을 배웠고, 이를 사회적 사실에 적용하였다고 밝혔다(Espinosa, 1969). 이 말은 가감해서 들을 필요가 있다. 프로이트가 『토템과 터부』에서 '집단심리'나 '민족심리학'을 언급하고 있기는 하지만(프로이트, 2003: 236), 이를 역사에 적용할 만큼 깊이 있게 다루지는 않는다. 세브렐리가 정확하게 지적하고 있듯이, 마르티네스 에스트라다의 『팜파 엑스레이 사진』은 정신분석학의 관점에서 볼 때 프로이트보다는 융, 특히 집단무의식, 신화, 원형 이론에 더 가깝다(Sebreli, 2007: 20). 그렇더라도 당시 아르헨티나의 지적 분위기를 고려하면, 마르티네스 에스트라다에 대한 프로이트의 영향을 무시하기는 어렵다. 적어도 마르티네스 에스트라다는 프로이트 정신분석학을 통해서 역사를 성찰하면 그 안에 우리가 의식하지 못한 역사의 본질이 마치 무의식처럼 놓여 있다고 생각했으며, 이를 1958년 인터뷰에서 부정확하게 언급한 것으로 보인다.

이밖에도 마르티네스 에스트라다에게 영향을 준 인물로는 앞서 언급한 스페인 철학자 호세 오르테가 이 가세트, 『남미 명상(Südamerikanische Meditationen)』을 쓴 독일 철학자 헤르만 폰 카이절링(Hermann von Keyserling)도 빼놓을 수 없다.[1] 또 아르헨티나의 국민문학으로 간주하는 서사시『마르틴 피에로』의 작가 호세 에르난데스(José Hernández), 아르헨티나 출신으로『팜파의 이야기(Tales of the Pampas)』를 쓴 윌리엄 헨리 허드슨(William Henry Hudson), 우루과이 출신의 단편작가이자 마르티네스 에스트라다와 각별한 우정을 나눈 오라시오 키로가(Horacio Quiroga)를 들 수 있다.[2]

3. 환멸의 역사

1) 토속성

마르티네스 에스트라다가 환멸을 야기한 근원을 파악하려고 엑스레이를 투시해본 라틴아메리카 역사(그리고 아르헨티나 역사)는 토속성(lo telúrico)과 외래성(lo extranjero)이라는 상반된 두 요소로 형성된 역사이다. 그러면 토속성은 무엇이고, 외래성이란 무엇인가?

여기서 '토속'이라고 옮긴 스페인어 telúrico는 '땅의, 대지의, 토양의'라는 형용사이다. 그러나 이 말은 1920년대부터 라틴아메리카 문학과

---

1) 이 두 철학자의 영향에 대해서는 매하그(Maharg, 1977: 37~47)를 참고.
2) 에세키엘 마르티네스 에스트라다는 나중에 이 세 사람의 작품이나 인생을 다룬 수필을 집필하여, 1948년에는『마르틴 피에로의 죽음과 변용(Muerte y trans-figuración de Martín Fierro)』을 발표하고, 1951에는『기예르모 엔리케 허드슨의 경이로운 세계(El mundo maravilloso de Guillermo Enrique Hudson)』, 1957년에는『키로가 형제(El hermano Quiroga)』를 출판했다.

예술에서 자주 사용했는데, 그 의미는 인간 삶의 여러 국면에 영향을 주는 라틴아메리카의 자연환경을 가리킨다. 한 발 더 나아가면 1920년 대 라틴아메리카 문학에서 자주 사용하던 토속주의(telurismo)가 있다. 이 말이 의미하는 바는 라틴아메리카 사람들의 정치·경제·사회·문화는 세계 다른 곳에서 찾아볼 수 없는 독특한 양상을 띠고 있는데, 이는 이곳의 지리, 지형, 기후 등의 자연환경이 다르기 때문이며, 여기에 라틴아메리카의 고유성, 독특성이 있다는 것이다. 토속이라는 우리말 이 내포하고 있는 의미처럼, 라틴아메리카에서도 주로 시골이나 오지에 서 이런 토속성을 찾았다. 외래성이란 굳이 설명하지 않아도 짐작할 수 있듯이, 라틴아메리카 외부에서 유입된 요소, 즉 서구인과 서구의 사상, 제도, 문물을 가리킨다.

마르티네스 에스트라다에 따르면, 라틴아메리카에서 토속성과 외래 성의 대립 관계는 1492년 콜럼버스의 항해와 뒤이은 정복부터 시작됐 다. 이즈음 라틴아메리카로 건너온 스페인인과 그 밖의 서구인은 틀라 팔란다(Trapalanda)라는 유토피아를 찾았기 때문에 목전의 현실, 즉 라틴 아메리카의 토속성을 인식하지 못했을 뿐만 아니라 이를 외면하고 또 자신들이 만들어낸 상상의 산물로 감추려고 했다는 것이다(Martínez Estrada, 1993: 10). 여기서 '자신들이 만들어낸 상상의 산물'이란, 라틴아 메리카가 유토피아가 아니라 피와 땀으로 밭을 일구고 씨를 뿌려야 하는 대상이라는 엄연한 사실에도 불구하고 정복자와 그 후손은 이런 현실을 있는 그대로 인정하기는커녕 원주민을 보물이나 숨기고, 자신들의 이상 을 망가뜨린 사악한 존재로 여겨서 파괴하고 지배했다는 뜻이다.

토속성과 외래성이라는 대립 항 자체는 가치중립적이다. 그런데 아르 헨티나의 문화적 문맥에서는 긍정이냐 부정이냐는 가치 판단을 요구한 다. 왜냐하면 19세기 중반 파우스티노 도밍고 사르미엔토가 『파쿤도:

문명과 야만』에서 이미 팜파는 야만이요, 도시는 문명이라는 명제를 통해서 아르헨티나가 나아가야 할 미래의 방향은 문명이라고 분명하게 제시했고, 또 19세기 후반에는 정치가로서 대통령에 취임하여 이러한 계획을 실천에 옮겼기 때문이다. 그 결과, 문명 대 야만의 명제는 강력한 힘으로 아르헨티나인의 사고를 사로잡고 있었다. 게다가 '세계의 곡물 창고'라는 당시 아르헨티나의 별칭에서 보듯이 19세기 후반부터는 농축산물 수출로 눈부신 경제성장을 구가하고 있었으므로 문명은 담론 수준에서만이 아니라 현실적으로 확인할 수 있는 바람직한 가치였다. 이러한 아르헨티나의 맥락에서 보면, 토속성은 팜파, 야만, 전근대이자 타파해야 할 부정적 가치이며, 외래성은 도시, 문명, 근대이자 추구해야 할 긍정적인 가치이다.

그렇다면 마르티네스 에스트라다는 토속성에 어떤 가치를 부여했는가? 그에 따르면, 땅이야 말로 불변의 진리이다(Martínez Estrada, 1993: 10). 땅은 그 자체로 존재하며, 그 부동성에는 사람들의 인위적인 힘이 개입할 여지가 없기 때문이다. 따라서 라틴아메리카의 자연은 아직도 사람들의 관습이나 법도에 영향을 받지 않은 채, 선사시대의 모습을 그대로 유지하고 있다. 또 어떤 범죄자나 악당이라고 해도 이러한 자연에 대항하면 철저하게 패배당할 뿐이므로 에스파냐 정복자들은 생존하기 위해 그토록 멸시하고 천대하던 원주민 관습과 전략을 수용하였다고 얘기한다(Martínez Estrada, 1993: 16). 왜냐하면 토속적인 원주민 세계는 "합리적이고 지속적인 체계를 갖춘 세계"이기 때문이다(Martínez Estrada, 1993: 8).

여기에서 알 수 있듯이, 마르티네스 에스트라다는 토속성을 야만으로 단정하지 않는다. 이런 점에서 팜파와 가우초를 야만으로 여기고 문명을 이룩하기 위해서는 정복하거나 척결해야 할 대상이라고 주장한 사르미엔토와 다르다. 그렇다고 토속성을 무조건 긍정하거나 찬양하지도 않는다. 이런 점에서는 1920년대 브라질에서 식인주의(Antropofagismo) 운동을 전개하여 토속성을 찬양한 오스바우지 지 안드라지(Oswald de Andrade)와도 다르다. 마르티네스 에스트라다가 보기에, 토속성은 그 자체로는 긍정적이지도 않고 부정적이지도 않다. 라틴아메리카에 원래부터 존재하는 요소이며, 굳이 가치를 따진다면 중립적이다.

그러나 마르티네스 에스트라다는 곧 모순된 진술을 전개한다. 라틴아메리카 역사에서 토속성은 부정적인 힘을 발휘했다는 것이다. 특히 아르헨티나 토속성을 대표하는 팜파는[3] 두 가지 점에서 부정적이라고 지적한다.

첫째, 팜파는 광대한 황무지로 인간을 이웃으로부터 고립시키고 고독한 존재로 만들며, "팜파의 인간을 안전망 없는 불안정한 상태"로 몰아넣는다(Martínez Estrada, 1993: 97). 이러한 곳에서 사는 사람들은 미래가 없기에 과거도 없으며, 마치 "동물처럼 공간만 차지하다가 소리 없이 살다가 죽는 존재"(Martínez Estrada, 1993: 85)가 될 수밖에 없다는 것이다.

둘째, 팜파는 인간적인 질서(orden humano)가 부재하다는 의미에서 무정형의 땅이다(Martínez Estrada, 1993: 104).[4] 따라서 팜파는 변덕스럽고,

---

3) 아르헨티나에는 원주민이 거의 없었으므로 사회정치 문제를 숙고하는 데 원주민을 고려할 필요가 없었다. 따라서 토속성 가운데 마르티네스 에스트라다에게 중요한 것은 오로지 땅, 다시 말해서 아르헨티나 특유의 지형적 조건인 팜파였다.

4) 이런 점에서 마르티네스 에스트라다는 19세기의 사상가 사르미엔토와 궤를 같이한다. 사르미엔토는 『문명과 야만』에서 팜파를 이렇게 얘기한다. "그처럼 격리되고 고독한 환경에서는 이렇다 할 만한 자극도 없고, 그런 사례를 찾기도 어려우며, 도시에서 느끼게 되는 품위 같은 것은 느끼지도 못하고, 과시할 필요조차 없다. 이 같은 불가항력적인 결핍 상태는 그들의 천성적인 나태를 정당화하고, 삶의 즐거움을 추구하지 않는 검약한 태도는 즉각적으로 삶의 총체적인 모습을 야만적으로

방향을 제시하지 못하는 곳이며, 이러한 팜파, 즉 토속성은 주민과 마을, 나아가서는 아르헨티나의 권력구조5)에도 영향을 미쳤다는 것이다.

이러한 마르티네스 에스트라다의 진술은 토착성에 대한 부정적인 견해를 옹호하는 듯이 보이며, 현재까지도 대부분의 비평가들은 이런 관점에서 『팜파 엑스레이 사진』에 접근하고 있다. 일례로, 산티아고 카스트로 고메스(Santiago Castro-Gómez)는 『팜파 엑스레이 사진』의 "중심 주제는 땅(아르헨티나의 경우에는 팜파)의 거대한 힘이 모든 역사적 사건을 결정한다는 것이다"라고 얘기한다(Castro-Gómez, 1996: 75). 그러나 『팜파 엑스레이 사진』을 주의 깊게 읽어보면 마르티네스 에스트라다는 토속성에 대한 판단을 유보하고 있음을 알 수 있다(이 점에서는 다음에 얘기할 외래성도 마찬가지다). 한편에서는 토속성에 대해 긍정적으로 서술하는가 하면, 곧바로 부정적인 서술이 따른다. 이러한 서술이 모순으로 인식되지 않는 이유는, 마르티네스 에스트라다 특유의 불분명하고 장황한 문체의 힘에 있다. 그리고 이러한 문체 자체는 우연의 소산이 아니라 마르티네스 에스트라다가 의도한 것이다. 즉, 토속성(그리고 외래성)에 대한 자신의 모호한 입장을 드러내기 위한 장치이다.

2) 외래성

마르티네스 에스트라다에 따르면, 아르헨티나의 역사를 움직이는 또

변모시켰다. 평원(팜파)에서 사회는 온전히 사라져버렸다. 봉건적이고, 격리되고, 자기 집착적인 가족만 남아 있다. 공동체적인 사회가 존재하지 않음으로 해서 그 어떤 통치도 불가능해진다"(Sarmiento, 1977: 30~31).
5) 여기서 얘기하는 아르헨티나의 권력구조란 19세기 연방주의자(federalista)와 중앙집권주의자(unitario)의 대립을 가리킨다.

하나의 힘은 외래성(lo foráneo)이다. 사실, 마르티네스 에스트라다는 '외래성'이라는 표현을 사용하지 않았다. 다만 16세기부터 서구에서 건너온 이주민과 문물이 아르헨티나를 포함하여 라틴아메리카에 이식되었다고 얘기하는데, 이를 가리켜 우리는 외래성이라고 부르고자 한다.

역사적으로 보면, 라틴아메리카에서 상륙한 외래성은 몇 차례 파고로 나눌 수 있다. 처음은 스페인의 아메리카 정복과 식민지배이며, 19세기에 들어서는 독립운동이요, 20세기에 들어서는 근대 문물과 제도의 유입이다.

마르티네스 에스트라다의 서술에 따르자면, 스페인 정복자와 식민지배자의 대부분은 빈곤에 시달리던 사람들로 아메리카에 대한 과장된 헛소문을 믿고 모험을 떠났다. 현실에서 도피하고자 모험을 떠난 것인데, "신세계는 전혀 다른 세계(otro mundo)이고, 이들은 그 어떤 준비나 장기적 안목의 계획을 세우지 않았다"(Martínez Estrada, 1993: 5).

후일 아르헨티나에 도착한 스페인인도 마찬가지였다. 팜파에 갓 도착한 스페인은 드넓은 평원이 던지는 비현실적인 풍경에 압도되어 현실을 보지 못하고 환영에 갇혀버렸으며, 노동하고 개척하여 한 곳에 정착하는 대신에 떠돌이가 되었다. 그러나 이 세계는 겉보기에는 주머니에서 튀어나온 마술적 세계 같지만 실제로는 합리적이고 지속적인 세계였다. 즉, 문제는 라틴아메리카라는 대륙도 아니요, 아르헨티나의 팜파도 아니요, 토속성도 아니었다. 스페인의 정복과 지배라는 외래성에 있었다는 진단이다.

마르티네스 에스트라다는 이러한 외래성이 아르헨티나에 뿌리내리지 못하고 오로지 흉내 내기에 그쳤다고 주장한다. 하나의 예로 종교의 경우를 보면, "스페인 아메리카의 복음화는 순수한 종교정신에 따른 사업이 아니라 교회조직의 논리에 따른 사업이었다"고 비판한다

(Martínez Estrada, 1993: 131). 서구에서 들어온 종교, 즉 가톨릭은 원주민과 타협함으로써 변질되었다. 금욕이라는 정신에 충실하던 종교 의식은 라틴아메리카에서 날이 갈수록 화려해졌고, 교리의 실천보다는 개종자 수를 늘리는 것이 중요했다.

독립 이후 근대국가 체제를 정비하기 위해서 제정한 헌법과 각종 법률도 제대로 작동하지 않았다고 마르티네스 에스트라다는 진단하고 있다.

> 관습과 도덕적 처벌을 무시하고 형제와 친구 사이에 어음과 차용증을 요구할 수 있는 마을사람은 없었다. 중앙정부의 법에 따르는 것은 영혼을 저버리는 일이었다. 법은 타락의 수단이었다. 이런 의미에서 우리나라의 가장 뛰어난 이들이 가지고 있던 낙천적 꿈은 큰 상처를 받았다. 사람들은 리바다비아와 사르미엔토를 뛰어난 인물이지만 악마 같은 존재라고 여겼다(Martínez Estrada, 1993: 119).

이러한 법에 대한 불신은 역사적 경험의 산물이다. 식민시대 스페인이 공포한 각종 '인디아스 법'은 라틴아메리카 현실에서는 무력했으며, 독립 이후에도, 마르티네스 에스트라다에 따르면, 법은 단지 속이기 위해 존재하며, 법을 가장 남용하는 부류가 바로 변호사, 판사, 행정가였다는 것이다(Martínez Estrada, 1993: 223).

근대 문물의 상징인 철도와 자동차도 마찬가지다. 외국 차관으로 건설한 철도는 차관을 갚기 위해서 또다시 차관을 들여오는 악순환에 빠졌으며, 시골 사람을 임금 수준이 높은 부에노스아이레스나 로사리오처럼 대도시로 흡수하여 내륙 지방의 경제를 침체시키는 등, 경제 활성화에 전혀 도움이 되지 못한다(Martínez Estrada, 1993: 45). 자동차도 예외가 아니다. 아르헨티나에서 자동차는 정말로 필요한 것이라기보다는 과시의 수단으로 전락했다는 것이다. 부유한 계층은 자동차를 장거리 이동 수단으로 사용하는 것이 아니라, 휴일에 교외로 나가 근교를 돌아 다닐 때 사용한다. 그렇다면 포장된 길 또한 일부 상류층의 관광을 위한 것일 뿐, 과중한 교통 문제를 해결하기 위한 방책은 될 수 없다. 이처럼 자동차의 사용은 "문제의 해결책이 아니라 오히려 문제를 유발한다"(Martínez Estrada, 1993: 230).

앞서 언급했듯이, 이러한 외래성에 대한 마르티네스 에스트라다의 가치판단 역시 유보적이다. 마르티네스 에스트라다의 관심은 외래성, 바꿔 말해서 서구에서 들어온 문물과 제도가 추구해야 할 가치인가라는 문제보다는 이런 것들이 라틴아메리카와 아르헨티나의 사회에서 제대로 작동하고 있는가에 있다. 그 대답은 부정적이다. 외래성은 라틴아메리카와 아르헨티나에 뿌리내지 못하고 겉돌고 있을 뿐만 아니라 원래의 성격을 잃고 변질되었다는 것이다. 그리고 외래성이 아르헨티나를 포함하여 라틴아메리카에서 변질된 주요한 요인은, 앞으로 4절에서도 얼마간 논의하겠지만, 토속성의 반작용, 즉 야만의 힘이 분출되었기 때문이 아니라 토속성을 무시하고 외래성을 덧씌운 결과라고 마르티네스 에스트라다는 진단한다.

3) 역사 인식

그러면 복잡다단한 아메리카 역사와 아르헨티나 역사를 토속성과 외래성으로 설명할 수 있는가? 이러한 문제제기는 마르티네스 에스트라다의 『팜파 엑스레이 사진』이 출판된 직후에 호르헤 루이스 보르헤스가 일간지 ≪크리티카(Crítica)≫(1933년 10월 16일 자)에 발표한 서평에서 제기했다. 이 짧은 글에서 보르헤스는 아이러니한 어조로 『팜파 엑스레이 사진』의 비관적 관점, 과장된 역사 해석, 구체적인 사실(史實)의 분석 결여, 현재에 대한 부정적인 인식을 비판했다(Borges, 2001: 53~54).

그러나 보르헤스가 제기한 문제 가운데 역사와 관련된 사항에 대해서는 더 이상 논의의 진전을 보지 못했다. 1930년대 아르헨티나 사회에서 마르티네스 에스트라다의 『팜파 엑스레이 사진』은 그 동안의 근대화 노력과 성취를 정면으로 부정했다는 의미에서 매우 자극적이고 도전적인 책이었다. 따라서 일부에서는 아르헨티나의 문제점을 파헤쳤다고 호의적으로 평가하기도 했으나 일반적인 평가는 비판 일색이었다.6) 이러한 경향은 페론이 등장하면서 반전되었다. 특히 1956년 페론이 실각한 후, 마르티네스 에스트라다는 페론의 등장을 예측한 예언가로서 대접 받았다.7) 이처럼 『팜파 엑스레이 사진』은 비록 정치적인 이유

---

6) 보레요(Rodolfo A. Borello)는 1930년대 대부분의 아르헨티나 지식인이 『팜파 엑스레이 사진』을 신랄하게 비판한 이유 가운데 상당 부분을 시대적 분위기에서 찾고 있다. 다시 말해서, 1930년 우파 군부쿠데타로 인한 정치 탄압, 억압적인 사회적 분위기가 팽배한 현실이었는데, 아무런 긍정적인 메시지도 전하지 못하고 과거와 현재를 암울하게만 그리고 있는 마르티네스 에스트라다의 책을 환영하기는 어려웠다는 것이다(Borello, 1993: 429).

7) 1940년대 후안 도밍고 페론이 아르헨티나 정치무대에 등장했을 때, 보르헤스를 비롯한 대부분의 아르헨티나 지식인은 '웃통을 벗은 노동자들(descamisados)'의 정치적 요구를 이해하지 못했고, 이런 노동자의 힘을 등에 업고 정권을 차지한 페론을 용납할 수 없었다. 이런 지식인의 눈에는 아르헨티나가 1930년의 군부쿠데타 시절로 퇴행한 것 같았다. 그리고 마르티네스 에스트라다의 『팜파 엑스레이 사진』은 과거와 현재에 대한 진단일 뿐만 아니라 미래에 대한 예측력까지 동반하고 있다고 여겼다(Borello, 1993: 430). 이런 경향은 1956년 페론이 실각하고, 같은 해 마르티네스 에스트라다가 반페론주의를 천명한 『지금 뭐하자는 것이오? 탄핵문

때문이기는 하지만 1930년대와 1950년대 아르헨티나의 문화 담론을 주도했다.

마르티네스 에스트라다의 역사 인식에 본격적으로 문제를 제기한 지식인 그룹은 1950년대 후반 문예지 ≪윤곽(Contorno)≫을 중심으로 활동한 비평가들이었다. 이 가운데 특히 후안 호세 세브렐리(Juan José Sebreli)는 1958년에 출판한 비평서 『마르티네스 에스트라다. 쓸모없는 반란(Martínez Estrada, una rebelión inútil)』에서 마르티네스 에스트라다는 '토착성 숙명론(fatalismo telúrico)'에 빠져 있다고 비판했다. 인간과 땅(환경)은 상호 영향을 주고받는 것인데도 마르티네스 에스트라다는 인간을 환경에 종속된 존재로 여기고 있으며, 아울러 역사는 변증법적으로 발전하는 것임에도 순환론적 역사관에 집착하고 있다는 것이다.

마르티네스 에스트라다에 따르면, 역사적 사건은 주기적으로 순환한다. 그리하여 현재는 과거이고, 미래에도 수없이 반복된다. 현재의 모든 악, 추, 불의 또한 과거사이자 미래에도 반복된다는 것이다(Sebreli, 2007: 81).

세브렐리가 정확하게 지적하고 있듯이, 마르티네스 에스트라다는 토속성과 외래성이라는 두 요소로 역사 인식의 기본 패턴을 구성하고, 이러한 패턴을 정복과 식민 시대, 독립 시대, 현대에 반복적으로 적용한다. 게다가 마르티네스 에스트라다는 라틴아메리카 대륙의 역사와 아르헨티나 역사를 구분하지 않는다. 두 역사가 동일하기 때문이 아니라

(¿Qué es esto? Catilinaria)』을 출판했을 때 절정에 이르러 마르티네스 에스트라다는 예언자 대접을 받았다(Rivera, 1987: 78). 이런 환대는 당시 아르헨티나 지식인의 반페론 정서에 기인한 것으로, 페론에 대한 일반 민중의 긍정적인 평가와는 거리가 있다.

동일한 패턴으로 작동한다고 여기기 때문이다. 비유적으로 말해서, 마르티네스 에스트라다는 역사에서 시간의 흐름을 배제하고 일종의 공간처럼 다룬다. 따라서 비역사적이라는 비판은 면하기 어려워 보인다.

1930년대 아르헨티나의 경제적·정치적 쇠퇴는 다른 식으로 설명할 수도 있다. 즉 공급과 수요의 불일치라는 자본주의 체제의 근본 모순이 1929년 대공황으로 폭발하였고, 이 체제에 편입된 아르헨티나 또한 그 영향을 받아 경제가 쇠퇴하고 민중의 불만이 고조되자, 이 기회를 노려 우파 세력과 군부가 손을 잡고 1930년 군사 쿠데타를 일으킨 것이다. 세브렐리의 말처럼 "마르티네스 에스트라다가 죄, 잘못, 운명과 같은 신학적인 용어로 이야기하는, 아메리카 대륙의 심각한 문제는 다름이 아니라 기본적으로 경제적이고 사회적 문제이다"(Sebreli, 2007: 76). 그러나 마르티네스 에스트라다는 아르헨티나 사회를 과학적으로 방법으로 분석할 도구를 갖추지 못했기 때문에[8] 슈펭글러의 역사해석 방법과 프로이트와 융의 정신분석학 아이디어에 의지하여 아르헨티나 역사가 야기한 환멸의 메카니즘을 토속성과 외래성이라는 패턴의 반복으로 설명했다.

4) 근대의 문제

『팜파 엑스레이 사진』에서 마르티네스 에스트라다의 주된 관심은

---

8) 아르헨티나에서 사회학 연구가 본격적으로 시작된 때는 1957년 사회학자 지노 제르마니(Gino Germani)가 부에노스아이레스 대학교에 사회학과와 연구소를 창립하여 탈코트 파슨스(Talcott Parsons)의 구조기능주의 이론을 소개한 때부터이며, 이후 사회 문제에 대한 라틴아메리카의 인문학 담론은 사회과학의 연구 방법론을 원용하거나 적용한 저술에 왕자의 자리를 내주게 되었다.

어디까지나 1930년대 아르헨티나의 현재에 있다. 이 현재를 설명하기 위해서 마르티네스 에스트라다는 사회 대신 역사를 탐구했고, 문제의 원인을 밝히기 위해서 역사적 사실의 분석 대신 직관에 호소하여 매우 관념적이고 비역사적인 개념 틀에 의지했다. 이러한 방법론의 결여, 역사 인식의 오류에도 불구하고 마르티네스 에스트라다가 『팜파 엑스 레이 사진』에서 제기한 근대(근대성, 근대화)의 문제는 여전한 호소력을 지니고 있다.

이 문제를 마르티네스 에스트라다는 『팜파 엑스레이 사진』 초반부에서 이렇게 제기한다.

> 우리의 야만은 어느 면에서 위대성을 꿈꾸던 사람들이 조장했다. 우리가 안고 있는 가장 심각한 해악의 대부분은, 저 야만이 설득을 해도 시민적 양식으로 바뀌지 않았다는 데 있는 것이 아니라 느닷없고 갑작스럽게 반대되는 것으로 대체했다는 데 있다. 단순히 기호만 바뀐 것이다(Martínez Estrada, 1993: 28).

이 문장에서 마르티네스 에스트라다는 가능하면 '문명'이라는 단어를 사용하지 않으려고, '시민적 양식(formas civiles)'라든가 '반대되는 것(lo contrario)'이라는 대체 어휘를 동원한다. 아무튼 위 인용문에서 마르티네스 에스트라다의 요지는, 아르헨티나 사회의 문제는 문명, 즉 근대를 이른바 야만에 일방적으로 덧씌움으로써 발생했다는 것이다.

마르티네스는 이러한 견해를 『팜파 엑스레이 사진』의 마지막 구절에서도 그대로 반복하고 있다.

> 결국 열망하던 그 세계와 변화시키지 못한 목전의 다른 세계를 잇는

봉합선은 사라졌다. 유령이 인간을 내쫓고, 유토피아가 현실을 삼켜버렸다. 사르미엔토가 보지 못했던 것은 문명과 야만이 동일한 것이라는 사실이었다. 이 문명과 야만은 원심력과 구심력이 평형을 이룬 체계와 마찬가지다. 사르미엔토는 도시가 농촌과 동일하며, 새로운 육체 안에 망자의 영혼이 부활하고 있다는 사실을 보지 못하였다. …… 문명의 요새(도시)에 멸절되었다고 믿고 있던 유령이 침입한 것이다(Martínez Estrada, 1993: 256).

두 인용문을 연결시켜 정리하면, 꿈꾸는 사람들(몽상가)이 만들어낸 위대성(근대화)이라는 유령(유토피아)이란 사르미엔토의 근대화 기획이며, 이러한 기획은 아르헨티나를 포함하여 라틴아메리카에서는 기괴하게 왜곡되었다는 진단이다. 위에서 예를 들었듯이, 자동차는 실용적 용도가 아니라 과시의 수단이나 유흥의 수단으로, 즉 비생산적인 용도로 사용하고 있으며, 대학은 대중을 대상으로 하는 기초 교육과 직업 종사자를 위한 실질적인 전문 교육의 필요성이라는 현실과는 유리된 건물에 불과하다고 비판한다(Martínez Estrada, 1993: 231~232). 근대화의 상징인 도시, 특히 부에노스아이레스도 비판의 대상이기는 마찬가지다. 이 도시에 건물을 마구 신축하게 된 이유는 토지에 이어 집이 비로소 투기의 대상이 되었기 때문이다. 이러한 상황 속에서 이웃과의 사회적 관계는 더욱 소원해져갔다. 부에노스아이레스와 같은 대도시에는 건물과 사람이 군집을 형성하고 있지만, 관계망은 형성되지 않았다. 따라서 도시에는 "건축미가 있다거나, 공동묘지같이 음산하다거나, 혹은 민주주의가 꽃핀 도시와 같은 통일성과 영혼이 존재하지 않는다"(Martínez Estrada, 1993: 152)

이런 식으로 마르티네스 에스트라다의 비판은 정치, 경제, 교육, 사회, 문화, 기술 등 아르헨티나 사회 전반으로 확장되고 있다. 그리고 이렇게 마무리를 짓는다.

> 허구를 만들어낸 사람들은 바로 문명을 주창하던 사람들이었다. ……혼
> 합적이고 외국적인 것을 제거하려는 과정은 유럽적인 것의 외형을 채택했
> 다. 이리하여 진실한 것에 거짓된 것이 덧붙게 되었다. 프랑스어를 사용하
> 고, 영어를 사용하고, 연미복을 입게 되었다. 그러나 가우초는 와이셔츠
> 밑에 있었다. …… 야만의 온상은 분뇨로 뒤덮였다. 민중은 유토피아만으
> 로 살 수 없다는 것을 알지 못했으며, 민중에게 문명은 가벼운 찰과상
> 정도에 지나지 않는다는 것을 깨닫지 못했다(Martínez Estrada, 1993: 253).

이러한 상태를 가리켜 마르티네스 에스트라다는 사이비구조(seudoe-
structura)라고 부른다(Martínez Estrada, 1993: 220). 이 말은, 내용이 없이
겉만 번지르르하게 모방한 것을 가리킨다. 사르미엔토식의 근대화 추
진, 바꿔 말해서 야만을 축출하려는 시도는 토속성을 간과하였기 때문
에 일시적이고 표면적이고 피상적인 상태에 머물고 말았다고 통렬한
필치로 비판하고 있다. 그리고 바로 이 지점에서 마르티네스 에스트라
다는 다시 한 번 기존의 외래성 중심의 역사 담론, 근대성과 근대화
중심의 역사 담론이 결국에는 환멸을 야기할 뿐인 허상이라고 강조한다.
　이러한 비판에 근거하여 근대에 대한 마르티네스 에스트라다의 관점
을 추론해 볼 수 있을 것이다. 『팜파 엑스레이 사진』에서 더 이상 논의
를 진전시키고 있지는 않다고 하더라고 그 함의는 논의할 가치가 있기
때문이다. 우선 마르티네스 에스트라다가 근대를 배척하지는 않았다는
점은 분명하다. 1930년대의 아르헨티나에서 환멸을 느꼈다는 사실 자
체가 마르티네스 에스트라다는 근대에 모종의 기대를 걸고 있었다는
뜻이기 때문이다.

이와는 정반대로 마르티네스 에스트라다는 근대를 배척했다는 추론도 가능한데, 제임스 매하그는 이렇게 얘기한다.

마르티네스 에스트라다는 실제로 근대 문명(마르티네스 에스트라다에게는 사실상 야만)을 거부하고, 많은 역사가와 작가가 야만이라고 지칭한 바 있는 아르헨티나의 모습을 껴안으려고 했다(Maharg, 1977: 167).

이어지는 논의에서 매하그는 퇴니에스(Ferdinand Tönnies)의 공동사회와 이익사회라는 개념을 원용하여 사르미엔토와 마르티네스 에스트라다를 비교하고, 전자는 이익사회적인 문명화를 추구했고, 후자는 공동사회적인 문명화, 즉 기계적이고 비인간화된 근대 문명의 대안을 추구했다고 주장한다. 그리고 이런 관점에서 보면, 이른바 토착성 숙명론도 근대 문명의 자연 훼손은 반드시 그에 상응하는 대가를 치른다는 인식의 한 단면으로 이해할 수 있다고 얘기한다(Maharg, 1977: 167~168).

우리의 관점으로 매하그의 견해는 1970년대에 등장한 세계적인 관심사, 즉 환경문제를 투영하여 지나치게 추론을 확장했다. 마르티네스 에스트라다는 『팜파 엑스레이 사진』에서 아르헨티나 근대화의 불완전성과 허상을 폭로할 뿐, 근대화가 야기하는 구체적인 문제점을 지적하거나 대안을 추구하고 있지는 않기 때문이다. 따라서 공정하게 말하자면, 『팜파 엑스레이 사진』은 이후 세대에게 라틴아메리카의 근대 추구가 야기한 문제를 성찰할 수 있는 단초를 제공했다는 점에 의의가 있다.

4. 결론

이상에서 살펴보았듯이, 에세키엘 마르티네스 에스트라다의 『팜파 엑스레이 사진』은 19세기 중반 이래 아르헨티나가 추구해온 근대화가 실상은 겉치레에 불과하다는, 20세기 초반 아르헨티나 특유의 시대적 인식에서 연유한 환멸을 토속성과 외래성의 상호작용이라는 메커니즘으로 설명하려는 시도이다. 마르티네스 에스트라다는 이러한 메커니즘이 아르헨티나 전 역사, 아메리카 전 역사에 걸쳐 패턴적으로 반복되며, 역사는 본질적으로 발전하거나 변화하는 것이 아니라 제자리걸음을 하고 있다고 보았다.

우리의 관점에서 보면, 마르티네스 에스트라다는 당대의 아르헨티나 사회, 즉 20세기 초반의 아르헨티나 사회에 대한 자신의 견해를 아르헨티나와 라틴아메리카 전체 역사에 투영하는 오류를 범했다. 시대적 환멸을 증명하려고 과거를 견강부회한 것이다.

한 가지 덧붙이자면, 이러한 오류와 견강부회에도 불구하고 마르티네스 에스트라다의 『팜파 엑스레이 사진』을 독립 이후 본격적으로 근대(근대성, 근대화)를 추구해온 아르헨티나에 대한 문화담론이라는 관점에서 접근하면, 토속성과 외래성의 상호작용으로 형성된 사이비구조도 아르헨티나와 라틴아메리카 역사 전체를 관통하는 무시간적이고 불변하는 요소가 아니라 20세기 초반의 아르헨티나 문화 특성으로 간주할 수 있다. 바꿔 말해서, 마르티네스 에스트라다는 20세기 초반 아르헨티나 문화를 전통(토속성)과 근대(외래성)이라는 이질적인 요소가 공존(coexistencia)하고 혼재(mezcla)하는 양상(이를 가리켜 마르티네스 에스트라다는 사이비구조라고 명명했다)으로 파악한 것이다.

이런 측면에서 보면, 마르티네스 에스트라다의 『팜파 엑스레이 사진』

은 20세기 초반 아르헨티나에서 등장하여 현재까지 논의되고 있는 혼합문화론의 전통에 맥락이 닿아 있다. 사실 토속성과 외래성이라는 명제는 마르티네스 에스트라다의 독창적인 사고는 아니다. 이보다 앞서 리카르도 로하스는 1924년에 출판한 『에우린디아(Eurindia)』라는 제목의 책에서 아르헨티나 문화를 토속적인 것과 외래적인 것의 공생(simbiosis)으로 파악한 바가 있다. 이질적인 문화의 공존 또는 공생은 20세기 초 아르헨티나의 역사적 경험, 특히 대규모 이민자의 유입과 이탈리아어와 스페인어가 혼합된 룬파르도(lunfardo)라는 언어의 사용 등에서 일상적으로 경험할 수 있는 현상이었다. 그런데 리카르도 로하스(Ricardo Rojas)가 이민자와 이민자 문화가 공생하는 현실을 인정하고 수용해야 한다고 주장한 데는 국민통합이라는 정치적 목적이 있었으므로, 마르티네스 에스트라다의 관점, 즉 토속성과 외래성의 공존과 혼재 양상은 환멸을 야기한다는 비관적 관점과는 사뭇 상이하다.

베아트리스 사를로는 1988년에 출판한 『주변부 근대성(Una modernidad periférica: Buenos Aires 1920 y 1930)』에서 마르티네스 에스트라다의 에세이 『팜파의 엑스레이 사진』은 종교, 관습, 일상문화 등과 같은 유럽의 근대 문화가 아르헨티나에서 야만화되는 과정, 즉 "문명에 반하는, 뒤죽박죽의 혼합(meztizaje)이 초래한 비극"으로 파악하고, 부에노스아이레스를 가리켜 라틴아메리카를 대표하는 혼합문화(cultura de mezcla)의 무대라고 명명했다(Sarlo, 1988: 223). 사를로가 말하는 혼합이란 "방어적이고 잔여적인 요소가 혁신적인 계획과 공존(coexistencia)하는" 상태를 일컫는다(Sarlo, 1988: 28). 마르티네스 에스트라다의 말로 바꾸면, 토속적인 요소와 외래적인 요소가 공존하는 주변부 근대성 특유의 문화적 특성을 혼합문화라고 정의한 것이다.

이러한 사를로의 혼합문화론 연장선상에 위치한 문화론이 바로 아르헨티나 출신의 인류학자로 1976년 군부독재를 피해서 멕시코로 건너와 활동하는 네스토르 가르시아 칸클리니(Néstor García Canclini)의 혼종문화론이다.9) 가르시아 칸클리니의 기본 인식에 따르면, "오늘날 라틴아메리카는 (다양하고 불균등한) 전통과 근대성이 매우 복잡하게 결합된 곳이다"(García Canclini, 1990: 23). 따라서 전통과 근대를 얽힘을 논하는 가르시아 칸클리니의 혼종문화론은 큰 틀에서 보면 마르티네스 에스트라다의 토착성과 외래성의 상호작용으로 형성된 사이비구조, 사를로의 혼합문화론 전통을 잇고 있다. 다만 가르시아 칸클리니는 이러한 현상을 부정적으로 평가하는 대신에, 전근대와 근대 사이의 위계적인 분할선이 흐려질 가능성이 있다고 긍정적인 면을 부각시킨다는 점에 차이가 있다. 이처럼 에세키엘 마르티네스 에스트라다가 『팜파의 엑스레이 사진』에서 제시한 토속성과 외래성의 명제는 현재까지도 전통, 전근대, 근대, 후근대라는 용어를 통하여 다양한 색채의 문화담론으로 변주되고 있다.

---

9) 우리나라에서는 탈식민주의 이론의 소개와 함께 혼합문화 또는 혼종문화에 대한 논의가 활발하게 전개되었을 때 혼합문화와 혼종문화를 구별하지 않고 마치동의어처럼 사용하는 경향이 없지 않았다. 그러나 베아트리스 사를로의 혼합문화(cultura de mezcla) 및 네스토르 가르시아 칸클리니(Néstor García Canclini)의 혼종문화(cultura híbrida)와 1920년대 멕시코의 호세 바스콘셀로스(José Vasconcelos)와 쿠바의 페르난도 오르티스(Fernando Ortiz)가 주장한 혼합문화는(Ortiz, 1996: 15) 명확하게 구별하지 않으면 안 된다. 양자 모두 이질적인 요소의 뒤섞임이라는 점에서는 공통되지만 사를로나 가르시아 칸클리니의 혼합, 혼종문화론은 세계체제 주변부인 라틴아메리카(특히 아르헨티나)에서 진행되고 있는 전통과 근대의 뒤섞임에 대한 논의이고, 바스콘셀로스나 오르티스의 혼합문화론은 기본적으로 종족의 뒤섞임에서 출발한 것으로 멕시코나 쿠바의 국민정체성 규정 담론이라는 점에 근본적인 차이가 있다.

참고문헌

슈펭글러, 오스발트(Oswald Spengler). 1995. 『서구의 몰락』 1권. 박광순 옮김. 범우사.

프로이트, 지그문트(Sigmund Freud). 2003. 『종교의 기원』. 이윤기 옮김. 열린책들.

Borello, Rodolfo A. 1993. "Radiografía de la Pampa y las generaciones de 1925 y de 1950. interpretaciones y discípulos." en Ezequiel Martínez Estrada, *Radiografía de la Pampa*. México D.F.: Consejo Nacional para la Cultura y las Artes, Colección Archivos, pp.425~441.

Borges, Jorge Luis. 2001. *Textos recobrados, 1931-1955*. Buenos Aires: Emecé.

Castro-Gómez, Santiago. 1996. *Crítica de la razón latinoamericana*. Barcelona: Puvill Libros.

Díaz Quiñones, Arcadio y Tomás Eloy Martínez. 1993. "La modernidad a cualquier precio." Conversaciones con Mario Vargas Llosa. Entrevistadores: Arcadio Díaz Quiñones y Tomás Eloy Martínez, en *Página/12*, 9 de mayo 1993. http://www.pagina12.com.ar/diario/verano12/23-79511-2007-01-25.html

Earle, Peter G. 1971. *Prophet of the Wilderness. The works of Ezequiel Martínez Estrada*. Austin: University of Texas Press.

Espinosa, Enrique(comp.). 1969. "Entrevista a Ezequiel Martínez Estrada". En *Leer y escribir*. México D.F.: Joaquín Mortiz S.A. http://www.elhistoriador. com.ar/entrevistas/m/martinez_estrada.php

García Canclini, Néstor. 1990. *Culturas híbridas*, México D.F.: Editorial Grijalbo.

Keller, Carlos. 1927. *Spengler y la situación político-cultural de la América Ibérica*. Santiago :Impr. Universitaria.

Larrain, Jorge. 2000. *Identity and Modernity in Latin America*. Cambridge: Polity Press.

Maharg, James. 1977. *A Call to Authenticity: The Essays of Ezequiel Martínez Estrada*. University of Mississippi: Romance Monographs Inc.

Martínez Estrada, Ezequiel. 1993. *Radiografía de la Pampa*. México D.F.: Consejo Nacional para la Cultura y las Artes, Colección Archivos.

Murena, H. A. 2006. *El pecado original de América*. Buenos Aires: Editorial Sur.

Ortiz, Fernando. 1996. "Los factores humanos de la cubanidad." en Fernando Ortiz, *Fernando Ortiz y la cubanidad*. selección de Norma Suárez. La Habana: Fundación Femando Ortiz, Ediciones Unión.

Rivera, Juan Manuel. 1987. *Estética y mitificación en la obra de Ezequiel Martínez Estrada*. Madrid: Editorial Pliegos.

Sarlo, Beatriz. 1988. *Una modernidad periférica: Buenos Aires 1920 y 1930*. Buenos Aires: Ediciones Nueva Visión.

Sarmiento, Domingo Faustino. 1977. *Facundo*. Caracas: Biblioteca Ayacucho.

Sebreli, Juan José. 2007. *Martínez Estrada: una rebelión inútil*. Buenos Aires : Editorial Sudamericana.

Sigal, León. 1993. "Itinerario de un autodidacto." en Ezequiel Martínez Estrada, *Radiografía de la Pampa*. México D.F.: Consejo Nacional para la Cultura y las Artes, Colección Archivos, pp.349~383.

Vargas Llosa Mario. 1996. *La utopía arcaica. José María Arguedas y las ficciones del indigenismo*. México D.F.: Fondo de Cultura Económica.

Viñas, David. 1993. "Martínez Estrada, De Radiografía de la Pampa hacia el Caribe." en Ezequiel Martínez Estrada. *Radiografía de la Pampa*. México D.F.: Consejo Nacional para la Cultura y las Artes, Colección Archivos, pp.409~423.

제13장

푸에르토리코 디아스포라의 형성과 정체성 담론*

이은아 서울대학교 라틴아메리카연구소 HK교수

1. 서론

푸에르토리코는 한국 전쟁에 6만 명을 파병해서 764명의 전사자가 나온 우방국이다. 카리브해 국가로서 물류 교류가 없는 우리와 멀게만 느껴지지만, "한국전의 푸에르토리코 군인들(The Puerto Rican Soldiers in Korea)(1950~1953)"[1]과 같은 에세이를 통해 알 수 있듯이 우리와 오래된 인연을 지닌 섬이다. 최근 이곳은 거대한 국가부채 문제로 미디어의 관심을 끌었다. 2015년 4월 6일 ≪뉴요커(New Yorker)≫는 "1958년 로렌스 록펠러가 이 섬의 도라도 해변에서 리조트 오픈 파티를 연 후, 도라도는 카리브에서 가장 유명한 리조트가 돼 명사들을 불러 모았다. 리조트

---

* 이 글은 ≪이베로아메리카연구≫ 27권 2호(2016)에 필자가 발표한 논문을 총서의 취지에 맞게 수정 보완한 것이다.

1) Silvia Alvarez Curbelo, "The Puerto Rican Soldiers in Korea(1950-1953)"(2008). http://revista.drclas.harvard.edu/search/site/puerto%20rico%20korean%20war

는 2006년 문을 닫았고, 이는 국가 전체의 운명과 닮았다"[2]라는 말로 경제적 추락을 극적으로 표현한다. 2015년 기준 730억 달러의 부채로 인해 국가부도 위기에 직면하고 파산 신청을 해야 할 운명에 처했는데, 알레한드로 가르시아 파디야(Alejandro García Padilla) 지사는 "우리는 디트로이트도 아니고 그리스도 아니다"[3]라는 말로 지금의 상황이 진퇴양난임을 피력했다. 이곳은 미국 자치령이지만 주가 아니기에 파산 신청을 할 수 없는 나라다. 1917년 존스법안에 의해 미국 시민권을 부여받은 이래 이류 시민이라는 열등적 지위가 강제로 부가된 곳이기에, 국가의 지위에 관해 자기결정권이 없는 국민, 국민의 절반 이상이 미국에 거주하는 아이러니한 장소다.

2003년에는 섬과 본토의 인구가 각각 380만 명으로 거주 비율이 비슷했다. 현재는 본토에 520만, 섬에 340만이 거주하고 있다. 최근 들어 보다 심각하게 악화된 경제 위기뿐 아니라 지난 20여 년간 지속되어 온 경제 침체로 인해 인구 유실이 지속되는 추세다. 푸에르토리코는 섬의 규모에 비해 사회변동이 함축하는 의미가 대단히 크다. 이 나라가 보여준 경제적 종속 과정이 중첩적이고 연쇄적일뿐더러 극명하리만큼 모순적이어서, '식민성'이라는 보다 근본적인 문제에 의구심과 경각심

---

2) http://www.newyorker.com/magazine/2015/04/06/the-puerto-rican-problem

3) 제2차 세계대전 이후 기업 세금우대정책을 펼친 경제정책으로 인해 초기에는 경제 발전 성공 신화를 거두는 듯 했으나, 1996년 미국 의회가 세금면세조항에 제동을 걸기 시작한 이래, 특히 2006년 936조항이 완전히 폐지된 이후에는 단순한 경기침체라고 부를 수 없을 만큼 최악의 상황을 겪고 있다. 현재 실업률 14%, 인구의 45%가 빈곤선 아래에서 생활하고 있다. 기업보조혜택정책, R&D 중심 산업화구조, 생산비용의 상승으로 인해 섬 주민의 실직률이 상승한 반면, 세수 부족과 경쟁력 하락을 겪으면서 부채에 의존한 국가 경영을 하면서 부도위기에 처하게 되었다.

을 불러일으키기 때문이다. 마치 현재 진행 중인 식민주의 표본처럼 다가온다.

미국에 거주하는 푸에르토리코 사람들은 다른 이민자 인구에 비해 시민 권리를 온전히 획득하면서 정치 주체로 자리매김하는 과정이 더딘 편이다. 이런 모습을 탈식민화의 어려움으로 이해한다면, 그들이 처한 식민의 상황이 훨씬 끈질기고 뿌리 깊다는 의미가 될 것이다. 푸에르토리코 섬 내부의 지배세력을 중심으로 한 내적 식민주의뿐 아니라, 미국 의회와 섬 정부의 국가 간 위계성이라는 이중적 식민성으로 인해, 미국 사회의 다른 인종적 소수자보다 한층 더 복잡하고 어려운 장애를 지닌 것이다(Briggs, 2002: 24). '권력의 식민성'을 주장한 아니발 키하노, 월터 미뇰로, 라몬 그로스포겔(Ramón Grosfoguel)이 주장하는 것처럼, 자유로운 이민이 오히려 경제적·인종적 차별을 만드는 계기가 되었고, 디아스포라의 시민권은 역설적이게도 가난과 차별을 양산하는 기제가 되었다. 스페인어권 카리브 국가의 이주를 연구하는 문화사회학자인 호르헤 두아니(Jorge Duany)는 푸에르토리코를 '후기식민적 식민지(postcolonial colony)'로 정의한다. 이런 특징은 미국의 디아스포라에도 그대로 적용된다. 그들이 시민권자인지 이민자인지 하는 논란은 여전히 지속되지만, 어떤 정체성을 지니더라도 이중적 불이익과 차별을 겪는다는 점에서 '신종' 식민지의 피해자임을 부인할 수 없을 것이다.

푸에르토리코는 미국에 귀속되어 있지만 미국의 일부는 아닌 영토로서, 주권국가에 대한 열망이 적더라도 국민적 정체성은 강하게 고수하고 있다(Duany, 2002: 4). 20세기 전반에 자치를 추구한다는 미명하에 독립의 목소리를 강압적으로 억누른 섬 지도자들의 통치 기조로 인해 친독립적 성향의 흐름은 정치적 국가주의를 펼치는 데 한계를 보였다. 이후 섬과 디아스포라 공동체를 막론하고 주류사회는 전통적 유산과

무형의 공유 자산을 재확인하고 향유함으로써 푸에르토리코의 정체성 발현을 도모하였다. 이런 연유로, 일부 푸에르토리코 지식인들은 진정한 자치와 독립을 거론하는 담론의 출발점을 문화적 국민주의로 보아야 한다고 역설하였다.

1940, 1950년대 미국 사회는 푸에르토리코 사람들을 단순히 '이민자'로 간주했고, 섬의 지도자들은 디아스포라 공동체를 섬의 일부로 생각했다(Duany, 2002: 57). 시간이 지나면서 뉴욕 디아스포라는 섬사람들과는 다른 종류의 정체성을 형성하게 되었는데, 미국의 메트로폴리스 한가운데에서 문화제국주의에 쉽사리 잠식당하지 않은 채 자신들의 고유한 영역을 지키기 위해 그 나름의 문화적 투쟁을 치렀기 때문이다. 이 글에서는 미국 디아스포라, 특히 뉴욕의 푸에르토리코 사람들의 공동체가 생겨나게 된 배경과 공동체를 뒷받침하는 정체성 인식, 이와 연관된 국민적 문화 담론을 소개하고자 한다. 우선 '움직이는 국가(Nation on the Move)'라는 표현이 어울릴 정도로 푸에르토리코인들은 섬과 본토, 혹은 본토 내에서 높은 이주율을 보이고 있다. 이런 움직임으로 인해 미국 본토에서 문화적 국민주의가 어떻게 형성되고 표출되어 왔는지 논의해보고자 한다. '디아스포리칸(DiasPorican)'은 푸에르토리코 이주자 공동체를 지칭하며 그들의 정체성을 정의하는 용어다. 이 디아스포리칸이 1960~1970년대를 거치면서 뉴욕시에서 다른 유색 인종들과 공존하면서 어떻게 문화적 연대와 인종적 유대감을 일궈왔는지 살펴본다.

마지막으로 디아스포리칸의 새로운 유형을 만들어낸 플로리다의 푸에르토리코 이민을 고찰해 보면서 점점 탈국가적으로 변모해가는 공동체와 국민 문화에 근간을 둔 푸에르토리코성 담론을 분석해본다. 이 글은 푸에르토리코 이민 흐름과 공동체 형성 과정, 공동체를 결집하고 유지시키는 문화적 국민주의 담론을 일별하는 데 의의가 있다. 국민주권을 대체하는 '문화적 국적(cultural citizenship)'이라는 의식은 미국 사회에서 생존하기 위한 정체성 규정에 가깝다. 이민역사를 관통하는 흐름을 짧은 지면으로 요약하면서 이들 공동체를 다각도로 이해하는 시각을 포괄적으로 파악해 보고자 한다.

2. 본론

1) 푸에르토리코인에 대한 편견

푸에르토리코 이민자들은 다른 라티노들에 비해서 유독 더 부정적인 이미지로 인해 종족적 차별을 당해왔다. 가난, 폭력, 마약, 무분별한 성, 가정해체, 청소년 범죄, 퇴학률, 실직 등의 부정적 이미지들이 오래동안 그들에게 고착되어 정형화된 오명의 낙인을 없애기 어려웠다. 경제적 측면에서 비교해보자면, 2014년 기준 본토 푸에르토리코인 실질 평균가계소득은 대략 3만 6000달러로,[4] 미국 평균 5만 3657달러, 아시아계 7만 4297달러, 아프리카계 3만 5398달러, 히스패닉계 4만 2491달러에 비해 여전히 낮은 편이다.[5] 비록 라티노의 대다수인 멕시코계 이민자들에 비해서 상대적으로 많이 열악한 상황이 아님에도 불구하고 계층 상승의 욕구가 없고 경제적 상황이 개선되지 않는다는 인상을

---

4) https://www.washingtonpost.com/news/wonk/wp/2014/07/01/hispanics-make-up-more-than-16-of-the-u-s-population-but-own-less-than-2-3-of-its-wealth/

5) http://www.census.gov/content/dam/Census/library/publications/2015/demo/p60-252.pdf

바꾸지 못하고 있다.

푸에르토리코인들을 향한 대표적 편견이라면, 우선 선거 결과에 대한 표면적인 이해로부터 생긴 '그들은 독립을 원하지 않는다'라는 결론이다. 2012년 푸에르토리코에서 이 섬의 국가 지위를 두고 펼친 투표에서 미국의 한 주로 승격되는 길을 다수가 선택했다 이로 인해 독립을 원하지 않는 나라라는 인상을 세계에 재각인시켰다. 그러나 '주승격'에 표를 던진 인구 비율을 살펴보면 이 투표의 진의가 숨겨져 있음을 알 수 있다. 약 50만 표 가량이 기권표와 다름없었기 때문에 80만 표로 얻은 최종 결정을 두고 절대 다수라고 말하기에는 무리가 있는 것이다. 프란세스 네그론-문타네르(Frances Negrón-Muntaner)의 『해당 사항 없음(None of the Above)』(2007)이라는 책의 제목은 1998년 12월 13일에 있었던 국민투표에서 인용한 것으로, 2012년 득표율의 진정한 의미를 유추하게 만든다. 당시 푸에르토리코의 전 수석재판관인 호세 트리아스 몽헤(José Trías Monge)가 지적하듯이 '현대 세계에서 가장 오래된 식민지'인 이 섬의 주민들은 독립, 주, 미연방도 아닌, "해당 사항 없음"이라는 사항에 가장 많은 표를 던졌다.

이 두 번의 투표 결과에서 알 수 있듯이, 푸에르토리코에서는 어느 제안을 하더라도 의견이 일치되기 어렵다. 섬 주민이 독립을 원하지 않는다는 것은 어쩌면 당연한 소리일 수 있다. 독립당을 이끌고 오랜 기간 투옥생활을 했던 알비수 캄포스(Albizu Campos)를 떠올린다면 섬주민의 선택이 배신처럼 느껴질 수 있겠지만, 미국식 소비문화에 익숙해진 그들이 독립된 국가에서 짊어질 실제적 부담과 고통을 상상해본다면, 표심의 불일치가 이해되는 상황이다.

'가난의 문화(Culture of Poverty)'라는 이론은 푸에르토리코 사람들을 규정짓는 가장 견고한 틀로서 지금까지도 끈질긴 영향력을 행사하고 있다. 오스카 루이스(Oscar Luis)의 가난 이론은 전후 푸에르토리코 이민에 대한 미국 본토 제도권의 반응으로 평가된다(Briggs, 2002: 163). 루이스는『삶: 가난의 문화 속의 푸에르토리코 가족-산후안과 뉴욕(La Vida: A Puerto Rican Family in the Culture of Poverty-San Juan and New York)』에서 푸에르토리코 가족 공동체에 아버지의 부재, 어린 자식을 부양하는 모계 중심의 생활, 열악한 노동 습관, 부절제한 성 문화 등의 문제가 만연해 있다고 지적한다. 이런 가정 문화가 성장기간 동안 학습되고 개인적 습성으로 정착되어 가족성원이 성장해서도 결국 가난에서 빠져나올 수 없게 된다는 주장을 펼친다. 그의 이론에 의하면 가난의 원인이 사회제도보다는 문화적 관습으로 귀착되고 마는데, 1980년대 이르면 가난의 문화가 세대 이동의 세습적 성격까지 지니는 것으로 확대 해석된다(Briggs, 2002: 172).

그러나 이런 해석은 푸에르토리코 대규모 이민이 다른 이민자들에 비해 생존하기 어려운 시기에 시작되었다는 점을 간과한 것이다. 즉 1960년대 뉴욕시는 후기산업사회로 급속하게 이행하면서 제조업 일자리를 재조정하고 규모를 대폭 축소하였다. 새로 유입되는 타지역 저임금 이민 노동자들이 경제 사다리의 가장 낮은 계단을 메꾸게 되자, 푸에르토리코 출신 이민자들은 이런 노동착취구조에서 생존하기 어려웠고 가난의 굴레에서 쉽사리 빠져 나오지 못했다. 그러나 루이스의 이론은 글로벌 경제의 재편에 따른 제조업 이전, 부품 조합라인의 여성화와 노동력의 인종화와 차별에 대한 인식을 충분히 고려하지 않은 채 가난의 원인을 모두 개인적 취약성으로 돌리고 만다.

푸에르토리코 사람들은 사회복지에 의존적인 사람들로 푸드 스탬프(food stamp)로 연명하는 사람들이라는 편견이다. 복지 의존율이 높은 이유는 구직하기 어려운 노동조건 하에서 복지 혜택을 받을 수 있는 자격인 시민권을 지녔다는 함정이 존재하기 때문이다. 그러나 이들이 마치 게으르고 발전 의지가 미약한 종족인 양 폄하하는 이미지 위주의 판단은 재고되어야 한다. 1960년대부터 디아스포라와 섬 사이의 순환적 이주로 인해 중산층 공동체가 지속적으로 확대되지 못했고, 이주민 대부분이 농업이 아닌 도시의 제조업과 서비스업 종사자였기 때문에 재취직이 어려웠다. 더구나 푸에르토리코에 비공식경제가 발달되었고 최저임금과 정부보조수입을 비교했을 때 큰 차이가 없다는 점이 굴레로 작용한다. 그러나 그동안 푸에르토리코 출신 인구의 이동 상황을 보면 일자리를 찾아 움직이는 양상이 명확히 드러난다. 또한 남부 지역에 새롭게 부상하는 중상류층 중심의 공동체의 경우, 이런 부정적 이미지와는 상관없는 경우가 대부분이다. 따라서 사회보장기금에 기대어 구직을 스스로 포기하는 사람들, 국가 재원을 낭비하는 인구는 지나친 일반화에서 나온 주장이다.

2) 문화적 국민주의 담론의 배경과 의미: 움직이는 국가(Nation on the Move)

두아니가 "푸에르토리코는 움직이는 국가다"(Duany, 2002, 37)라고 정의할 만큼, 이들 공동체는 다른 이민자들과는 달리 대규모 이민, 역이민, 순환 이민, 미국 내 이민 등 다양한 형태의 이동을 지속적으로 경험했고, 이것은 현재에도 진행 중이다. 두아니가 지적하는 점은 디아스포라의 이주와 확산에도 불구하고 '국민적 정체성'이 강하게 존재하고 '문화적 국민주의'에 기반한 예술행위가 외부로 많이 표출된다는 점이다(Duany, 2002: 17). 푸에르토리코의 문화적 국민주의는 반식민적 성향을 지녔다.

1898년 이후 본격화된 미국의 경제적 개입으로 인해 섬에는 정서적으로 반미 감정이 편재해 있었다. 집권 정당, 혹은 주류 계층의 경우 미국과의 합병 혹은 연합을 희망해온 데 반해, 독립당과 일부 시민들은 독립을 위한 지지운동을 펼쳐왔다. 그런데 이런 정치적 성향과는 별개로 정치경제적 지배에 따른 식민적 폐해와 문화적 잠식에 반감을 드러내며 일종의 공동체적 정체성을 고수하려는 강렬한 의지가 존속해왔는데, 이것이 '문화적 국민주의'의 기반이 된다. 따라서 알린 다빌라(Arlene Dávila)는 이 흐름을 비정치적인 영역으로 협소하게 간주하기보다는, 문화 영역에 대한 정치적 행위로 이해해야 한다고 주장한다(Dávila, 1997: 3).

섬과 본토에서 대두된 문화적 국민주의의 담론이 시기별, 지역별, 세대별로 변화하게 된 이유와 방식을 알아보기 위해 이 장에서는 우선 인구 이동의 양상을 살펴보고자 한다. 푸에르토리코 공동체의 이주가 가능한 점은 기본적으로 미국 출입국이 자유롭다는 점인데, 세계 제2차 대전 이후 약 10년간 이뤄진 대규모 이민 이전에도 정치 망명자나 사업가들, 숙련공들로 이뤄진 작은 공동체가 뉴욕시에 존재했다(Rodríguez, 2005: 204). 1950년대 대규모 이민의 근본적 원인은 무엇보다도 푸에르토리코 섬의 일자리 부족과 정부의 이주 정책을 들 수 있다. 미서 전쟁 이후 미국의 식민적 침탈과 정치적 장악으로 인해 소규모 농장주들은 미국의 사업가들에게 소유권을 빼앗겼고, 1930년대 허리케인과 대공황으로 인해 설탕 단일산업으로 전환한 농업경제가 큰 타격을 입게 되자, 국민들의 삶은 더욱 피폐해 졌다. 루이스 무뇨스 마린 정부는 '오퍼레이션 부츠스트랩(Operation Bootstrap)'[6]이라는 근대화 정책의 실패로 인해

---

6) '신발 끈을 묶다'라는 뜻으로 무뇨스 마린 정부가 추진했던 경제 자립화 정책이다. 제3세계 경제 발전 모델로 만들고자 했으나 주요 사업 계획이 실패로 끝나면서

경제적 편입이 그들의 생존에 훨씬 유리하다고 판단했고, 독립이라는 이상보다는 자치권이라는 카드에 전적으로 무게를 실으면서 정치 실용주의를 전면에 내세우게 된다. 결국 제2차 세계대전 후 실업과 가난에 몰린 섬 주민들은 1917년 조약으로 생긴 무비자 입국과 저렴한 항공권이라는 편리함을 통해 순조롭게 이민의 길에 오르게 된다. 뮤노스 마린 정부는 섬인구의 배출을 실업률 해소와 정책 실패를 보완하는 '안전밸브'(Acosta-Belén and Santiago, 2006: 79)로 간주했기 때문에 대규모 이민을 장려했고 이로 인해 결국 섬 인구의 3분의 1가량이 미국행을 택하게 되었다. 1946년부터 1956년까지 매년 4만 2000명이 미국에 이주했을 만큼 규모가 거대했고 이로부터 20년 사이 30만 명에서 130만 명으로 이민자가 증폭하게 된다(Sanchéz Korrol, 2005: 1). 1980~1990년대 사이 이주 증가율이 현저히 줄었음에도 1990년대 뉴욕시에만 약 90만 명이 남게 된다(Cruz, 2005: 38~39).

이주의 형태에서 푸에르토리코인들은 다른 이민자들과 매우 다른 양상을 보인다. 1960년대 중반부터 본토와 섬을 왕복하는 순환적 이민의 상승은 1950년대 대다수의 이민자가 정착한 뉴욕시의 변화와 밀접하게 연관되어 있다. 뉴욕시에서는 1958년에서 1965년까지 8만 7000개의 공장 일자리가 사라졌고 제조업 회사 227개가 문을 닫았다. 미 중북부에 걸쳐 러스트벨트(Rust Belt)가 생겨났고 블루컬러의 구조적 실직이 발생하였다(Rodríguez, 2005: 206). 뉴욕시의 노동자들, 특히 의류사업에 종사하던 여성 노동력은 후기 산업시대에 접어들면서 세계화가 가져온 부정적 결과를 최초로 그리고 전면적으로 경험한 사람들이 된다(Sanchéz Korrol, 2005: 4). 푸에르토리코 이민자들은 대부분 제조업, 서비

경제 도약을 이루지 못했다.

스업, 의류업에 종사했기 때문에 예상치 못한 뉴욕의 산업조정으로 인해 실직과 가난으로 대안 없이 몰려갔고, 이들 중 일부는 1970년대부터 역이민을 선택하게 된다.

역이민이 상승하고 순이민의 비율이 감소했지만 그럼에도 이민의 흐름이 멈춘 것은 아니었다. 섬에서는 부츠스트랩 근대화 정책의 실패 이후, 미국으로부터 제조업 회사 이전을 통해 GDP 성장을 꾀했지만, 부가가치 산업 중심의 제조업 몰입 정책은 오히려 섬주민의 일자리 상실 및 삭감으로 이어지면서 여전히 이주를 부추기게 된다. 따라서 양방향 이동이 원활하다는 의미의 '통근 국가(commuter nation)', '항공 버스(guagua aérea)' 등의 표현은 푸에르토리코의 대표적 국가 이미지이지만, 이런 움직임에 얽힌 사람들의 사정은 이주의 역동성, 자유와는 완전히 다른 요인에서 비롯된 것이다. 여기에도 저기에도 있지 못하는 사람들, 마음과 현실이 따로 움직이는 세상이 이런 이미지를 생산해 낸 실상이다.

현재 진행 중인 인구 변화로 보면 이런 추이가 언제까지 계속될지는 의문이지만, 1990년대 전체 이민자 중 순이민이 33만 명, 귀환이민이 15만 명으로, 42%가 순환이민자였다(Duany, 2002: 55). 이런 이주 결과, 두아니는 "섬으로부터 혹은 섬으로의 지속적인 전치가 푸에르토리코 국가의 영토적, 언어적, 법률적 경계를 허물고 있다"(Duany, 2002: 219)고 해석한다.

푸에르토리코 사람들을 늘 따라다니는 이미지인 가난과 범죄는 역이민에서 일부 설명을 찾을 수 있다. 미국 시민권으로 인해 저소득층이 어떤 행정적 절차도 없이 뉴욕으로 이주한 결과, "푸에르토리코는 뉴욕에 가난을 수출할 수 있었고", 동시에 이민자의 삶에 적응하지 못한 저소득층이 섬으로 재이주를 한 탓에 "뉴욕이 푸에르토리코에 가난을 수출할 수 있었다"(Falcón, 2005: 150). 물론 경제적으로 성공한 사람들이 다른 도시로 이주한 경우나, 은퇴자나 성공을 거둔 청년층이 섬으로 돌아간 경우는 크게 부각되지 않았기 때문에 이런 부정적 이미지를 수정하기에는 역부족이었다(Falcón, 2005: 158).

최근의 경제 위기로 인해 푸에르토리코인들은 '현대 유목민 공동체의 모델'이 되었다는 표현에 걸맞게 미국으로 탈출에 가까운 이동을 하고 있고, 미국 내에서 일자리를 좇아 주를 옮겨 다니는 삶의 패턴 또한 유지하고 있다. 10년 넘게 지속되어 온 경기 침체로 이민을 떠나는 수가 급증한다는 것은 세수를 뒷받침하는 경제활동 인구가 섬에서 빠져나간다는 소리다. 퓨리서치(Pew Research) 센터의 자료에 의하면 2014년 8만 4000명이 미국에 정착했는데, 이는 2010년에 비해 38% 증가한 수치다. 푸에르토리코 인구 감소는 2010년 2만 6000명에서 2014년 6만 4000명으로 증가했다. 반면 출산률은 2005년 1.9명에서 2014년 1.3명으로 하락했다.[7]

섬에서 본토 사이의 이주뿐 아니라 미국 내 지역별 이주 또한 두드러진 현상이다. 2006년에서 2012년 사이 33만 4000명 이주자 중 31%가 플로리다로 향해 전체의 48%가 남부 지역에 집중되었다.[8] 2000년대 10년 동안 120만 명의 인구가 미국 내부에서 이동한 결과, 플로리다 인구가 2013년 거의 100만 명에 다다르면서 현재 뉴욕시와 비슷한 인구수를 지니게 되었다(Meléndez and Vargas-Ramos, 2013: 18).[9]

---

7) http://www.pewresearch.org/fact-tank/2015/10/14/puerto-ricans-leave-in-record-numbers-for-mainland-u-s/

8) http://www.pewresearch.org/fact-tank/2015/10/30/in-a-shift-away-from-new-york-more-puerto-ricans-head-to-florida/

9) 이런 이민의 패턴을 본다면, 기존 인구 유입과 정착 패턴을 분석한 연구들이 사용한

이런 이주 현상 속에서 정치적 민족주의가 날로 소멸되는 것과 달리 문화적 국민주의는 강하게 유지되는데, 탈국가적 이주가 문화적 국민주의의 생명력을 오히려 존속시켰다고 봐야 할 것이다. 앞서 언급했듯이, 집단의 정체성을 대변할, 역사적 뿌리를 지닌 유무형의 문화들이 보다 가시적이고 효과적인 힘을 발휘하기 시작하면서, 독립, 주권, 영토 등에 대한 소유권 투쟁이 점차 축소되기 시작했다. 일부 학자들은 정치적 국가주의에 기반을 둔 독립의 흐름이 시간이 흐르면서 존재감을 잃어가자, 문화를 통한 주권 회복의 꿈을 그 대안으로 삼게 되었다고 분석한다. 다른 학자들은 어떤 형태로든 국가주의가 살아 있다는 점에 주목하여, 푸에르토리코의 특수한 경우를 '확대된 국가주의'의 개념으로 이해해야 한다고 주장한다.[10)]

물론 문화적 국민주의에 대한 한계도 거론된다. 이 담론이 제도권에 있는 지배 세력의 이해관계에 봉사한 측면이 분명 존재하기 때문이다. 예를 들어, 다빌라는『지원받은 정체성(Sponsored identities)』에서 섬 정부 주도하에 진행된 대중문화 확산, 그리고 이를 통한 정체성의 형성과 공고화에 대해 분석한다. 마크 짐머만(Marc Zimmerman)은『역경 속에서 자신을 지키며(Defending Their Own in the Cold)』에서 미국이 푸에르토리

은유에 수정이 필요하다. 플로리다 인구의 급상승으로 민주당, 공화당 양당에 영향력을 행사할 수 있는 공동체로 부상하였고, 이 지역의 문화적 다양성의 범위를 확장시키는 데 일조하였다. 이곳 이주자들은 사업가, 전문직 그룹의 규모가 상대적으로 크기 때문에 기존에 부정적으로 고착된 부정적 이미지를 점차 바꿀 수 있는 가능성을 지니고 있다.

10) 마리아 아코스타 크루스(María Acosta Cruz)의『꿈의 나라(Dream Nation)』(2014)에서, 제클린 퐁-구스만(Jacqueline N. Font-Guzmán)은『푸에르토리코 시민권과 문화적 국민주의의 경험(Experiencing Puerto Rican Citizenship and Cultural Nationalism)』(2015)에서 각기 주장을 펼치고 있다.

코인들이 식민적·종속적 지위를 저항 없이 수용하도록 아이러니하게도 그들의 고유하고 자율적인 문화적 유산을 인정하는 정책을 펼쳤고 (Zimmerman, 2011: 11), 본토에서 상업용 문화 상품으로 탈바꿈한 문화유산들이 오히려 푸에르코리코 국가주의 담론을 재생산하는 데 사용되었다(Zimmerman, 2011: 15)고 지적한다.

이런 논의를 차치하더라도, 본토에 거주하는 푸에르토리코인들의 대다수는, 미국인, 카리브인, 히스패닉 혹은 라티노가 아닌, 푸에르토리코 국민의 일부로 자신을 정의한다.[11] 이들이 훨씬 더 '국민적' 혹은 '국가적'인 틀로 자신을 인식한다는 근거다. 흔히 멕시코계 미국인, 쿠바계 미국인, 도미니카계 미국인처럼 출신 국가를 덧붙여 미국인으로 명명하는 것과는 달리 이들은 푸에르토리코계 미국인으로 정의하지 않는다. 푸에르토리코인으로 스스로를 명명하고 그렇게 불리기를 희망한다.

이는 삶의 근거지를 옮기면서 영토적 소속감을 스스로 버리는 사람들, 그럼에도 자기 정체성을 공동체 문화로 확인하고자 하는 사람들이 채택할 수 있는 길일 것이다. 푸에르토리코인들은 미국의 출입국이 수월하기에 이민자적 지위보다는 유목민적, 탈국가적 삶을 영위할 수 있다. 이들은 앞서 언급한 미 정부 주도의 상업화된 전통문화, 지식인들이 주창한 정치적 국가주의, 혹은 섬 지도층이 추진한 문화적 국민주의 담론들의 영향력을 두루 수용하면서 동시에 디아스포라의 문화적 자율성을 발휘하는 과정을 거쳐왔다. 다음 장에서 이들의 푸에르토리코성 규정과 고유의 문화적 국민주의 담론의 발전 사이의 연관에 대해 자세히

---

11) 현재 섬 주민의 경우 60%가 자신의 국가를 푸에르토리코로, 17%가 미국과 푸에르토리코로, 20%가 미국으로 인식한다는 조사 결과가 있었다(Duany, 2002: 57).

살펴본다.

3) 디아스포리칸(DiasPorican)

1950년대부터 많이 사용되기 시작한 뉴요리칸(Nuyorican)이라는 용어
에는 경멸적인 함의가 들어가 있는데 지금까지도 여전히 사라지지 않는
다. 이들은 오퍼레이션 부츠스트랩에 의해 밀려와, '있지도 가지도 못하
는 상태'로 보린켄(Borinquen)12)의 향수를 지니고 살아가는 공동체로 인
식되었다(Briggs, 2002: 166). 뉴욕시는 1940년대부터 갑자기 밀어닥친
이들을 두고 '항공 침입', '푸에르토리코 문젯거리', 혹은 '신동굴거주인
종' 등의 제목을 달아 기사를 내보내면서 이들에 대한 경계심을 표출했
다. 섬으로부터 1946년도 4만 명, 1947년도 2만 5000명이 뉴욕시로 이주
해 왔는데, 인구수가 감소한 1947년도에만 30여 편의 뉴욕타임지 기사를
통해 이들의 문제에 대해 집중 조명했다. 그럼에도 맨해튼의 로어이스트
사이드(lower east side)의 스패니시 할렘의 바리오 문화나 이곳에서 흘러
넘치는 라틴 비트에 대한 언급은 전혀 없었다(Briggs, 2002: 167).

1950, 1960년대는 이들의 가난에 새롭게 주목하면서 가치 부재나
일탈적 행위에 관심을 쏟았지만, 1980년대에 이르면 이것마저 흔한
주제가 되어 가난의 구조적 요인들에 주요 분석을 할애한다(Falcón, 2005:
157). 뉴요리칸은 다른 이민 공동체와는 달리 섬으로의 역이민뿐만 아니
라 초기 정착지에서 벗어나 다른 도시로 이산하는 불운을 겪게 되는데,
이 점은 공동체 성장에 큰 장애로 작용한다. 이로 인해 이민자 2, 3

---

12) 보린켄은 섬의 원주민인 타이노에서 유래한 것으로 푸에르토리코의 다른 이름
    이다. 보리쿠아는 푸에르토리코 사람을 일컫는다.

세대에서 흔히 일어나는 계층 상승이 자연스럽게 이뤄지지 못했고, 공동체의 지도자로 성장할 만한 안정된 장년층 집단이 두텁게 형성되지 못했다. "보리쿠아 대 뉴요리칸(Boricuas vs. Nuyoricans-Indeed!)"이라는 에세이의 설명에 의하면, 뉴요리칸은 학교보다는 감옥에 더 많이 가 있는 사람들, 스페인어 구사에 서툴고 아프리카계 미국인들과 섞여 살며, 반인종주의에 대한 정치성과 흑인성에 대한 강한 집착이 있는 사람들로 부정적으로 인식되었다.[13]

이런 어려움 속에 살았던 푸에르토리코 뉴욕 디아스포라의 역사에서 '로이사이다(Loisaida)' 운동은 중요한 의미를 지닌다. 로이사이다는 맨해튼의 로어이스트사이드를 그들 방식대로 바꿔서 명명한 말이다. 학자들은 이 운동[14]이 특정한 영토에 대한 정치적 소유권 주장과 푸에르토리코성 담론을 펼치기 위한 투쟁으로 확대되었다고 평가한다. 과거의 이스파나 콜로니아(La colonia hispana)[15]나 푸에르토리코 밀집 공동체에서 벌어졌던 단순한 거주 공간 확보 운동이라는 개념에서 크게 벗어난 것이다(Ševčenko, 2001: 294). 이 운동을 통해 푸에르토리코 이민자들은 1960~1970년대 미국 도심의 인권, 노동, 혹은 학생운동 등과 더불어 그들 고유의 문화적 정체성을 자각하는 계기를 갖는다. 즉, 특정 거주 공간을 두고 문화적, 영토적 소유권을 주장함으로써 게토 중심의 뉴욕 도시에서 자신들의 공동체 의식을 깨닫는 중요한 순간을 맞이한 것이다.

---

13) http://revista.drclas.harvard.edu/book/boricuas-vs-nuyoricans%E2%80%94indeed
14) 공동체 운동가들은 동네 문화를 되살리는 캠페인과 함께 최소한 거주 가능한 공간으로 만들기 위해 주거 보수 개발 운동에 나서게 된다.
15) 1920년대 이전 뉴욕시의 이스트 할렘(East Harlem)에 주로 푸에르토리코사람들과 다른 라티노들이 밀집해 거주했는데, 특정 동네가 아닌 거주 주민으로 이뤄진 공동체를 일컫는 말이다.

이렇듯 디아스포라의 집단적 관심은 시기별로 다른 아젠다를 중심으로 움직였다. 초기 1950년대에는 비록 반미 정서가 지배적이었지만 발전에 대한 희망과 서구 문화에 대한 동경이 많이 존재했었다. 다음 시기인 1960, 1970년대에는 반제국적, 반인종차별적 기치를 내걸고 좌파적 성향의 운동이 이 공동체를 휩쓸었다. 이후 1990년대부터는 힙합과 세계화, 탈국가적 흐름에 영향을 받으며 문화적 스타일이나 표현 방식과 같은 보다 미학적 영역에 주목한다(Flores, 2009: 146~147).

디아스포라가 정착하기 시작할 무렵에는 섬의 전통 문화 즉, 히바로(Jíbaro) 문화가 지배적이었는데, 디아스포리칸 공동체로 자리 잡는 과정에서 국가주의 담론에 의해 육성된 문화 일부는 석화된 상태로 남거나 재창조되는 과정을 거친다. 뉴욕 바리오에서는 일종의 선별 과정이 필요했고 살아 있는 전통이 되기 위해서 시대와 환경을 녹여내는 작업을 거쳤기 때문에, 전통 문화와 일종의 갈등과 투쟁을 거치면서 차이를 넓혀나가게 된다. 섬의 지배층은 히바로 문화를 이상화하면서 과거 스페인 지배 당시 농경문화를 낭만적으로 이해했고 미국적 자본주의를 천박한 것으로 간주했다. 섬에는 지역적 하부문화가 다양하게 편재했지만 아프로계 사람들의 문화와 요구가 크게 가시화된 적이 드물었다.16) 그래서 백인 중심의 문화적 패권이 흑인의 비율이 높은 디아스포라에서

---

16) 푸에르토리코의 흑인성에 대한 연구 서적들, 예를 들어, 『흑인성이라는 대본: 푸에르토리코의 인종, 문화적 국민주의, 미국의 식민주의(Scripts of Blackness: Race, Cultural Nationalism, and U.S. colonialism in Puerto Rico)』, 『인종을 잠재우며: 푸에르토리코의 흑인성, 식민주의, 국민적 정체성(Silencing Race: Disentangling Blackness, Colonialism, and National Identities in Puerto Rico)』 등을 살펴보면 푸에르토리코에서 흑인성에 대한 사회적, 문화적 억압이 얼마나 교묘하고 집요하게 진행되어왔는지 알 수 있다.

특히 배타적이고 억압적으로 인식되었다. 억눌린 지역문화와 아프로계 문화는 미국에서 계급적·인종적 분류에 의해 한층 더 차별적으로 다가왔다. 아프로계 디아스포라는 종족적 다양성을 무시하고 정치적으로 보수적이던 시기에 생겨났기 때문에 극심한 인종 차별을 당했을 뿐 아니라 스스로도 미국 문화에 완전히 동화되지 못한 채 소외된 위치를 자처했다.

그러나 이들은 차츰 국민적 정체성에 대한 자각과 함께 자신들의 고유 문화에 대한 대중적 소유권을 인식하는 과정을 거치게 된다(Duany, 2002: 36). 플로레스는 이 과정을 흑인성의 재발견으로 규정하고, 뉴욕시의 아프리카계 사람들과의 만남과 연대를 통해서 이것이 가능했다고 설명한다. 같은 선상에서 라켈 리베라(Raquel Rivera) 역시 푸에르토리코의 디아스포라에서 흑인 음악을 통해 정체성을 발견하게 된 과정을 설명하면서, 아프리카계 미국인들을 통해 할렘 문화와 접촉하고 사회적 소외와 인종차별에 맞선 흑인운동의 정신을 습득한 경험이 큰 자산이 되었다고 파악한다.17) 미국 아프리카계 인구들이 인접한 거주지를 통해 교류할 수 있었던 점, 특히 청년 문화와 아프로계 비트라는 공통분모를 통해 공감대를 형성했다는 점을 강조한다. 따라서 학자들은 그들의 국가주의를 단일한 뿌리가 아닌 '종족적 국가주의(ethno-nationalism)'18)

---

17) 라켈 리베라는 아프로디아스포라(afrodiaspora), 아프로보리쿠아(afroboricua)가 이런 음악 장르를 통해 그들의 아프리카적 뿌리를 표출해낸 과정을 분석하고 있다. 리베라는 흑인성에 대한 수용, 행위적 미학을 탈식민화의 과정으로 이해한다.

18) 이에 대한 근거로서 디아스포리칸들이 스스로를 백인, 히스패닉, 라티노, 타이노(taino), 혹은 아프리카계 미국인 등으로 개별적으로 파악하는 경향(Falcón, 2005: 180)을 지적할 수 있다.

(Falcón, 2005: 179)로 인식해야 한다고 주장한다.

뉴욕 바리오 출신 학자들이 설명하듯이, 이민자들이 가져온 카리브 음악은 다양한 지역적 음색의 혼종과 변형을 통해 바리오의 대표 문화로 부상하면서 도리어 푸에르토리코성에 대해 재고하도록 만드는 역할을 하게 된다.[19] 예를 들어, 푸에르토리코의 전통 춤 양식인 봄바의 경우, 뉴욕의 댄스홀에서 추기 위해 의상이 간결해졌고, 댄서와 관객이 흥을 교류하며 첨삭하면서 즉흥성이 강조되었으며, 다른 도시 음악(urban music)들과 섞여 리듬이 현대적으로 업그레이드되었다(Rivera, 2007: 222). 아프로적 감성은 즉흥성과 상호성이 핵심적인 요소인데, 섬에서는 공연용, 전시용 문화 상품으로 변모하면서 전통 유산에서 이런 요소를 제거하는 오류를 범했던 것이다.

히바로 음악에서 맘보로, 이후 살사, 힙합과 랩 음악 등으로 전개되는 과정을 통해 디아스포리칸은 자신들의 음악을 아프리카계 거주민들과 연대와 공조를 하는 중요한 매개체로 사용했다.[20] 따라서 섬의 백인 중심 문화에 의해 억눌려 왔던 아프로적 감성이 디아스포라 공동체 안에서 재발견되었고, 나아가 인식적·정치적·문화적 연대를 만드는 중요한 통로로 활용되었다.[21] 푸에르토리코 섬에서는 백인과 흑인 인구

---

19) 섬 문화의 패권주의에 대한 도전 의식이 본격적으로 가시화된 영역이 음악 분야인데, 『봄바에서 힙합까지(From Bomba to Hip hop)』나 『힙합 지대의 뉴요 리칸들(New York Ricans From the Hip Hop Zone)』같은 텍스트를 통해 '진짜' 푸에르토리코 문화가 무엇인가 하는 근본적인 질문을 던지고 있다.

20) 푸에르토리코, 아이티, 도미니카 공화국 같은 스페인어권 카리브 흑인 문화에 대해서 라켈 리베라는 "아프로디아스포라 음악 장르, 즉 푸에르토리코의 봄바와 아이티 라라, 도미니카 팔로스나 살베스와 같은 종교음악이 범카리브 디아스포라 역사의 중심이었다"(Arroyo, 2010: 207. 재인용)고 밝힌다.

21) 실례로 팻 조(Fat Joe; Joseph Cartagena)는 아프로무슬림 종교 이미지를 사용하

사이에 존재하는 인종적 위계성을 근본적으로 변화시키지 못했지만, 뉴욕에서는 아프로계 카리브 문화를 통해 비록 피상적 한계가 있지만 출신국의 차이를 넘어서는 공유의 장을 만들어 낸 것이다(Zimmerman, 2011: 14).

푸에르토리코성 논의에서 새롭게 거론되는 점은 섬과 디아스포라의 유기적 관계가 자기 정체성에 영향력을 행사하고 실제적 변화가 표면화된다는 사실이다. 플로레스는『디아스포라의 반격(Diaspora Strikes Back)』[22]이라는 책에서 이런 탈국가적 순환 이민이 푸에르토리코 섬 문화에 변화를 촉발시키는 과정을 포착함으로써, 국민적 정체성이 어떻게 흔들리고 재정립되는가 하는 문제를 미시적으로 추적한다. 그는 사회의 변화가 '아래로부터(below)' 시작되는 현상을 분석하는데, 여기서 사용되

면서도 미국 군사훈련 반대투쟁인 비에케스 운동에 참여하고, 토니 터치(Tony Touch; Anthony Joseph Hernandez)는 자신의 앨범에 독립운동가인 알비수 캄포스 목소리를 샘플링해서 넣기도 하고, 빅 펀(Big Pun; Christopher Ríos)은 푸에르토리코 국가인 '라 보린케냐(La Borinqueña)'의 시구를 가져와서 사용하기도 한다(Rivera, 2007: 224).

22) 플로레스의 책에서 매우 중요한 개념인 '문화적 송금(Cultural Remittances)'은 페기 르빗(Peggy Levitt)이『탈국가적 주민들(Transnational Villagers)』(2001)이라는 책에서 사용한 '사회적 송금(Social Remittances)'이라는 개념을 차용해 푸에르토리코 섬 사회에 적용한 것이다. 플로레스는 한 실례로 미국의 길거리에서 체득한 청년문화가 섬의 음악, 글쓰기 양식, 의상 스타일, 누에바욜(Nuevayol), 도시 벽화 등 다양한 형태로 신선하게 표출되고 있는 점을 언급한다(Flores, 2009: 215). 문화적 송금이라는 개념이 섬에서 파급력이 있었던 이유는 뉴욕 공동체에서 온 외래문화가 다소 낯설지만 불편하지는 않은 정도의 이질성을 지니고 있었기에 섬 주민들이 수용하고 흡수하는 데 큰 저항이 없었기 때문이다.

는 '아래로부터'는 사회 주변부라는 계층적 함의뿐 아니라, 젊은 세대라는 연령적 주체와 길거리 문화라는 비주류적 문화를 모두 포괄하고 있다.

1970년 이후 역이민은 부정적 결과를 야기했고, 당시 뉴욕에서 문제가 되었던 범죄, 일탈, 혹은 저급한 언어가 섬을 휩쓸었다고 한다. 시간이 흐르면서 섬 사회에 위협으로 비춰졌던 역이민자들이 점차 미국의 문화와 상업을 소개하고 양쪽을 연결하는 문화적 교량 역할을 수행하게 되었다(Falcón, 2005: 165). 플로레스에 의하면, 특히 2000년대 이후 뉴욕 디아스포라에서 유입된 문화가 섬에서 저항적 성격의 문화 연대를 창출한다고 한다. 예를 들면, 섬의 시인들이 로이사이다 운동 시기에 활발했던 뉴요리칸 카페(Nuyorican Café)의 시운동을 재현한 일이다. 섬 시인들은 사회적 차별과 억압을 스팽글리쉬의 재치와 유연성을 통해 표현했던 뉴요리칸 시인들처럼 현재 산후안에 동명의 카페를 만들고 동시대의 문제를 토로한다. 이들은 시 낭독 모임을 통해 '푸에르토리코성'에 냉소하고 현실의 고통에 대해 문학적 위안을 얻는다(Flores, 2009: 188).

플로레스는 또한 청년문화가 고국의 현실에 관여하는 방식을 설명하면서, 카리브 지역 출신 이민자들이 상호 교류를 통해 체득한 인종적 연대에 집중한다. 뉴욕 디아스포라에서 푸에르토리코, 쿠바, 도미니카 출신 이민자들이 카리브 음악의 새로운 해석과 발전을 이룬 사실을 언급하며 '트랜스로컬'23)이 실현하는 창조적 도전에 주목한다. 트랜스

---

23) 플로레스는 로버트 C. 스미스(Robert C. Smith)가 집필한 『멕시코인의 뉴욕 (Mexican New York)』의 '탈국가적 로컬(Transnational Localities)'이라는 개념 또한 차용하고 있다. 이 책은 국가나 산업체 주도의 기업조직문화가 아닌, 다양한 지역 출신의 멕시코 출신 노동자 계급이 회사 일을 통해 만들어가는 직장 문화에 초점을 맞춤으로써 이들이 일상적으로 교류하는 현장을 집중적으로

로컬들이 정통 문화라는 개념에 도전하면서 양식의 분화와 이데올로기의 분열을 가져오는 데 중요한 자극이자 촉발점이 되었다고 분석한다. 그들이 재현한 일탈적 모습이 부정적 영향력을 생산함에도 불구하고 섬의 가부장적 문화, 계급적 패권, 인종과 성차별적 문화에 대해 비판함으로써 피부 색깔과 상관없이 푸에르토리코 사회를 포괄적으로 재조명한다고 평가한다.

앞에서 살폈듯이, 디아스포라의 척박함에 직면하면서 섬의 문화적 국민주의가 보리쿠아가 생존에 중요한 열쇠를 제공했다. 실제 섬 인구의 혼종성과 문화의 이질성이 디아스포라에서 재발견되고 표출되는 계기를 맞았고, 새롭게 해석된 뉴욕 공동체 문화가 푸에르토리코 국가 문화의 일부로 수용되는 현상이 벌어졌다. 1960년대 영로드당을 위시로 한 노동, 권리운동, 혹은 지금까지 진행 중인 '푸에르토리코 국민절(National Puerto Rican Day)' 퍼레이드 등을 통해 푸에르토리코의 국민적 정체성을 확인하는 계기들이 있었다. 그러나 보리쿠아 문화의 생존은 아프리카계 미국인들의 권력운동, 시민운동의 유산뿐 아니라 여러 아프로계 문화 속에서 인종적 뿌리를 재발견함으로써 가능했다. 인종적, 종족적 자각을 통해 획득한 문화적 자긍심이 궁극적으로 '국민적 문화 담론'을 새로운 단계로 진입시킨 것이다. 더 나아가 섬의 청년 세대들은 '아래로부터의' 문화적 접촉과 수용, 변용을 통해 '민주적이고 해방적인 목소리'(Flores, 2009: 143)를 자처하고 있다. 이처럼 다양한 공동체가

분석하고 있다(Flores, 2009: 25). 플로레스는 이런 교류가 창의적인 트랜스로컬을 만들어 내는 기반이 된다고 주장한다. 즉, 실제 작업 현장에서 탈국가적 삶의 양식이 배태되는데, 출신 국가의 고유한 정체성에서 벗어나 교류와 협상을 통해 자신들만의 특유한 문화와 인종적·종족적 의식, 사회적 자각을 체득하게 되고, 시간이 지남에 따라 트랜스로컬로 거듭난다는 것이다.

문화적 정통성으로 인정받아온 것들에 저항하고 해체하는 과정을 거침으로써 문화적 국민주의 담론에 균열을 가하고 있다.

4) 플로리다의 푸에르토리코 디아스포라

앞 장에서 언급한 것처럼 디아스포라가 확장·확산되면서 문화적 국민주의라는 개념은 탈신화화되는 과정을 거쳐간다. 반면, 지난 20여 년간 푸에르토리코의 정체성 논의가 다른 층위로 이전해가는 양상을 보여주는데, 이것은 새로운 공동체의 형성에서 기인한다. 이미 새로운 정체성 담론이 확연히 대두되었다기보다는 이런 변화와 맞물려 학자들 사이에서 새로운 연구틀의 필요성이 언급되는 수준이다.

플로리다, 특히 올랜도 지역을 중심으로 하는 중부 플로리다는 1990년대부터 뉴저지를 제치고 뉴욕 다음으로 푸에르토리코 인구가 가장 많이 밀집한 지역이 되었다. 이곳은 1960년대 미국 거주 인구 2%를 차지했는데, 2008년 약 18%, 2014년 약 54%로 급속히 성장하였다. 그래서 이들은 플로리다에서 쿠바인들 다음으로 많은 라티노가 되었다. 전통적으로 그들이 향했던 지역, 즉 북동부 혹은 북중부 지역이 아닌 플로리다에 밀집하게 된 계기는 무엇보다도 올랜도의 관광업, 엔터테인먼트 사업, 서비스업 등의 발전과 관계가 깊다. 그러나 푸에르토리코인들의 존재는 최근의 일만은 아니고, 쿠바인들처럼 1900년대 초 담배 제조업, 이후 의류 제조업 등에서 과거 흔적을 찾을 수 있다. 최근 들어 그들의 역사적 발자취를 밝히는 자료 복원 작업이 활발히 진행되고 있다. 1960년대 말부터 섬으로부터 소규모 이동이 시작되었고, 1970년대 부동산 투자에 관심이 많은 중산층이 이주하기 시작했는데 대부분은 은퇴 이민에 해당했다(Duany and Silver, 2010: 17). 1980년대 중반에는 이들을 대상으로 하는 주택시장과 상업이 조금씩 부상하기 시작했고, 1990년대 이후 이주율이 급격히 성장하게 된 결과, 올랜도의 경우 라티노 총비즈니스의 25%를 푸에르토리코계가 차지하고 있다(Duany and Silver, 2010: 19).

플로리다의 푸에르토리코 디아스포라는 다른 라티노 이민자와 구분되는 면모를 보여줄 뿐 아니라 이전 세대와도 상당히 다른 특징을 지니고 있다. 이 장에서는 뉴욕의 디아스포리칸과는 차별되는 이들 공동체의 형성과 정체성에 대한 인식을 살펴보면서 그들을 결집시키는 새로운 문화적 국민주의의 경향에 대해 가늠해보기로 한다.

플로리다의 푸에르토리코 공동체의 성장을 바라보면서 섬으로부터의 '두뇌 유출'을 우려하는 기사들을 종종 발견할 수 있다. 이곳이 다른 주의 이민자들에 비해 고학력 고소득층이 많이 분포된 것은 사실이고, 다른 지역과는 달리 섬 출신 노동자 절반 이상이 행정직 혹은 판매업에 종사한다(Duany and Silver, 2010: 18). 그러나 인구 조사에 의하면, 출신지를 막론하고 저소득 노동자 계층과 본토 출신의 중산층이 함께 거주자 집단을 이루고 있어서 실제로 소득층과 직업군이 매우 다양하다(Duany and Silver, 2010: 22). 그래서 이들의 빈곤율이 다른 주에 비해 낮고 경제적 위상이 높은 편이라 해도 여전히 다른 이민자 그룹에 비해 전체 소득에서 뒤쳐진다. 다만, 고소득층이 집중되어 있는 지역에서 푸에르토리코 이민사상 유례없는 빠른 경제적 성장을 이루었고 비히스패닉계 백인 중산층에 견줄 만한 생활을 영위하게 된 것은 사실이다(Duany and Silver, 2010: 25). 사회적으로 존재감을 드러낼 수 있는 계층이 섬 출신의 중산층이기 때문에 당연히 이들의 정체성 표현이 보다 무게감 있게 다가올 수밖에 없다. 이들 중산층은 이민자로서의 정서보다는 탈국가적 삶을 영위하고 섬의 문화를 고수함으로써 문화적 정통성을 스스로에게 부여하는 개인적 성향이 강하다.

두아니의 연구에 의하면, 섬 출신의 이민자와 뉴요리칸 사이에 큰 간극이 존재한다. 중요한 지점이 바로 인종적 인식이다. 플로리다 공동체의 약 3분의 2가 자신을 백인으로 간주한다는 사실이다. 이들은 피부색과 경제적 위상으로 인해 편견이나 차별, 분리 등에서 비교적 자유롭고 상업적·사회적 활동에 제약을 느끼지 못하는 편이다. 다른 종족과의 결혼을 통해 다국적 가정을 이루는 비율도 높은 편이고, 많은 이들이 자신이 히스패닉 혹은 라티노로 분류되는 데 거부감을 느낀다(Duany, 2010: 109). 이것은 다른 라티노와 특히 변별되는 부분으로서, 범히스패닉이라는 정서보다는 자신들의 국가적 배경을 앞세우며 그들에게서 거리를 두고자 하는 태도를 유지한다.

한층 더 탈국가적으로 되어가는 디아스포라 공동체에서 인종의식과 계층적 소속감이 오히려 강화되는 경향을 바라보면서, 새로운 분석과 이해의 필요성을 제기할 수 있다. 2010년 헌터(Hunter) 대학의 푸에르토리코 연구 센터에서 발간한 "플로리다의 푸에르토리코"라는 제목의 학술지 특별호를 살펴보면, 이곳의 탈국가적, 혼종적 양상을 분석한 학자들 모두 기존 '문화적 국적'의 개념에 수정이 불가피하다는 주장을 펼치고 있다.

구체적으로 살펴보면, 파트리시아 실버(Patricia Silver)는 중부 플로리다의 디아스포라가 푸에르토리코성을 만드는 새로운 기반이 되고 있다고 주장한다. 이곳만큼 다양한 배경을 지닌 공동체가 없을 정도로 계층, 교육, 출신지, 문화적 성장, 직업, 언어 등에서 매우 이질적인 경험을 한 사람들이 구성원을 이루고 있다고 지적한다. 실버는 디아스포라 내에 존재하는 반목과 차별을 넘는 연대의 필요성을 제기하면서, 플로리다의 삶이 푸에르토리코 인구의 전체 경험을 새롭게 조명하고 있다고 주장한다(Silver, 2010: 80).

이렇게 최근 논의에서 알 수 있듯이 플로리다의 탈국가적, 혼종적 디아스포라는 푸에르토리코성에 대한 인식에서 한층 더 분화되어 있고, 뉴욕 디아스포라의 '이등 시민'의 인식보다는 섬주민의 '문화적 국적'이라는 개념이 두드러진다. 문화적 국민주의의 흐름에 있던 과거에 비해 문화적 유대감이라는 부분에서는 퇴화된 모습을 보여주고 있다. 중부 플로리다의 이민 패턴을 보면 이들은 이전 세대의 '통근 국가' '움직이는 국가'보다는 전통적 이민 모델에 가깝다(Barreneche et al., 2012: 21). 초기 뉴요리칸들이 생존을 위해 문화적 결집력을 강화시키고 순화된 정치적 국가주의의 형태로 문화적 국민주의를 내세운 반면, 플로리다 공동체는 섬문화를 통해 열등한 라티노 타자와의 변별력을 강조한다. 이들 공동체 문화를 이해하는 데 통합적 시각이 불가능할 만큼 푸에르토리코 디아스포라는 세대, 장소, 인종, 경제적 배경에 따라 분화되어 있다. 또한 단일 문화, 정통 문화에 대한 합의 또한 이데올로기적 주장에 가까울 만큼 균열을 보여주고 있다.

3. 결론

앞서 살펴보았듯이, 푸에르토리코 이민사에는 시민권과 국민적 정체성, 문화적 소속감, 인종주의 등의 문제가 얽혀 있다. 뉴욕 디아스포라를 통해 섬에서 고취되고 유포된 문화적 국민주의는 다른 흐름으로 분화되었고 고유한 국민적 정체성은 공간적 한계를 벗어나 혼합과 교류를 통해 유연한 변형을 겪었다. 푸에르토리코인들은 살아 움직이는 디아스포라 공동체로서 공유 문화를 통해 개인을 소속 사회의 일부로 인식한다. 이주가 가속화되는 국민임에도 여전히 국민 문화를 자신들의 정체성을 확인하는 근간으로 받아들인다. 푸에르토리코인들은 양방향으로 언제든지 떠날 수 있고 노동할 수 있는 시민권을 지녔지만, 역설적이게도 시민으로 살 수 있는 권리를 보장받지 못했기 때문에 '문화적 국적'이라는 개념이 필요했을 것이다. 디아스포라에서는 '문화적 국적'이 무엇보다도 '푸에르토리코 국민절' 퍼레이드로 표출됨으로써 법적 권리라기보다는 정치적 선언이자 행위예술로 기능하고 있다. 이들은 미국에서 '아메리카'적인 것에 대항하는 혹은 보완하는 내러티브를 통해 (Briggs, 2002: 15), 한편으로는 이주, 이동, 전치를 겪으면서 부딪치는 외부 세계와 내부적 문화의 경쟁을 통해, 트랜스로컬로서 정체성을 형성해 나간다.

떠나는 이민과 돌아오는 이민, 순환 이민, 이들이 만들어내는 복잡한 문화적 조합과 상호 영향은 세계화가 진행됨에 따라 역이민이 생기는 곳에서는 어디든지 발생하는 일이다. 이들의 삶이 한층 더 탈국가적이 될수록 이런 국민문화 역시 빠르게 변용을 겪고 있고, 이와 함께 문화적 정통성에 대한 소유권도 지배적인 것에 대한 반기, 수정, 재점유에 따라 끊임없이 변화하고 있다. 흑인성에 대한 개념 또한 재정립되어가는 과정을 거치고 있으며, 디아스포라 출신의 청년 문화가 섬의 지배 문화에 영향력을 행사하고 있다. 앞서 논의했듯이, 푸에르토리코인들은 이제 섬 주민과 디아스포라를 같은 비중으로 다루어야 할 만큼 이주 인구가 많은 사람들이 되었다. 지역적으로 넓게 분포된 이들이 원하는 소속감은 법률적인 것이 아닌 문화적인 공유와 행위를 통한 소속감의 향유에 가깝지만, 이민 인구의 인종적 성격, 경제적 위상, 혹은 사회적 배경에 따라 '문화적 국적'에 입장 차이를 드러내고 있다. 그래서 소위 푸에르토리코 국민적 정통 문화가 도전을 받고 재규명되고 있기도 하지만,

한편으로는 이것을 고수하고 옹호하려는 공동체 또한 존재하는 것이다.

푸에르토리코 디아스포라 공동체의 변화를 통해 국민적 정체성의 근간이 문화적 역사성과 계급성뿐 아니라 인종적, 세대적, 저항적 유대감을 만드는 사회적 경험임을 확인하게 된다. 섬과 디아스포라를 막론하고 이런 유대감이 가장 외연화된 사례는 비에케스 사건이다. 미국의 제국적 영토 사용에 대한 반감을 집단적으로 표출시킴으로써 내적인 단결과 정서적 합일을 확인했다. 이 사건이 비교적 이례적인 경우라면, 주민들은 공공적인 장소에서 매해 열리는 예술적 퍼레이드, 2016년 148주년을 맞게 되는 독립기념일 행사인 라레스 봉기(Grito de Lares) 집회, 혹은 전통적 종교적 제례 등에서 아마도 일상적인 유대감 및 정치의식을 자각하게 될 것이다.

푸에르토리코는 작은 섬 국가임에도 (후기)식민주의, (탈)국가주의, 혹은 인종주의 등이 낳은 폐해와 한계가 응축되어 있는 곳으로 '문화적 국적'이라는 개념을 통해 주권과 법적 소속의 빈 공간을 대신하고 있다. 최근 들어 크게 확산되는 플로리다의 공동체를 통해 이전과는 다른 이민자 디아스포라의 모습을 보여주고 있다. 이들에 대한 연구는 현재 진행 중인데다가 학술적 통계 연구에 면밀히 포착되지 않는 변수들이 존재해서 우리가 일반적으로 지니는 선입관을 넘어서는 내용을 보여주기도 한다. 1950년대의 뉴요리칸과 완전히 변별되는 중산층 전문가 집단이 이주해온 비율 높다고는 하더라도 여전히 출신지를 막론하고 노동자 계층의 분포가 많다. 이들이 공동체 내부의 차이와 반목을 극복하고 국민적 통일성을 형성할 것인지, 혹은 집단적 이기주의를 통해 분열된 공동체를 그대로 유지할 것인지, 아니면 다른 라티노들의 유대를 통해 범히스패닉 정서를 공유하게 될 것인지는 앞으로 좀 더 지켜보아야 할 사안들로 우리들의 관심을 요구한다.

참고문헌

Acosta-Belén, Edna and Calos E, Santiago. 2006. *Puerto Ricans in the United States: A Contemporary Portrait.* Boulder: Lynne Rienner Publishers.

Arroyo, Jossianna. 2010. "'Roots' or the virtualities of racial imaginaries in Puerto Rico and the diaspora." *Latino Studies*, Vol.8, No.2, pp.195~219.

Barreneche, Gabriel Ignacio, and Jane Lombardi and Héctor Ramos-Flores. 2012. "A New Destination for 'the Flying Bus'? The Implications of Orlando-Rican Migration for Luis Rafael Sáanchez's 'La guagua aérea'." *Hispania*, Vol.95, No.1, pp.14~23.

Briggs, Laura. 2002. *Reproducing Empire: Race, Sex, Science, and U.S. Imperialism in Puerto Rico.* Berkeley: University of California Press.

Cruz, José E. 2005. "The Changing Socioeconomic and Political Fortunes of Puerto Ricans in New York, 1960-1990." in Gabriel Haslip-Viera. et al.(eds.). *Boricuas in Gotham: Puerto Ricans in the Making of Modern New York City.* Princeton: Markus Wiener Publishers.

Dávila, Arlene. 2007. *Sponsored Identities: Cultural Politics in Puerto Rico.* Philadelphia: Temple University Press.

Duany, Jorge. 2002. *The Puerto Rican Nation on the Move: Identities on the Island and in the United States.* Chapel Hill: The University of North Carolina Press.

_____. 2010. "The Orlando ricans: overlapping identity discourses among middle-class puerto rican immigrans." Centro Journal, Vol.XXII, No.1, pp.85~115.

Duany, Jorge and Patricia Silver. 2010. "The 'Puerto Ricanization.' of Florida: Historical Background and Current Status." *Centro Journal*, Vol.XXII, No.1, pp.4~31.

Falcón, Angelo. 2005. "De'tras Pa'lante: Explorations on the Future History of Puerto Ricans in New York City." in Gabriel Haslip-Viera. et al.(eds.). *Boricuas* in Gotham: Puerto Ricans in the Making of Modern New York City, Princeton: Markus Wiener Publishers.

Flores, Juan. 2009. The Diaspora Strikes Back: Caribeño Tales of Learning and Turning. New York: Routledge.

_____. 2000. From Bomba to Hip-Hop: Puerto Rican Culture and Latino Identity. New York: Columbia University Press.

Font-Guzmán, Jacqueline N. 2015. Experiencing Puerto Rican Citizenship and Cultural Nationalism. New York: Palgrave Macmillan.

Levitt, Peggy. 2001. The Transnational Villagers. Berkeley: University of California Press.

Meléndez, Edwin and Carlos Vargas-Ramos(eds.). 2014. Puerto Ricans at the Dawn of the New Millennium. New York: Center for Puerto Rican Studies.

Negrón-Muntaner, Frances(ed.). 2007. None of the Above: Puerto Ricans in the Global Era. New York: Palgrave Macmillan.

Rivera, Raquel Z. 2003. New York Ricans from the Hip-Hop Zone. New York: Palgrave Macmillan.

_____. 2007. "Will the "Real" Puerto Rican Culture Please Stand Up? Thoughts on Cultural Nationalism." in Frances Negrón-Muntaner(ed.). None of the Above: Puerto Ricans in the Global Era. New York: Palgrave Macmillan.

Rodríguez Clara E. 2005. "Forging a New, New York: The Puerto Rican Community, Post-1945." in Gabriel Haslip-Viera. et al.(eds.). 2005. Boricuas in Gotham: Puerto Ricans in the Making of Modern New York City. Princeton: Markus Wiener Publishers.

Sánchez Korrol, Virginia. 2005. "Building the New York-Puerto Rican Community, 1945-1965: A Historical Interpretation." in Gabriel Haslip-Viera. et al.(eds.). 2005. Boricuas in Gotham: Puerto Ricans in the Making of Modern New York City. Princeton: Markus Wiener Publishers.

Ševčenko, Liz. 2001. "Making Loisaida: Placing Puertorriqueñidad in Lower Manhattan." in Agustín Laó-Montes and Arlene Dávila(eds.). 2001. Mambo

Montage: The Latinization of New York. New York: Columbia University Press.

Silver, Patricia. 2010. "'Culture is More Than Bingo and Salsa': Making Puertorriqueñidad in Central Florida." *Centro Journal*, Vol.XXII, No.1, pp.57~83.

Zimmerman, Marc. 2011. *Defending Their Own in the Cold: The Cultural Turns of U.S. Puerto Ricans.* Chicago: University of Illinois Press.

Alvarez Curbelo, Silvia. 2008. "The Puerto Rican Soldiers in Korea(1950-1953)." http://revista.drclas.harvard.edu/search/site/puerto%20rico%20korean%20war

DeNavas-Walt, Carmen and Bernadette D. Proctor. 2015. "Income and Poverty in the United States: 2014." http://www.census.gov/content/dam/Census/library/publications/2015/demo/p60-252.pdf

Jiménez Román, Miriam. 2008. "Boricuas vs. Nuyoricans — Indeed!" http://revista.drclas.harvard.edu/book/boricuas-vs-nuyoricans%E2%80%94indeed

Surowiecki, James. 2015. "The Puerto Rican Problem." http://www.newyorker.com/magazine/2015/04/06/the-puerto-rican-problem

한울아카데미 2084

라틴아메리카의 미래: 소통과 연대(상)

ⓒ 서울대학교 라틴아메리카연구소, 2018

엮은이 │ 서울대학교 라틴아메리카연구소
지은이 │ 김달관·김은중·박병규·우석균·이성훈·이은아·임태균·조영현
펴낸이 │ 김종수
펴낸곳 │ 한울엠플러스(주)

편집 │ 조수임

초판 1쇄 인쇄 │ 2018년 7월 20일
초판 1쇄 발행 │ 2018년 8월 15일

주소 │ 10881 경기도 파주시 광인사길 153 한울시소빌딩 3층
전화 │ 031-955-0655
팩스 │ 031-955-0656
홈페이지 │ www.hanulmplus.kr
등록번호 │ 제406-2015-000143호

Printed in Korea.
ISBN 978-89-460-7084-4 93950(양장)
      978-89-460-6507-9 93950(학생판)

* 가격은 겉표지에 있습니다.
* 이 책은 강의를 위한 학생판 교재를 따로 준비했습니다.
  강의 교재로 사용하실 때에는 본사로 연락해주십시오.